Unternehmen Deutsch

Lehrwerk für Wirtschaftsdeutsch

Lehrbuch

von
C. Conlin

Ernst Klett Sprachen
Stuttgart

Unternehmen Deutsch

von C. Conlin

**Unter Leitung und Mitwirkung der Verlagsredaktion
Mitarbeit an diesem Werk:**
Heather Jones, Verlagsredakteurin

Sprachliche Beratung:
Christa Wiseman,
Udo Diekmann,
Anke Kornmüller

Widmung: Für Simon, Rachel, Jonathan und Joyrite

Aktualisiert und rechtschreibreformiert: TextMedia, Erdmannhausen, 2000

Typografie und Layout: Valerie Sargent
Umschlag: Veronica Bailey
Druck: G. Canale & C. Spa, Italien

© Chancerel International Publishers Ltd. 1995, 2000

Ernst Klett Sprachen GmbH,
Klett Edition Deutsch, Stuttgart 2000
Alle Rechte vorbehalten

Internet: www.klett-edition-deutsch.de
E-Mail: edition-deutsch@klett.de

PN 7 6 5 4 3 / 08 07 06 05 04

ISBN 3-12-**675730**-8

Danksagung
Wir danken allen, die an der Entstehung dieses Werkes mitgewirkt haben, besonders:

Phil Barnet, Evesham Micro; Jeff Brown, Killick Martin & Co.; Christa Bürkel, Managed Learning; Colin Cartwright, Conwy Valley Railway Museum; Günter Dörfler, Trix Mangold; Kerstin Emrich, Dorint Kongress-Hotel, Freiburg; Angelika Fell, Schloss Reinach, Munzingen; Kevin Fradgley, Gamebird Products; Ian Fulston, Employment Service; Dr. Anneliese Goltz, Humboldt-Universität; Debbie Goodkin; Vic Grey; Steve Hanlon, Mekom Distribution; Bill Hartnett, Rubber Astic & Co. Ltd.; Dagmar Haslam; M. Hofherr, Hotel Ketterer, Stuttgart; Clare Jackson, GKN Automotive; Ian Kershaw, Stockfield Manufacturing; Peter Matthews, Black Country Metals Ltd.; Dr. Gunnar Pauzke, Bosch-Siemens Hausgeräte GmbH; Lars Petz, Hapag Lloyd; Liesel Rosindale, University of Central England; Rachael Saice, Managed Learning; Eckart Schlesinger, Restaurant zum Kuhhirten-Turm, Frankfurt; Tony Simpson; Elisabeth Smith, The Stampings Alliance; Dennis Steel, Hoopers Sadlers; Gabriele Steinke, University of Wolverhampton; Joachim Tenberg, European Business Associates; Paul Tranter, Managed Learning; Simon Turk; Helen Whistance, Birmingham Chamber of Commerce; Joerg Wins, Unternehmensgruppe Tengelmann; Helmut Wörner, Controlware Communications Systems

Quellennachweis: Abbildungen
Umschlag: Feldmann Media Group, Nürnberg, Gruppenfoto; Dresdner Bank AG, Frankfurt, Hochhausfoto; Mannesmann AG, Düsseldorf, Fotos von Röhre und Mann mit Handy; DaimlerChrysler Communications, Stuttgart, Mercedes Benz Fotos von LKW und Frau.
Buch: ACE, Foto S. 98; ADAC, Logo S. 21; Archiv Landesfremdenverkehrsverband Bayern e.V., Fotos S. 43, 45; Aventis AG, Logo S. 22; Bädergemeinschaft Sylt, Foto: Frenzel S. 45; Bahlsen Holding, Tabelle (Auszug) S. 149, 157; BASF AG, Logo S. 22; Bayer AG, Logo S. 22, Fotos S. 23; BMW AG, Logo S. 22, Fotos S. 26, 100, 101; Braun AG, Foto S. 13, Logo S. 22; Brother International GmbH, Foto S. 13; BSH Bosch und Siemens Hausgeräte GmbH, Organigramm u. Karte S. 29; Bundesbildstelle Bonn, Fotos S. 8, 21; Canon Deutschland GmbH, Foto S. 13, Schaubilder S. 33, Bild u. Piktogramme S. 60, 61, Logo, Fotos S. 111; J. Chipps, Fotos S. 59, 142; CONACORD Voigt GmbH & Co KG, Foto Hängesitz S. 108; DaimlerChrysler AEG Aktiengesellschaft, Logo S. 22, Organigramm (vereinfacht) S. 30, DaimlerChrysler AG, Logos S. 22, 30, Foto S. 130, Karte S. 154, 163; DaimlerChrysler Interservices AG, Logo S. 30; Deutsche Aerospace AG, Logo S. 30; Deutsche Bahn AG, Foto S. 94, Fahrplan S. 153, 162; Deutsche Messe AG Hannover, CeBIT Logo S. 102, 115, Geländeplan S. 115; Deutsche Telekom AG, Fotos S. 67, 70, 74, 98; Deutscher Instituts-Verlag GmbH, Schaubild S. 54; Dorint Hotel Freiburg, Logo, Fotos S. 79, 81, Tabelle S. 82; Dorint Hotels und Ferienparks Mönchengladbach, Karte, Piktogramme S. 79; Duales System Deutschland GmbH, Logo S. 21, 130, Schaubild S. 130; Düsseldorfer Messegesellschaft mbH, Logo S. 102; E-Z UP Europe B.V. Foto S. 108, Logo S. 113; Fachhochschule Düsseldorf, Foto: U. Gräber S. 135, Foto: Huppertz/ Schwartenberger S. 135; FAG Kugelfischer Georg Schäfer AG, Fotos S. 18, 19, Tabelle (Auszug) S. 27; Flughafen Frankfurt Main AG, FAG-Foto:
S. Rebscher S. 90, Piktogramme S. 92, Karte S. 93; Frankfurter Goethe-Museum, Foto S. 21; Freiburg Wirtschaft und Touristik GmbH, Fotos: Raach 76; Fremdenverkehrsamt München, Foto: C. Reiter S. 51; Fremdenverkehrsverband St. Gilgen, Fotos S. 46; Globus Infografik GmbH, Schaubilder S. 34, 64; D. Graham, Fotos S. 10, 14, 84; W. Großkopf, Fotos S. 55, 57, 58, 59, 62, 124; Grundig AG, Fotos S. 23; Heinz Kettler Metallwarenfabrik GmbH & Co., Foto Fahrrad S. 108, IBM Deutschland GmbH, Logo S. 22; Institut für Arbeitsmarkt und Berufsforschung (IAB) der Bundesanstalt für Arbeit, Tabelle S. 65; H. Jones, Fotos S. 34, 49, 94, 95; Karl Kässbohrer Fahrzeugwerke GmbH, Foto S. 19; C. Knight, Karten S. 9, 46, 50, 103, Piktogramme S. 24, 96, Verzeichnis S. 77; Kölnische Rundschau Heinen-Verlag GmbH, S. 138; Köln Tourismus Office, Logo S. 77; Kommunalverband Ruhrgebiet, Foto: M. Ehrich, S. 21; Landesbildstelle Berlin, Fotos S. 8, 51; Landesfremdenverkehrsverband Bayern e.V., Fotos S. 43, 45; Landesgirokasse Stuttgart, S. 118; Landeshauptstadt Stuttgart, Foto S. 77; Leipziger Messe GmbH, Logo S. 102; MAN Nutzfahrzeuge AG, Logo S. 22, Foto S. 23; Mannesmann AG, Fotos S. 18, 19, 26; T. Marutschke, Cartoon S. 144; Medienagentur Enno Wiese, Berlin, Foto S. 133; Messe Berlin GmbH, Logo S. 102; Messe- und Ausstellungs-Ges. m.b.H. Köln, Fotos S. 102, 103, 105, 109; P. Muggleston, Cartoons S. 20, 72, 73, 85, 126, 144; R. Nash, Fotos S. 42, 59; NUR Touristic GmbH, Fotos Hotels S. 46; Österreich Werbung (London), Foto S. 8; Otto-Versand (GmbH & Co.), Logo S. 15, Fotos S. 31; Panorama Hotel

Mercure Freiburg, Foto S. 160; Porsche AG, Logo S. 22; Postbank Generaldirektion, S. 118; Rega Hotel Stuttgart, Fotos S. 89; Rosenthal AG, Logo S. 22, Tabelle (Auszug) S. 149, 157; Schloss Reinach Munzingen GmbH, Fotos S. 80, 83; Schuco GmbH & Co., Foto S. 120; Hans Schwarzkopf GmbH, Fotos S. 23; Siemens AG, Fotos S. 18, 23, Logo S. 22; D. Simson, Fotos S. 10, 11, 12, 16; Stadtmessungsamt Stuttgart (Nr. C16), Stadtplan S. 97; Stuttgart Marketing GmbH, Foto S. 88; Süddeutscher Verlag GmbH, S. 138; Swiss National Tourist Office London, Foto S. 8; Tengelmann Warenhandelsgesellschaft, Foto S. 140, Stellenangebot S. 141; The Stampings Alliance Limited, Fotos S. 119, 128; ThyssenKrupp AG, Logo S. 22; Tourismus + Congress GmbH Frankfurt am Main, Foto: N. Guthier S. 40, J. Keute S. 41, W. Lechthaler (Sachsenhausen) S. 49; Tourist-Information und Kongress-Service Weimar, Foto: H. Lange S. 41; Tourismus-Zentrale Hamburg GmbH, Foto S. 21; Ullstein Verlag GmbH, S. 138; Verkehrs- und Tarifverbund Stuttgart GmbH, Streckennetzplan S. 97; Verkehrsamt Neumagen-Dhron/Mosel, Fotos S. 43, 45; Verlag Frankfurter Allgemeine Zeitung GmbH, S. 138; Victorinox, Ibach, Schweiz, Fotos S. 18, 32; Volkswagen AG, Logo S. 22; M. Vollmer, Foto S. 147; Vorwerk Elektrowerke Stiftung & Co. KG, Logo, Karte S. 99; Jack Wolfskin Adventure Equipment Ltd., Fotos S. 107, 108; Zeitverlag Hamburg, S. 138; Zum Kuhhirten-Turm Speisegaststätte, Logo S. 39, 40.

Quellennachweis: Texte
Arbeitgeberverband Gesamtmetall, edition agrippa GmbH Köln, aus *M+E Magazin* Nr. 8 (gekürzt), S. 146; Ausstellungs- und Messeausschuss der deutschen Wirtschaft e.V. (AUMA), *Erfolgreiche Messebeteiligung* (Ausschnitt, vereinfacht), S. 104; Avis Autovermietung GmbH, Stellenangebot, S. 139; BASF AG, S. 157; Bent Krogh A/S, SPOGA Katalogeintrag, S. 106; Best Western Hotel Ketterer Stuttgart, Fax (gekürzt), S. 86; BMW AG *City-Konzept Blaue Zone* (gekürzt, vereinfacht), S. 100, 101; Bosch und Siemens Hausgeräte GmbH, *Geschäftsbericht* (vereinfacht), S. 29; BTF Textilwerke Bremen, Anzeige mit Logo, S. 25; Bundesanstalt für Arbeit, *IZ-Informationszeitung der Berufsberatung* (vereinfacht), S. 132, 133; Bundesministerium für Arbeit und Sozialordnung, *Berufliche Qualifizierung* (gekürzt), S. 136, 137; Canon Deutschland GmbH, *Geschäftsbericht* (gekürzt), S. 33, Broschüren, S. 111 (gekürzt, vereinfacht); China Restaurant Nizza, Kleinanzeige, S. 36; Compaq Computer GmbH, Werbeanzeige, S. 131; CONACORD Voigt GmbH & Co KG, Katalogauszug, S. 108; Deutsche Bahn AG, *Städteverbindungen*, S. 93; Deutsche Telekom AG, Textauszug, *Zeichenerklärung* (vereinfacht) S. 66, *Hinweise zum Telefonieren*, S. 68; Deutsche Gesellschaft für Freizeit, *Freizeit in Deutschland* (vereinfacht), S. 43, 44; Deutsche Gewerkschaftsbund-Bundesvorstand, *Betriebsrat im Alltag* (vereinfacht), S. 147; Deutsche Messe AG Hannover, *Messeplatz Hannover*, S. 115; Dorint Hotel Freiburg, Broschüre (gekürzt u. vereinfacht), S. 79, 81; Duales System Deutschland GmbH, *Das Kleine Lexikon* (vereinfacht), S. 130; E-Z UP Europe B.V. Texte (gekürzt u. vereinfacht), S. 108, 113; Flughafen Frankfurt Main AG, Presse und Publikationen, *Flughafen-Information*, S. 91; Flughafen Hannover-Langenhagen GmbH, *Touristikflugplan*, S.162; Flughafen Köln/Bonn GmbH, Flugplan, S.153; Focus Magazin-Verlag GmbH, Artikel u. Schaubilder, S. 74, 75, Artikel S. 131; Freiburg Wirtschaft und Touristik GmbH, Hotelverzeichnis (Auszug), S. 77; Globus Infografik GmbH, Text zu Schaubildern, S. 34, 64; Hotel Rheingold, Freiburg, Broschüre (gekürzt, vereinfacht), S. 152; ICI Plc, Text m. Logo, S. 25; Interswing SA, SPOGA Katalogeintrag, S. 106; KRAVAG SACH + LEBEN, Anzeige m. Logo, S. 25; Landmann GmbH & Co. KG, SPOGA Katalogeintrag, S. 106, Broschüre, S. 129; La Truffe Restaurant im Parkhotel Frankfurt, Kleinanzeige, S. 36; Max-Delbrück-Centrum Berlin-Buch, Stellenangebot, S. 139; Otis GmbH, Text m. Logo, S. 25; Panorama Hotel Mercure Freiburg, Broschüre (gekürzt u. vereinfacht), S. 160; Pizza Hut Restaurations Gesellschaft mbH, Stellenangebot, S. 139; Porsche AG, S. 149; Pöttinger Bauunternehmung, Stellenangebot, S. 139; Restaurant Bingelsstube, Kleinanzeige S. 36; Restaurant Dei Medici, Kleinanzeige, S. 36; Schloss Reinach Munzingen GmbH, Texte (gekürzt u. vereinfacht), S. 80, 83; Schuco GmbH & Co., Katalogauszug, S. 120; Staatliche Lotterieverwaltung München, Stellenangebot, S. 139; Stuttgart Marketing GmbH, Informations-broschüre (Auszüge, vereinfacht), S. 88; Tengelmann Warenhandelsgesellschaft, Stellenangebot, S. 141; Tourismus + Congress GmbH Frankfurt am Main, *Frankfurt Welcome* (Auszüge, vereinfacht), S. 49; Victorinox, Ibach, Schweiz, Broschüre (vereinfacht), S. 32; Wrigley GmbH, Anzeige m. Logo, S. 25; Zimmermann GmbH, SPOGA Katalogeintrag, S. 106; Zum Kuhhirten-Turm Speisegaststätte, Kleinanzeige, S. 36.

Trotz intensiver Bemühungen konnten nicht alle Inhaber von Text- und Bildrechten ausfindig gemacht werden. Für entsprechende Hinweise ist der Verlag dankbar.

Inhalt

EUROPAKARTE Die Geografie der deutschsprachigen Länder ... 8

KAPITEL 1 — Herzlich willkommen!
- 1.1 Sind Sie Herr Becker? ... 10
- 1.2 Tee oder Kaffee? ... 12
- 1.3 Darf ich vorstellen? ... 14
- 1.4 Das Programm ist wie folgt ... 16
- 1.5 Eine Betriebsbesichtigung ... 18
- Zum Lesen: Verhaltensregeln in geschäftlichen Situationen ... 20
- Quiz: Was wissen Sie schon über Deutschland? ... 21

KAPITEL 2 — Rund um die Firma
- 2.1 Was produziert die Firma? ... 22
- 2.2 Was für eine Firma ist das? ... 24
- 2.3 Wie groß ist die Firma? ... 26
- 2.4 Wie ist die Firma strukturiert? ... 28
- 2.5 Firmenpräsentation ... 31
- Zum Lesen: Groß und Klein in der Wirtschaft ... 34

KAPITEL 3 — Sich kennen lernen
- 3.1 Darf ich Sie einladen? ... 36
- 3.2 Guten Appetit! ... 38
- 3.3 Wohnung und Familie ... 41
- 3.4 Was machen Sie in Ihrer Freizeit? ... 43
- 3.5 Wo waren Sie im Urlaub? ... 45
- 3.6 Was kann man hier tun? ... 48
- Zum Lesen: Regionen in Deutschland ... 50

KAPITEL 4 — Am Arbeitsplatz
- 4.1 Die Firmenorganisation ... 52
- 4.2 Zeit und Geld ... 54
- 4.3 Wo ist das Büro? ... 56
- 4.4 Wofür sind Sie zuständig? ... 58
- 4.5 Wie funktioniert das Gerät? ... 60
- 4.6 Wie finden Sie Ihre Arbeit? ... 62
- Zum Lesen: Feiertage und Öffnungszeiten ... 64
- Faktoren bei der Berufswahl ... 65

KAPITEL 5 — Am Telefon
- 5.1 Das Auslandsgespräch ... 66
- 5.2 Kann ich Herrn Schuster sprechen? ... 68
- 5.3 Mit wem spreche ich am besten? ... 70
- 5.4 Eine Nachricht hinterlassen ... 72
- Zum Lesen: Multimedia-Revolution der Arbeit ... 74

KAPITEL 6 — Planen und Reservieren
- 6.1 Können Sie mir einige Hotels empfehlen? ... 76
- 6.2 Wann dürfen wir Sie begrüßen? ... 78
- 6.3 Einige Fragen zu Ihren Preisen ... 81
- 6.4 Können wir einen Termin vereinbaren? ... 84
- 6.5 Ich möchte zwei Zimmer reservieren ... 86
- Zum Lesen: Willkommen in Stuttgart! ... 88
- Hotelinformation ... 89

KAPITEL 7 — Unterwegs in Deutschland
- 7.1 Wie geht's vom Flughafen weiter? ... 90
- 7.2 Wann fahren die Züge? ... 93
- 7.3 Wie komme ich hin? ... 96
- 7.4 Mit dem Auto unterwegs ... 98
- Zum Lesen: „Der richtige Weg" - Stadtverkehr in der Zukunft ... 100

KAPITEL 8 — Auf der Messe
- 8.1 Messeplatz Deutschland ... 102
- 8.2 Ich sehe, Sie interessieren sich für 105
- 8.3 Können Sie mir etwas zu diesem Produkt sagen? ... 107
- 8.4 Welches Modell würden Sie empfehlen? ... 110
- 8.5 Nach der Messe ... 112
- Zum Lesen: Erfolgreiche Messebeteiligung ... 114

KAPITEL 9 — Import – Export
- 9.1 Allgemeine Geschäftsbedingungen ... 116
- 9.2 Unser Angebot zu Ihrer Anfrage ... 119
- 9.3 Wir danken für Ihre Bestellung! ... 122
- 9.4 Wo bleibt die Ware? ... 124
- 9.5 Wir müssen Ihre Lieferung reklamieren ... 126
- Zum Lesen: Qualität Made in Germany ... 129
- Der Umweltschutz ... 130

KAPITEL 10 — Ich möchte in Deutschland arbeiten
- 10.1 Wie stehen meine Chancen? ... 132
- 10.2 Das deutsche Bildungswesen ... 134
- 10.3 Ein Fragebogen zur Selbsteinschätzung ... 136
- 10.4 Ein Blick in die Stellenangebote ... 138
- 10.5 Die schriftliche Bewerbung ... 140
- 10.6 Das Vorstellungsgespräch ... 144
- Zum Lesen: Chancengleichheit für Frauen ... 146
- Mitbestimmung im Betrieb ... 147

Informationen für Partner A ... 148
Informationen für Partner B ... 156
Hörtexte ... 165
Grammatikübersicht ... 184
Antwortschlüssel zu den Übungen ... 199
Alphabetische Wortliste ... 202

Syllabus

Lektion   Thema/Sprechhandlung   Grammatik/Lexik

Lektion	Thema/Sprechhandlung	Grammatik/Lexik
1.1	Einen Besucher begrüßen Sich unterhalten	Begrüßung, Anrede Frageformen, Identifizierung von Zeitformen (Präsens, Perf./Prät.)
1.2	Eine Erfrischung anbieten Um Hilfe bitten	Beim Anbieten: *Möchten Sie?* Bestimmter/unbestimmter Artikel, Negation (Nominativ, Akkusativ) *kann/darf ich?, können/könnten Sie? + Infinitiv*
1.3	Sich und andere vorstellen Informationen zur Person erfragen	Weibliche Berufsbezeichnungen: *die Sekretärin, die Leiterin* Weglassen des Artikels bei Berufsbezeichnungen Das Alphabet; Telefonnummern Possessivpronomen: *mein, sein, ihr* etc.
1.4	Das Tagesprogramm erklären	Uhrzeit: *um 14.00 Uhr*, Zeitadverbien: *zuerst, dann* Wortstellung in Hauptsätzen: Stellung des Verbs Trennbare Verben: *stattfinden, teilnehmen* etc.
1.5	Eine Betriebsführung	Namen der Abteilungen Ortsangaben: *Hier nebenan ist der Einkauf.* Prädikative Adjektive: *Das ist interessant/modern.*
2.1	Unternehmen und Produkte	Pluralbildung bei Nomen Relativsätze (Nominativ): *Das ist eine Firma, die ...*
2.2	Branchen und Unternehmensformen	Namen von Produktions- und Dienstleistungsbereichen Adjektive + unbestimmter Artikel (Nominativ): *ein großer Konzern* Präpositionen: *in* + Dativ: *im Bereich (Luft- und Raumfahrt)*
2.3	Unternehmensgröße und -leistung	Zahlen über 1000; Dezimalzahlen; Jahresangaben: *im Jahre 2000* Komparation des Adjektivs: *niedrig/niedriger, hoch/höher (als)* Perfekt (1): *Der Umsatz ist 2000 gestiegen/gefallen.* Der bestimmte Artikel im Genitiv
2.4	Unternehmensstruktur	Themenbezogene Lexik: *Tochtergesellschaft, Muttergesellschaft* etc. Der Gebrauch des Artikels bei Länderbezeichnungen
2.5	Ein Unternehmen vorstellen	Vergangenheit in Präsens-Zeitform: *Die Firma existiert seit 1949.* Infinitiv mit *zu* nach bestimmten Verben (1): *Wir planen, unsere Märkte in ... weiterzuentwickeln.*
3.1	Einladungen aussprechen, annehmen, ablehnen, Termine vereinbaren, Restaurants empfehlen	Konjunktiv von *sein, haben, werden*: *Das wäre schön.* Adjektivendungen nach bestimmten/unbestimmten Artikeln (Nominativ): *das chinesische/ein chinesisches Restaurant* Zeitangaben, Wochentage: *am Mittwoch* Wortstellung: temporale, modale und lokale Angaben
3.2	Im Restaurant: ein Gericht wählen, bestellen und bezahlen	Verben mit indirektem (Dativ) und direktem Objekt (Akkusativ) Verben mit Dativobjekt: *passen/helfen* etc. + Dativ
3.3	Über Familie und zu Hause sprechen	Themenbezogene Lexik: Teile einer Stadt, Haustypen, Zimmer, einer Wohnung, Verwandtschaftsbeziehungen
3.4	Über Freizeit sprechen Entwicklungen beschreiben: Ausgaben für die Freizeit	*Interessieren Sie sich für (Musik)? Gehen Sie gern ins Kino?* Das Futur (Zukunft) mit *werden*
3.5	Über Ferien/Urlaub sprechen	Das Perfekt (2) mit den Hilfsverben *sein* und *haben*
3.6	Sich über Dinge informieren, die man in einer Großstadt sehen und erleben kann	Das Passiv (1): *wurde erbaut/eröffnet/gegründet* Mit *wenn* und *weil* eingeleitete Bedingungssätze Modalverben *könn(t)en, sollen, müssen* bei Vorschlägen

Lektion	Thema/Sprechhandlung	Grammatik/Lexik
4.1	Aufbau und Aufgaben verschiedener Abteilungen	*Die Hauptbereiche sind: Vertrieb, Produktion ...* *Der Außendienst betreut die Kunden.* Berufsbezeichnungen: *Buchhalter/in, Elektriker/in* etc.
4.2	Arbeitszeit und Bezahlung	Zeitangaben: *am Freitag/freitags* Komparativ/Superlativ von regelmäßigen/unregelmäßigen Adjektiven
4.3	Den Weg innerhalb eines Gebäudes beschreiben	Präpositionen: *neben/hinter/gegenüber* etc. + Dativ; *in* + Akkusativ/Dativ Weglassen des Infinitivs nach Modalverben
4.4	Verantwortungsbereiche im Beruf beschreiben	*für etwas verantwortlich/zuständig sein* Reflexive Verben: *sich befassen mit, sich kümmern um* Bildung von Fragewörtern: *wofür, worum* Zeitangaben: *jeden Tag/einmal im Monat, manchmal, oft* etc.
4.5	Teile der Büroausstattung und ihre Funktionsweise beschreiben	Der Imperativ eines Verbs Themenbezogene Lexik: *ein-/ausschalten, Starttaste drücken* etc.
4.6	Über die Einstellung zur Arbeit sprechen	Ausdrücken von Vorlieben/Abneigungen durch ein Verb + *(nicht) gern, mögen, gefallen* + Dativ / Adjektive für persönliche Eigenschaften
5.1	Ins Ausland telefonieren	Themenbezogene Lexik: *Vorwahl, Rufnummer, Teilnehmer* etc.
5.2	Den richtigen Gesprächspartner erreichen, einen Rückruf vereinbaren	Endungen von schwachen Nomen: *Kann ich Herrn Schuster sprechen?* Indirekte Fragen: *Können Sie mir sagen, wann er wieder da ist? Wissen Sie, ob er morgen wieder im Büro ist?* Zeitangaben: *Er ist übermorgen wieder da.*
5.3	Sein Anliegen vortragen und herausfinden, mit wem man sprechen muss Namen und Adressen buchstabieren	*Es geht um / Ich rufe an wegen ...* *Mit wem kann ich darüber sprechen?/ Wer ist dafür zuständig?* Das deutsche Telefonalphabet
5.4	Nachrichten hinterlassen und verstehen	Indirekte Aussagen: *Sagen Sie Herrn ..., dass ich angerufen habe.*
6.1	Hotelempfehlungen anfordern	Themenbezogene Lexik: *Preiskategorie, Lage, Zimmeranzahl, Tagungsräume* etc.
6.2	Hotelbeschreibungen verstehen	Endungen von Adjektiven im Dativ (mit und ohne vorangestelltes Bestimmungswort): *in guter Nachbarschaft zum neuen Hauptbahnhof* Das Passiv (2)
6.3	Preise für Konferenzeinrichtungen vergleichen	Themenbezogene Lexik: *Konferenzpauschale, Tagungstechnik, Raumangebot, Bestuhlung, Menüpreise* etc. Komparation des Adjektivs
6.4	Verabredungen treffen und ändern, Gründe angeben	Ordinalzahlen, Datum Angeben von Gründen durch *weil, da, denn, nämlich*
6.5	Hotelreservierungen vornehmen und ändern	Präposition *anstatt* + Genitiv: *Ich brauche zwei Einzelzimmer anstatt eines Doppelzimmers.*
7.1	Sich auf dem Flughafen zurechtfinden	Zeitangaben: *Züge fahren stündlich/alle 60 Minuten* Themenbezogene Lexik: *Gepäckausgabe, Informationsschalter* etc.
7.2	Zugzeiten herausfinden, Fahrkarten kaufen Lautsprecherdurchsagen	Verwandte Vokabeln: *einfach/hin und zurück, 1./2. Klasse, IC-Zuschlag, Großraum-, Nichtraucherwagen* etc. *Auf Gleis 4 bitte einsteigen.*
7.3	Zu Fuß oder mit öffentlichen Nahverkehrsmitteln unterwegs sein	Präpositionen: *nach/zum/zur/zu den* + Ortsangaben *Wie komme ich am besten zum Hotel ... ? Gehen Sie hier (rechts) raus, die ... Straße entlang ...*
7.4	Wegbeschreibungen für Autofahrten verstehen	Themenbezogene Lexik: *Ausfahrt, Spur, Ampel, Einbahnstraße* etc. Infinitive bei schriftl. Anweisungen, Imperative bei mündl. Hinweisen

Lektion	Thema/Sprechhandlung	Grammatik/Lexik
8.1	Kennenlernen deutscher Handelsmessen Ziele und Absichten formulieren	Präteritum von starken und schwachen Verben Infinitiv + *zu* (2): *Wir hoffen, deutsche Vertreter zu finden.* *um ... zu*: *Wir sind hier, um Aufträge zu bekommen.*
8.2	Mit Besuchern am Messestand umgehen	*Ich sehe, Sie interessieren sich für unsere ... Darf ich Ihnen unseren Katalog mitgeben? Ich vereinbare gern einen Termin für Sie. Der Katalogpreis ist ... Unsere Zahlungsbedingungen sind ...*
8.3	Produkte beschreiben	Themenbezogene Lexik: *Größe, Gewicht, Material, Farben, Zubehör; geeignet für* Adjektive zur Beschreibung eines Produkts: *pflegeleicht, leistungsstark* etc.
8.4	Produkte vergleichen und empfehlen	Lexik im Zusammenhang mit Computerdruckern: *Druckgeschwindigkeit, Schriften, Geräuschpegel, Betriebskosten* etc. Vergleiche: *Nur der ... bietet ... , Ein Vorteil des ...*
8.5	Messekontakte schriftlich weiterverfolgen	Briefe an potenzielle Kunden verfassen Gestaltung eines Geschäftsbriefs, Standardsätze für Handelskorrespondenz
9.1	Die allgemeinen Geschäfts- und Handelsbedingungen eines Unternehmens verstehen	Das Passiv bei Modalverben: *Telefonische Bestellungen müssen schriftlich bestätigt werden.* Ausdrücken einer Verpflichtung mit *sein* + Infinitiv: *Mängel sind innerhalb von 10 Tagen anzuzeigen.*
9.2	Auf Anfragen und Anforderungen von Angeboten schriftlich und telefonisch reagieren	Themenbezogene Lexik: *Stückpreis, Mengenrabatt, Zahlungsfrist* etc. *Können Sie mir ein schriftliches Angebot machen? Gerne unterbreiten wir Ihnen folgendes Angebot: ...*
9.3	Angebote verfolgen, Preise aushandeln, schriftliche Bestellungen kontrollieren/ bestätigen	*Ich rufe an wegen unseres Angebots über ...* *Können Sie uns beim Preis etwas entgegenkommen?* *Wir bedanken uns für Ihren Auftrag vom ...*
9.4	Herausfinden, warum Waren noch nicht eingetroffen sind	*Die Lastwagen haben Verspätung wegen des schlechten Wetters.* *Die Sendung wurde aus Versehen an den falschen Empfänger geliefert.*
9.5	Mit Beschwerden umgehen und mündlich/schriftlich bestätigen, welche Maßnahmen getroffen werden	*Ich muss leider Ihre letzte Lieferung reklamieren. Sie haben zu viel /zu wenig geliefert/die falsche Ware geschickt.* *Die Ware ist defekt/beschädigt/entspricht nicht unserem Muster.* *Wir schicken Ihnen kostenlos eine Ersatzlieferung zu.*
10.1	Wege, in Deutschland einen Arbeitsplatz zu finden	Themenbezogene Lexik: *Arbeitsamt, Industrie- und Handelskammer, Zeitarbeitsbüro, Stellenangebot, Stellenvermittlung* etc.
10.2	Das deutsche Bildungs- und Ausbildungssystem	Bezeichnungen von Bildungseinrichtungen und Qualifikationen *Eine deutsche Gesamtschule ist mit unserer ... zu vergleichen.*
10.3	Ein Fragebogen zur Selbsteinschätzung	Lexik zur Beschreibung eigener Qualifikationen, Berufserfahrung und Stärken: *Ich bin ausgebildet als ... Ich habe Erfahrung in ... Ich kann mit anderen Menschen umgehen* etc.
10.4	Stellenanzeigen verstehen	Lexik bezogen auf Anforderungen des Arbeitgebers, Aufgaben, Vergütung und Sonderleistungen
10.5	Sich bewerben: Lebenslauf und Bewerbungsbrief schreiben	Form eines Lebenslaufs; Standardsätze im Bewerbungsbrief Perfekt und Präteritum
10.6	Sich auf ein Vorstellungsgespräch vorbereiten	Grundsätzliche Interviewtechniken Indirekte Fragen: *Können Sie mir sagen, wie lang die Probezeit ist?*

Europakarte

▼ *Der Zeitglockenturm, Bern*

▲ *Reichstag, Sitz des Deutschen Bundestags, Berlin*

Das Schloss Schönbrunn, Wien ▶

Wie viele der folgenden Fragen können Sie beantworten, ohne im Informationskasten oder auf der Landkarte nachzuschauen?

1. Wie viele Nachbarländer hat Deutschland?
2. Welcher Fluss bildet die Grenze zwischen Deutschland und Polen?
3. Wie heißt die Hauptstadt von Deutschland? Von Österreich? Von der Schweiz?
4. Wie viele Einwohner hat Deutschland? Österreich? Die Schweiz?
5. An welchen zwei Meeren liegt Deutschland?
6. Welche Bundesländer liegen am Meer?
7. Welche deutschen Städte sind gleichzeitig Bundesländer?
8. Liegt Bayern in Süddeutschland oder Mitteldeutschland?
9. Welches Bundesland liegt westlich von Bayern an der Grenze zu Frankreich?
10. Von welchem Bundesland ist Wiesbaden die Hauptstadt?
11. An welchem Fluss liegt Köln?
12. In welche Richtung fließt die Donau: von Süden nach Norden oder von Westen nach Osten?

Daten	Bundesrepublik Deutschland	Österreich	die Schweiz
Einwohner	ca. 80 Millionen	ca. 8 Millionen	ca. 7 Millionen
Fläche	357.000 km²	83.855 km²	41.285 km²
Hauptstadt	Berlin	Wien	Bern
Längster Fluss	der Rhein	die Donau	der Rhein
Höchster Berg	die Zugspitze	der Großglockner	die Dufourspitze
Größter Binnensee	der Bodensee	der Neusiedler See	der Genfer See

Berlin	Hauptstadt eines Staates
Stuttgart	Landeshauptstadt
⊔⊔⊔⊔	Kanal

8

KAPITEL

1 Herzlich willkommen!

In dieser Lektion lernen Sie, wie man
- einen Besucher empfängt,
- Erfrischungen und Hilfe anbietet,
- sich und andere vorstellt,
- das Besuchsprogramm erklärt,
- jemandem den Betrieb zeigt.

Sie lernen auch etwas über deutsche Sitten und Werte.

1.1 Sind Sie Herr Becker?

A 1 Hören Sie sich zwei Gespräche an. Welches Gespräch passt zu welchem Bild?

„Schön Sie wiederzusehen."

„Guten Morgen, Frau Brett."

2 Hören Sie noch einmal zu. Was ist hier richtig, falsch oder nicht bekannt?

Dialog 1
1 Anna Brett kennt Herrn Becker schon.
2 Sie ist von der Firma Norco.
3 Sie treffen sich abends.
4 Anna Brett ist verheiratet.

Dialog 2
1 Herr Dr. Hoffmann hat einen Termin bei Ulla Andersen.
2 Sie treffen sich vormittags.
3 Sie treffen sich zum ersten Mal.

3 Beantworten Sie folgende Fragen.

1 Wann sagt man *Guten Morgen/Tag/Abend*?
2 Wie begrüßt man jemanden in einer Geschäftssituation?
3 Wann geben sich die Deutschen die Hand?

B Stellen Sie sich anderen Kursteilnehmern vor.

Begrüßungen ...		**... und Verabschiedungen**	
Guten Morgen	– bis etwa 10.00 oder 11.00 Uhr	Gute Nacht	– zur Schlafenszeit
Guten Tag	– den ganzen Tag bis etwa 18.00 Uhr	(Auf) Wiedersehen	– zu jeder Zeit
Hallo!	– den ganzen Tag (*umgangssprachlich*)	(Auf) Wiederschauen	– zu jeder Zeit in Süddeutschland und Österreich
Grüß Gott	– den ganzen Tag in Süddeutschland und Österreich	Tschüs	– zu jeder Zeit (*umgangssprachlich*)
Guten Abend	– etwa ab 18.00 Uhr		

10

HERZLICH WILLKOMMEN!

C Wenn man sich in einer Geschäftssituation zum ersten Mal trifft, worüber spricht man?

a) Sport b) das Wetter c) Politik d) das Hotel e) Einkommen
f) die Reise g) die Heimat h) die Arbeit i) den Urlaub j) Städte, die man kennt
k) etwas anderes (was?)

D 1 Frau Brett und Herr Becker unterhalten sich während der Autofahrt vom Flughafen. Worüber sprechen sie? Wählen Sie von den Themen in **C**.

2 Hören Sie noch einmal zu. Wie beantwortet Herr Becker diese Fragen?
NB Eine Frage ist nicht im Hörtext. Welche?

1 Wie war die Reise?
 a) Ganz gut, danke. Wir hatten nur fünf Minuten Verspätung.
 b) Sehr gut, danke. Wir sind pünktlich gelandet.

2 Haben Sie gut zu uns gefunden?
 a) Nein, ich hatte Probleme, das Büro zu finden.
 b) Ja, danke, ohne Probleme.

3 Wie ist das Wetter in Deutschland?
 a) Wir hatten schlechtes Wetter.
 b) Heute Morgen schien die Sonne.

4 Ist es Ihr erster Besuch hier?
 a) Ja, ich bin zum ersten Mal hier.
 b) Nein, letztes Jahr war ich zwei Wochen hier im Urlaub.

5 Wie hat es Ihnen hier gefallen?
 a) Prima!
 b) Ach, nicht besonders.

6 Woher kommen Sie in Deutschland?
 a) Aus Hamburg.
 b) Aus Regensburg in Bayern.

7 Das ist eine schöne Stadt, nicht wahr?
 a) Ja, das stimmt.
 b) Ja, aber nur für Touristen.

3 Wie reagiert Frau Brett auf Herrn Beckers Antworten? Wählen Sie von diesen Ausdrücken.

Aha. / Ach so! / Sehr gut! / Ach, schade! / Das ist gut. / Na sowas! / Es tut mir Leid.

> **SPRACHARBEIT**
> Lesen Sie die Fragen und Antworten in **D** noch einmal. Die Verben stehen in drei verschiedenen Zeitformen: **Präsens, Präteritum (Imperfekt)** und **Perfekt.** Kreisen Sie alle Verbformen im Präteritum ein. Unterstreichen Sie alle Verbformen im Perfekt. Beschäftigen Sie sich nicht zu sehr damit, wie sie gebildet werden. Sie werden noch viele Möglichkeiten haben, diese Zeitformen zu üben.
> ▶ 6.6 - 6.9

E 1 Benutzen Sie die Alternativantworten in **D** und üben Sie ähnliche Dialoge.

2 Bilden Sie Ihren eigenen Dialog mit Hilfe der Stichwörter.

Büro leicht gefunden?	▶ Ja/kein Problem/Stadtplan
einen guten Flug?	▶ schrecklich/drei Stunden Verspätung
Ach, ... / Warum?	▶ schlechtes Wetter
Wie/Hotel?	▶ sehr gut/zentrale Lage
oft geschäftlich hier?	▶ Ja/viele Kunden in ...
Wann/das letzte Mal hier?	▶ vor vier Wochen
Gefällt/unsere Stadt?	▶ Ja/interessant/Leute freundlich

F Sie empfangen eine/n Deutsch sprechende/n Besucher/in.
PARTNER A benutzt Datenblatt A1, S. 148.
PARTNER B benutzt Datenblatt B1, S. 156.

11

KAPITEL 1

1.2 Tee oder Kaffee?

A 1 Frau Brett und Herr Becker kommen bei Norco an. Sehen Sie sich die Bilder an. Können Sie raten, was Frau Brett zu Herrn Becker sagt?

2 Hören Sie sich ihr Gespräch an. Was ist richtig? Was ist falsch?

1 Herr Olson kommt in fünfzehn Minuten.
2 Frau Brett sagt: „Möchten Sie solange hier Platz nehmen?"
3 Sie nimmt Herrn Beckers Koffer.
4 Herr Becker trinkt eine Tasse Tee mit Milch und Zucker.

B Mit Hilfe der Sprachmuster bieten Sie einem/einer Firmenbesucher/in folgende Erfrischungen an. Möchte er/sie Tee oder Kaffee? Wenn ja, wie? Fragen Sie!

einen Kaffee	eine Tasse Tee	ein Mineralwasser	eine Cola
einen Orangensaft	ein Glas Apfelsaft	Kekse	

Möchten Sie einen Kaffee/Tee? eine Cola?

Möchten Sie etwas trinken? Tee oder Kaffee?
Was möchten Sie trinken? Mineralwasser?

Nein danke.
(Ich trinke keine Cola.)
(Ich habe keinen Durst.)

Ja bitte. / gerne.

Ich möchte einen Kaffee.
nehme eine Tasse Tee.
trinke ein Mineralwasser.

Wie trinken Sie den Kaffee? Mit Milch und Zucker?
den Tee? Mit Zitrone?

Mit Milch, aber ohne Zucker. / Schwarz.

So, hier ist der Kaffee/die Cola/das Mineralwasser.
Möchten Sie auch Kekse?

SPRACHARBEIT

Vor einem **Nomen** steht normalerweise ein **bestimmter Artikel** (*der/die/das*), ein **unbestimmter** oder **verneinender Artikel** [*(k)ein/(k)eine*] oder ein **anderes Bestimmungswort**, zum Beispiel *dieser/diese/dieses*. Das Bestimmungswort zeigt die Funktion des Nomens im Satz an. Die Form des Bestimmungswortes richtet sich nach dem **Genus** (Maskulinum, Femininum, Neutrum), dem **Numerus** (Singular, Plural) und nach dem **Kasus** (Nominativ, Genitiv, Dativ, Akkusativ) des folgenden Nomens.
Unterstreichen Sie alle Bestimmungswörter in **B**. Können Sie Genus und Kasus der folgenden Nomen identifizieren?

▶ 3.3, 3.4

HERZLICH WILLKOMMEN!

C Herr Becker braucht Frau Bretts Hilfe. Wie reagiert sie auf seine Bitten?

1 Könnte ich nach Deutschland faxen?
  a) Aber selbstverständlich!
  b) Es tut mir Leid, wir haben kein Fax.

2 Kann ich bitte etwas fotokopieren?
  a) Aber gerne. Ich helfe Ihnen.
  b) Das ist leider nicht möglich. Der Fotokopierer ist im Moment kaputt.

3 Darf man hier rauchen?
  a) Natürlich! Hier ist ein Aschenbecher.
  b) Das geht leider nicht. Das ist hier nicht erlaubt.

4 Wo ist die Toilette?
  a) Kommen Sie mit. Ich zeige es Ihnen.
  b) Dort in der Ecke.

5 Könnten Sie mir Ihren neuen Prospekt zeigen?
  a) Der neue Prospekt ist leider noch nicht fertig.
  b) Einen Moment, bitte. Ich hole einen.

SPRACHARBEIT

1 Um jemanden zu fragen, ob Sie etwas haben oder tun können, haben Sie verschiedene Möglichkeiten: *Kann ich ... ?* oder *Darf ich ... ?* (Formen der Verben *können* und *dürfen*).
Um jemanden um Hilfe zu bitten, können Sie fragen: *Können Sie ... ?*
Noch höflicher ist es zu fragen: *Könnte ich ... ?* oder *Könnten Sie ... ?*

2 *können* und *dürfen* sind **Modalverben**. Ihnen folgt meistens ein zweites Verb im **Infinitiv**.
Was fällt Ihnen an der Stellung des Infinitivs im Satz auf?
Kennen Sie andere Modalverben?

▶ 6.4

D PARTNER A: Formulieren Sie Bitten mit Hilfe der Stichwörter unten.
PARTNER B: Reagieren Sie auf die Bitten Ihres Partners.

1 mir etwas Papier geben?
2 nach Deutschland anrufen?
3 Wo/der Fotokopierer?
4 ein Taxi für mich rufen?
5 Wo/meinen Koffer abstellen?
6 ein Fax an meine Firma schicken?
7 einen Taschenrechner haben?
8 mir etwas über die Firma erzählen?

der Fotokopierer ▶

◀ *das Telefaxgerät*

▼ *der Taschenrechner*

E Sie betreuen eine/n Deutsch sprechende/n Besucher/in.
PARTNER A benutzt Datenblatt A2, S. 148.
PARTNER B benutzt Datenblatt B2, S. 156.

13

KAPITEL 1

1.3 Darf ich vorstellen?

A 1 Können Sie diese Funktionsbezeichnungen raten?

| Leiter Marketing | Exportleiter | Leiter Qualitätssicherung |

| Produktionsleiter | Leiter Finanz- und Rechnungswesen | Personalleiter |

2 Sprechen Sie die Wörter nach.

B 1 Frau Brett stellt Herrn Becker ihren Arbeitskollegen vor.
Was ist ihre Stellung im Betrieb? Ordnen Sie zu.

1 Herr Olson   a) technischer Leiter
2 Frau Brett   b) Leiterin Vertrieb und Marketing
3 Frau Scheiber   c) Werksleiter
4 Herr Doil   d) Geschäftsführer
5 Herr Boltmann   e) Chefsekretärin

2 Welche Stellung hat Herr Becker bei Norco?

SPRACHARBEIT

Schauen Sie sich diese Beispiele an.
   Der Leiter – **die** Leiter**in**   der Sekretär – **die** Sekretär**in**
Wie bildet man feminine Berufsbezeichnungen?   ▶ 2.2

C Sie betreuen eine/n Deutsch sprechende/n Firmenbesucher/in.
Stellen Sie ihn/sie einigen Kollegen/Kolleginnen vor.
Benutzen Sie die Stellenbezeichnungen aus **A** und **B**.

Herr/Frau [Müller], darf ich vorstellen? Das ist ...
   der/unser [Geschäftsführer], Herr ...
   die/unsere [Vertriebsleiterin], Frau ...
   mein Chef, Herr ... . Er ist [Exportleiter] bei uns.
   meine Kollegin, Frau ... . Sie ist ...

Wie bitte?   Sehr angenehm/erfreut.
Wie war der/Ihr Name (noch mal)?   Freut mich (sehr).
                                    Guten Morgen/Tag.

Und das ist | Herr [Müller], unser neuer [Vertreter].
            | Frau [Stein]. Sie ist von der Firma [Lasco].

D 1 Sprechen Sie das Alphabet nach.

A a   B e   t C e   D e   E e   e F   G e   H a   I i   J ot   K a   e L   e M
e N   O o   P e   Q u   e R   e S   T e   U u   V au   W e   i X   Y psilon   Z ett

Ä = A-Umlaut   Ö = O-Umlaut   Ü = U-Umlaut   ß = Eszett

2 Buchstabieren Sie Ihrem Partner Ihren Namen und den Namen von einem Bekannten
bzw. Familienangehörigen. Hat Ihr Partner die Namen richtig geschrieben?

14

HERZLICH WILLKOMMEN!

E Die meisten Geschäftsleute haben eine Karte, die sie bei der Vorstellung überreichen. Lesen Sie die Visitenkarten unten. Welche Informationen geben sie? Zum Beispiel: Name, Stellung im Betrieb, Beruf …

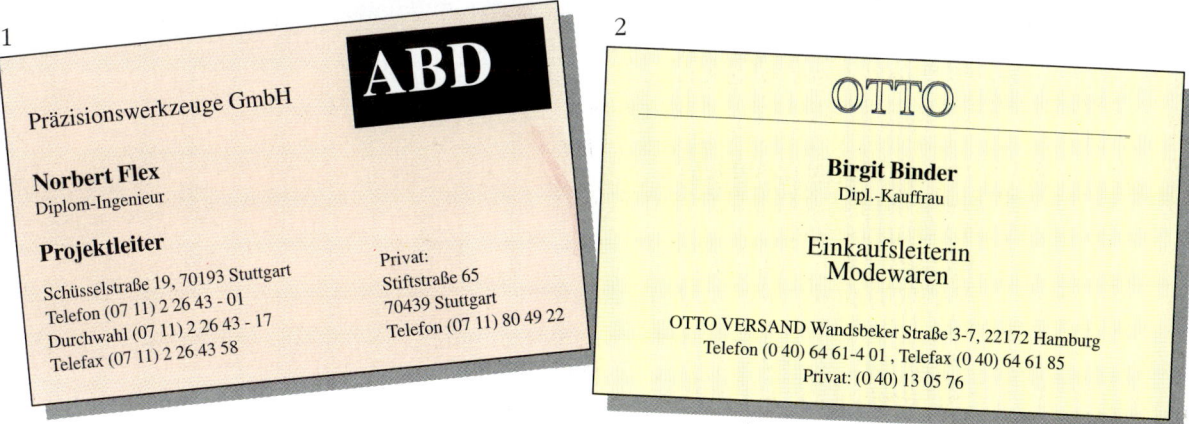

> **SPRACHARBEIT**
>
> Schauen Sie sich diese Beispiele an.
>   Herr Olson ist (der) Geschäftsführer bei Norco.
>   Herr Flex ist Diplom-Ingenieur. Er ist Projektleiter bei der Firma ABD.
> Wie lauten die Regeln für die Verwendung von Artikeln bei Berufsbezeichnungen? ▶ 3.6

F 1 Stellen und beantworten Sie Fragen über die Kartenbesitzer oben, z.B.:

    Wie ist sein/ihr Name? / Wie heißt er/sie (mit Nachnamen)?
    Bei welcher Firma ist/arbeitet er/sie?
    Was ist seine/ihre Stellung/Position im Betrieb?
    Was ist er/sie von Beruf?
    Wo ist der Sitz der Firma? / Was ist die Adresse der Firma?
    Was ist die/seine/ihre Telefonnummer/Büronummer/Durchwahl/Faxnummer?
    Was ist seine/ihre Privatadresse/Privatnummer?

Wenn Sie die Antwort nicht verstehen, sagen Sie z.B.:

    Es tut mir Leid, das habe ich nicht verstanden.
    Können Sie das bitte wiederholen/langsamer sagen/buchstabieren?

2 Tauschen Sie Informationen über Mitarbeiter bei anderen Firmen aus.
    PARTNER A benutzt Datenblatt A3, S. 148.
    PARTNER B benutzt Datenblatt B3, S. 156.

> **SPRACHARBEIT**
>
> Hier sind zwei Beispiele für **Possessivpronomen**.
>   Das ist **meine** Chefin.   Wie ist **sein** Name?
> Wie viele andere Beispiele können Sie finden?
> Warum haben sie verschiedene Endungen? ▶ 3.8

G Informieren Sie sich über Ihre Nachbarn im Kurs. Fragen Sie z.B.:

    Wie ist Ihr Name?   Sind Sie bei einer Firma?   Was sind Sie von Beruf?
    Woher kommen Sie?   Was ist Ihre Position?

Dann stellen Sie Ihre Nachbarn einander vor. Geben Sie möglichst viele Informationen über sie an.

KAPITEL 1

1.4 Das Programm ist wie folgt ...

A **1** Frau Brett erklärt Herrn Becker das Tagesprogramm für seinen Besuch bei der Firma Norco. Wie ist das Programm organisiert? Nummerieren Sie die Punkte in der richtigen Reihenfolge.
NB Zwei Punkte sind nicht im Programm.

- [ ] a) Besuch bei einem Kunden
- [1] b) Videofilm
- [ ] c) Produktpräsentation
- [6] d) Abendessen im Restaurant
- [4] e) Gespräch mit dem technischen Leiter
- [2] f) Betriebsbesichtigung
- [3] g) Mittagessen im Lokal
- [5] h) Sitzung der Marketing-Gruppe

„Zuerst sehen Sie einen Videofilm."

2 Hören Sie noch einmal zu. Welche Satzteile passen zueinander?

1 Zuerst   a) essen wir zu Mittag im Lokal.
2 Dann um 11.00 Uhr   b) nehmen Sie an einer Sitzung der Marketing-Gruppe teil.
3 Um 12.30 Uhr   c) haben Sie ein Gespräch mit dem technischen Leiter.
4 Um 14.00 Uhr   d) findet eine Betriebsbesichtigung statt.
5 Um 15.30 Uhr   e) gibt es Abendessen in einem Restaurant.
6 Abschließend   f) sehen Sie einen kurzen Videofilm über die Firma.

SPRACHARBEIT

1 Die 24-Stunden-Uhr wird für alle formellen und offiziellen Anlässe, z.B. für Abfahrtzeiten von Zügen, für Konferenzprogramme etc. verwendet. Im alltäglichen Gebrauch verwenden die Leute normalerweise die 12-Stunden-Uhr.   ▶ 9.1

2 Schauen Sie sich diese Satzpaare an. Was fällt Ihnen an der Stellung des **Prädikats** und des **Subjekts** im Satz auf?
   Sie sehen zuerst einen kurzen Videofilm.
   Zuerst **sehen Sie** einen kurzen Videofilm.
   Sie haben ein Gespräch mit dem technischen Leiter um 14.00 Uhr.
   Um 14.00 Uhr **haben Sie** ein Gespräch mit dem technischen Leiter.   ▶ 7.2

3 Im Deutschen bestehen viele Verben aus zwei Teilen. Man nennt sie trennbare Verben. Schauen Sie sich diese Beispiele an. Was geschieht mit jedem Teil des Verbs?
   Um 11.00 Uhr **findet** eine Betriebsbesichtigung **statt**. (stattfinden)
   Sie **nehmen** an einer Sitzung der Marketinggruppe **teil**. (teilnehmen)
   Kennen Sie noch andere trennbare Verben?   ▶ 6.5

B PARTNER A: Sie sind Frau Brett. Erklären Sie Herrn Becker das Programm.
PARTNER B: Sie sind Herr Becker. Stellen Sie Fragen über das Programm, z.B.:

(Entschuldigung,) was | machen wir | zuerst?
                      | mache ich | um 11.00 Uhr?

(Wie bitte,) wann | findet die Betriebsbesichtigung statt?
                  | sehen wir den Videofilm?

Mit wem | spreche ich?
        | habe ich ein Gespräch?

Wo essen wir | zu Mittag?
             | zu Abend?

16

HERZLICH WILLKOMMEN!

C Lesen Sie das Seminar-Programm. Beantworten Sie die Fragen.
(Wörter, die Sie nicht verstehen, finden Sie im Glossar.)

Die japanische Produktion

Programm

9.30	Anmeldung und Kaffee
9.45	Begrüßung (Dr. Jens Kovac, Handelskammer Bonn)
10.00	Lean Production, Konzepte und Lösungen (Dipl.-Ing. Udo Krämer, Nashiba Corp.)
11.00	Kaffee
11.15	Systemintegration – Traum oder Albtraum? (Prof. Inge Strohmeyer, Technische Hochschule, Darmstadt)
12.30	Mittagessen
13.30	Videofilm: Toyota in Europa
14.00	Zertifizierte Qualitätssicherung nach ISO 9000 (Dr. Reinhold Gurgl, Deutsches Institut für Normung, Berlin)
15.00	Tee
15.15	Qualitätskreise in der Produktion – Gruppendiskussion (moderiert von Dr. Helga Walter, Henssler GmbH, Augsburg)
16.30	Die Robotik der kommenden Jahre (Dr. Joachim Stern, Humboldt Universität, Berlin)
17.15	Abschluss

1 Worüber ist das Seminar?
2 Wann fängt das Seminar an? Wann hört es auf?
3 Wie viele Referenten gibt es?
4 Wann ist das Referat über Systemintegration?
5 Wie lange dauert der Videofilm?
6 Wann findet die Gruppendiskussion statt?
7 Worüber ist das Referat von Udo Krämer?
8 Worüber spricht Dr. Reinhold Gurgl?
9 Von welcher Organisation ist Dr. Gurgl?
10 Wer spricht um 16.30 Uhr?

D **1** PARTNER A: Sie organisieren das Seminar. Erklären Sie einem/einer Teilnehmer/in das Programm mit Hilfe dieser Ausdrücke.

Das Seminar ist über ... / Das Seminar hat den Titel ...
Das Seminar fängt um ... an. / Die Anmeldung ist um ...
Dann folgt die Begrüßung durch ...
Danach gibt es ein Referat über ... von ...
Um ... Uhr spricht ... zum Thema ...
Um ... Uhr gibt es Mittagessen/eine Kaffeepause.

PARTNER B: Schließen Sie Ihr Lehrbuch. Hören Sie Ihrem Partner zu.
Wenn Sie etwas nicht verstehen, fragen Sie z.B.:

Entschuldigung, worüber ist das Referat?
Was sagten Sie, wer spricht um 15.15 Uhr?

2 PARTNER A: Sie haben folgendes Problem: Ein Referent, Udo Krämer, fällt aus.
Ein anderer Sprecher, Dr. Rudolf Baum von der Handelskammer Hamburg, ist bereit, über das Thema „Die Null-Fehler-Produktion" zu sprechen. (Dauer 60 Minuten.)
Er kann aber erst nach 13.30 Uhr kommen.
Organisieren Sie das Programm neu, und erklären Sie es einem Teilnehmer.

PARTNER B: Hören Sie Ihrem Partner zu, stellen Sie eventuell Fragen und notieren Sie das neue Programm.

E Ein potenzieller Großkunde möchte Ihre Firma besuchen, bevor er bei Ihnen bestellt.
Er möchte den Geschäftsführer kennen lernen, die Produktionsanlage besichtigen und sich über die Qualitätssysteme informieren. Er möchte auch einen Ihrer etablierten Kunden besuchen. Außerdem spielt er gern Golf!
Stellen Sie ein Programm für seinen Besuch zusammen und erklären es ihm.

KAPITEL 1

1.5 Eine Betriebsbesichtigung

A Sehen Sie sich den Plan von Norco und die Bilder an. Wie heißen in Ihrer Sprache die Abteilungen bzw. Gebäude?

▲ *Vertrieb und Marketing*

▲ *das Konstruktionsbüro*

▲ *die Arbeitsvorbereitung*

Legende
01 das Verwaltungsgebäude
02 die Fertigungshalle
03 das Lager

▼ *die Fertigungshalle*   ▼ *das Lager*

◂ *der Wareneingang*

18

HERZLICH WILLKOMMEN!

B 1 Frau Brett und Herr Boltmann zeigen Herrn Becker die Firma Norco.
Welche Abteilungen bzw. Gebäude besuchen sie? Folgen Sie auf dem Plan.

2 Welche Abteilung bzw. welches Gebäude ist das?

1 „Hier koordinieren wir die Arbeit unserer Vertreter."
2 „Hier machen wir die Kontenführung."
3 „Hier kaufen wir das Material für die Fertigung ein."
4 „Hier entwerfen wir Designs für neue Modelle."
5 „Hier planen wir die Produktion für die kommenden Wochen."
6 „Hier fertigen wir die Produkte an."
7 „Dort testen wir unsere Produkte."
8 „Dort lagern wir die Fertigprodukte."

C Mit Hilfe der Sprachmuster und der Sätze in **B** führen Sie eine/n Besucher/in durch die Firma Norco.

> Hier/Das ist der Empfang/die Einkaufsabteilung/das Büro [des Geschäftsführers].
> Hier nebenan/Daneben/Gegenüber ist der Einkauf/die Buchhaltung/das Konferenzzimmer.
> Hier/Dort (rechts/links) | sehen Sie den Prüfraum/die Küche/das Konstruktionsbüro.
> Da drüben (in der Ecke) |
> Jetzt gehen wir rechts/links/durch diese Tür in die Fertigungshalle.

> Sehr | schön/nett/imposant/beeindruckend/modern/interessant.
> Das ist (aber) |
> Was für eine Abteilung/ein Zimmer/ein Gebäude ist das?
> Was macht man hier/dort?

> So, das wäre dann alles. Gehen wir zurück in das Verwaltungsgebäude/mein Büro?

D Stellen und beantworten Sie Fragen über diese Abteilungen mit Hilfe der Stichwörter unter den Bildern.

> Was für eine Abteilung ist das?   Was macht man hier?

der Kundendienst   die Personalabteilung   der Versand   das Ausbildungszentrum

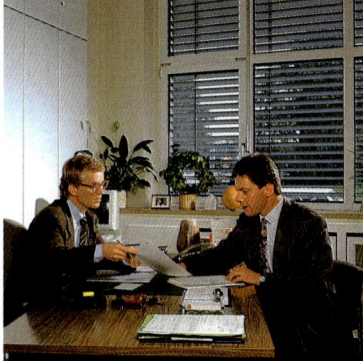

1 Waren/verpacken und ausliefern
2 Reparaturen/für die Kunden/ausführen
3 Lehrlinge/ausbilden
4 neue Mitarbeiter/einstellen

E Zeichnen Sie einen Plan Ihrer Firma/einer imaginären Firma, dann machen Sie eine Betriebsbesichtigung mit einem/einer Besucher/in. Erklären Sie, was die verschiedenen Abteilungen machen und beantworten Sie die Fragen Ihres Besuchers/Ihrer Besucherin.

19

Was wissen Sie schon über Deutschland?

Lesen Sie die folgenden Aussagen über das richtige Benehmen für die Arbeitswelt in Deutschland. Treffen sie auch für Ihr Land zu? Schreiben Sie: *Ja, Nein* oder *Es kommt darauf an.*

Verhaltensregeln in geschäftlichen Situationen

1 Man stellt sich mit dem Nachnamen bzw. mit dem Vornamen und Nachnamen vor.

2 In den meisten Firmen sagen die Mitarbeiter „Sie" zueinander und reden sich mit „Herr" oder „Frau" an.

3 Die übliche Anrede für eine unverheiratete Frau ist „Frau", nicht „Fräulein".

4 Es ist üblich, in der Anrede akademische Titel zu benutzen, zum Beispiel „Herr Doktor" oder „Frau Professor".

5 Bei der Begrüßung und beim Verabschieden gibt man sich die Hand.

6 Wenn man einen Besuch in einer Firma plant, muss man einen Termin vereinbaren und bestätigen. Pünktlichkeit ist sehr wichtig.

7 Im Büro bietet man einem Besucher/einer Besucherin Erfrischungen an, aber keinen Alkohol.

8 Wenn man einen Geschäftspartner nicht besonders gut kennt, ist es nicht üblich, Fragen über das Privatleben zu stellen. Man schätzt es, wenn ein Ausländer Interesse an Land und Leuten zeigt.

9 Im Geschäftsleben herrscht normalerweise ein eher ernsthafter Ton und eine gewisse Förmlichkeit. Informelles Verhalten kann unseriös wirken.

10 In einer Geschäftsbesprechung kommt man schnell zum wichtigen Punkt. Es ist nicht üblich, lange Konversation zu machen.

11 Klar seine Meinung zu sagen ist nicht unhöflich.

12 Privatleben und Geschäftsleben werden klar getrennt. Normalerweise spricht man außerhalb des Büros nicht über geschäftliche Dinge.

13 Es ist nicht üblich, Geschäftspartner oder Kunden zu sich nach Hause einzuladen. Meistens geht man in ein Restaurant.

14 Wenn man eine Einladung bekommt, kommt man genau zur vereinbarten Zeit an und bringt ein Gastgeschenk mit, z.B. Blumen für die Gastgeberin oder eine Flasche Wein. Man entfernt das Papier, bevor man die Blumen übergibt.

Lesen Sie die Fragen und wählen Sie die richtige Antwort.
Dann kontrollieren Sie Ihre Antworten mit dem Antwortschlüssel.

Quiz

Geschichte und Politik

1. Wann wurde die Bundesrepublik Deutschland gegründet?
   a) 1949
   b) 1953
   c) 1989

2. Wer war der erste deutsche Bundeskanzler?
   a) Konrad Adenauer
   b) Willy Brandt
   c) Ludwig Erhard

3. Warum ist der 3. Oktober 1990 ein wichtiger Tag in der deutschen Geschichte?
   a) Die Berliner Mauer fällt.
   b) Honecker, Kohl und Gorbatschow treffen sich zu einem Gespräch am „Runden Tisch".
   c) Die DDR tritt der Bundesrepublik bei.

4. Wie heißt das deutsche Parlament?
   a) der Bundesrat
   b) der Bundestag
   c) der Nationalrat

5. Welche politische Partei war unter Bundeskanzler Helmut Schmidt an der Regierung?
   a) CDU/CSU
   b) FDP
   c) SPD

Wirtschaft

6. Was ist das Ruhrgebiet?
   a) ein schönes Erholungsgebiet
   b) ein wichtiges Industriegebiet
   c) ein romantisches Seengebiet

7. Wo liegt das deutsche „Silikontal"?
   a) zwischen Stuttgart und München
   b) zwischen Hannover und Berlin
   c) zwischen Dortmund und Düsseldorf

8. Welcher ist der wichtigste Seehafen Deutschlands?
   a) Friedrichshafen
   b) Nürnberg
   c) Hamburg

9. Wo hat die Deutsche Bundesbank ihren Sitz?
   a) in Berlin
   b) in Frankfurt am Main
   c) in Bonn

10. In welcher Stadt haben die Autohersteller Daimler-Chrysler und Porsche ihren Sitz?
    a) Stuttgart
    b) München
    c) Köln

Kultur und Wissenschaft

11. Wer schrieb das Drama „Faust"?
    a) Johann Wolfgang von Goethe
    b) Friedrich Schiller
    c) Bertolt Brecht

12. Wer ist Werner Herzog?
    a) ein Filmregisseur
    b) ein Schriftsteller
    c) ein Maler

13. Wer war Max Planck?
    a) der Gründer der Max-Planck-Gesellschaft zur Förderung der Wissenschaften
    b) ein bekannter Physiker
    c) ein klassischer Architekt

14. Wer trainierte die deutsche Fußball-Nationalmannschaft für die Weltmeisterschaft 1998?
    a) Jürgen Klinsmann
    b) Franz Beckenbauer
    c) Berti Vogts

15. Was ist die meistgelesene Tageszeitung in Deutschland?
    a) Spiegel
    b) Bild-Zeitung
    c) Frankfurter Allgemeine Zeitung

Allgemeines

16. Was ist der „ADAC"?
    a) ein Automobilclub
    b) eine politische Partei
    c) ein Fußballclub

17. Was ist die höchste Güteklasse für einen deutschen Wein?
    a) Eiswein
    b) Spätlese
    c) Qualitätswein

18. Was ist der „Grüne Punkt"?
    a) ein Abzeichen, das die Mitglieder der Grünen Partei tragen
    b) ein Kennzeichen für Verpackungen, die man recyceln kann
    c) eine Auszeichnung für umweltfreundliches Verhalten

19. Wie heißt die größte Telefongesellschaft Deutschlands?
    a) debitel
    b) Telekom
    c) Mannesmann Arcor

20. Wie heißt die Schweizer Währung?
    a) die Krone
    b) der Schilling
    c) der Franken

Was wissen Sie schon über Deutschland?

KAPITEL

2 Rund um die Firma

Am Ende dieser Lektion werden Sie in der Lage sein, Informationen über
- die Produkte eines Betriebes,
- Industriebereiche und Dienstleistungsunternehmen,
- die Höhe des Umsatzes und der Belegschaft eines Unternehmens,
- die Struktur eines Unternehmens und seinen Besitzer einzuholen und selbst zu geben.

Sie werden auch ein Unternehmen vorstellen können. Außerdem werden Sie etwas über die Struktur der deutschen Wirtschaft erfahren.

2.1 Was produziert die Firma?

A **1** Kennen Sie diese Firmen? Sprechen Sie die Namen nach.

2 Buchstabieren Sie diese Firmennamen.

B **1** Wofür sind diese Firmen bekannt? Ordnen Sie Firmen und Produkte einander zu.

1 Agfa   2 Rosenthal   3 Varta   4 BASF   5 Porsche

a) Porzellan   b) Batterien   c) Tonbänder und Videos
d) Sportwagen   e) Fotofilme

> **SPRACHARBEIT**
> Schauen Sie sich noch einmal die Produktbezeichnungen in **B** an. Wie viele Pluralformen finden Sie?   ▶ 2.3

2 Vergleichen Sie Ihre Antworten mit Ihrem Partner.

Kennen Sie den Namen Agfa?   ▶   Agfa? Sie machen (doch) Fotofilme.
Wofür ist Rosenthal bekannt?   ▶   Rosenthal ist (doch) für Porzellan bekannt.

C Mitarbeiter der folgenden Firmen sprechen über ihre Produkte.
Sehen Sie sich die Bilder rechts an und hören Sie zu. Was produzieren die Firmen?

1 Schwarzkopf   2 Grundig   3 Bayer   4 MAN   5 Siemens

Toilettenartikel/Kosmetika
Rasierwasser
Shampoo

Kraftfahrzeuge
Reisebusse

Elektrische Haushaltsgeräte
Kaffeemaschinen
Staubsauger

Arzneimittel/Gesundheit
Schmerzmittel
Husten- und Erkältungsmittel

Unterhaltungselektronik
Stereoanlagen
Fernsehapparate

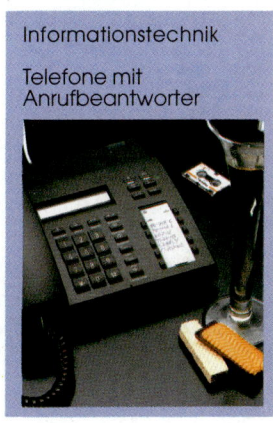

Informationstechnik
Telefone mit Anrufbeantworter

D Stellen und beantworten Sie Fragen über die Firmen in **C** und ihre Produkte.

Was produziert die Firma [Schwarzkopf]?
Was für Produkte hat [Grundig]?
Was stellt [Siemens] her?

▶ [Schwarzkopf] produziert [Toilettenartikel], zum Beispiel ...
Das ist eine Firma, die [Geräte der Unterhaltungselektronik] herstellt.
Die Firma stellt [Haushaltsgeräte] her, zum Beispiel ...

SPRACHARBEIT

Schauen Sie die folgenden Sätze an. Sie enthalten einen **Relativsatz**.
  Das ist ein Unternehmen, **das Arzneimittel produziert**.
  Das ist eine Firma, **die Reisebusse herstellt**.
Mit welchen Wörtern beginnen Relativsätze? Warum gibt es verschiedene?
Was geschieht mit dem Verb in einem Relativsatz?   ▶ 7.6

E 1 Ordnen Sie diese Produkte den Kategorien in **C** zu.

| Lieferwagen   Drucker   Hautcreme   Magenmittel   Lastkraftwagen   Haartrockner
  Videorekorder   Bügeleisen   CD-Player   Mikrowellengeräte   Vitamine
  Motorräder   Zahnpasta   Personalcomputer   Seife   Hustensaft   Parfüm
     Mobilfunktelefone   Kassettenrekorder   Kühlschränke |

2 Kennen Sie weitere Produkte in diesen Kategorien?

F Gibt es deutsche Produkte bei Ihnen zu Hause? In Ihrer Firma? In Ihrer Schule?
Was für Produkte und von welchen Firmen? Machen Sie eine Liste, dann vergleichen
Sie Ihre Liste mit anderen Kursteilnehmern.

2.2 Was für eine Firma ist das?

A 1 Die Aktivitäten einer Firma kann man nach Industriebranchen definieren. Welches Symbol passt zu welcher Branche?

a) die Pharmaindustrie
b) die Stahlindustrie
c) die Energiewirtschaft
d) die chemische Industrie
e) der Maschinen- und Anlagenbau
f) die Elektrotechnik und Elektronik
g) der Automobil- und Kraftfahrzeugbau
h) die Luft- und Raumfahrtindustrie
i) die Textil- und Bekleidungsindustrie
j) die Nahrungsmittelindustrie

2 Nennen Sie einige Produkte, die zu diesen Branchen gehören.

B Fünf Mitarbeiter erklären, in welchen Branchen ihre Firmen tätig sind. Ordnen Sie die Firmen den Branchen in **A** zu.

1 ThyssenKrupp   2 Hoechst   3 DaimlerChrysler   4 Mannesmann   5 VEBA

C 1 Vergleichen Sie Ihre Antworten in **B** mit Hilfe der Sprachmuster.

Was für eine Firma ist [ThyssenKrupp]?				
In	welcher Branche/welchen Branchen welchem Bereich/welchen Bereichen	ist	[DaimlerChrysler] die Firma	tätig? aktiv?

| [ThyssenKrupp] ist | ein führender [Technologiekonzern].
ein großer [Chemiekonzern].
ein namhaftes [Elektrounternehmen].
eine große [Mineralölgesellschaft].
ein internationaler [Mischkonzern] | Die Firma ist | im Bereich [Automobilbau]
in den Bereichen ... und ...
im [Maschinen- und Anlagenbau]
in der [chemischen Industrie] | tätig. |
| Wir stellen Komponenten für [die Kfz-Industrie] her. | | | | |

2 Stellen und beantworten Sie ähnliche Fragen über diese Firmen.

1 Braun   2 Deutsche Shell   3 Novartis   4 Milupa   5 Adidas

---

SPRACHARBEIT

1 Die Wörter *der Konzern* und *das Unternehmen* beziehen sich auf große Gruppen, während das Wort *die Firma* alles umfasst. *Gesellschaft* bezieht sich meistens auf die Rechtsform, z. B. AG = Aktiengesellschaft **oder** GmbH = Gesellschaft mit beschränkter Haftung

2 Warum haben die folgenden **Adjektive** unterschiedliche Endungen?
   ein **großer** Konzern   eine **große** Firma   ein **großes** Unternehmen

3 Im Deutschen bestimmen **Präpositionen** den Kasus des folgenden Nomens: Akkusativ, Dativ und (selten) Genitiv. Schauen Sie sich die Formen der Präpositionen in den folgenden Beispielen an.   ▶ 4.1, 4.4
   im (= in dem) Bereich Maschinenbau   **in** der chemischen Industrie
   In welchem Kasus stehen die Nomen, die hier der Präposition *in* folgen?   ▶ 5.4

RUND UM DIE FIRMA

D Manche Firmen produzieren nicht, sondern gehören zum Dienstleistungssektor.
Zu diesem Sektor zählen z.B. die Bereiche:
- Banken und Versicherungen
- Handel und Verkauf
- Verkehr und Kommunikation
- Touristik, Hotels und Gaststätten

1 Sechs Mitarbeiter beschreiben ihre Firmen. Was für Firmen sind es?
Ordnen Sie zu.

1 Lufthansa f
2 Aldi c
3 Neckermann d
4 Hertie e
5 Allianz b
6 Kühne und Nagel a

a) ist eine Speditionsfirma.
b) ist eine Versicherungsgesellschaft.
c) ist eine Supermarktkette.
d) ist ein Versandhaus.
e) ist ein Kaufhaus.
f) ist eine Fluggesellschaft.

2 Vergleichen Sie Ihre Antworten mit Ihrem Partner.

E **1** Lesen Sie die Auszüge aus Firmenanzeigen. In welchen Branchen sind die Firmen tätig?
Was für Produkte bzw. Dienstleistungen bieten sie an? Machen Sie sich Notizen.

WRIGLEY ist der weltweit größte Hersteller von Kaugummi.
Als deutsche Tochtergesellschaft sind wir für über 40 Länder in Europa,
Asien und Afrika verantwortlich.

ICI ist eines der führenden
internationalen
Chemieunternehmen mit 67.000
Mitarbeitern weltweit. In
Deutschland beschäftigen wir ca.
1.600 Mitarbeiter an

mehreren Standorten und
produzieren unter anderem
Kunststoffe und Folien, Farben
und Lacke, Industriesprengstoffe,
Spezialchemikalien und
chemische Grundstoffe.

Bad-Teppiche, Duschvorhänge
Wanneneinlagen, Accessoires

Wir sind ein im Markt führendes deutsches
Unternehmen und produzieren moderne, erfolgreiche
Heimtextilien. Unsere Produkte sind beim Fachhandel
seit Jahren gut eingeführt.

OTIS Aufzüge Fahrtreppen Service
Wir gehören zu den führenden Unternehmen der Branche
und stellen Spitzenerzeugnisse der technischen
Investitionsgüterindustrie her.

Wir sind die führende Versicherungsgruppe für
Unternehmer des Straßenverkehrsgewerbes.
Spediteure, Lagerhalter und Busunternehmer
vertrauen seit nunmehr 40 Jahren auf unsere
Dienstleistungen und Innovationen.
Eine Tatsache, auf die wir stolz sind!

2 Stellen und beantworten Sie Fragen über die Firmen mit Hilfe Ihrer Notizen.

F Was sind die wichtigsten Wirtschaftszweige in Ihrem Land? Wie heißen die größten Firmen
in diesen Zweigen? Was für Produkte bzw. Dienstleistungen bieten sie an?
Machen Sie eine Liste, dann vergleichen Sie Ihre Liste mit anderen Kursteilnehmern.

2.3 Wie groß ist die Firma?

A

1 Die Größe einer Firma schätzt man nach dem Umsatz und nach der Anzahl der Mitarbeiter. Das bedeutet große Zahlen! Lesen Sie folgende Zahlen.

13.400	dreizehntausendvierhundert
9.377.000	neun Millionen dreihundertsiebenundsiebzigtausend
38 042 000 000 / 38 042 Mio.	achtunddreißig Milliarden zweiundvierzig Millionen
17,5 %	siebzehn Komma fünf Prozent
5,26 Mrd.	fünf Komma zwei sechs Milliarden
1999	(im Jahr) neunzehnhundertneunundneunzig

2 Lesen Sie jetzt diese Zahlen vor.

1) 136.700   2) 55 673 000   3) 4 048 Mio.   4) 1.779.3 Mio.   5) 61,5 %   6) 1996

> **SPRACHARBEIT**
>
> Im Deutschen werden Dezimalzahlen mit einem Komma geschrieben. ▶ 8.3
> Tausende, Millionen, Milliarden, Billionen etc. werden durch eine kleine Lücke getrennt.
> Eine Milliarde = 1 000 000 000
> Eine Billion = 1 000 000 000 000 ▶ 8.1

B

1 Mitarbeiter der Firmen *Springer Sportmoden, BASF* und *Kessel Auto-Electric* sprechen über die Größe ihrer Firmen. Notieren Sie Branche, Umsatz und Mitarbeiterzahl.

2 Welche Firma ist a) ein großer Konzern? b) ein mittelständisches Unternehmen? c) eine kleine Firma?

C 1 Interviewen Sie diese Industriellen mit Hilfe der Sprachmuster (s. auch S. 24).

1 Prof. Dr. Joachim Milberg, Vorsitzender des Vorstands der BMW AG

Branche Automobilindustrie
Umsatz ca. 14 Mrd. €
Mitarbeiter ca. 80.000

2 Julian Horn-Smith, Vorsitzender des Vorstands der Mannesmann AG

Branchen Maschinenbau, Elektrotechnik, Telekommunikation, Handel
Umsatz ca. 20 Mrd. €
Mitarbeiter ca. 116.000

Wie hoch ist	der Umsatz von [BMW]?		Der Umsatz beträgt	(zirka)	... Mrd. Euro.
Was ist	Ihr Jahresumsatz?	▶	Wir haben einen Umsatz von	(über)	
Wie viel beträgt			Unser Umsatz liegt zwischen ... und ... Mrd. Euro.		

| Wie viele | Mitarbeiter hat die Firma? | ▶ | Wir beschäftigen (ungefähr) ... Mitarbeiter. |
| | Leute beschäftigen Sie? | | Wir haben (rund/etwa) ... Beschäftigte. |

2 Führen Sie zwei weitere Interviews.
PARTNER A benutzt Datenblatt A4, S. 148.
PARTNER B benutzt Datenblatt B4, S. 156.

D Der FAG-Konzern produziert Komponenten für verschiedene Industriebranchen.

FAG in Zahlen
Beträge in Mio. €

	1991	1993	1995	1997	1999
FAG-Konzern					
Umsatz					
- Gesamt	1 982	1 590	1 475	1 643	1 880
- Auslandsanteil	59 %	66 %	62 %	65 %	68 %
Beschäftigte (in Tsd.)					
- am Jahresende	34.675	16.164	15.985	15.995	17.588

1 Stellen und beantworten Sie Fragen zu den Zahlen in der Mehrjahresübersicht des FAG-Konzerns, z.B.:

Wie hoch war	der Umsatz	1993?
	der Auslandsanteil	im Jahre 1997?
Wie viele Mitarbeiter hatte die Firma		im Jahr 1999?

2 Vergleichen Sie die Zahlen für die verschiedenen Jahre, z.B.:

War	der Umsatz	[1993] höher oder niedriger als [1995]?
	der Auslandsanteil	[1997] höher als [1995] oder gleich hoch?
	die Zahl der Mitarbeiter	

3 Wie könnte man die Zahlen erklären? Wählen Sie eine passende Antwort aus der Liste.

Warum ist	der Umsatz	im Jahr ...	gestiegen?
	der Auslandsanteil	in den Jahren ...	gefallen?
	die Mitarbeiterzahl		

Das war eine Folge ...
der Rezession/des Wirtschaftsaufschwungs (in Deutschland/Europa).
der Akquisition/des Verkaufs einer Firma.
der Eröffnung/Schließung eines Werks.
der Umstrukturierung des Unternehmens.
der stärkeren/schwächeren Nachfrage (im Inland/Ausland).

SPRACHARBEIT

1 Wie bildet man den **Komparativ** von Adjektiven im Deutschen? Schauen Sie sich die Beispiele an.
niedrig – niedriger / stark – stärker / hoch – höher / schwach – schwächer

2 Im Deutschen verwendet man oft dort das **Perfekt**, wo man in anderen Sprachen (z.B. dem Englischen) das **Präteritum** verwenden muss. ▶ 4.9

          Hilfsverb + Partizip II
Der Umsatz **ist** 1999 **gestiegen**.
Das Perfekt wird meistens mit dem Hilfsverb *haben* + Partizip II gebildet. Bei Verben der Bewegung (z.B. *steigen/fallen*) wird das Hilfsverb *sein* verwendet. ▶ 6.7

3 Lesen Sie noch einmal die Beispielantworten in **D3**. Achten Sie auf die Form der Bestimmungswörter. Können Sie Genus und Kasus der nachfolgenden Nomen bestimmen? Was fällt Ihnen bei maskulinen Nomen in diesem Kasus auf? ▶ 3.3

E Tauschen Sie Informationen über Firmenergebnisse aus.
PARTNER A benutzt Datenblatt A5, S. 149.
PARTNER B benutzt Datenblatt B5, S. 157.

KAPITEL 2

2.4 Wie ist die Firma strukturiert?

A 1 Mit Hilfe der Informationen rechts beantworten Sie die Fragen über die BSH Bosch und Siemens Hausgeräte-Gruppe.

1 Was für eine Firma ist die BSH?
2 Was für Produkte stellt die Firma her?
3 Wem gehört die BSH?
4 Wo ist der Hauptsitz der BSH?
5 Hat die BSH andere Niederlassungen in Deutschland?
6 Nennen Sie einige Tochtergesellschaften der BSH im Ausland.
7 Wie heißt die Muttergesellschaft von Balay S.A., Zaragoza?
8 Welche Länder sind die wichtigsten Produktionsstätten?

SPRACHARBEIT

1 Eine *Tochtergesellschaft* ist die Untergruppe eines Unternehmens, bei der die Muttergesellschaft das ganze oder den größten Teil des Kapitals besitzt. Eine *Beteiligungsgesellschaft* ist eine Firma, die bis zu 50 Prozent am Kapital beteiligt ist. Oft werden diese beiden Begriffe synonym gebraucht.
2 Das Wort *Niederlassung* bezeichnet einen Teilstandort eines Unternehmens, wo sich die Produktion, der Verkauf oder der Kundendienst befinden kann. Dieser Begriff wird nicht verwendet, wenn man vom Standort einer Tochtergesellschaft oder Beteiligungsgesellschaft spricht. Das Wort *Standort* bezeichnet die geografische Lage, z.B. *Unsere Standorte in Deutschland*.

B Es ist nützlich, Wörter, die man oft im gleichen Kontext benutzt, zusammen aufzuschreiben. Sie können eine Liste machen oder die Wörter in einem Wortfeld aufschreiben, wie im Beispiel unten.
Ergänzen Sie die Lücken im Diagramm mit Wörtern aus dem Text. (Wörter, die Sie nicht verstehen, finden Sie im Glossar.)

SPRACHARBEIT

Die meisten Ländernamen haben keinen Artikel, z.B.
  Deutschland, Spanien, Griechenland
Einige werden jedoch mit einem bestimmten Artikel verbunden, z.B.
  die Schweiz, die Türkei (**Singular**)
  die Niederlande, die USA (**Plural**)
Können Sie alle Länder auf der umseitigen Karte (S. 29) benennen?   ▶ 3.5

C Stellen und beantworten Sie Fragen zu den Standorten der BSHG, z.B.:

Hat die BSH Standorte in Italien/in Albanien/in Norwegen?
Wie viele Standorte hat die BSH in den Niederlanden/in Ungarn?

BSH BOSCH UND SIEMENS HAUSGERÄTE GMBH

Gesellschaftsrechtliche Gliederung (Auszug)

Das Unternehmen

Die BSH-Gruppe ist mit den Sparten Spülen, Kochen, Kühlen/Gefrieren, Waschen/Trocknen und Consumer Products (Bodenpflege, Kleingeräte und Haustechnik) einer der führenden Hausgeräte-Hersteller. Ihre Zentrale ist München.

Die BSH ist die gemeinsame Tochergesellschaft der Robert Bosch GmbH und der Siemens AG. Diese Muttergesellschaften halten je 50 % des Kapitals der BSH. Zu Beginn des Jahrtausends erwirtschaftet die BSH-Gruppe etwa 65 % ihres Umsatzes im Ausland.

Zur Obergesellschaft, der BSH Bosch und Siemens Hausgeräte GmbH, gehören nicht nur Unternehmen in fast allen EU-Ländern, sondern auch in Osteuropa, Nord- und Südamerika, Südostasien, Afrika und den Vereinigten Arabischen Emiraten.

Nach Deutschland ist Spanien der zweitgrößte Produktionsstandort der BSH-Gruppe. Die neueste Fertigungsstätte ist ein Werk in Wuxi/China.

Für den Erfolg der Vertriebs- und Kundendienstgesellschaften wird der Einsatz von EDV (SAP) zum entscheidenden Faktor.

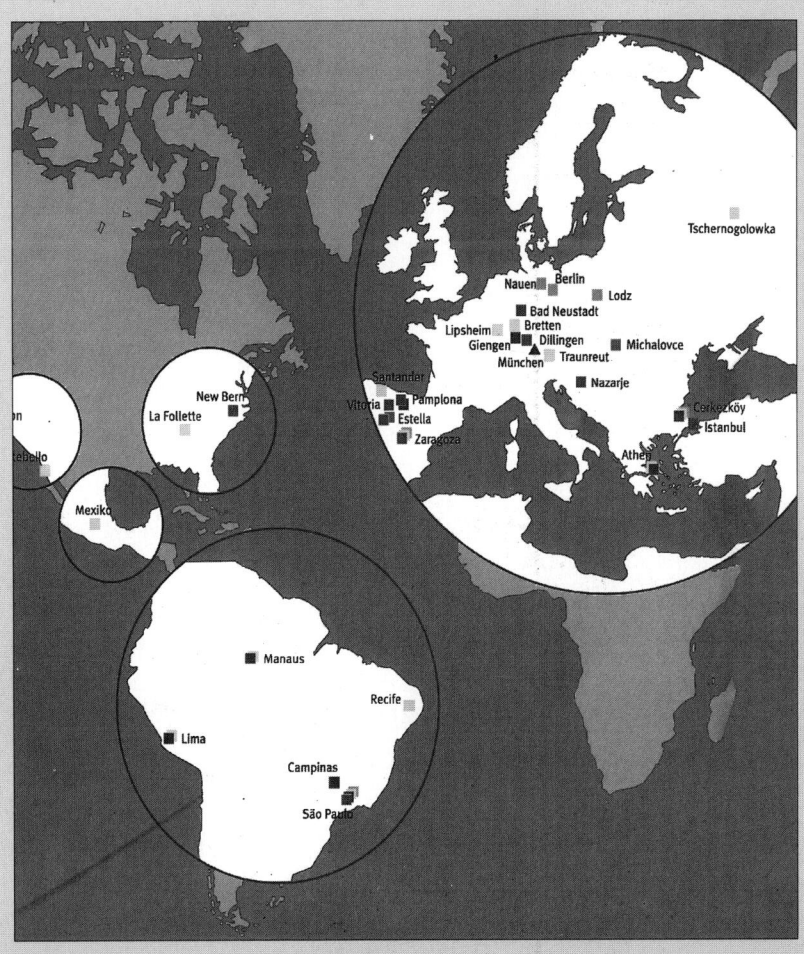

KAPITEL 2

AEG - ein Unternehmen im Wandel

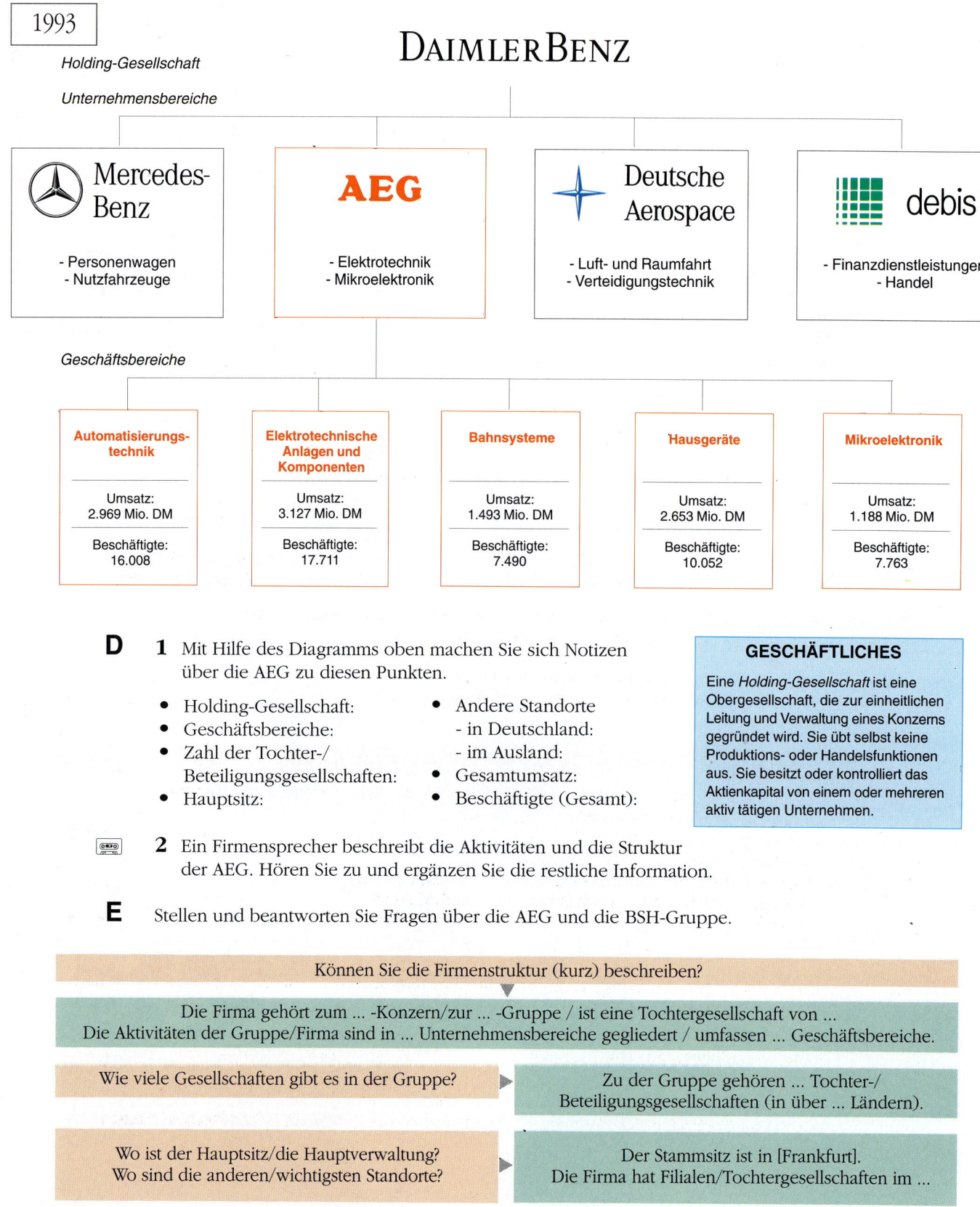

D 1 Mit Hilfe des Diagramms oben machen Sie sich Notizen über die AEG zu diesen Punkten.

- Holding-Gesellschaft:
- Geschäftsbereiche:
- Zahl der Tochter-/ Beteiligungsgesellschaften:
- Hauptsitz:
- Andere Standorte
  - in Deutschland:
  - im Ausland:
- Gesamtumsatz:
- Beschäftigte (Gesamt):

GESCHÄFTLICHES

Eine *Holding-Gesellschaft* ist eine Obergesellschaft, die zur einheitlichen Leitung und Verwaltung eines Konzerns gegründet wird. Sie übt selbst keine Produktions- oder Handelsfunktionen aus. Sie besitzt oder kontrolliert das Aktienkapital von einem oder mehreren aktiv tätigen Unternehmen.

2 Ein Firmensprecher beschreibt die Aktivitäten und die Struktur der AEG. Hören Sie zu und ergänzen Sie die restliche Information.

E Stellen und beantworten Sie Fragen über die AEG und die BSH-Gruppe.

Können Sie die Firmenstruktur (kurz) beschreiben?
Die Firma gehört zum ... -Konzern/zur ... -Gruppe / ist eine Tochtergesellschaft von ... Die Aktivitäten der Gruppe/Firma sind in ... Unternehmensbereiche gegliedert / umfassen ... Geschäftsbereiche.

Wie viele Gesellschaften gibt es in der Gruppe?	Zu der Gruppe gehören ... Tochter-/ Beteiligungsgesellschaften (in über ... Ländern).
Wo ist der Hauptsitz/die Hauptverwaltung? Wo sind die anderen/wichtigsten Standorte?	Der Stammsitz ist in [Frankfurt]. Die Firma hat Filialen/Tochtergesellschaften im ...

F Recherchieren Sie im Internet aktuelle Informationen über die AEG: www.AEG.com, www.welt.de (Stichwort „AEG" im „Welt Archiv"). Tauschen Sie Informationen über die Struktur von zwei weiteren Firmen aus. PARTNER A benutzt Datenblatt A6, S. 149. PARTNER B benutzt Datenblatt B6, S. 157.

2.5 Firmenpräsentation

A 1 Sie hören eine Präsentation über den Otto-Versand. Was für eine Firma ist das?

2 Hören Sie zu und machen Sie sich Notizen zu diesen Punkten.

- Branche:
- Produkte:
- Existiert seit:
- Zahl der Gruppenunternehmen:
- Standorte:
- Umsatz:
- Mitarbeiter:
- Aktivitäten in Großbritannien und Spanien

3 Hören Sie noch einmal zu. Welche von diesen Sätzen benutzt der Sprecher?

Einleitung Guten Morgen/Tag, meine Damen und Herren.
Herzlich willkommen in unserer Zentrale hier in [Hamburg].
Im Namen von ... möchte ich Sie hier im Hauptsitz herzlich begrüßen.

Vor der Betriebsbesichtigung möchte ich Ihnen die Firma vorstellen.
Zuerst möchte ich Ihnen kurz etwas über den Otto-Konzern erzählen.

zum Schluss Das war also ein kurzer Überblick über unsere Firma.
So viel zum Überblick.

um Fragen bitten Möchte jemand eine Frage stellen?
Hat jemand (weitere) Fragen (dazu)?

SPRACHARBEIT

1 Diese Beispiele beziehen sich auf ein Ereignis, das in der Vergangenheit begonnen hat und in die Gegenwart hineinwirkt.
Wie lange existiert diese Firma?   Die Firma existiert seit 1949.   ▶ 6.6
In welchen Zeitformen stehen die Verben?
2 Nach vielen Verben steht im Deutschen *zu* + Infinitiv, z.B.
Wir planen, die Marktposition in Osteuropa ... **auszubauen**.
Kennen Sie andere Verben, die diese Konstruktion erfordern?   ▶ 7.8

B Bereiten Sie sich darauf vor, die Firma VICTORINOX bzw. die Firma Canon zu präsentieren. Lesen Sie die Informationen auf S. 32 bzw. S. 33 und machen Sie sich Notizen zu bestimmten Punkten (ähnlich wie in **A**). Am besten schreiben Sie Ihre Notizen auf einzelne Karten, die Sie bei Ihrer Präsentation benutzen können.

C REFERENT: Mit Hilfe Ihrer Notizen machen Sie Ihre Präsentation.
GRUPPE/KLASSE: Hören Sie sich die Firmenpräsentation an und machen Sie sich Notizen. Stellen Sie eventuell Fragen, z.B.:

Darf ich eine Frage stellen? / Ich habe (noch) eine Frage, und zwar: ...
Entschuldigung, könnten Sie [den Umsatz] bitte wiederholen?
Könnten Sie etwas (mehr) über [Ihre Zukunftspläne] sagen?

D Präsentieren Sie Ihre eigene Firma oder eine Firma, die Sie kennen/die Sie recherchiert haben.

KAPITEL 2

VICTORINOX
SWITZERLAND
Das beliebte Werbegeschenk

www.victorinox.ch

Fabrik und Verwaltungsgebäude, Ibach-Schwyz (Schweiz)

Die Familienfirma VICTORINOX existiert seit 1884 und zählt heute zu den führenden und modernsten Messerfabriken der Welt. Unser Ziel ist, den Kunden mit preiswerten Qualitätserzeugnissen zu dienen. Sorgfältige und rationelle Fertigungsmethoden und erstklassige Rohmaterialien garantieren für höchste Qualität bei unseren Produkten.

Es gehört zur Familientradition des Unternehmens, nicht nur wirtschaftlichen Gewinn zu erzielen, sondern auch Arbeitsplätze zu sichern. Die 950 Mitarbeiter sind mehr als nur Personal: sie bilden eine Gemeinschaft.

Die roten VICTORINOX-Taschenmesser sind heute auf der ganzen Welt bekannt und beliebt. Das „Schweizer Offiziersmesser" ist in über 100 verschiedenen Varianten erhältlich. Es gilt auf der ganzen Welt als Inbegriff guter Qualitäts- und Präzisionsarbeit. Man findet es unter anderem auch in der Ausrüstung der deutschen Bundeswehr und der Space-Shuttle-Crew der NASA.

Die VICTORINOX-Taschenmesser sind die perfekte Lösung für Ihre Werbegeschenke, für Betriebs- und Arbeitsjubiläen, für Weihnachten, Ausstellungen und Verkaufsaktionen.

Auch die VICTORINOX-Haushaltsmesser sind sehr beliebt und die VICTORINOX-Metzgermesser geniessen Weltruf.

VICTORINOX hat Vertretungen in über 100 Ländern. Die wichtigsten Märkte sind die USA und Deutschland. VICTORINOX-Produkte erhalten Sie bei Ihrem Fachhändler.

Das Original „Schweizer Offiziersmesser"
Das Standardmodell mit 12 Standardwerkzeugen

Standard-Verpackung

Spezial-Verpackung
(gegen Mehrpreis)

Die Original „Schweizer Offiziersmesser" sind in Standard- oder Spezial-Verpackung erhältlich.

Haushaltsmesser

Metzgermesser

Canon

DIE CANON STORY

Was vor mehr als 60 Jahren mit einer kleinen Kameraproduktion in Tokio begann, ist zu einem Weltkonzern geworden: Canon. Fotosysteme sind heute jedoch nur ein Baustein des Erfolgs. Sie machen noch etwa 9 Prozent des Weltumsatzes von 19 Milliarden € aus. Büro- und Informationssysteme bestimmen das Geschäft von rund 80.000 Mitarbeitern in mehr als 120 Ländern der Welt.

Vor allem Spitzentechnologien in Sachen Bürokommunikation haben Canon zu einem der führenden Hightech-Konzerne gemacht. Kopier- und Lasertechnologie, optische Speicher oder innovative Drucksysteme aber auch ökonomische Solartechnologien zur Stromerzeugung und Ultrapräzisionsstepper für die Halbleiterproduktion von Canon genießen Weltruf. Für diese Aufgabenfelder und für die großen Herausforderungen des nächsten Jahrtausends forscht das Unternehmen international. Mit einem Etat, der im letzten Jahr rund eine Milliarde € umfasste. Seit nun genau 25 Jahren ist Canon auch in Deutschland aktiv. Hauptsitz der Canon Deutschland GmbH ist seit 1995 Krefeld. Rund 1000 Mitarbeiter sorgen im gesamten deutschen Markt für eine flächendeckende Betreuung.

Canon Deutschland GmbH 1999/2000

Markterfolg ist nicht allein eine Frage von überzeugenden technischen Leistungen. Kompetente Beratung und individueller Service sind ebenso wichtig. Die Vertriebs- und Servicestruktur von Canon richtet sich daher ganz nach einem differenzierten Verbraucherverhalten und der enormen Vielfalt der Produkte.

Canon Deutschland GmbH: Umsatzentwicklung 1989 - 1998

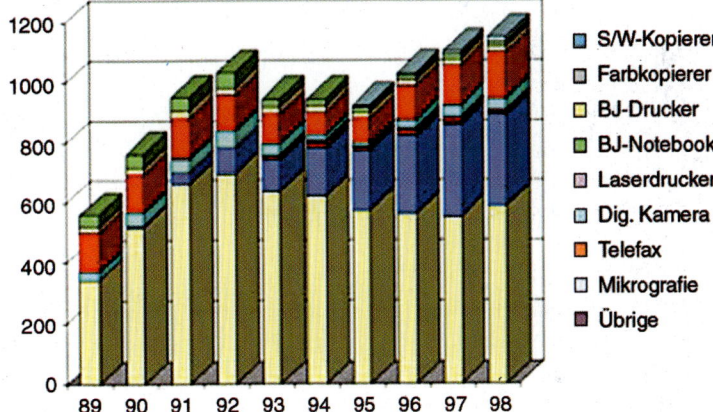

Wichtigstes Bindeglied zwischen Hersteller und Anwender ist nach wie vor der Büromaschinen-Fachhandel. Mehr als 450 qualifizierte Betriebe bieten im Namen von Canon in Deutschland ihre Dienste an. Mit Systemverwaltung, Schulung sowie flächendeckendem Wartungs- und Reparaturservice. Optimal unterstützt von der Krefelder Hauptverwaltung, die auch für die fundierte Ausbildung des technischen Personals sorgt, und den neun regionalen Niederlassungen. Sie sind die direkten Kooperationspartner für den unabhängigen Fachhandel bei Produkteinführungen oder gezielten Marketing- und Verkaufsaktivitäten.

Großabnehmer von Bürosystemen haben oft sehr spezielle Anforderungen an Verkauf und Unterstützung. Ein Marktsegment, das der Canon Direktvertrieb betreut. Ein dichtes Netz von Vertriebs- und Servicebüros sowie rund 250 Technikern stellt selbst umfangreiche Installationen und Wartungsleistungen jederzeit sicher – überall in Deutschland. Immer mehr Systemprodukte finden über EDV-Handelsfilialisten, Spezialversender sowie Cash-and-carry-Märkte den Weg zum Anwender.

Produktpalette 1998

Alle Besitzer von Canon Produkten können bei Fragen und Problemen von Canon direkt unterstützt werden. Hierfür sorgt das Hotline- und Info-Center in Krefeld. Dort erhalten Ratsuchende umgehend und unkompliziert individuelle Hilfe. Für kompetente Lösungsvorschläge, die Hard- und Software gleichermaßen betreffen, stehen an fünf Tagen in der Woche insgesamt 20 Mitarbeiter bereit.

Groß und Klein in der Wirtschaft

■ Die deutsche Wirtschaft ist vorwiegend mittelständisch strukturiert. Was bedeutet das?

www.bmwi.de
www.forum-mittelstand.de

Die deutsche Wirtschaft ist eine überwiegend mittelständische Wirtschaft. Rund 3,2 Millionen Unternehmen sind kleine oder mittlere Betriebe mit bis zu 500 Beschäftigten und einem Jahresumsatz von bis zu 50 Millionen Euro. (Im Dienstleistungsgewerbe und im Handel liegt die Umsatzgrenze bei 15 Millionen Euro.)
Kleine und mittlere Unternehmen ...

- *entscheiden über 45 % aller Investitionen.*
- *erarbeiten 45 % der Wirtschaftsleistung.*
- *erzielen 47 % aller Umsätze.*
- *beschäftigen 68 % aller Arbeitnehmer.*
- *bereiten 80 % aller Lehrlinge auf ihren künftigen Beruf vor.*

 www.ifm-bonn.org

■ Merkmale für die Unterteilung in Klein-, Mittel- und Großbetriebe sind z.B. die Zahl der Beschäftigten und der Umsatz. Ergänzen Sie die Tabelle mit Hilfe der Informationen im Text oben.

Betriebsgrößen: Klein-, Mittel- und Großbetriebe

Unternehmens-größe	Merkmal Zahl der Beschäftigten	Umsatz /Jahr
klein	bis 49	bis 500.000
mittel	50 bis 500	0,5 bis 50 Mio.
groß	500 und mehr	50 Mio. und mehr

1 Welcher Wirtschaftszweig gewinnt in Deutschland immer mehr an Bedeutung?
2 Gibt es in Ihrem Land einen Trend zu mehr Service-Branchen?

Wandel in der Wirtschaft

Diese Grafik ist einem Kurzbericht des IAB – Institut für Arbeitsmarkt- und Berufsforschung der Bundesanstalt für Arbeit – entnommen:

 www.iab.de

Weitere Informationen:

 www.statistik-bund.de
www.prognos.ch

▮ Fast alle Großunternehmen haben die Rechtsform einer **Aktiengesellschaft**. Mittelgroße oder kleine Firmen haben meistens die Rechtsform einer **Gesellschaft mit beschränkter Haftung**.
Was ist eine AG? Was ist eine GmbH? Wie unterscheiden sie sich?

Struktur einer AG

Zur Gründung einer **AG** sind mindestens fünf **Gesellschafter** und ein **Grundkapital** von DM 100.000 erforderlich.
Die **Aktien** einer AG kann man an der **Börse** handeln.
Eine AG hat zwei Führungsgremien, einen **Aufsichtsrat** und einen **Vorstand**. Der Aufsichtsrat ist das Kontrollorgan der AG. Er ist verantwortlich für langfristige Planung und überwacht den Vorstand. Er besteht aus Experten von außerhalb des Unternehmens und aus Vertretern der Arbeitnehmer. Die **Aktionäre** wählen den Vorsitzenden des Aufsichtsrats.
Der Vorstand leitet die AG unter eigener Verantwortung. Die Mitglieder des Vorstands werden vom Aufsichtsrat gewählt.

Struktur einer GmbH

Eine **GmbH** ist auch eine **Kapitalgesellschaft**. Sie muss mindestens zwei Gesellschafter und ein **Stammkapital** von DM 50.000 haben.
Eine GmbH wird von einer **Geschäftsführung** oder einem **Geschäftsführer** geleitet. Wenn sie mehr als 500 Mitarbeiter beschäftigt, hat sie auch einen Aufsichtsrat wie in der AG. Die meisten Unternehmen in Deutschland sind Gesellschaften mit beschränkter Haftung.

▮ Womit verdienen die Deutschen das meiste Geld? Und die Schweizer?

Die deutschen Umsatzspitzenreiter

Rang	Firma, Sitz	Wirtschaftszweig
1.	DaimlerChrysler AG, Stuttgart u. Auburn Hill	Verkehr, Finanzen
2.	Volkswagen AG, Wolfsburg	Auto
3.	Siemens AG, München	Elektro
4.	VEBA AG, Düsseldorf	Energie, Chemie
5.	Metro AG, Köln	Handel
6.	RWE AG, Essen	Energie, Bau
7.	Deutsche Telekom AG, Bonn	Telekommunikation
8.	Rewe-Gruppe, Köln	Handel
9.	BMW AG, München	Auto
10.	Edeka-Gruppe, Hamburg	Handel

@ www.welt.de („Wirtschaft")
@ www.top500.de (mit E-Mail-Adressen)

WOMIT DIE SCHWEIZER IHR GELD VERDIENEN

UNTERNEHMEN

1. **Migros** (Handel, Dienstleistung)
2. **Nestlé** (Nahrungsmittel)
3. **Glencore International** (Rohstoffhandel)
4. **ABB** (Anlagenbau)
5. **Novartis** (Pharma)
6. **Roche-Gruppe** (Pharma, Chemie)
7. **Richemont-Gruppe** (Luxusartikel)
8. **Richemont AG** (Luxusartikel)
9. **Adecco Gruppe** (Personaldienstleistung)
10. **Coop-Gruppe** (Handel)

@ www.handelszeitung.ch („aktuell")

Groß und Klein in der Wirtschaft

KAPITEL

3 Sich kennen lernen

In dieser Lektion lernen Sie, wie man
- eine Einladung ausspricht, annimmt oder zurückweist und ein Restaurant empfiehlt,
- ein Gericht von der Speisekarte auswählt, es bestellt und dafür bezahlt,
- sich über die Familie und das Zuhause unterhält,
- sich über Freizeitinteressen unterhält,
- Urlaubserfahrungen austauscht,
- nach Dingen fragt, die man unternehmen kann, oder Hinweise dazu gibt.

Sie werden auch etwas über einige Regionen in Deutschland erfahren.

3.1 Darf ich Sie einladen?

A **1** Einladungen zum Essen spielen eine wichtige Rolle im Geschäftsleben. In Deutschland lädt man Geschäftsfreunde meistens zum Essen im Restaurant ein. Es ist natürlich wichtig, ein passendes Restaurant zu wählen. Lesen Sie die Restaurantanzeigen unten. Welche Restaurants ...

1. bieten deutsche Küche / französische Küche / Fischspezialitäten an?
2. bieten eine elegante Atmosphäre / eine Terrasse im Freien / musikalische Unterhaltung / einen Blick auf den Main an?
3. sind sonntags geschlossen / bleiben bis 1.00 Uhr auf?
4. sind wahrscheinlich erstklassig / gut / preiswert?

2 In welches Restaurant würden Sie einen wichtigen Kunden zum Essen einladen?

RESTAURANTS

China Restaurant Lotus
Original Spezialitätenküche aus Hongkong und Peking
Elegante und gemütliche Atmosphäre mit Blick auf den Main
Untermainkai 17 - 60329 Frankfurt - Tel. 0 69 / 23 51 85
tägl. geöffnet v. 11.30-15.00 Uhr u. 17.30-24.00 Uhr - Sa., So. und feiertags geöffnet.

"Zum Kuhhirten – Turm" 28 Jahre
Speisegaststätte
Inh. E. Schlesinger
Wechselnde saisonbedingte Tages- und Frankfurtergerichte
Fisch – Fleisch – Wild
Warme Küche 11.30-14.30 Uhr u. 17.00-24.00 Uhr
Sonntag und Montag Ruhetag (außer an Messen)
Geschlossene Gesellschaft nach Vereinbarung
Tel. 0 69 / 61 75 89, Große Rittergasse 114, Frankfurt-Sachsenhausen

LA TRUFFE
»Savoir vivre« in Frankfurt
La Truffe: ... das anspruchsvolle Restaurant mit Vinothek bringt ein bisschen französische Lebensart nach Frankfurt.
Öffnungszeiten: Montag bis Freitag von 11.30 Uhr bis 14.30 Uhr und von 18.30 bis 24.00 Uhr
Samstag und Sonntag außerhalb der Messen geschlossen.
Wiesenhüttenpl. 28-38 • 60329 Frankfurt am Main • Tel. (069) 26970

Budweiser Budvar vom Faß — Restaurant Bingelsstube — Pfungstädter
- Gut bürgerliche Küche • Eisköstlichkeiten
- verschiedene Budweiser vom Fass
- gepflegte Räumlichkeiten für ca. 70 Personen
- Freiterrasse • Parkplätze

Di-Sa 11.00-14.00 Uhr
       17.00-24.00 Uhr
So   11.00-24.00 Uhr

Bingelsweg 1 • 65933 Frankfurt-Griesheim • Tel. 0 69/38 69 07
- Guten Appetitt -

Italienisches Ristorante Dei Medici
Lassen Sie sich mal verwöhnen!
Speisen Sie in romantischer Atmosphäre bei Klavierunterhaltung, es singt für Sie zwischendurch der Chef persönlich.
Wir bieten:
Verschiedene Vorspeisen, hausgem. Nudeln, Nudelgerichte, Fleisch,-u.Fischspezialitäten
Öffnungszeiten:
Mo. - So. ab 18.00 - 1.00 Uhr
Mittagstisch mit Menüwahl
Mo. - Fr. ab 12.00 - 14.30 Uhr
Ziegelhüttenweg 33, 60598 Ffm. Sachsenhausen
☎ 069 - 63 98 98, Fax 069 - 63 83 67
RESERVIERUNG ERBETEN!

SICH KENNEN LERNEN

B Manfred Weber besucht den Frankfurter Hauptsitz der Firma Morita Deutschland, die seinen Betrieb in Weimar übernommen hat. Sein neuer Chef, Herr Noske, lädt ihn zum Abendessen ein. Hören Sie dem Gespräch zu und beantworten Sie die Fragen.

1 Für wann ist die Einladung?
2 Welche von den Restaurants links empfiehlt Herr Noske?
3 Für welches Restaurant entscheiden sie sich? Warum?
4 Um wieviel Uhr wollen sie sich treffen? Wo?

> **KULTURELLES**
> Die Deutschen essen ziemlich zeitig, lieber um 19 Uhr als um 20 Uhr oder später. Dies kommt daher, dass der Arbeitstag früh beginnt und oft etwa gegen 12 Uhr zu Mittag gegessen wird. Manche Restaurants in Kleinstädten servieren nach 21.30 Uhr kein warmes Essen mehr.

C Laden Sie einen Geschäftsfreund zum Essen in Frankfurt ein.

Darf ich Sie (irgendwann) diese/nächste Woche zum Mittagessen/Abendessen einladen?

Gern, das ist sehr freundlich von Ihnen. / Das wäre (sehr) schön/nett.

Hätten Sie [am Mittwoch] Zeit? / Würde Ihnen [Freitagabend] passen?

Ja, das geht. / Ist gut.
Ja, da habe ich nichts anderes vor.

Es tut mir Leid, da kann ich nicht/da geht es nicht.
Da habe ich leider keine Zeit/bin ich beschäftigt.

Essen Sie gern [Französisch/Chinesisch]? / Möchten Sie [Fisch/Wild] essen?

Ja, sehr gern.

Mir schmeckt die [chinesische] Küche leider nicht.
Eigentlich esse ich lieber [deutsche Küche].

Dann empfehle ich das [französische] Restaurant [La Truffe].
Gehen wir (also) in ein [traditionelles deutsches] Restaurant, [Zum Kuhhirten-Turm].
Die Küche ist ausgezeichnet. / Die Atmosphäre ist sehr angenehm. / Der Service ist erstklassig.

Gut. / Prima. Wann und wo sollen wir uns treffen?

Treffen wir uns um [sieben Uhr] im Restaurant/vor dem Hotel.
Ich hole Sie um [halb sieben] mit dem Auto vom Hotel ab.

SPRACHARBEIT

1 Schauen Sie sich diese Formen der Verben *sein*, *haben* und *werden* genauer an.
   Das **wäre** schön.
   Hätten Sie am Mittwoch Zeit?
   Würde Ihnen Freitagabend passen?
   Dies sind Formen des **Konjunktiv II**, die Sie bereits in Lektion 1.2 kennen gelernt haben.
   (Möchten Sie? Könnte ich/Könnten Sie?)
   Wie werden sie gebildet?
   Warum werden sie hier verwendet?   ▶ 6.3

2 Vergleichen Sie die Adjektivendungen in diesen Beispielen.
   Ich empfehle **das** französisch**e** Restaurant ...
   Gehen wir in **ein** traditionell**es** deutsch**es** Restaurant.
   Warum ist am Ende von *französisch* ein -e, am Ende von *traditionell* und *deutsch* jedoch ein -es?   ▶ 4.3 - 4.5

3 Können Sie die temporalen, modalen und lokalen Angaben in diesem Beispiel erkennen?
   Ich hole Sie um halb sieben mit dem Auto vom Hotel ab.   ▶ 7.12

D Machen Sie eine Liste von Restaurants in Ihrer Stadt, in die Sie einen deutschsprachigen Besucher zum Essen einladen könnten. Dann laden Sie den Besucher zum Essen ein. Helfen Sie ihm/ihr, ein Restaurant zu wählen.

37

3.2 Guten Appetit!

A 1 Lesen Sie die Speisekarte rechts. Welche Gerichte kennen Sie?

2 Welche Definition passt zu welcher Speise auf der Speisekarte?

1 Das ist etwas, das man in eine Suppe tut, z.B. Fleisch, Nudeln oder Ei. *Einlage / Leberknödelsuppe*
2 Auf Englisch nennt man das einen „Hamburger". *Rinderbraten*
3 Das ist ein Blatt Weißkohl, mit Hackfleisch und Gewürzen gefüllt. *Kohlroulade*
4 Das ist eine Spezialität der Gegend: ein gekochtes Stück Bein vom Schwein.
5 Das sind rote Beeren, die man oft mit Wild isst. Sie schmecken etwas säuerlich. *Preiselbeeren*
6 Das ist eine Beilage, die man aus alten Brötchen macht. Ein anderes Wort dafür ist „Knödel". *Eisbein*
7 Das ist eine Art von Gelee aus roten Früchten. *Rote Grütze*

3 Machen Sie eine Liste von allen Abkürzungen auf der Speisekarte. Was bedeuten sie?

4 Wie viele Zubereitungsmethoden finden Sie? Z.B.: *gekocht*

5 Was würden Sie von der Speisekarte bestellen? Was würden Sie dazu trinken? Was würden Sie nicht bestellen? Warum nicht?

B Herr Noske und sein Gast, Herr Weber, sind in der Speisegaststätte „Zum Kuhhirten-Turm". Was bestellen Sie? Nehmen Sie die Bestellung auf.

C Sie essen mit einem Geschäftsfreund im Kuhhirten-Turm. Sprechen Sie über die Speisekarte und bestellen Sie beim Kellner. Der Kellner nimmt die Bestellung auf.

> Was nehmen Sie als Vorspeise/Hauptgericht?
> Was trinken Sie/wir dazu? (Wein oder Bier?)

> Ich nehme/möchte/probiere [die Hühnerbrühe].
> Können Sie (mir/uns) etwas/eine Vorspeise empfehlen?

> [Die Leberknödelsuppe] schmeckt sehr gut/lecker.
> Ich empfehle Ihnen [den Rinderbraten/das Eisbein].
> (Das ist eine Hausspezialität/Spezialität der Gegend.)

> Nein, so was mag/esse ich nicht gern.
> Das ist mir zu schwer/scharf.
> Da nehme ich lieber etwas anderes/Warmes/Kaltes.

> Herr Ober/Fräulein, wir möchten bestellen.

> Bitte schön, was bekommen Sie?

> Einmal/Zweimal [Hacksteak] und [ein Pils] dazu. / [Die Salatschüssel] für die Dame/den Herrn.
> Zu trinken nehmen wir/hätten wir gern [eine Flasche Riesling/den Trollinger/zwei Glas Rotwein].

SPRACHARBEIT

1 Der Dativ wird verwendet, um das **indirekte Objekt** eines Satzes deutlich zu machen (z.B. die Person oder Sache, für die etwas getan wird).
Schauen Sie sich die folgenden Beispiele an. Welche Regeln gelten für die Wortstellung?

	indirektes Objekt	**direktes Objekt**	
Können Sie	mir/uns	eine Vorspeise	empfehlen?
Ich empfehle	Ihnen	den Rinderbraten.	
Frau Brett bietet	dem Besucher	eine Erfrischung	an.
Sie holt	ihm	den neuen Prospekt.	

▶ 6.13

2 Beachten Sie, dass einigen Verben der Dativ folgt, wenn man eigentlich ein direktes Objekt im Akkusativ erwarten würde, z.B.
Passt **Ihnen** Freitagabend?
Können Sie **mir** helfen?
Er dankte **ihr** für den interessanten Rundgang.
Kennen Sie noch mehr solcher Verben?

▶ 6.14

"Zum Kuhhirten-Turm"

Heute zu empfehlen!!!

Vorspeisen:

Leberknödelsuppe	€ 4,00
Hühnerbrühe mit Einlage	€ 4,00
Feldsalat mit Nüssen und Croutons	€ 5,50
Avocado mit Garnelen gefüllt und franz. Brot	€ 8,50

Hauptspeisen:

Salatschüssel mit gekochtem Schinken, Ei und Schafskäse	€ 8,50
Hacksteak mit Röstzwiebeln, Salat und Bratkart.	€ 9,50
Pärchen Bratwurst mit Kraut und Brot	€ 9,50
Hühnerfrikassee mit Reis und gem. Salat	€ 11,50
hausgem. Kohlroulade mit Pfeffersauce, Salzkart.	€ 11,50
Champignonschnitzel mit Rahmsauce und Reis	€ 11,50
Backofenfrische Schweinshaxen mit Sauerkraut und Bratkart.	€ 12,50
Eisbein mit Sauerkraut und Salzkart.	€ 11,50
Rinderbraten mit feinem Gemüse und Salzkart.	€ 12,50
Schweinelendchen mit Ananas und Käse überbacken	€ 14,50

Wildspezialitäten:

1/2 Wildente entbeint mit Rotkraut, Preiselbeeren, Semmelkloß	€ 15,50
Wildschweinkoteletts mit Pilzen, Rotkraut, Bratkart.	€ 18,00
gegrillter Rehrücken mit frischen Pilzen, Preiselbeeren und Speckkart. ab 2 Personen Port. ab	€ 26,00

Fischgerichte:

Wildlachssteak oder Heilbuttsteak gegrillt auf Blattspinat mit Knoblauch überbacken und Salzkart.	€ 16,50

Beilagen: hausgemachte Bandnudeln	€ 3,00
oder Portion Reis	€ 3,00

Desserts:

Frische Heidelbeeren oder Pflaumenkompott mit Vanilleeis, Sahne	€ 7,00
Rote Grütze mit Sahne	€ 6,00

Getränke

Aperitifs

Campari Soda o. Orange	€ 4,00
Sherry	€ 3,50

Bier

Pils vom Fass	€ 2,50
Alkoholfreies Bier	€ 2,50

Offene Weißweine

97er Riesling »halbtrocken«	€ 3,50
98er Müller-Thurgau »trocken«	€ 3,50

Offene Rotweine

98er Astheimer Karthäuser	€ 3,00
97er Trollinger »trocken«	€ 4,00

Flaschenweine:
Bitte verlangen Sie unsere Weinkarte.

Alkoholfreie Getränke

Säfte (Orange, Apfel, Tomate)	€ 2,50
Apollinaris Mineralwasser	€ 2,50
Coca Cola	€ 2,00

Heiße Getränke

Tasse Kaffee	€ 2,00
Tasse Espresso, Cappuccino	€ 2,50

KAPITEL 3

D Nach der Hauptspeise kommt der Kellner wieder.
Wie beantwortet Herr Noske seine Fragen?

1 Hat es Ihnen geschmeckt?
   a) Ja, es war köstlich, danke.
   b) Schon gut, aber die Ente war etwas zäh.

2 Möchten Sie noch etwas bestellen?
   a) Nein danke, ich bin satt. Kann ich zahlen, bitte?
   b) Ich nehme noch eine Rote Grütze.
   Und bringen Sie mir die Rechnung, bitte.

3 Geht die Rechnung zusammen oder getrennt?
   a) Getrennt, bitte.
   b) Alles zusammen, bitte.

4 So, die Rechnung, bitte schön.
   a) So, stimmt so.
   b) Ich glaube, die Rechnung stimmt nicht.

E Welche Informationen können Sie dieser Rechnung entnehmen?

1 Wie viele Leute haben zusammen gegessen?
2 Was haben sie bestellt?
3 Ist die Rechnung inklusive/exklusive Mehrwertsteuer? Bedienung?
4 Stimmt die Rechnung? Überprüfen Sie sie.

Gartenlokal in Sachsenhausen.

Speisegaststätte "Zum Kuhhirten-Turm"
Inh. E. Schlesinger

Rechnung

03.04.2-
                        Kellner-Nr. 8

2x LEBERKNÖDELSU.   4,00   8,00
1x AVOC.   8,50   8,50
1x WILDSCHWEINKOT. 18,00 18,00
1x KOHLROUL.   11,50 11,50
1x HÜHNERFRIK.   12,50 12,50
2x TROLLINGER   4,00   8,00
1x ORANGENSAFT   2,50   2,50
3x APOLLINARIS   2,50   7,50
3x TASSE KAFFEE   3,00   9,00

S U M M E :   ------
                             85,50

Inkl. 16% MwSt. = 11,79 ======

Wir danken Ihnen für Ihren Besuch.

Im Gesamtbetrag sind Bedienungsgeld sowie die gesetzliche Mehrwertsteuer enthalten.

F GÄSTE: Sie möchten das Essen, das Sie in **C** bestellt haben, bezahlen. Rufen Sie den/die Kellner/in.
KELLNER/IN: Fragen Sie die Gäste, ob sie noch etwas bestellen möchten. Machen Sie die Rechnung fertig und geben Sie sie den Gästen.

G Stellen Sie eine Speisekarte zusammen, die für Ihr Land typisch ist. Empfehlen Sie einem deutschsprachigen Gast, was er/sie essen und trinken könnte, und erklären Sie ihm/ihr eventuell die Gerichte.

KULTURELLES

Die *Mehrwertsteuer* und die *Bedienung* sind in deutschen Restaurants bereits im Preis enthalten. Dennoch ist es üblich, ein zusätzliches Trinkgeld von etwa 5 – 10% zu geben.

SICH KENNEN LERNEN

3.3 Wohnung und Familie

A. 1 Herr Noske wohnt in Frankfurt, Herr Weber wohnt in Weimar. Was für Städte sind das?
Wie wohnt man Ihrer Meinung nach dort?
Antworten Sie mit Hilfe der Ausdrücke unten.

▼ *Weimar Markt*

◀ *Frankfurt Skyline*

> Das ist eine Großstadt/mittelgroße Stadt/Kleinstadt/ein Dorf.
> Das ist eine Industriestadt/ein Handelszentrum/Finanzzentrum/eine historische Stadt.
> Die Stadt ist bekannt/berühmt für ihre Verbindungen mit [Goethe]/ihre Wolkenkratzer.
> Die Stadt ist/Einige Stadtteile sind (sehr/ganz) schön/sauber/schmutzig/(etwas) heruntergekommen.
> Es gibt eine schöne Altstadt/viele/wenige architektonisch interessante Gebäude/Sehenswürdigkeiten/Grünflächen.
> Das kulturelle Angebot/Das Freizeitangebot ist groß/klein.
> Die Verkehrs- und Straßenverbindungen sind sehr/relativ gut/schlecht.
> Das Leben ist (sehr/ziemlich) teuer/billig/hektisch/ruhig. Es gibt viel/wenig Stress.
> Es gibt viel/wenig Verkehr/Kriminalität. Die Umweltverschmutzung ist ein großes/kein Problem.

2 Beschreiben Sie Ihre eigene Stadt.

B 1 Lesen Sie die Fragen und Antworten. Welche Antworten treffen auf Sie zu?

Wo wohnen Sie?	▶ In der Nähe des Stadtzentrums. / In der Altstadt. / Am Stadtrand. / Außerhalb der Stadt. / In einem Dorf.
Wie wohnt man dort?	▶ Es ist sehr schön dort/relativ ruhig. Es ist direkt am Park/fast im Grünen. Es ist nicht weit zum Bus/zur U-Bahn. Es gibt gute Einkaufsmöglichkeiten/Schulen.
Wie kommen Sie zur Arbeit?	▶ Mit dem Auto/Bus/Fahrrad/Zug/mit der U-Bahn/S-Bahn. Zu Fuß.
Wie wohnen Sie?	▶ In einer Wohnung/Doppelhaushälfte. In einem Einfamilienhaus/Reihenhaus.
Gehört die Wohnung/das Haus Ihnen?	▶ Ja, es ist eine Eigentumswohnung/das Haus gehört mir. Nein, es ist eine Mietwohnung/ein Mietshaus.
Wie groß ist Ihre Wohnung/Ihr Haus?	▶ Relativ klein. / Mittelgroß. / Groß. / Ungefähr 80/120/150 Quadratmeter. / Wir haben 3/4/5 Zimmer.

2 Welche Antworten sind für Herrn Weber und Herrn Noske richtig? Hören Sie zu.

41

IMMOBILIEN-MARKT

HÄUSER

180 m² Wohn- Nutzfläche für DM 760.000,- in begehrter Wohnlage direkt am Tierpark

Attraktives Einfamilienhaus, Altbau, 7 Zimmer, großzügiger Wohn-Essbereich mit ca. 38 m², 3 Schlafräume, Gästezimmer, Gäste-WC, Hobbyraum mit Weinkeller, Arbeitszimmer mit sep. Zugang, Wintergarten, 360 m² Garten mit Teich
M. Kuhfuss Immobilien, Tel 069/39 42 13

CAPITAL IMMOBILIEN

Attr. DHH, am westlichen Stadtrand, Wohnfl. ca. 150 m², ruh. u. sonn. S-Grundstück, 2 Balkone, Garage, wenige Gehminuten von S-Bahn, allen Einkaufsmöglichkeiten und Schulen entfernt, DM 644 800,-
Tel. 06192/36 77 88

F-Niederrad, Reihenhaus

Neubau, absolut ruhige Lage trotz guter Verkehrsverbindungen, 130 m² Wfl., Wohnküche, Keller, Dachausbau, Gäste-WC, Garage, ca. 190 m² SW-Garten, Terrasse
KP DM 498.000,-
IHS Immobilien, Tel. 069/38 35 80

EIGENTUMSWOHNUNGEN

Im Süden von Frankfurt, verkehrsgünstige Lage, 3 Zi.-ETW 100 m² Wfl., EBK, Westbalkon, Pkw-Stellplatz, Etagenheizung, 5. OG., Lift, **KP DM 385 000,-**
Privat 06910 / 93 06 98

MIETWOHNUNGEN

1 Zimmer-Whg., EG mit Gartenanteil, möbliert, EBK, Dusche, WC, Gasetagenheizung, Kabelanschluss, zentrale Lage, Miete DM 550,- + NK + Kt.
Tel. 069 / 75 13 51

Zentrumslage, helle 4 Zi-Whg., 110 m², Ausstattung: EBK, Gäste-WC, Abstellraum, Balkon, TG-Stellplatz, Nähe U-/S-Bahn, **DM 1700,- NK + Kt.**
Tel. 069/59 81 42

Zu vermieten: Zimmer

Möbliertes Zi. in Einfam.-Haus, 14 m², Bad-, Küchenbenutzung, Kühlschrank u. Kabel-TV i. Zi., 5 Min. m. Bus zur S-Bahn, DM 500,- inkl.
Tel. 069/75 13 41

Abkürzungen:

KP = Kaufpreis	EG = Erdgeschoss	NK = Nebenkosten
ETW = Etagenwohnung	OG = Obergeschoss	Kt. = Kaution
EBK = Einbauküche	TG = Tiefgarage	

C Mit Hilfe der Immobilienanzeigen und der Ausdrücke in **A** und **B** beschreiben Sie Ihr eigenes Haus/Ihre eigene Wohnung unter folgenden Gesichtspunkten.

• Haus-/Wohnungstyp • Lage/Wohnqualität • Wohnfläche/Zahl der Zimmer • Ausstattung

D Herr Noske und Herr Weber reden über ihre Familien. Welche Aussagen beschreiben ihre Familienverhältnisse?

1. Herr Weber hat zwei Töchter/einen Sohn und eine Tochter/keine Kinder.
2. Seine Frau ist Hausfrau/berufstätig.
3. Der Sohn von Herrn Noske ist 10 Jahre alt/wird bald 18.
4. Er geht noch zur Schule/lernt Industriemechaniker/studiert an der Universität.
5. Herr Noske hat zwei Schwestern/eine Schwester und einen Bruder/keine Geschwister.
6. Sein Schwager arbeitet bei Morita/ist im Moment arbeitslos.
7. Sein Neffe ist der Sohn von seinem Bruder/von seiner Schwester.
8. Herr Noske ist ledig/verheiratet/geschieden/verwitwet.

E Unterhalten Sie sich mit einem deutschsprachigen Gast über Heimatstadt, Wohnung und Familie. Bringen Sie eventuell Ihre eigenen Fotos mit!
PARTNER A benutzt Datenblatt A7, S. 150.
PARTNER B benutzt Datenblatt B7, S. 158.

SICH KENNEN LERNEN

3.4 Was machen Sie in Ihrer Freizeit?

A 1 Wenn man sich mit Geschäftsfreunden unterhält, ist die Freizeit immer ein gutes Gesprächsthema. Sehen Sie sich die Tabelle an: Von 1991–2000 hat sich das Freizeitverhalten kaum verändert. Welche Aktivitäten machen Sie in Ihrer Freizeit gern?

Freizeitverhalten – Freizeittätigkeiten

www.bat.de

Von je 100 Bundesbürgern üben regelmäßig aus (N = 2000 ab 14 Jahren)

	%		%
fernsehen	89	Ausflüge, Wochenendfahrt machen	27
Radio, Musik hören	76	heimwerken, basteln, sich mit dem Computer beschäftigen	21
Zeitung, Illustrierte lesen	76	in die Kneipe gehen	21
telefonieren mit Freunden	64	selbst Sport treiben, trimmen (joggen, Aerobik usw.)	19
sich mit Freunden treffen	53	Handarbeiten (stricken, nähen)	15
im Garten arbeiten	38	Sportveranstaltungen besuchen	13
Bücher lesen	36	tanzen, in die Disco gehen	12
Rad fahren	34	ins Kino gehen	10
spazieren gehen, wandern	33	in die Oper, ins Konzert, Theater gehen	5
Einkaufs-, Stadtbummel machen	32	Rock-, Pop-, Jazzkonzert besuchen	4
Besuche machen, Besuch bekommen	29	Museum, Kunstausstellung besuchen	4
essen gehen	28		

Quelle: B.A.T. Freizeit-Forschungsinstitut

2 Wie viele Arten von Fernsehsendungen können Sie nennen? Z.B.:

Sportsendungen, Spielfilme, die Nachrichten ...

3 Wie viele Sportarten können Sie nennen? Z.B.:

Skilaufen, kegeln, wandern ...

4 Haben Sie Freizeitinteressen oder Hobbys, die nicht auf dieser Liste stehen? Wie heißen sie auf Deutsch?

B 1 Herr Noske und Herr Weber sprechen über ihre Freizeitinteressen. Welche Fragen stellen sie?

Was machen Sie in Ihrer Freizeit?
Interessieren Sie sich für Musik oder Theater?
Gehen Sie gern ins Kino?
Was für Filme sehen Sie gern?
Haben Sie in letzter Zeit einen guten Film gesehen?
Sehen Sie viel fern?
Was für Sendungen sehen Sie gern?
Treiben Sie Sport?
Sind Sie sportlich aktiv?
Was für Sportarten treiben Sie?
Sind Sie Mitglied in einem Sportverein?
Wie oft treffen Sie sich?
Wie oft joggen Sie?
Haben Sie noch andere Hobbys?
Lesen Sie gern?
Welche Bücher lesen Sie am liebsten?
Wer sind Ihre Lieblingsautoren?

2 Hören Sie noch einmal zu. Was für Antworten geben sie?

C Sprechen Sie mit Ihrem Partner über Ihre Freizeitinteressen. Stellen und beantworten Sie ähnliche Fragen wie in **B**. Haben Sie etwas gemeinsam?

KAPITEL 3

D 1 Lesen Sie den Text über das Freizeitbudget der Deutschen. Was bedeuten die <u>unterstrichenen</u> Wörter? Können Sie sie auf Deutsch erklären?

2 Sehen Sie sich die Tabelle an. Welche Ausgaben (in Prozent) sind seit 1993 gestiegen/gefallen? Was könnten die Gründe dafür sein?

Freizeitbudget

Das Freizeitbudget der privaten <u>Haushalte</u> in Deutschland ist in den 90er Jahren wieder gestiegen. Je nach Einkommenssituation erreichen die Freizeitausgaben 10% bis 21% der <u>Haushaltsausgaben</u>.

2000 hatte ein durchschnittlicher Haushalt (d.h. eine Familie mit vier Personen, zwei Erwachsene und zwei Kinder) ein <u>ausgabefähiges</u> Einkommen von € 2.929 im Monat. Davon waren € 2.285 für <u>den laufenden Bedarf</u>, gespart wurden € 351. Die monatlichen Freizeitausgaben betrugen rund € 469, also cirka 16 % des ausgabefähigen Einkommens.

Das Freizeitbudget – 1993–2000
Jahresausgaben von Arbeitnehmerhaushalten
4 Personen, mit mittlerem Einkommen

	1993 €	1993 %	2000 €	2000 %
Urlaub	1 242	27,0	1 625	28,9
Auto für Freizeit	606	13,2	748	13,3
Sport, Camping	598	13,0	720	12,8
Radio, Video, Computerspiele	540	11,7	725	12,9
Bücher, Zeitungen, Zeitschriften	362	7,9	450	8,0
Garten, Haustiere	291	6,3	326	5,8
Spiele, Spielzeug	230	5,0	287	5,1
Foto, Film	122	2,6	129	2,3
Kino, Theater, Konzert	106	2,3	118	2,1
Heimwerken	40	0,9	39	0,7
Sonstige Ausg.	468	10,2	455	8,1
Insgesamt	4 605	100,0	5 622	100,0

Freizeit-Ausgaben-Trends
Über das künftige private Ausgabeverhalten für Freizeit und Tourismus kann man sagen:
- Der Anteil der Freizeitausgaben an den Haushaltsausgaben wird weiter wachsen, obgleich mit einer flacheren Kurve.
- Man wird das Geld für die Freizeit kritischer ausgeben, d.h., man wird sich weniger, aber dafür teurere Freizeitwünsche leisten.
- Nicht-materielle, besonders ökologische Überlegungen werden das Freizeitverhalten immer mehr beeinflussen.
- Es wird eine zunehmende Gruppe von Menschen geben, die sich viele Freizeitangebote und -produkte nicht mehr leisten können.
- Der Anteil an Senioren unter den Reisenden wird zunehmen.

@
www.statistik-bund.de

3 Lesen Sie die **Freizeit-Ausgaben-Trends**. Was sind Ihrer Meinung nach die Gründe für diese Trends? Z.B.:

Die Zahl der Arbeitslosen/Teilzeitarbeiter wird steigen.
Mehr Leute werden einen Nebenberuf haben.
Die Lebenskosten/Steuern werden steigen.
Die Kaufkraft wird stagnieren/sinken.
Das Umweltbewusstsein wird weiter wachsen.

SPRACHARBEIT

Unterstreichen Sie alle Beispiele des **Futurs** in dem Text Freizeit-Ausgaben-Trends. Wie wird es gebildet?
Achtung: Wenn Sie sich auf die Zukunft beziehen, können Sie das Präsens verwenden, z.B.
    Ich rufe Sie morgen an.
    Ich reserviere einen Tisch für Donnerstagabend.

▶ 6.10

E 1 Machen Sie eine Umfrage zum Thema Freizeit. Welche sind die drei beliebtesten Freizeitaktivitäten? Vergleichen Sie Ihre Ergebnisse mit der Tabelle in **A**.

2 Stellen Sie Ihre Freizeitausgaben grafisch in einer Tabelle dar. Vergleichen Sie Ihr Freizeitbudget mit dem Ihres Partners.

44

SICH KENNEN LERNEN

3.5   Wo waren Sie im Urlaub?

A 1   Das Hauptreiseland der Deutschen ist Deutschland. Einige beliebte Reiseziele sehen Sie unten. Ordnen Sie die Beschreibungen den Bildern zu.

▲ *Vesper im Weinberg*   *Sonne, Strand, Meer* ▶

▲ *Die Wald-Romantik erleben*   *Eisstockschießen in den Alpen* ▶

A 4
Bayern ist Deutschlands beliebtestes Reiseland. Hauptattraktionen sind die bayerischen Alpen – mit Deutschlands höchstem Berg, der Zugspitze – die malerischen Seen des Alpenvorlands, der Bayerische Wald mit dem ersten deutschen Nationalpark oder die Täler von Donau und Main.

B 2
Schleswig-Holstein liegt als einziges deutsches Bundesland an zwei Meeren: Nord- und Ostsee. Tausende von Touristen fahren an die Ostsee nach Lübeck oder Travemünde. Für einen Badeurlaub sind die Nordfriesischen Inseln sehr beliebt, darunter die Insel Sylt. Naturfreunde lockt der Nationalpark Wattenmeer an der Nordsee.

C 1
Das Gebiet rund um die Mosel ist nicht nur bekannt für seine landschaftlichen Schönheiten und sein angenehmes Klima, sondern auch für seine kulinarischen Spezialitäten und natürlich seinen Wein. Fast jede Stadt hat ihr Weinfest, das manchmal mehrere Tage dauert. Höhepunkte sind die Krönung einer Weinkönigin, ein Festumzug und abendliches Feuerwerk. Der Humor und die Kontaktfreudigkeit der Moselaner machen es Gästen leicht, fröhlich mitzufeiern.

D 3
Thüringen nennt man das „Grüne Herz Deutschlands". Der Thüringer Wald, mit seinen anziehenden Tälern und prächtigen Wäldern, ist ein vielbesuchtes Reiseziel von Wanderfreunden und Liebhabern der Natur. Attraktive Ausflugsorte sind auch die historischen Städte im Thüringer Becken, wie die über 1.250 Jahre alte Landeshauptstadt Erfurt, oder Eisenach, Geburtsort von Johann Sebastian Bach.

2   Welches sind die beliebtesten Ferienorte bzw. -gebiete in Ihrem Land? Warum sind sie beliebt?

3   Die Urlaubsgewohnheiten der Deutschen haben sich geändert. Früher ruhten sie sich lieber aus und lagen am Strand, heute bevorzugen sie den Aktiv-Urlaub mit viel Bewegung. Welche Art von Urlaub bevorzugen Sie? Den Strandurlaub, den Stadturlaub, den Aktiv-Urlaub? Warum?

KAPITEL 3

B 1 Österreich ist auch ein beliebtes Ferienland. Können Sie einige Reiseziele nennen?

2 Informieren Sie sich über St. Gilgen. Lesen Sie den Text aus einem Reiseprospekt.

1 Wo liegt dieser Ferienort?
2 Was für ein Ort ist das?
3 Was kann man dort machen?
4 Wo kann man dort wohnen?

ÖSTERREICH SALZKAMMERGUT

WOLFGANGSEE (550 m)

St. Gilgen ist ein bekannter Urlaubsort am Westufer des Wolfgangsees. Dieses malerische Städtchen, einst Wohnort der Familie Mozart, bietet seinen Gästen Ruhe und Erholung, aber auch viel Abwechslung. Machen Sie einen gemütlichen Stadtbummel durch die bunten Straßen und Gassen mit ihren faszinierenden Geschäften und schmucken Häusern. Besichtigen Sie die alte Kirche mit ihrem Zwiebelturm, den Mozartbrunnen, das Geburtshaus der Mutter Mozarts.

HOTEL JODLERWIRT und PENSION SALZKAMMERGUT

GASTHOF PENSION ZUR LINDE

Von der Uferpromenade genießen Sie den Blick über den See zum Schafberg. Fahren Sie mit der Seilbahn zum Zwölferhorn hinauf und wandern Sie in den umliegenden Bergen.
An sportlichen Aktivitäten steht der Wassersport im Vordergrund: Baden oder Surfen, Segeln und Rudern. Das Hallenbad mit Sauna und Solarium sowie Minigolf, Kegelbahnen und Fahrradvermietung runden das sportliche Angebot ab. Oder Sie können einfach am Strand in der Sonne liegen!
Konzerte im Park oder in der Kirche, Kinderfeste, Folkloreabende mit Musik und Tanz und vieles mehr erwarten Sie.
Kosten Sie die österreichische Küche und österreichische Weine in den vielen Restaurants und Cafés.
Machen Sie Tagesausflüge in die Mozartstadt Salzburg oder nach Wien und entdecken Sie diese traditionsreichen Städte.
Unsere gemütlichen, familiären Gasthöfe, Pensionen und Hotels liegen rund um den See. Noch mehr Auswahl gibt's in unserem neuen Katalog: Bauernhöfe und Ferienwohnungen für Selbstversorger!

3 Würden Sie diesen Ferienort wählen? Warum? Warum nicht? Sprechen Sie darüber mit Ihrem Partner.

SICH KENNEN LERNEN

C Herr Weber erzählt Herrn Noske von seinem letzten Urlaub, den er in St. Gilgen verbracht hat. Was ist richtig? Was ist falsch?

1 Herr Weber und seine Familie haben eine Woche in St. Gilgen verbracht.
2 Es hat ihnen sehr gut gefallen.
3 Sie haben in einer Familienpension gewohnt.
4 Sie sind viel in den Bergen gewandert.
5 Herr Webers Sohn ist auf dem See gesegelt.
6 Sie haben einen Tagesausflug nach Wien gemacht.
7 Abends ist Herr Weber mit seiner Frau oft ins Konzert gegangen.
8 Es hat viel geregnet.

SPRACHARBEIT

In gesprochenem Deutsch benutzt man vorzugsweise das **Perfekt**, um in der Vergangenheit Erlebtes zu beschreiben. Wie wird es gebildet? Schauen Sie sich die folgenden Sätze an. Können Sie eine Regel zum Gebrauch der Hilfsverben *haben* und *sein* ableiten?
   Wir **haben** einige Wanderungen in den Bergen **gemacht**.
   Wir **sind** viel in den Bergen **gewandert**.
   Ich **bin** auf dem See **gesegelt**.
   Ich **habe** die Gorch Fock **gesegelt**.   ▶ 6.7

D 1 Herr Weber fragt Herrn Noske nach seinem letzten Urlaub. Ergänzen Sie die Verben im Perfekt mit der richtigen Form von *haben* oder *sein*. Dann lesen Sie den Dialog mit Ihrem Partner und vergleichen Ihre Antworten.

■ Wo waren Sie letztes Jahr im Urlaub?
▶ Wir (1)... in die Türkei geflogen und (2)... zwei Wochen in Side verbracht.
■ Aha! Da war ich noch nie. Wie (3)... es Ihnen gefallen?
▶ Es war wunderbar. Wir (4)... uns richtig erholt!
■ Prima! Wo (5)... Sie denn gewohnt?
▶ Wir (6)... in einem Luxushotel gewohnt, direkt am Strand. Der Service war ausgezeichnet und das Essen (7)... uns sehr gut geschmeckt. Die Leute waren auch sehr freundlich.
■ Und was (8)... Sie dort gemacht?
▶ Natürlich (9)... wir viel am Strand gelegen und wir (10)... auch jeden Tag geschwommen. Wir (11)... die römischen Ruinen besucht, die direkt in Side sind. Wir (12)... auch einige Ausflüge mit dem Bus ins Landesinnere gemacht. Und abends (13)... wir durch die Bazars gebummelt. Es war ein sehr schöner Urlaub.
■ Und wie war das Wetter?
▶ Meistens herrlich, nur am letzten Tag (14)... es geregnet!
■ Wunderbar. Da muss ich auch mal hin! Und haben Sie schon Reisepläne für dieses Jahr?
▶ Ja, dieses Jahr wollen wir wahrscheinlich nach Spanien fahren.

2 Kontrollieren Sie Ihre Antworten anhand der Kassette.

SPRACHARBEIT

1 Suchen Sie alle Formen des **Partizip II** in **C** und **D**. Können Sie die Infinitiv-Formen bilden?
   Z.B.:
      gegangen – gehen   gewohnt – wohnen   ▶ 6.8
   Ordnen Sie nun die Verben danach, wie ihr Partizip II gebildet wird.
2 Sehen Sie sich in **D** die Beispiele für *sein* und *haben* als Vollverben an.   ▶ 6.9

E Wo und wie haben Sie Ihren letzten Urlaub verbracht? Tauschen Sie Ihre Urlaubserlebnisse mit einem Partner aus.

47

3.6 Was kann man hier tun?

A Sie sind auf Geschäftsreise in Frankfurt und haben einen freien Tag. Lesen Sie das Informationsblatt rechts und entscheiden Sie, was Sie am Tag/am Abend machen möchten. Dann vergleichen Sie Ihre Wahl mit Ihrem Partner, z.B.:

> Ich möchte den Römer besichtigen. Ich interessiere mich nämlich für deutsche Geschichte. Und Sie?

> Ich möchte einen Schaufensterbummel auf der Zeil machen. So was macht mir immer Spaß.

SPRACHARBEIT

Schauen Sie sich die folgenden Beispiele der **Passivform** im Text über Frankfurt an.
 Das Museum für Moderne Kunst **wurde** 1991 **eröffnet**.
 Der Palmengarten **wurde** 1869 von den Bürgern Frankfurts **gegründet**.
Das Passiv wird mit der entsprechenden Zeitform von *werden* und dem Partizip II des Verbs gebildet. Können Sie noch mehr Beispiele im Text finden?   ▶ 6.11

B 1 Herr Weber und Herr Noske sprechen darüber, was es in Frankfurt zu tun gibt.
Was möchte Herr Weber tun? Was empfiehlt Herr Noske? Suchen Sie die Orte auf dem Informationsblatt rechts.

2 Hören Sie noch einmal zu. Was sagt Herr Noske über
a) das Museumsufer?   b) die Zeil?   c) die Alte Oper?

SPRACHARBEIT

Die **Konjunktionen** *wenn* und *weil* leiten einen Nebensatz ein.

Nebensatz	**Hauptsatz**
Wenn Sie sich für Filme interessieren,	**könnten** Sie das Filmmuseum besuchen.
Hauptsatz	**Nebensatz**
Die Straße dort nennt man „Museumsufer",	**weil** es dort so viele Museen **gibt**.

Was geschieht mit dem Verb im Nebensatz?
Womit beginnt der Hauptsatz, wenn der Nebensatz an erster Stelle steht?
Beachten Sie, dass man Haupt- und Nebensatz immer durch ein Komma trennt.   ▶ 7.5

C Bilden Sie *Wenn*-Sätze mit Hilfe des Informationsblatts, z.B.:

Wenn Sie ...

einige Sehenswürdigkeiten besichtigen wollen,	könn(t)en Sie	[den Römer] besuchen.	
sich für Naturkunde/Kunst interessieren,	sollten Sie	ins [Naturmuseum]	gehen.
Andenken/Geschenke kaufen wollen,	müssen Sie	in die [Zeil]	
gern Oper/Jazz hören/ins Theater gehen,		nach [Sachsenhausen]	
Spezialitäten der Gegend probieren wollen,			

D Spielen Sie abwechselnd die Rolle von Gast und Gastgeber in Frankfurt.
Stellen Sie diese oder ähnliche Fragen.

> Was kann man hier tun/sehen?
> Wo kann ich am besten einkaufen gehen?
> Was kann man am Abend machen?

> Was möchten Sie machen?
> Haben Sie besondere Interessen/Wünsche?
> Es kommt darauf an, was Sie machen wollen/ wofür Sie sich interessieren.

PARTNER A benutzt Datenblatt A8, S. 150.
PARTNER B benutzt Datenblatt B8, S. 158.

E Machen Sie eine Liste von Dingen, die man in Ihrer Stadt sehen und tun kann, und beraten Sie einen deutschsprachigen Gast. Laden Sie ihn/sie eventuell zu etwas ein.

Frankfurt Welcome

Sehenswürdigkeiten

Alle interessanten Sehenswürdigkeiten liegen zentrumsnah und sind ohne Mühe zu Fuß zu erreichen. Besonders empfehlenswert:

der Römerberg
Frankfurts ältester Platz im historischen Zentrum der Stadt. Auf dem Römerberg fanden im 11. Jahrhundert erstmals Messeveranstaltungen statt.

der Römer
Das mittelalterliche Rathaus Frankfurts, seit 1405 Wahrzeichen der Stadt.

der Kaiserdom
Seit 1356 offizieller Wahlort und seit 1562 die Krönungsstätte der deutschen Könige und Kaiser.

St. Leonhard
Die älteste Kirche Frankfurts.

die Paulskirche
Die Paulskirche wurde 1789-1833 erbaut und war Sitz der ersten Deutschen Nationalversammlung 1848/49.

das Goethehaus
Hier wurde Deutschlands größter Dichter, Johann Wolfgang von Goethe, am 28.8.1749 geboren.

Unser Tip: Eine Stadtrundfahrt – täglich ab Römer oder Hauptbahnhof – oder ein individueller Stadtgang mit Walkman und Cassette.

Museen

Frankfurt hat fast 40 Museen. Acht davon finden sich am Ufer des Mains, genannt das „Museumsufer". Besonders empfehlenswert:

Historisches Museum
Besonders interessant ist das Altstadtmodell.

Museum für Moderne Kunst
Das Museum wurde von dem österreichischen Architekten Hans Hollein erbaut und 1991 eröffnet. Ein besonders spektakuläres Beispiel Frankfurter Museumsarchitektur.

Kunsthalle Schirn
Hier finden erstklassige internationale Wechselausstellungen statt.

Deutsches Filmmuseum
Das Kommunale Kino im Filmmuseum präsentiert täglich (außer montags) mehrere Vorstellungen.

Naturmuseum Senckenberg
Das größte Museum seiner Art in Deutschlands. Besonders sehenswert sind die riesigen Skelette der Donnerechsen und Saurier.

Öffnungszeiten: Alle Frankfurter Museen sind, außer montags, von 10 bis 17 Uhr geöffnet, mittwochs oft länger.

Einkaufsstraßen und Märkte

Einkaufen in Frankfurt ist angenehm und bequem. Die wichtigsten Einkaufsstraßen der Innenstadt sind:

die Zeil
Frankfurts berühmte Einkaufsmeile ist außerdem auch Fußgängerzone durch den Stadtkern. Auf der Zeil befinden sich fast alle großen Kauf- und Warenhäuser Frankfurts.

die Große Bockenheimer Straße / Goethestraße
Sie ist Frankfurts exklusive Einkaufszone. Hier findet man Niederlassungen internationaler Modeschöpfer und Juweliere. Die Große Bockenheimer Straße nennt man gleichzeitig auch die „Fressgass", weil hier eine Vielzahl von Delikatessenläden und Feinschmeckerrestaurants angesiedelt sind.

Die meisten Geschenk- und Andenkenläden findet man **unter der Hauptwache**, im **Bahnhofsviertel** und in **Sachsenhausen**.

Typische Souvenirs sind der Frankfurter *Äppelwoi*-Bembel, aus Steinzeug, blau bemalt, und das Bethmännchen aus Marzipan.

Wer Wochenmärkte liebt, kann samstagsvormittags den **Flohmarkt am Museumsufer** besuchen. Hier findet man alles vom wertlosen Gerümpel bis zur Antiquität.

Freizeit in und um Frankfurt

Frankfurt hat viele Grünflächen und Parks. Besonders beliebt sind Ausflüge in den ...

Frankfurter Zoo
Der ca. 11 ha. große Zoo wurde 1858 vom Tierarzt Max Schmidt gegründet.

Palmengarten
Der Palmengarten, 1869 von den Bürgern Frankfurts gegründet, zeigt tropische und subtropische Pflanzen. Besonders berühmt für seine Orchideensammlung.

Frankfurt und seine Umgebung bieten viele interessante Ausflugsmöglichkeiten. Attraktive Ziele für Tagesausflüge sind **das Taunusgebirge, Heidelberg, Rothenburg ob der Tauber** oder **Würzburg**.

Unser Tipp: Eine Schifffahrt auf dem Main oder Rhein.

Unterhaltung

Frankfurt bietet viele Unterhaltungsmöglichkeiten: Theater, klassische Konzerte, Ballett- oder Opernveranstaltungen, Kinos, Diskotheken, Musikkeller usw.
Für Kulturinteressierte:

die Alte Oper
Konzert- und Kongresshaus. International renommierte Konzertinterpreten gastieren regelmäßig hier.

die Stadtoper Frankfurt
das Schauspielhaus Frankfurt
Genauere Informationen über alle wichtigen Ereignisse findet man in den verschiedenen Veranstaltungskalendern oder in der Tagespresse.

Unser Tipp: ... besonders sehenswert:

Alt-Sachsenhausen
Frankfurts Vergnügungsviertel am südlichen Mainufer. Hier erlebt man die echte Frankfurter Atmosphäre. Traditionelle Lokale mit Frankfurter Spezialitäten wie *Äppelwoi* (Apfelwein), *Handkäs' mit Musik* (Käse mit Zwiebeln), Straßencafés, Jazzkeller.

Regionen in Deutschland

Wie in den meisten Ländern gibt es in Deutschland verschiedene Landschaftstypen, klimatische, wirtschaftliche, kulturelle und sprachliche Unterschiede zwischen den einzelnen Regionen.

1. Sehen Sie sich die Landkarte an. Können Sie die Städte nennen? Z.B.:
   D steht für *Düsseldorf* oder *Duisburg* oder ...
2. Lesen Sie die Kurzinformationen in den Kästen. Welche landschaftlichen Unterschiede gibt es zwischen den einzelnen Regionen? Was sind die wichtigsten Industriegebiete?
3. Können Sie einem Deutsch sprechenden Gast ähnliche Informationen über Ihr Land/Ihre Region geben?

12 Die Lüneburger Heide ist das bekannteste Naturschutzgebiet Norddeutschlands. Auf trockenem, sandigem Boden wachsen hier Heidekraut, Kiefern und Birken.

1 Hamburg ist der wichtigste Seehafen der Bundesrepublik und zugleich Deutschlands zweitgrößter Industriestandort. Es ist Zentrum eines Wirtschaftsraumes von 2,8 Millionen Menschen, mit Branchen wie Maschinenbau, Nahrungsmittel-, Textil- und Elektroindustrie.

11 An der Nordseeküste ist die Landschaft flach, wie in Holland. Zahlreiche Deiche schützen das Land vor der See. Die Menschen leben von der Seefahrt und der Fischerei. Der Dialekt dieser Region ist „plattdeutsch".

2 Sachsen ist das am dichtesten besiedelte, am stärksten industrialisierte der neuen Bundesländer (Maschinenbau, Automobilbau, Mikroelektronik). Hier liegt die traditionelle Messestadt Leipzig, die einer der wichtigsten Brennpunkte des friedlichen Widerstandes gegen das DDR-Regime war.

10 Das Ruhrgebiet ist Deutschlands wichtigstes Zentrum für Schwerindustrie (Kohle, Stahl, Kraftwerke) und ist gleichzeitig ein sehr dicht besiedeltes Wohngebiet mit rund 7,5 Millionen Einwohnern.

3 In Thüringen liegt Weimar, die Stadt, in der Goethe und Schiller lebten. Hier wurde die erste Republik gegründet, die „Weimarer Republik". Die Berge des Harz und der Thüringer Wald charakterisieren hier die Landschaft.

9 Das Land zwischen Rhein und Mosel ist bekannt für seine romantische Landschaft, seine Schlösser und Burgen und seine malerischen Weinorte. Rheinland-Pfalz erzeugt zwei Drittel der deutschen Weinernte.

Tiefland
Mittelgebirge
Alpenvorland
Alpen
◯ Industriegebiet

8 Frankfurt am Main ist das Finanzzentrum Deutschlands und ein wichtiger Messeplatz. Hier ist der Sitz der Europäischen Zentralbank, der Bundesbank und der Börse.

4 In den Alpen ist Tourismus die wichtigste Einnahmequelle. Hier liegt Garmisch-Partenkirchen, der bekannte Wintersportort, und die Zugspitze (2962m), der höchste Berg Deutschlands.

7 Der Schwarzwald, im Dreiländereck mit der Schweiz und Frankreich, ist eine reizvolle Mittelgebirgslandschaft und ein sehr beliebtes Urlaubsziel. Hier entspringt die Donau. Im Schwarzwald konzentriert sich die Feinmechanische Industrie.

6 Baden-Württemberg ist hochindustrialisiert und gehört zu den wirtschaftlich stärksten Bundesländern. In der Landeshauptstadt Stuttgart haben weltbekannte Unternehmen wie DaimlerChrysler, Porsche, IBM und Bosch ihren Sitz. Weitere wichtige Industriezentren sind Mannheim, Heidelberg und Karlsruhe.

5 Bayern ist das größte deutsche Agrarland. Heute ist die Landeshauptstadt München Zentrum einer zukunftsorientierten Wirtschaftsregion mit Elektro- und Elektronikindustrie, Auto- und Flugzeugbau als wichtigsten Branchen.

Regionen in Deutschland

Als Besucher beginnen Sie eine Unterhaltung am besten, indem Sie Interesse an Land und Leuten zeigen, und nicht mit einer persönlichen Frage oder Bemerkung. Die Deutschen sind mit Recht stolz auf ihr Land, ihre Geschichte, Kultur und ihren wirtschaftlichen Erfolg.

1. Stellen Sie sich vor, Sie besuchen einen Geschäftspartner in Berlin oder Bayern. Bereiten Sie einige allgemeine Fragen über das Land/die Stadt und die Bewohner vor, die Ihr Partner dann mit Hilfe des Textes beantwortet.
2. Stellen Sie ein kurzes Profil einer Stadt oder einer Region Ihres Landes für einen Deutsch sprechenden Besucher zusammen.

Berlin

Einwohner	3,4 Mio.
Landeshauptstadt	Berlin

Landtagswahl 1999	
CDU	40,8 %
SPD	22,4 %
PDS	17,7 %
Die Grünen	9,9 %
Die Republikaner	2,7 %
FDP	2,2 %

Bereits in den zwanziger Jahren war Berlin eines der wichtigsten kulturellen und wirtschaftlichen Zentren Europas. Seit 1991 ist Berlin wieder Hauptstadt des vereinten Deutschlands. 1999 zog der Bundestag von Bonn nach Berlin.

Berlin gilt mit Recht als die aufregendste Stadt Deutschlands. Für jeden Geschmack hat die Stadt ein passendes Angebot bereit: Es gibt in Berlin Tausende von Kneipen, Restaurants, Nachtlokalen, zahlreiche Einkaufszentren, über 50 Theater, drei Opernhäuser, die Berliner Philharmoniker, zahlreiche Museen, Galerien, Konzertsäle und mehr als hundert Kinos.

Berlin ist nicht nur die Kulturhauptstadt, sondern auch ein wichtiges Zentrum für Bank- und Finanzwesen sowie die größte deutsche Industriestadt. Besondere Bedeutung haben die Elektroindustrie, der Maschinenbau und die chemische Industrie.

Berlin ist eine Stadt am Wasser. Die beiden Flüsse Spree und Havel haben viele kleine Seen und Inseln gebildet und sind durch zahlreiche Kanäle miteinander verbunden. Berlin hat 1.662 Brücken!

Das Umland Berlins ist bekannt für seine Seen, Wälder und zahlreiche historische Sehenswürdigkeiten.

Kurfürstendamm. Im Hintergrund: Kaiser-Wilhelm-Gedächtniskirche

Die Mark Brandenburg, Potsdam mit seinen Parkanlagen und Schlössern, die von den preußischen Königen gebaut wurden, gehören zu den beliebtesten Ausflugszielen der Berliner.

Gibt es den „typischen" Berliner? Natürlich kann man nicht verallgemeinern, aber es gibt doch einige typische Eigenschaften: Die Berliner sind Großstadtmenschen, an Tempo gewöhnt, schnell in der Reaktion, weltoffen. Sie sprechen „Berlinerisch" und sind bekannt für ihren Witz und für ihre Schlagfertigkeit. Keine andere Stadt erfindet so viele neue Wörter!

Bayern

Einwohner	11,8 Mio.
Landeshauptstadt	München

Landtagswahl 1998	
CSU	52,9%
SPD	28,7%
Die Grünen	5,7%
Republikaner	3,9%
FDP	1,7

Bayern – da denkt man an Bauernhöfe mit blumengeschmückten Holzbalkonen, Kühe auf grünen Wiesen, im Hintergrund hohe Berge. Man denkt an Urlaub, Wandern, Bergsteigen und Skilaufen. Das alles gilt aber nur für den südlichsten Teil, nämlich für die Alpen.

Bayern bedeutet aber auch das fruchtbare Hügelland in Niederbayern (die bayerische Kornkammer südlich von der Donau) oder Weinberge und malerische alte Städtchen mit schmucken Fachwerkhäusern im Frankenland oder bewaldete Hügel und kleine Seen im Bayerischen Wald an der Grenze zur tschechischen Republik.

Neben der Landwirtschaft haben sich auch einige neuere Industrien angesiedelt, besonders Elektrotechnik und Elektronik. Eine alte Tradition hat in Bayern die Bierbrauerei.

Wie sind die Bayern? „Sie tragen alle Lederhosen, singen und jodeln bei jeder Gelegenheit und trinken Unmengen von Bier." Das ist natürlich ein Klischee, aber man kann sagen, dass die Bayern ursprünglich ein Bauernvolk sind und Sinn für Tradition haben. Sie schätzen Ruhe und Gemütlichkeit und mögen keine Hektik. Also eher Laptop und Lederhose?

Die überwiegende Mehrheit der Bevölkerung ist katholisch (Norddeutschland ist hauptsächlich protestantisch) und feiert gern farbenfrohe Feste. Der bayerische Dialekt, der auch in Teilen von Österreich gesprochen wird, ist nicht nur für Fremde schwer zu verstehen, sondern bereitet auch Nord- und Ostdeutschen Verständnisprobleme.

Oktoberfest im Bierzelt

KAPITEL

4 Am Arbeitsplatz

Die Lexik und sprachlichen Strukturen in dieser Lektion helfen Ihnen,
- den Aufbau und die Funktionen verschiedener Abteilungen in einem Unternehmen zu benennen,
- über Arbeitszeiten und Bezahlung zu sprechen,
- nach Orten in einem Gebäude zu fragen und entsprechende Wegbeschreibungen zu verstehen,
- über Arbeitsaufgaben und -abläufe zu sprechen,
- zu fragen und zu erklären, wie verschiedene Geräte im Büro funktionieren,
- Einstellungen zur Arbeit zu diskutieren.

Sie werden außerdem darüber informiert, wonach junge Leute in Deutschland in ihrem Beruf suchen.

4.1 Die Firmenorganisation

A 1 Sehen Sie sich das Organigramm der Maschinenbaufirma Rohrbach an. Welche Abteilungen kennen Sie schon?

KARL ROHRBACH GMBH

- Geschäftsführung (1)
  - Sekretariat
- Vertrieb (2)
  - Marketing/Werbung — Hans Hautmann
  - Außendienst — Erika Fritsch
  - Innendienst (3)
- Produktion (6)
  - Fertigung/Montage — Dieter Hahn
  - Versand — Klaus Riedel
  - Kundendienst — Uwe Schmidt
- Entwicklung/Konstruktion — Dr. Karl Seebach
  - Qualitätssicherung — Michael Ott
- Kaufmännische Abteilung (4)
  - Rechnungswesen/Buchhaltung — Anna Marx
  - Materialwirtschaft/Logistik (5)
    - Wareneingang/Lagerhaltung — Bernd Klee
- Personal — Erich Grimm
  - Personalverwaltung — Tania Wiegand
  - Ausbildung — Ulrike Weber
- Informationssysteme — Dr. Hanna Beck

2 Ergänzen Sie die Beschreibung der Firmenorganisation.

> Bei der Firma Rohrbach GmbH gibt es eine Geschäftsführung und sieben Hauptbereiche.
> Die Hauptbereiche sind: Vertrieb, Produktion, (1)..., Entwicklung und (2)..., die (3)...
> Abteilung, Personal und (4)...
> Der Bereich (5)... umfasst die Abteilung Marketing und Werbung, den Außendienst und den (6)...
> Die Produktion umfasst die (7)..., den Versand und den (8)...
> Zum kaufmännischen Bereich gehören die Abteilungen (9)..., (10)... und die Lagerhaltung.
> Der Bereich (11)... besteht aus den Abteilungen Personalverwaltung und (12)...

B 1 Wolfgang Wenz, ein Student, macht sein Praktikum bei Rohrbach. Der Personalleiter, Herr Grimm, erklärt ihm den Ablauf seines Praktikums.
Sehen Sie sich das Organigramm an. In welchen Abteilungen soll Herr Wenz arbeiten?

2 Hören Sie noch einmal zu. Schreiben Sie die im Organigramm fehlenden Namen auf.

AM ARBEITSPLATZ

C Stellen und beantworten Sie Fragen über das Personal von Rohrbach, z.B.:

| Wie heißt | (der/die) | Leiter/in Vertrieb? |
| Wer ist | | Abteilungsleiter/in Innendienst? |

Wer leitet die Produktionsabteilung/den Kundendienst?
Wer ist für das Personal/die Buchhaltung verantwortlich?

D Was für Funktionen haben diese Rohrbach-Abteilungen? Ordnen Sie zu.

1 Die Entwicklung/Konstruktion   a) beschafft das nötige Produktionsmaterial.
2 Die Fertigung/Montage   b) betreut die Kunden.
3 Die Materialwirtschaft/Logistik   c) verkauft die Produkte.
4 Der Vertrieb   d) fertigt bzw. montiert die Produkte.
5 Der Außendienst   e) entwickelt die Produkte und konzipiert Prototypen.

E Stellen und beantworten Sie Fragen zu den Funktionen anderer Abteilungen.

Welche Abteilung ...
1 beobachtet den Markt und den Wettbewerb?
2 schickt den Kunden Rechnungen?
3 ist verantwortlich für die Planung, Einrichtung und Betreuung der EDV-Systeme?
4 entscheidet über die Marketing-Strategie?
5 nimmt Rohmaterialien an, prüft und lagert sie?
6 versorgt die Kunden mit Ersatzteilen?
7 ist für die Fertigungsplanung und -steuerung verantwortlich?
8 ist für die Aus- und Weiterbildung der Mitarbeiter verantwortlich?
9 bearbeitet schriftliche und telefonische Aufträge?
10 verwaltet das Qualitätssicherungssystem im Gesamtbetrieb?

F 1 Ordnen Sie die Berufe den Kategorien im Schaubild zu.

KARL ROHRBACH GMBH
Mitarbeiterstruktur nach Berufen

- Kaufmännische Berufe (*Kauf/Verkauf*) / Verwaltung
- Datenverarbeitungsberufe
- Technische Berufe
- Handwerker
- Gewerblich-technische Berufe

Buchhalter/in	Industriemechaniker/in	Verpackungshelfer/in	Dreher/in
Diplom-Ingenieur/in	Programmierer/in		Technische/r Zeichner/in
Verkaufsberater/in	Service-Monteur/in	Einkäufer/in	Chemiker/in
Systemanalytiker/in	Industriekaufmann/-frau		Elektroniker/in
Lagerist/in	Architekt/in	Sachbearbeiter/in	Maurer/in

2 In welchen Abteilungen bei Rohrbach findet man diese Berufe?
Welche Berufe gibt es bei Rohrbach nicht?

G Welche sind Ihrer Meinung nach die wichtigsten Abteilungen bei folgenden Unternehmen?

- Versicherungsgesellschaft
- Automobilhersteller
- Chemieunternehmen
- Hersteller von Genussmitteln

53

4.2 Zeit und Geld

A 1 Der Praktikant Wolfgang Wenz fragt den Personalleiter Herrn Grimm nach den Arbeitszeiten bei der Firma Rohrbach. Ergänzen Sie die Lücken mit Hilfe der Wörter im Kasten.

| Kernzeit | Überstunden | Mittagspause | Schichtarbeit |
| Feiertage | gleitende Arbeitszeit | Urlaubstage | Feierabend |

Wie sind die Arbeitszeiten bei der Firma?	▶	In der Fabrik gibt es (1)..., aber in der Verwaltung haben wir (2)... . Die (3)... geht von 9.00 bis 16.00 Uhr.
Und wann kann man morgens anfangen?	▶	Man kann zwischen halb acht und neun Uhr anfangen und aufhören kann man zwischen 16.00 Uhr und 18.30 Uhr, außer freitags. Freitags machen wir schon um 16.00 Uhr (4)...
Wie viele Stunden muss man pro Woche arbeiten?	▶	37,5 Stunden einschließlich einer halben Stunde (5)...
Muss man auch (6)... machen?	▶	Die gibt es normalerweise hier in der Verwaltung nicht, aber in der Fabrik manchmal schon, wenn viel Arbeit da ist.
Eine Frage noch: Wie viele (7)... gibt es im Jahr?	▶	30, und die gesetzlichen (8)... kommen noch dazu.

2 Kontrollieren Sie Ihre Antworten anhand der Kassette.

SPRACHARBEIT

Schauen Sie sich die folgenden Zeitangaben an. Worin besteht der Bedeutungsunterschied?
  Freitags machen wir um 16.00 Uhr Feierabend.
  Am Freitag bin ich nicht im Büro.
Vervollständigen Sie die folgenden Paare:
  am Morgen/...   .../nachmittags   am Abend/...   ▶ 9.2

B Machen Sie eine Umfrage zum Thema Arbeitszeit. Fragen Sie andere Kursteilnehmer, z.B.:

(Wann fangen Sie mit der Arbeit an?)   (Wie lange machen Sie Mittagspause?)

Gibt es große Unterschiede?

@ www.iwkoeln.de

C 1 Anhand der Tabelle beantworten Sie die Fragen zu den durchschnittlichen Wochenarbeitszeiten in verschiedenen Ländern.

1. Wie viele Stunden arbeiten die Deutschen pro Woche? Und die Österreicher? Die Schweizer?
2. Vergleichen Sie die Arbeitswoche in Ihrem Land mit anderen Ländern. Ist sie länger, kürzer oder so lang wie bei Ihnen?
3. In welchen Ländern arbeitet man am meisten/am wenigsten?

Durchschnittliche Wochenarbeitszeit
eines Industriearbeiters in Stunden (2000)

Polen	40,5	Irland	39,0
Schweiz	40,5	Großbritannien	38,8
Japan	40,0	Niederlande	38,5
Griechenland	40,0	Österreich	38,4
Italien	40,0	Deutschland	37,8
Luxemburg	40,0	Norwegen	37,5
USA	40,0	Belgien	37,0

AM ARBEITSPLATZ

2 1950 arbeitete man in Deutschland durchschnittlich 48 Stunden pro Woche. Gibt es auch in Ihrem Land den Trend zu kürzeren Wochenarbeitszeiten? Glauben Sie, dass diese Entwicklung positiv oder negativ ist?

D 1 Herr Wenz stellt Herrn Grimm einige Fragen zu seiner Bezahlung. Welche Aussagen sind richtig?

1 Herr Wenz verdient € 500 pro Woche/pro Monat.
2 Das ist sein Bruttogehalt/Nettogehalt.
3 Als Praktikant bekommt er noch Wohngeld/Fahrgeld.
4 Angestellte bei Rohrbach bekommen zu Weihnachten eine Zulage/ein 13. Monatsgehalt.
5 Herr Wenz bittet um eine Gehaltserhöhung/ einen Vorschuss.

2 Vergleichen Sie diese Bedingungen mit Ihrem Land.

E 1 Wie viel man in Deutschland verdient, kommt auch auf die Branche an. Stellen und beantworten Sie Fragen zu dem Schaubild, z.B.:

Was ist der durchschnittliche Monatsverdienst [im Gastgewerbe/im Dienstleistungssektor]?

Ist der Monatsverdienst [im Handel/im öffentlichen Dienst] höher/niedriger als [in der Industrie]?

In welcher Branche verdient man mehr/weniger: [im Verkehrssektor] oder [im Baubereich]?

In welcher Branche verdient man das meiste/wenigste Geld? Welche Branche zahlt die höchsten/ niedrigsten Löhne?

2 Können Sie dieselben Fragen in Bezug auf Ihr Land beantworten?

Verdiener 2000

Durchschnittliches Bruttomonatseinkommen

3 196	Gastgewerbe
3 256	Dienstleistungen
4 119	Handel
4 400	Bau
4 572	Post, Verkehr
4 640	Öffentlicher Dienst
5 095	Industrie
5 420	Versicherungen, Banken

SPRACHARBEIT

1 Wie bildet man im Deutschen den **Superlativ** von Adjektiven und Adverbien?
Bilden Sie die Komparativ- und Superlativformen von folgenden Wörtern:
lang/kurz   hoch/niedrig   viel/wenig   früh/spät
2 Wie wird im Deutschen ein Vergleich ausgedrückt? Vervollständigen Sie das Beispiel:
Die Briten arbeiten ... viele Stunden pro Woche ... die Holländer   ▶ 4.9

F Vergleichen Sie Deutschland und Ihr Land in Bezug auf Arbeitszeiten, Urlaubstage, Einkommen usw., z.B.:

Die Arbeitswoche ist kürzer/gleich lang.
Wir fangen mit der Arbeit früher/später an.
Bei uns gibt es (nicht) so viele Urlaubstage wie in Deutschland.

KAPITEL 4

4.3 Wo ist das Büro?

Geländeplan

Plan des Verwaltungsgebäudes

2. Stock: H, D, Lernzentrum, Kantine / Personalleiter, Personalverwaltung, Ausbildung, Informationssysteme, Leiter Kaufm. Abt., Kaufmännische Abteilung

1. Stock: H, D, Leiter Qual., Produktionsleiter, Produktionsabteilung / Druckraum, Konstruktionsbüro, Technisches Büro, Leiter Entw./Konst.

Erdgeschoß: H, D, Kopierraum, Vertriebsabteilung, Vertriebsleiter / Empfang, Postraum, Konferenzimmer, Sekretariat, Geschäftsleitung

Legende
1 Fabrik
2 Materiallager
3 Prüflabor
4 Fertiglager
5 Verwaltung
6 Parkplatz für Personal
7 Parkplatz für Besucher

A 1 Sehen Sie sich den Geländeplan von Rohrbach an. Setzen Sie das richtige Wort ein.

in	hinter	gegenüber	rechts vom	neben	zwischen	links vom

1 Der Haupteingang ist ... der Industriestraße.
2 Das Verwaltungsgebäude ist ... dem Haupteingang.
3 ... Haupteingang sind das Materiallager und die Fabrik.
4 ... Haupteingang ist der Parkplatz für Besucher.
5 ... dem Verwaltungsgebäude ist der Parkplatz für das Personal.
6 Das Fertiglager ist ... der Fabrik.
7 Das Prüflabor ist ... dem Fertiglager und dem Parkplatz.
8 ... dem Verwaltungsgebäude sind die Eisenbahnschienen.

2 Vergleichen Sie Ihre Antworten mit Ihrem Partner.

Wo ist der Haupteingang? ▶ In der Industriestraße.

SPRACHARBEIT

Schauen Sie sich die folgenden Beispiele an:
  links/rechts **vom** (= von dem) Haupteingang
  neben/gegenüber **der** Fabrik
  hinter **dem** Verwaltungsgebäude
In welchem Kasus steht das Nomen, das auf die Präpositionen folgt?   ▶ 5.3, 5.4

AM ARBEITSPLATZ

B 1 Sehen Sie sich den Plan des Verwaltungsgebäudes an. Stellen und beantworten Sie Fragen dazu, z.B.:

Wo ist der Empfang? ▶ Im Erdgeschoss.
Wo ist das Büro des
Produktionsleiters? ▶ Im ersten Stock.

2 Am Anfang seines Praktikums kennt sich Herr Wenz bei Rohrbach nicht sehr gut aus. Er muss öfter nach dem Weg fragen. Lesen Sie die Dialoge.
Wo will er hin?

Dialog 1
Entschuldigung, wo ist das Büro des ... ? ▶ Sein Büro ist im zweiten Stock. Vom Empfang aus gehen Sie zwei Treppen hoch. Wenn Sie oben sind, sehen Sie seine Tür schon vor sich.

Dialog 2
Wie komme ich zur Abteilung ... ? ▶ Gehen Sie wieder nach unten ins Erdgeschoss, dann links um die Ecke, den Gang entlang und es ist die vierte Tür links.

Dialog 3
Ich muss in die ... . Wie komme ich dahin? ▶ Gehen Sie zurück zum Empfang, dann eine Treppe hinauf in den ersten Stock. Dort gehen Sie links, dann geradeaus bis fast zum Ende. Sie sehen die Abteilung auf der linken Seite.

Dialog 4
Wo ist der ... ? ▶ Gehen Sie hier rechts raus, zurück zur Treppe, dann die Treppe runter ins Erdgeschoss. Wenn Sie unten sind, gehen Sie links und er ist auf der rechten Seite gleich hinter dem Empfang.

3 Kontrollieren Sie Ihre Antworten anhand der Kassette. Folgen Sie auf dem Plan links.

SPRACHARBEIT

1 Vergleichen Sie diese Beispiele.
   Der Haupteingang ist **in der** Industriestraße.
   Gehen Sie hinauf **in den** ersten Stock.
Die Präposition ist gleich, aber die folgenden Nomen haben einen unterschiedlichen Kasus.
In welchem Kasus stehen sie und warum? ▶ 5.4
2 Wenn die Bedeutung klar ist, kann man das Hauptverb nach Modalverben oft weglassen. Welches Verb fehlt in den Beispielen?
   Wo wollen Sie hin?   Ich muss in die Produktionsabteilung.   ▶ 6.4

C 1 Üben Sie die Dialoge in **B**.

2 Spielen Sie weitere Dialoge.
PARTNER A benutzt Datenblatt A9, S. 150.
PARTNER B benutzt Datenblatt B9, S. 158.

D Skizzieren Sie einen Plan Ihrer Firma/Ihrer Schule. Schreiben Sie die Namen der Abteilungen bzw. Zimmer nicht auf den Plan, sondern schreiben Sie eine Legende dazu. Geben Sie einem/einer Besucher/in Anweisungen, wie er/sie vom Eingang aus verschiedene Räume erreicht. Kann sich der/die Besucher/in mit Hilfe Ihrer Anweisungen gut orientieren?

KAPITEL 4

4.4 Wofür sind Sie zuständig?

A 1 Herr Wenz beginnt sein Praktikum in der Vertriebsabteilung. Der Chef, Herr Dorn, stellt ihn einigen Kollegen vor. Welche Position haben sie? Ordnen Sie zu.

1 Frau Kern a) Verkaufsberater
2 Herr Barth b) Auftragssachbearbeiterin
3 Herr Abt c) Sekretärin
4 Frau Richter d) Marketing-Assistent

2 Hören Sie noch einmal zu. Welche/r Kollege/ Kollegin …

1 ist für die Kundenbetreuung verantwortlich?
2 ist für allgemeine Büroarbeiten zuständig?
3 kümmert sich um die Aufträge?
4 befasst sich mit Marktforschung und Werbung?

SPRACHARBEIT

1 Schauen Sie sich die folgenden Sätze an. Sie enthalten jeweils ein reflexives Verb.
   Ich **kümmere mich** um die Aufträge.
   Er **befasst sich** mit Marktforschung und Werbung.
Warum verändert sich das Reflexivpronomen?
Welche anderen Reflexivpronomen kennen Sie?   ▶ 6.15
2 Um zu fragen *Für was sind Sie zuständig?* sagt man gewöhnlich:
   Wofür sind Sie zuständig?
Können Sie erkennen, wie das Fragewort gebildet wird?
Formen Sie die folgenden Fragen in gleicher Weise um.
   Mit was befassen Sie sich? **Um was** kümmern Sie sich?   ▶ 3.11

B PARTNER A: Stellen Sie Herrn Wenz den Kollegen vor.
PARTNER B/C: Spielen Sie die Rollen von Herrn Wenz und den Kollegen.

C Die Auftragsabwicklung ist eine wichtige Aufgabe der Vertriebsabteilung. Wofür benutzt man folgende Formulare?

| der Auftrag | die Anfrage | die Auftragsbestätigung |
| der Lieferschein | die Rechnung | das Angebot |

1 Ein Kunde möchte etwas kaufen. Mit einer … fragt er nach Preis und Lieferzeit der Ware.
2 Der Lieferant beantwortet die Anfrage mit einem …, in dem er eine Produktspezifikation, den Preis und die Lieferzeit angibt.
3 Wenn ein Kunde bestellen möchte, schickt er dem Lieferanten einen …
4 Mit der … nimmt der Lieferant den Auftrag an.
5 Der … geht mit der Ware zum Kunden.
6 Mit der … fordert der Lieferant Zahlung.

D 1 Frau Kern erklärt Herrn Wenz, worin ihre Arbeit als Auftragssachbearbeiterin besteht. Nummerieren Sie ihre Aufgaben in der richtigen Reihenfolge.

☐ a) Angebote erstellen
☐ b) Aufträge bestätigen
☐ c) Verkaufsberichte schreiben
☐ d) Liefertermine überwachen
☐ e) Kundenanfragen entgegennehmen
☐ f) Reklamationen bearbeiten

AM ARBEITSPLATZ

2 Hören Sie noch einmal zu. Beantworten Sie die Fragen.

1 Mit welchen Abteilungen arbeitet Frau Kern eng zusammen?
2 Wie oft muss sie Verkaufsberichte schreiben?
3 Kommen Reklamationen oft vor?

E Lesen Sie die Stellenbeschreibungen. Ergänzen Sie die fehlenden Informationen (s. auch S. 52/53).

1
Name: Birgit Richter
Stellenbezeichnung: Sekretärin (Empfang)
Abteilung: Vertrieb (Innendienst)
Zuständigkeiten: allgemeine Büroarbeiten/Büroorganisation
Aufgaben: die Korrespondenz erledigen, die Ablage machen (filing), Termine vereinbaren und überwachen, bei Sitzungen das Protokoll führen, Kunden empfangen

2
Name: Jochen Barth
Stellenbezeichnung: Verkaufsvertreter
Abteilung: Vertrieb (Außendienst)
Zuständigkeiten: Betreuung der Kundschaft, Gewinnung neuer Kunden
Aufgaben: Kundenbesuche machen, den Kundenbedarf besprechen, fachliche Beratung geben, Produkte vorführen, Verkaufsbedingungen besprechen, die Verkaufsstatistik führen

3
Name: Anna Doliwa
Stellenbezeichnung: Buchhalterin
Abteilung: Buchhaltung
Zuständigkeiten: Finanzbuchhaltung
Aufgaben: Kundenkonten verwalten (administrate), Rechnungen schreiben und an die Kunden schicken, Monats- und Jahresabschlüsse erstellen (financial statements)

4
Name: Jörg Walisch
Stellenbezeichnung: Einkäufer
Abteilung: Materialwirtschaft
Zuständigkeiten: Materialauswahl und -beschaffung
Aufgaben: den Lagerbestand überwachen, Angebote von Lieferanten einholen, Bestellungen vorbereiten, Liefertermine festlegen und überwachen

F **1** Sie sind neu bei der Firma. Stellen Sie sich den Kollegen oben vor, dann fragen Sie sie nach ihrer Arbeit.

In welcher Abteilung arbeiten Sie? Was ist Ihre Funktion in der Firma/Abteilung?	Ich arbeite in der Abteilung ... Ich bin [Sekretärin].
Wofür sind Sie zuständig/verantwortlich?	Ich bin für ... zuständig/verantwortlich. Ich befasse mich mit [den Büroarbeiten].
Was müssen Sie bei der Arbeit (alles) machen? Worin besteht Ihre Arbeit?	Ich [erledige die Korrespondenz], ... Zu meinen (Haupt)Aufgaben gehören: ..., ... Jeden Tag/Einmal im Monat/in der Woche muss ich ... Ich muss manchmal/oft/regelmäßig/ständig ...

2 Fragen Sie zwei andere Kollegen nach ihrer Arbeit.
PARTNER A benutzt Datenblatt A10, S. 150.
PARTNER B benutzt Datenblatt B10, S. 158.

G Schreiben Sie Ihre eigene Stellenbeschreibung. Tauschen Sie Informationen über Ihr Aufgabengebiet mit anderen Kursteilnehmern aus.

59

KAPITEL 4

4.5 Wie funktioniert das Gerät?

A Wie heißen die Teile eines Fotokopierers?

a) **Kopienauffang**
b) **Bedienfeld**
   Hier finden Sie die zur Bedienung des Kopierers nötigen Tasten und Anzeigen.
c) **Papierkassetten**
d) **Hauptschalter**
   Stellung „1": an.
   Stellung „2": aus.
e) **Grüner Hebel**
   Mit diesem Hebel können Sie gestautes Papier im Inneren des Kopierers lösen.
f) **Ablage für Heftklammern**
g) **Originalabdeckung**
h) **Vorlagenglas**

B Frau Richter erklärt dem Praktikanten Herrn Wenz, wie der Fotokopierer in der Vertriebsabteilung funktioniert. Welche Sätze spricht sie?

1 a) Hier kann man das Gerät ein- und ausschalten.
   b) Mit diesem Hauptschalter hier schalten Sie das Gerät ein.
2 a) Das Gerät ist nicht angeschlossen.
   b) Der Stecker ist nicht in der Steckdose.
3 a) Die Steckdose ist hier unter dem Schreibtisch.
   b) Hier schließt man das Gerät an.
4 a) Wenn Sie eingeschaltet haben, müssen Sie etwas warten, bis diese Anzeige grün leuchtet.
   b) Wenn Sie eingeschaltet haben, warten Sie einige Sekunden, bis das Gerät betriebsbereit ist.
5 a) Heben Sie die Abdeckung hoch und legen Sie den Text auf das Vorlagenglas.
   b) Öffnen Sie die Abdeckung und legen Sie den Text hier auf.
6 a) Schließen Sie die Abdeckung.
   b) Vergessen Sie nicht die Abdeckung zu schließen.
7 a) Wählen Sie die Kopienanzahl mit den Zahlentasten.
   b) Mit diesen Tasten hier stellen Sie die Kopienanzahl ein.
8 a) Dann drücken Sie die Starttaste – fertig!
   b) Dann drücken Sie den Startknopf – fertig!

SPRACHARBEIT

1 Für Aufforderungen und Anweisungen benutzt man normalerweise den **Imperativ**. Finden Sie alle Verben in der Imperativform in **B**. Unterstreichen Sie diese. Was fällt Ihnen an der Stellung des Verbs im Haupt- oder Nebensatz auf?
2 Die Imperativform ist abhängig von der Person, zu der man spricht. Wenn man eine oder mehrere Personen mit dem formalen Sie anredet, benutzt man die gleiche Form wie beim Infinitiv des Verbs und fügt *Sie* hinzu.
Wie würden Sie die Anweisungen in **B** ausdrücken, wenn Sie jemanden mit dem ungezwungeneren *du* a) im Singular b) im Plural anreden würden? ▶ 6.12

C PARTNER A: Bitten Sie Ihren Partner Ihnen zu zeigen, wie man den Fotokopierer benutzt.
PARTNER B: Mit Hilfe der Sätze in **B** erklären Sie, wie der Fotokopierer funktioniert.

AM ARBEITSPLATZ

D 1 Lesen Sie die Bedienungsanleitungen für ein Faxgerät und nummerieren Sie sie in der richtigen Reihenfolge anhand der Piktogramme.

- a) **Wählen Sie die Faxnummer des Empfängers.**
- b) **Übertragungsprotokoll**
  Bei jeder Sendung/jedem Empfang wird ein Übertragungsprotokoll ausgedruckt.
- c) **Legen Sie das Original mit der bedruckten Seite nach unten auf die Originalauflage.**
  Das Original wird automatisch eingezogen.
- d) **Stellen Sie die Papierführung entsprechend der Breite des Originals ein.**
- e) **Drücken Sie die START-Taste für den Sendebeginn.**
- f) **Übertragungsende**
  Nach Beendigung der Übertragung ertönt das Abschlusssignal. Das Display zeigt „SENDUNG OK."

2 Frau Kern erklärt Herrn Wenz, wie man das Faxgerät benutzt. Kontrollieren Sie Ihre Antworten anhand der Kassette.

E PARTNER A: Sie haben folgende Probleme mit dem Fotokopierer:
1 Es ist kein Papier mehr im Fotokopierer. Sie wissen nicht, wie man es auffüllt.
2 Diese Anzeige leuchtet: 8⌇ Sie wissen nicht, was es bedeutet.

Bitten Sie eine/n Kollegen/Kollegin um Hilfe.

PARTNER B: Mit Hilfe der Stichwörter unten erklären Sie einem/einer neuen Kollegen/Kollegin, was er/sie machen muss, damit der Fotokopierer wieder funktioniert.

PAPIERZUFUHR: LEUCHTET

Papierkassette herausziehen/ca. 250 Blatt Papier einlegen/darauf achten, dass das Papier unter den Befestigungsecken liegt/Kassette in den Kopierer zurückschieben/weiter kopieren

PAPIERSTAU: 8⌇ LEUCHTET

vordere Abdeckung öffnen/grünen Hebel nach links umlegen/gestautes Papier vorsichtig herausziehen/ darauf achten, dass das Papier nicht reißt/Abdeckung wieder zumachen/weiter kopieren

F 1 In den Texten in **B**, **D** und **E** kommen viele Verben vor, die wichtig sind, wenn man ein Gerät bedienen oder seine Funktion erklären muss. Machen Sie eine Liste von Verben, die Sie benutzen könnten, um die Funktion der folgenden Geräte zu erklären.

1 ein Kassettenrecorder 2 ein Videogerät 3 eine Kaffeemaschine 4 ein Overheadprojektor

2 Wählen Sie eins von diesen Geräten und erklären Sie Ihrem Partner, wie man es benutzt.

61

KAPITEL 4

4.6 Wie finden Sie Ihre Arbeit?

A

1 Bei einer Kaffeepause im Büro sprechen Frau Kern, Frau Richter und der Praktikant, Herr Wenz, über ihre Einstellung zur Arbeit. Wer sagt was? Schreiben Sie *K*, *R* oder *W*.

1 „Wie ich Reklamationen hasse!"
2 „Unangenehme Telefongespräche mit Kunden mag ich nicht."
3 „Anfragen entgegennehmen, neue Produkte anbieten, solche Sachen mache ich gerne."
4 „Ich verhandle auch gern mit Kunden über Preise."
5 „Ich arbeite am liebsten selbstständig."
6 „Mir gefällt die Arbeit ganz gut."
7 „Geschäftsreisen für den Chef zu organisieren macht mir Spaß."
8 „Die langen Arbeitsstunden mag ich nicht."
9 „Die Ablage machen finde ich todlangweilig!"
10 „Bei Sitzungen führe ich nicht gern Protokoll."
11 „Ich arbeite gern hier, denn die Arbeit ist sehr abwechslungsreich."
12 „Das Beste an dem Job sind die netten Kollegen!"

2 Wem gefällt die Arbeit besser, Frau Kern oder Frau Richter?

SPRACHARBEIT

Finden Sie in **A** Beispiele für die folgenden Möglichkeiten, Gefallen und Missfallen auszudrücken:
1 Verb + *(nicht) gern(e)*
   Diese Möglichkeit wird am häufigsten verwendet, wenn man etwas (nicht) mag. ▶ 4.10
2 das Modalverb *mögen* + Akkusativobjekt
   Beachten Sie, dass *mögen* meistens in verneinter Form gebraucht wird. ▶ 6.4
3 *jemandem gefallen*
   Können Sie das **Subjekt** sowie das **Objekt** des Verbs im nachfolgenden Beispiel bestimmen? In welchem Kasus steht das Objekt? Beachten Sie, dass *gefallen* meist gebraucht wird, um erste Eindrücke zu äußern, z.B.
   Mir gefällt das neue Büro nicht. ▶ 6.14

B

1 Schreiben Sie möglichst viele Sätze über Ihre Einstellung zur Arbeit.
(Wenn Sie noch nicht berufstätig sind, wählen Sie eine Stelle aus **4.4**.)
Benutzen Sie folgende Fragen.

Gefällt Ihnen Ihre Arbeit? / Arbeiten Sie gern bei der Firma?
Welche Aufgaben machen Sie gern/nicht gern?
Was machen Sie am liebsten?
Was gefällt Ihnen am besten an Ihrer Stelle? / Was gefällt Ihnen nicht so gut?

Beispiele:
Ich mache gern/nicht gern Kundenbesuche.
Ich nehme gern/nicht gern an Besprechungen teil.
Ich telefoniere gern/nicht gern.
Ich arbeite gern/nicht gern am Computer/im Büro.
Am besten gefällt mir die selbstständige Arbeit.
Routinearbeiten mag ich nicht.
Ich reise nicht gern/übernachte nicht gern im Hotel.

2 Vergleichen Sie Ihre Einstellung zur Arbeit mit Ihrem Partner.

AM ARBEITSPLATZ

C Man arbeitet besser, wenn das Arbeitsklima gut ist, d.h. wenn man mit seinen Kollegen und Vorgesetzten gut auskommt. Welche der folgenden Eigenschaften sind Ihrer Meinung nach besonders wichtig für einen Vorgesetzten? Einen Kollegen?

Beispiel: Ein Vorgesetzter soll zugänglich sein.

teamfähig	hilfsbereit	ehrgeizig	geduldig
zuverlässig	einsatzbereit	sympathisch	gelassen
fair	freundlich	genau	höflich	gutmütig
zugänglich	humorvoll	flexibel	intelligent

D In der Kantine lernt Wolfgang Wenz den Praktikanten Udo Petzold kennen. Sie unterhalten sich über das Arbeitsklima in ihren Abteilungen.

1. Wie lange arbeitet Udo Petzold schon bei der Firma?
2. In welcher Abteilung arbeitet er zur Zeit?
3. Ist das Arbeitsklima in der Abteilung gut oder schlecht?
4. Wie findet Udo seinen Chef, Herrn Swoboda, und die Kollegen Herrn Marek und Herrn Uhl?
5. Wie beschreibt Wolfgang Wenz das Arbeitsklima in seiner Abteilung?

> **KULTURELLES**
>
> Beachten Sie, dass die zwei Auszubildenden das ungezwungene *du*, nicht das formale *Sie* benutzen, wenn sie miteinander sprechen. Dies zeigt einen gewissen Grad an Bekanntschaft und Vertrautheit an. Der Gebrauch der *du*-Form ist heute unter Kollegen gebräuchlicher als früher. Benutzen Sie jedoch immer die *Sie*-Form und warten Sie, bis Ihnen jemand das *du* anbietet.

E Die Tabelle unten zeigt die Ergebnisse einer Mitarbeiterbefragung bei einem großen deutschen Unternehmen. Die Prozentzahlen drücken aus, für wie viele der Befragten die Aussagen zutreffen.

Einflussfaktoren für gutes und schlechtes Betriebsklima

+		−	
Man arbeitet gut zusammen.	82%	Ich kann die Kollegen nicht um Rat fragen.	15%
Man hilft sich gegenseitig.	73%	Man informiert sich zu wenig gegenseitig.	12%
Ich fühle mich im Kollegenkreis sehr wohl.	58%	Man hat zu wenig Freiraum, die Arbeit selbst zu gestalten.	11%
Wir treffen uns auch privat.	48%	Wir konkurrieren fast immer miteinander.	8%
Wir versuchen, die Arbeit selbstständig aufzuteilen.	46%	Man macht oft Doppelarbeit, weil man zu wenig miteinander spricht.	7%
Wir halten in allen Situationen zusammen.	30%	Meist herrscht ein gespanntes Klima.	6%

1. Wie würden Sie das Arbeitsklima bei dieser Firma beurteilen?
   a) sehr gut
   b) gut
   c) könnte besser sein
   d) nicht gut

2. Mit Hilfe der Befragungsergebnisse nummerieren Sie folgende Faktoren in Rangordnung (von sehr wichtig bis weniger wichtig).
   ☐ private Kontakte mit den Kollegen
   ☐ selbstständige Arbeitsaufteilung
   ☐ effektive Kommunikation
   ☐ nette Kollegen
   ☐ gute Zusammenarbeit
   ☐ Teambewusstsein

F 1 Welche von den Aussagen in der Tabelle oben treffen für Ihre Firma/Schule zu?

2 Wenn das Arbeitsklima schlecht ist, wie könnte man versuchen es zu verbessern? Machen Sie Vorschläge.

Feiertage und Öffnungszeiten

Im Vergleich zu anderen Ländern ist die Zahl der Feiertage in der Bundesrepublik Deutschland relativ hoch. Die meisten dieser Feiertage sind religiöse Feste. Deshalb gibt es manchmal Unterschiede von Land zu Land je nach Konfession (katholisch oder protestantisch). Außerdem gibt es politisch begründete Feiertage wie z.B. den 1. Mai (Tag der Arbeit).

NB Die Daten von einigen Feiertagen sind vom Kalender abhängig. In dieser Tabelle sind nur die unveränderlichen Daten angegeben.

1. Füllen Sie die Spalte für Ihr Land aus. Haben Sie noch weitere Feiertage in Ihrem Land?
2. Vergleichen Sie die Zahl der Feiertage in Ihrem Land mit Deutschland, Österreich und der Schweiz.

Gesetzliche und religiöse Feiertage

Datum	Feiertag	Deutschland	Österreich	Schweiz	Großbritannien	Frankreich	Italien	Spanien	Dänemark	Niederlande	Schweden	Norwegen	Finnland
1. Januar	Neujahr	■	■	■									
6. Januar	Heilige Drei Könige	■	■										
-	Karfreitag	■		■									
-	Ostersonntag	■	■	■									
-	Ostermontag	■	■	■									
1. Mai	Maifeiertag	■	■	■									
-	Christi Himmelfahrt	■	■	■									
-	Pfingstsonntag	■	■	■									
-	Pfingstmontag	■	■	■									
-	Fronleichnam	■	■	■									
1. August	Nationaler Feiertag			■									
15. August	Mariä Himmelfahrt	■	■	■									
3. Oktober	Tag der Deutschen Einheit	■											
26. Oktober	Nationaler Feiertag		■										
1. November	Allerheiligen	■	■										
2. November	Allerseelen		■										
-	Buß- und Bettag	■											
8. Dezember	Mariä Empfängnis		■	■									
25. Dezember	1. Weihnachtstag	■	■	■									
26. Dezember	2. Weihnachtstag	■	■	■									

Vergleichen Sie Ihre Ladenschlusszeiten mit anderen europäischen Ländern. Glauben Sie, dass Geschäfte bis spät/sonntags geöffnet sein sollen? Was sind die Vor- und Nachteile?

Der Ladenschluss in der Diskussion
Ergebnisse einer Umfrage im Frühjahr 1999

Das meinen die Verbraucher
Von je 100 Verbrauchern nutzen – je nach Wochentag – die verlängerten Ladenöffnungszeiten*

- jede Woche: 5 bis 10
- ab und zu: 37 bis 45
- nie: 45 bis 56

Das meinen die Einzelhändler
Von je 100 Einzelhändlern nutzen die verlängerten Ladenöffnungszeiten*

- montags bis mittwochs: 30
- donnerstags und freitags: 38
- samstags: 29

Diesen Ladenschluss wünschen sie

	Verbraucher		Einzelhändler
montags bis freitags nach 20 Uhr	16 %		1 %
samstags nach 16 Uhr	25		8
Abschaffung des Ladenschlussgesetzes	45		rd. 25
Sonntagsöffnung (mit und ohne zeitliche Begrenzung)	46		33

*Mo - Fr nach 18.30 Uhr, Sa nach 14 Uhr

Quelle: ifo/sts/Infratest

© Globus 5908

Seit 1996 sind die Ladenschlusszeiten in Deutschland liberalisiert. Immer wieder wird die Aufhebung der Ladenschlusszeiten gefordert. Jeder Geschäftsinhaber sollte tun können, was er für richtig hält – so wie in Frankreich, Griechenland, Schweden oder Spanien. Hier ist es den Tarifpartnern überlassen, wie die Verkaufszeiten eingeteilt werden. Aktuelle Informationen finden Sie z.B. unter dem Stichwort „Ladenschluss" bei der folgenden Metasuchmaschine:

@ *www.rrzn.uni-hannover.de*

Ansprüche junger Menschen an Arbeit und Beruf im Jahresvergleich

Wichtige Dinge an einer späteren Arbeit / Berufstätigkeit sind für mich ...

Angaben in Prozent der befragten Schülerinnen und Schüler im Alter von 14–20 Jahren (Mehrfachnennungen möglich)

■ = Mädchen
□ = Jungen

berufliche Perspektive
- 1994: Mädchen 41, Jungen 54
- 1989: Mädchen 25, Jungen 36
- 1984: Mädchen 17, Jungen 30

viel Geld zu verdienen
- 1994: Mädchen 42, Jungen 56
- 1989: Mädchen 25, Jungen 47
- 1984: Mädchen 22, Jungen 40

ein sicherer Arbeitsplatz
- 1994: Mädchen 77, Jungen 82
- 1989: Mädchen 67, Jungen 75
- 1984: Mädchen 68, Jungen 70

Karriere zu machen
- 1994: Mädchen 24, Jungen 39
- 1989: Mädchen 15, Jungen 27
- 1984: Mädchen 11, Jungen 20

etwas Nützliches zu tun
- 1994: Mädchen 51, Jungen 43
- 1989: Mädchen 44, Jungen 37
- 1984: Mädchen 50, Jungen 54

finanziell unabhängig zu sein
- 1994: Mädchen 69, Jungen 70
- 1989: Mädchen 60, Jungen 62
- 1984: Mädchen 57, Jungen 64

mit Menschen umzugehen
- 1994: Mädchen 63, Jungen 38
- 1989: Mädchen 55, Jungen 29
- 1984: Mädchen 60, Jungen 34

für andere Menschen da zu sein
- 1994: Mädchen 40, Jungen 21
- 1989: Mädchen 32, Jungen 18
- 1984: Mädchen 39, Jungen 20

INSTITUT FÜR ENTWICKLUNGSPLANUNG UND STRUKTURFORSCHUNG HANNOVER
@ www.ies.uni-hannover.de

Quelle: Jugendkompass Niedersachsen

Faktoren bei der Berufswahl

Die Berufswahl wird nicht nur von den Verhältnissen am Arbeitsmarkt beeinflusst, sondern auch von den persönlichen Zukunftsvorstellungen und Wertorientierungen der Jugendlichen, wie die Ergebnisse mehrerer Meinungsumfragen unter jungen Menschen in Deutschland zeigen.

1. Sehen Sie sich zuerst die Präferenzen der Mädchen und Jungen an. Was ist wichtiger für Mädchen bzw. Jungen in Bezug auf den Beruf?
2. Schauen Sie jetzt den Jahresvergleich an. Welche Ziele waren in den 80er Jahren wichtiger als in den 90er Jahren? Gab es einen merklichen Wandel in den Wertorientierungen junger Menschen?
3. Wählen Sie fünf Punkte, die für Sie im Berufsleben besonders wichtig sind. Dann vergleichen Sie Ihre Liste mit Ihrem Partner.

KAPITEL

5 Am Telefon

Am Ende dieser Lektion werden Sie in der Lage sein,
- einen internationalen Anruf auf Deutsch zu tätigen,
- zu der richtigen Person durchzukommen und einen Rückanruf zu arrangieren,
- Ihr Anliegen zu erklären und die zuständige Person herauszufinden,
- eine Nachricht zu hinterlassen und eine aufgenommene Nachricht zu verstehen.

Außerdem bekommen Sie Informationen über die Auswirkungen der modernen Kommunikationstechnologien auf dem Arbeitsplatz.

5.1 Das Auslandsgespräch

A 1 Lesen Sie folgende Texte. Was bedeuten die unterstrichenen Wörter in Ihrer Sprache?

Rund ums Telefon

Anrufe aus dem Ausland
Wenn Sie vom Ausland zu Hause oder in ein anderes Land anrufen wollen, wählen Sie zunächst die Vorwahl für ein internationales Gespräch. Sie ist abhängig vom Land, aus dem Sie telefonieren (oft <<00>>, wie aus Deutschland, aus den USA z.B. <<001>>). Wählen Sie dann die Kennzahl 49 für Deutschland. Es folgt die Ortsnetzkennzahl (ohne die erste 0) und die Rufnummer des Teilnehmers. Also in der Reihenfolge: internationale Vorwahl, Land, Ort, Teilnehmer.

■ Manchmal müssen Sie nach der Landeskennzahl erneut einen Wählton abwarten, bevor Sie weiterwählen.

Zeichenerklärung

Es bedeuten:

432-1 543-0 654-01 765-00	Rufnummern von Telefonanlagen mit Durchwahl. Wenn Sie -1, -0, -01 oder -00 nach der Rufnummer wählen, erreichen Sie die Nebenstellenvermittlung (die Zentrale).
432-516	Durchwahlnummer einer Nebenstelle. Wenn die Nummer der Nebenstelle bekannt ist, lässt man nach der Rufnummer die -0/-1 weg und wählt die Durchwahlnummer.
☎ 65 43 21	Anschluss mit einem automatischen Anrufbeantworter bzw. Auskunftgeber.

Selbstwahl für Deutschland, Österreich und die Schweiz

Internationale Vorwahl von		Landeskennzahl (Landesvorwahl)		Ortsnetzkennzahl (Ortsvorwahl)	
GB	00	D	49	z.B.: Berlin	(0)30
DK	00			Bonn	(0)2 28
I	00			München	(0)89
F	19	A	43	Wien	(0)1
S	009	CH	41	Genf	(0)22

2 Beantworten Sie die Fragen mit Hilfe der Informationen oben.

1 Die Firma Vontobel hat die Telefonnummer (41) 022/9 25 11 41.
   - Identifizieren Sie die Landeskennzahl, die Ortsnetzkennzahl und die Rufnummer.
   - In welchem Land ist die Firma?
   - Was wählen Sie, wenn Sie die Firma aus Deutschland anrufen?
2 Wenn man die Nummer 84 00 03-43 wählt, erreicht man a) eine Nebenstelle b) die Zentrale?
3 Bei welcher Nummer kann man eine Nachricht hinterlassen?
   a) (☎ 0 40) 0 78 74 64   b) (04 21) 1 47 78

66

AM TELEFON

B Elke Novak, Auszubildende bei einer österreichischen Firma, muss Frau Seidel bei der Firma Gummimeyer in München anrufen. Die Nummer ist 17 33 - 24. Eine Kollegin erklärt, wie man das macht. Vervollständigen Sie den Text mit Hilfe der Informationen links, dann kontrollieren Sie Ihre Antworten anhand der Kassette.

„ Sie wählen zuerst die (1)..., also von uns aus 00. Dann wählen Sie die (2)..., das heißt 49 für Deutschland.

Danach kommt die (3)... für München. Sie lassen da die (4)... weg und wählen also 89.

Dann kommt die (5)... der Firma, also 17 33. Auf diesem Brief steht auch Frau Seidels (6)... . Wenn Sie direkt nach der (7)... -24 wählen, erreichen Sie Frau Seidel direkt.
So, alles klar? Oder soll ich's wiederholen? Also, noch einmal ... "

C Erklären Sie Ihrem Partner, wie man folgende Firmen von Ihrem Land aus anruft.

1. Zimmerli & Co. AG in Basel, Tel. (0 61) 2 43 31 95
2. Frau Wittich bei Gerberich GmbH in Bonn, Tel. (02 28) 16 78 - 34

D Vier Personen in Deutschland rufen die internationale Auskunft an, um nach einer Telefonnummer zu fragen. Notieren Sie die Nummern.

1. Flora-Print, Wien
2. Intrex Trading, Paris
3. UNISYS España, Madrid
4. International Watch & Co., Schaffhausen

SPRACHARBEIT

Im Deutschen wird *die Vorwahl* immer in einzelnen Ziffern angegeben. *Die Rufnummer* wird in einzelnen Ziffern oder in Paaren angegeben, z.B.
(089) 23316   null acht neun – zwei (zwo) – drei drei – eins sechs *oder*
                 null acht neun – zwei (zwo) – dreiunddreißig – sechzehn
Tipp: Wenn Sie eine Telefonnummer aufschreiben, die in Paaren angegeben wird, schreiben Sie die Zahlen so auf, wie Sie sie hören, d.h. von hinten nach vorn!

E Vergleichen Sie Ihre Antworten in **D** mit Ihrem Partner. Benutzen Sie diese Ausdrücke.

Was ist die Telefonnummer der Firma ...?	Sie wählen ... für [Österreich].
Geben Sie mir bitte die Nummer von ...	Die Vorwahl für [Wien] ist ... , die Rufnummer ist ...
Könnten Sie das in einzelnen Ziffern sagen?	Haben Sie das? / Soll ich das wiederholen?
Bitte langsamer.	Also, ich wiederhole ...

F Rufen Sie die nationale Auskunft an.
PARTNER A benutzt Datenblatt A11, S. 151.
PARTNER B benutzt Datenblatt B11, S. 159.

KAPITEL 5

5.2 Kann ich Herrn Schuster sprechen?

A 1 Hören Sie zu und identifizieren Sie die Signaltöne des deutschen Telefonnetzes (1 - 3).

	Töne im Inlandsverkehr	Bedeutung
a)	t ü ü ü ü ü ü	**Wählton:** Bitte wählen.
b)	tüüt tüüt	**Freiton:** Der erreichte Anschluss ist frei und wird gerufen.
c)	tüt tüt tüt tüt tüt tüt	**Besetztton:** Der erreichte Anschluss oder die Leitungswege sind besetzt.
d)	tüt tüt tüt tüt	**Aufschalteton:** Die deutsche Telekom hat sich eingeschaltet (z.B. beim Eingrenzen von Störungen).
e)	t ü ü ü ü ü ü	**Datenton:** (anhaltend hoher Ton): Anschluss für Datenübertragung oder Telefaxanschluss mit automatischer Empfangsstation ist angewählt.

2 Sie hören vier automatische Hinweisansagen. Vervollständigen Sie die Sätze, dann kontrollieren Sie Ihre Antworten anhand des Hörtextes.

1 „Kein ... unter dieser Nummer."
2 „Die Rufnummer des ... hat sich ... . Bitte ... Sie 6 72 85 60."
3 „Die ... für Hinterliederbach hat sich ... . Bitte ... Sie vor der ... 20."
4 „Alle ... sind zur Zeit ... . Bitte ... Sie nicht ... ! Sie werden gleich ... !"

B Sie hören den Anfang von drei Telefongesprächen. Beantworten Sie die Fragen zu jedem Gespräch.

Anruf 1
1 Welche Firma ruft Frau Henrik an?
2 Wen möchte sie sprechen?

Anruf 3
1 Welche Firma wollte der Anrufer?
2 Warum erreicht er die Firma nicht?

Anruf 2
1 Aus welchem Land ruft Herr Werner an?
2 Ist Frau Pfeiffer gleich zu sprechen?

C Üben Sie ähnliche Dialoge mit Hilfe der Sprachmuster.

Guten Tag. / Firma [Krone GmbH], guten Morgen/Tag.

Ist das (nicht) die Firma [Adler]?

Nein, hier [Krone GmbH, Bielefeld].
Nein, hier ist eine Privatnummer.
Sie sind falsch verbunden.

Verzeihung, ich habe die falsche Nummer gewählt!

Guten Morgen/Tag. Hier spricht/ist [Berg] von der Firma [Arco] in [London].
Kann/Könnte ich bitte Herrn [Holt] sprechen?
Ich möchte Frau [Raue] von der [Buchhaltung] sprechen.

(Einen) Moment, bitte. Ich verbinde.

Der Anschluss ist besetzt. / Es meldet sich niemand. Wollen Sie warten?

Guten Morgen/Tag, [Holt] am Apparat.

Ja, ich warte.

Nein danke, ich rufe zurück.

68

AM TELEFON

SPRACHARBEIT

Vergleichen Sie diese Beispiele.
> **Herr** Schuster arbeitet bei Videco.
> Kann ich **Herrn** Schuster sprechen?

Herr gehört zu der kleinen Gruppe der maskulinen Nomen, die mit Ausnahme des Nominativs in allen Formen auf *-n,-en* enden. Kennen Sie weitere Beispiele? Z.B.:
> Kollege (-n,-n), Kunde (-n,-n)

▶ 2.4

D In folgenden drei Anrufen bei der Firma Braun sind die Gesprächspartner im Moment nicht zu erreichen. Notieren Sie zu jedem Gespräch:

1 den Namen des gewünschten Gesprächspartners
2 warum der Gesprächspartner nicht zu erreichen ist
3 wann der Anrufer wieder anruft

E Üben Sie ähnliche Dialoge mit Hilfe der Sprachmuster und der Zeitangaben.

[Steinke], Apparat [Müller] / Büro [Bach], guten Tag. / [Linz] (am Apparat).

Ich möchte bitte Herrn/Frau [Müller] sprechen. / Ist das Herr/Frau [Bach]?

Herr/Frau [Müller] ist im Moment leider nicht da/in einer Besprechung/auf Geschäftsreise.

Soll ich etwas ausrichten? / Kann ich Ihnen helfen?

Wollen Sie zurückrufen?

Nein, danke. (Ich muss ihn/sie persönlich sprechen.)

Wann kann ich ihn/sie erreichen?
Können Sie mir sagen, wann ich ihn/sie erreichen kann?
Wissen Sie, ob er/sie diese Woche wieder im Büro ist?

Sie könnten es [in einer halben Stunde/gegen 16.00 Uhr] wieder probieren.
Am besten rufen Sie [morgen] zurück. (Er/Sie ist ab [8.30 Uhr] im Büro.)
Er/Sie ist [(erst) nächsten Montag] wieder da.

Gut, dann rufe ich ... wieder an. Vielen Dank, auf Wiederhören.

ZEITANGABEN FÜR DEN RÜCKRUF

Sie können ...
etwas später/in 10 Minuten/in zwei Stunden
nach der Mittagspause/nach 14.00 Uhr
heute Nachmittag
 ... zurückrufen.

Er/Sie ist (erst) ...
übermorgen/am Freitag/Montag
nächsten Dienstag/Donnerstag
nächste Woche
 ... wieder im Büro.

SPRACHARBEIT

1 Was bedeutet *erst* in diesen Beispielen?
> Er ist **erst** übermorgen wieder im Büro.
> Ich arbeite **erst** seit zwei Monaten bei der Firma.

▶ 9.4

2 Schauen Sie sich die folgenden Beispiele für indirekte Fragen an.
> Können Sie mir sagen, **wann er wieder da ist?**
> Wissen Sie, **ob er morgen im Büro ist?**

Können Sie die direkten Fragen formulieren? Was bedeutet *ob*?

▶ 7.7

F Spielen Sie weitere Telefongespräche.
PARTNER A benutzt Datenblatt A12, S. 151.
PARTNER B benutzt Datenblatt B12, S. 159.

5.3 Mit wem spreche ich am besten?

HINWEISE ZUM TELEFONIEREN

Wenn Sie ein Telefongespräch in einer Fremdsprache führen wollen, überlegen Sie sich am besten vorher, was Sie sagen wollen. Dies gilt besonders dann, wenn Sie Ihr Anliegen erst jemandem in der Telefonzentrale erklären müssen. Fassen Sie sich so kurz wie möglich, sodass Sie schnell verbunden werden können. Wenn Ihnen der Name einer Person oder einer Abteilung gegeben wird, schreiben Sie ihn auf, da dies die Ansprechadresse innerhalb der Organisation ist. Haben Sie immer alle wichtigen Unterlagen bereit, wenn Sie wegen einer Bestellung oder einer Lieferung anrufen.

A 1 Wenn man nicht weiß, mit wem man in einer Organisation sprechen soll, muss man der Zentrale den Grund seines Anrufs kurz erklären. Sie hören den Anfang von drei Anrufen nach Deutschland. Beantworten Sie die Fragen zu jedem Gespräch.

1 Was ist der Grund des Anrufs?
2 Mit wem/mit welcher Abteilung wird der Anrufer verbunden?

2 Hören Sie noch einmal zu. Welche Sätze benutzen die Sprecher?

Dialog 1

| Ich möchte gern Informationsmaterial | über | Ihre Konferenzeinrichtungen. |
| Ich brauche einige Informationen | | Ihre Firma. |

Können Sie mir das schicken? / Wer kann mir das senden?
▼
Ich verbinde Sie mit der Bankettabteilung/der Öffentlichkeitsabteilung.

Dialog 2
Ich muss eine Lieferung reklamieren.
Es geht um die Reklamation einer mechanischen Presse.

Mit wem spreche ich am besten darüber? / Wer kann mir da helfen?
▼
Ich verbinde Sie mit dem Kundendienst/der Verkaufsabteilung.

Dialog 3
Es handelt sich um eine Rechnung. / Ich rufe an wegen einer Rechnung.
Mit wem kann ich darüber sprechen? / Wer ist dafür zuständig?
▼
Ich verbinde Sie mit Herrn ... von der Buchhaltung/vom Finanzwesen.
▼
Es geht um Folgendes: Mit Ihrer letzten Rechnung gibt es ein Problem.
Ich habe eine Frage zu Ihrer letzten Rechnung Nr. ...
▼
Da sprechen Sie am besten mit ... . Ich verbinde Sie weiter.
Ich verbinde Sie mit Frau ... weiter.

SPRACHARBEIT

Schauen Sie sich diese Beispiele an.
  Es handelt sich/geht **um** einen Auftrag/eine Reklame/Folgendes.
  Ich rufe an **wegen** eines Auftrags/einer Rechnung/eines Angebots.
  Ich habe eine Frage **zu** Ihrem letzten Auftrag/unserer Bestellung/Ihrem Angebot.
Welchen Kasus erfordern die Präpositionen *um*, *wegen* und *zu*?

▶ 5

B Mit Hilfe der Ausdrücke in **A** spielen Sie abwechselnd die Rolle von Anrufer und Zentrale in folgenden Situationen. Anrufer, fassen Sie sich kurz!

ANRUFER: Sie rufen die Firma Dresselhaus, München, aus folgenden Gründen an:
1 Sie interessieren sich für die Produkte der Firma, die Sie bei der Hannover-Messe gesehen haben, und möchten die neueste Broschüre mit Preisliste haben bzw. die Adresse einer Vertretung in Ihrem Land.
2 Ihr Lagerbestand an Kaffeemaschinen geht bald zu Ende. Ihr jetziger Lieferant kann im Moment nicht liefern. Sie möchten ein Angebot für 100 Stück.
3 Die Lieferung Ihres Auftrags Bestell-Nr. 281/A ist gerade eingetroffen. Einige der bestellten Produkte sind defekt.
4 Sie haben vor zwei Wochen eine Bestellung über Ersatzteile aufgegeben (Bestell-Nr. 361-10), aber noch keine Bestätigung erhalten. Sie brauchen die Ersatzteile dringend.
5 Die Lieferung Ihres Auftrags Nr. AM/89 ist noch nicht eingetroffen und Sie möchten wissen, wo sie bleibt. Sie haben Kunden, die schon seit einigen Wochen auf die Ware warten.
6 Sie haben vor sieben Wochen Ware geliefert und warten noch auf Zahlung Ihrer Rechnung Nr. 98106.

ZENTRALE: Verbinden Sie den Anrufer mit der richtigen Abteilung:
der Kundendienst / die Verkaufsabteilung / die Öffentlichkeitsabteilung / die Buchhaltung / die Marketing-Abteilung / die Versandabteilung

C Am Telefon muss man oft Namen und Adressen buchstabieren. Buchstabieren Sie folgende Namen mit dem Telefonalphabet.

1 Jäger 2 Münch 3 Swarowski 4 Zeiss 5 Weyhe 6 Quantas

Buchstabiertafel Inland

A	=	Anton	G	=	Gustav	O	=	Otto	U	=	Ulrich
Ä	=	Ärger	H	=	Heinrich	Ö	=	Ökonom	Ü	=	Übermut
B	=	Berta	I	=	Ida	P	=	Paula	V	=	Viktor
C	=	Cäsar	J	=	Julius	Q	=	Quelle	W	=	Wilhelm
Ch	=	Charlotte	K	=	Kaufmann	R	=	Richard	X	=	Xanthippe
D	=	Dora	L	=	Ludwig	S	=	Samuel/Siegfried	Y	=	Ypsilon
E	=	Emil	M	=	Martha	Sch	=	Schule	Z	=	Zacharias/Zeppelin
F	=	Friedrich	N	=	Nordpol	T	=	Theodor			

Beispiele
Bach: B wie Berta, A wie Anton, C wie Cäsar, H wie Heinrich *oder* Berta, Anton, Charlotte
Tøbol: Theodor, Otto mit Strich, Berta, Otto, Ludwig

D Eine Mitarbeiterin einer französischen Firma ruft eine Firma in Deutschland an, um sich einen Katalog schicken zu lassen. Notieren Sie ihren Namen und die Adresse ihrer Firma. Dann vergleichen Sie Ihre Notizen mit Ihrem Partner.

E Wählen Sie eine dieser Firmen. Stellen und beantworten Sie folgende Fragen am Telefon.

Kühlmann & Blasius
Rolladen-Fabrikation
Hemelinger Str. 30
85551 Kirchheim bei München
Tel. (0 89) 9 21 12 48
www.kuehlmann.de

Wie heißt Ihre Firma?
Was ist die Adresse?
Wie schreibt man das? /
Können Sie das buchstabieren?

Wöbse & Co
Kunstglaserei
Bayreuther Str. 89
41189 Mönchengladbach
Fon: (021 66) 4 10 57
Fax: (021 66) 4 10 58

F Spielen Sie weitere Telefongespräche.
PARTNER A benutzt Datenblatt A13, S. 151. PARTNER B benutzt Datenblatt B13, S. 159.

KAPITEL 5

5.4 Eine Nachricht hinterlassen

A Sie hören den Anfang von drei Telefongesprächen. Aus welchem Grund ist der gewünschte Gesprächspartner nicht zu erreichen?

Er/Sie ...   ... ist krank.   ... ist beim Mittagessen.

... ist in einer Sitzung.   ... ist heute nicht im Haus.   ... ist auf Dienstreise.   ... ist nicht an seinem/ihrem Platz.   ... spricht auf der anderen Leitung.

B 1 In den folgenden drei Telefongesprächen hinterlässt der Anrufer eine Nachricht. Vergleichen Sie Gespräch 1 und 2 mit der entsprechenden Notiz und korrigieren Sie eventuelle Fehler.

HINWEISE ZUM TELEFONIEREN

Schreiben Sie Ihre Telefonnotizen während des Gesprächs auf Deutsch. So können Sie auch nach dem Telefonat noch Nichtverstandenes erschließen.

1

Gesprächsnotiz

An Herrn Kaderli

☐ Herr ☑ Frau Dupont
Firma: AVN
Straße: Ort: Lyon
Tel.-Nr.: 33 24 79 36 80   Datum: 14.3.
Uhrzeit: 7 8 9 <u>10</u> 11 12 13 14 15 16 17 18

☑ hat angerufen
☑ erbittet Rückruf
☐ ruft wieder an am/um
☐ erbittet Besprechungstermin am/um

Betrifft: Einen Besuchstermin.
         Ist bis 17.00 Uhr im Büro.
Aufgenommen: Zimmermann

2

Gesprächsnotiz

An Frau Lutz

☑ Herr ☐ Frau Peterson
Firma: Teleteknik
Straße: Ort: Viborg
Tel.-Nr.:   Datum: 19.5.
Uhrzeit: 7 8 9 10 11 <u>12</u> 13 14 15 16 17 18

☑ hat angerufen
☑ erbittet Rückruf
☐ ruft wieder an am/um
☐ erbittet Besprechungstermin am/um

Betrifft: Erbittet Bestätigung von
         Auftrag Nr. 2834/b. Dringend.
Aufgenommen: Schmidt

2 Schreiben Sie die dritte Nachricht selbst auf. Dann vergleichen Sie Ihre Notizen mit Ihrem Partner.

SPRACHARBEIT

Schauen Sie sich diese Beispiele an.
   Sagen Sie ihm/ihr/Herrn/Frau ... ,
   dass ich angerufen habe.
   dass ich bis 18.00 Uhr im Büro zu erreichen bin.
   dass wir den Auftrag erhalten haben.
Das Wort *dass* leitet eine indirekte Aussage ein. Können Sie die direkten Aussagen formulieren?   ▶ 7.5

72

AM TELEFON

C 1 Üben Sie ähnliche Dialoge mit Hilfe der Sprachmuster.

> Büro Herr/Frau [Kaderli], guten Tag. / Zimmermann (am Apparat).

> Hier spricht/ist ... . Kann ich bitte Herrn/Frau [Kaderli] sprechen?

> Herr/Frau ... ist (leider) mit einem Kunden zusammen/hat heute einen Tag Urlaub/...

> Soll ich etwas ausrichten?
> Wollen Sie ihm/ihr eine Nachricht hinterlassen?

> Könnten Sie ihm/ihr etwas ausrichten?
> Könnte ich eine Nachricht hinterlassen?

> Aber gern! / Natürlich! / Selbstverständlich!

> (Ja.) Sagen Sie bitte Herrn/Frau ..., dass ich angerufen habe.
> Es geht um einen Besuchstermin/Ihren Auftrag Nummer ... /Ihre letzte Lieferung.
> Könnte er/sie mich (sobald wie möglich) zurückrufen?
> (Ich bin bis [17.00] im Büro zu erreichen. / Es ist (nicht) dringend.)

> Ist gut. Wiederholen Sie Ihren Namen, bitte. ▶ Mein Name ist ... . Ich buchstabiere: ...

> Und von welcher Firma sind Sie? ▶ Von der Firma ...

> Was ist Ihre Telefonnummer?
> Hat Herr/Frau ... Ihre Telefonnummer? ▶ Die Telefonnummer ist ...
> Ja, aber ich gebe sie Ihnen noch mal durch: ...

> In Ordnung, Herr/Frau ... . Ich sage Herrn/Frau ... Bescheid. / Das richte ich Herrn/Frau ... aus.

2 Hinterlassen Sie Telefonnachrichten und nehmen Sie welche entgegen.
Dann vergleichen Sie Ihre Notizen mit Ihrem Partner.
PARTNER A benutzt Datenblatt A14, S. 151.
PARTNER B benutzt Datenblatt B14, S. 159.

D Sie hören drei Ansagen auf Anrufbeantwortern.
Beantworten Sie die Fragen zu jeder Ansage.

Ansage 1: Firma Wollgast & Co.
1 Warum ist das Büro geschlossen?
2 Wenn Sie eine Nachricht hinterlassen, wann können Sie einen Rückruf erwarten?

Ansage 2: Firma Klaus Forsbach
1 Wann ist das Büro geöffnet?
2 Welche Einzelheiten sollen Sie in einer Nachricht angeben?

Ansage 3: Jochen Schmidt
1 Warum hören Sie den Anrufbeantworter?
2 Sie müssen Herrn Schmidt dringend sprechen. Welche Nummer wählen Sie?

E Schreiben Sie eine Nachricht, die Sie auf einem Anrufbeantworter hinterlassen können.
Benutzen Sie diese Notizen. Nehmen Sie Ihre Nachricht eventuell auf Band auf.

1
Name/Firma: ...
Datum/Uhrzeit: ...
Nachricht für: Frau Doliwa
Grund des Anrufs: Ankunft Montag 15.10 Uhr Frankfurter Flughafen, Flugnummer LH 103. Abholen? Bitte zurückrufen.

2
Name/Firma: ...
Datum/Uhrzeit: ...
Nachricht für: Herrn Fromme
Grund des Anrufs: Nächsten Dienstag in Nürnberg. Treffen möglich? Bitte zurückrufen um passenden Termin zu vereinbaren.

Multimedia Revolution der Arbeit

> Können Sie die folgenden Fragen anhand des Textes und der Schaubilder beantworten?

Welche Konsequenzen hat die Multimedia-Revolution für ...
... den Arbeitsplatz?
... die Organisation der Arbeit?
... die Berufsmöglichkeiten der Zukunft?
... die Arbeitgeber?

DIE INFOTECHNIK REVOLUTIONIERT DIE BERUFE.

Unabhängigkeit vom Büro, Zugang zu Expertenwissen und Teamwork werden bald für alle Berufstätigen Realität. Für einige hat das neue Arbeiten schon begonnen

„Ich arbeite, wann und wo es mir gefällt."

ZEITREISE IN DIE MULTIMEDIAWELT

1975 Briefe · Telefon · Fernseher

1985 Briefe · Faxgerät · Telefon · PC · Modem · Fernseher und Video

1990 Kombigerät: Telefon, Fax und Anrufbeantworter · Laptop · Stereofernseher mit Video

1995 Die Multimedia-Workstation · Lautsprecher · Integriertes Informationssystem · Mikrofon · Videokonferenz · Videokamera · ID-Kartenleser · Standbildkamera · Barcode-Leser · Telefon, Drucker

FOCUS-Magazin/M. Zang

In der neuen Arbeitswelt stehen Informationen und Experten-Know-how allen Arbeitnehmern zur Verfügung.

Selbstständig wickeln sie in immer neuen Teams unterschiedliche Projekte ab. Dabei sind sie nicht mehr an die herkömmlichen Büros und Arbeitszeiten gebunden: die Multimedia-Workstation lässt sich auch zu Hause an den Informations-Highway anschließen.

„In der Kommunikationsbranche können bis zu fünf Millionen neue Arbeitsplätze entstehen", schätzt Unternehmensberater Roland Berger. Gut eine Million davon sind völlig neue Berufe wie Netzwerkintegrator oder Bildschirmdesigner.

Eigentlich gute Aussichten für Arbeitnehmer. Doch mit den Chancen steigen auch die Anforderungen. Der Umgang mit modernen Kommunikationsmitteln wie elektronischer Post (E-Mail), Videokonferenzen oder der gemeinsamen Arbeit an räumlich getrennten Computern gerät zur unvermeidbaren Notwendigkeit.

Teams bilden sich, die gemeinsam Probleme lösen. Diese Arbeitsweise wird bald für die meisten Berufstätigen alltägliche Realität sein. „Schon heute ist der Projektmanager der meistgesuchte Job in deutschen Unternehmen", erklärt Heike Huck, Geschäftsführerin der Perrsonalberatung SCS in Frankfurt.

„Die Arbeit in Projektteams erfordert Flexibilität, Organisationstalent und Kommunikationsfähigkeit", definiert Huck die wichtigsten Qualifikationen der Zukunft.

Revolutio der Arbe alte Beru werden frisch definiert neue entstehe

Multimedia Revolution der Arbeit

VOTUM DER WIRTSCHAFT

Verändert der Einsatz von Multimedia-Techniken die Arbeitsplätze?
- ja: 81 %
- nein: 19 %

Welche Wirkung erwarten Sie?
- schnellere Kommunikation: 76 %
- höhere Arbeitsproduktivität: 67 %
- größere Arbeitsfreude: 61 %
- mehr Kreativität: 52 %
- hoher Lernaufwand: 42 %
- anstrengenderes Arbeiten: 31 %
- Ängste vor den neuen Techniken: 19 %

FOCUS-Magazin Quelle: Trend Research Heinrich

MEHR SPASS AM JOB bringt Multimedia den Mitarbeitern. Die 300 von FOCUS befragten Manager rechnen daher auch mit Effizienzgewinnen

DICKES WACHSTUM
Umsatz der Infobranche in Mark
- 1993: 90 Mrd.
- 2000: 150 Mrd.

DIE KOMMUNIKATIONSBRANCHE liefert Inhalte für die neuen Infowege – das bringt dickes Wachstum und Jobs

Quelle: Deutscher Kommunikationsverband

NEUE JOBS
Multimedia schafft Arbeitsplätze (Angaben in Millionen Personen)
- Medienindustrie: Deutschland 0,77 / Europa 3,0
- Dienstleistungen: Deutschland 0,3 / Europa 2,0

EINE MILLION Deutsche arbeiten bis 2000 in Multimediaberufen

Quelle: Arthur D. Little

Büros sind nicht mehr nötig. Denn wer ständig neue Aufgaben mit anderen Partnern erledigt, muss seinen Online-Computer nicht unbedingt am festen Arbeitsplatz in der Firma stehen haben. Er kann überall dort arbeiten, wo ein Anschluss an die Datenautobahn existiert. So zum Beispiel die 75 Mitarbeiter der Werbeagentur Rauser in Reutlingen: Nur fünf sind ständig im Unternehmen, die anderen brüten zu Hause über Kampagnen. In den USA wird die Zahl der Teleworker schon auf sechs Millionen geschätzt.

Via Datenleitung können diese modernen Heimarbeiter sämtliche Informationen nutzen, die ihnen sonst nur im Büro zur Verfügung stehen. Ein Vorteil, den sich die Unternehmen vor allem im Vertrieb zu Nutze machen wollen.

Die Sparkassen zum Beispiel, LBS und Provinzial planen, ihre Finanzberater mit Multimedia-Laptops auszurüsten. „Mit den interaktiven Programmen können sie beim Kundenbesuch gleich individuelle Angebote errechnen, die das gesamte Fachwissen der Zentrale enthalten", erklärt Holger Stiebing.

Völlig neue Berufe wie Screen-Designer entstehen täglich. „In der Kommunikationstechnik, der Produktion der Inhalte und bei Informationsdiensten entwickelt sich ein riesiger Arbeitsmarkt mit ganz neuen Tätigkeiten", weiß Waldemar Timm, Personalberater bei Kienbaum und Partner.

Die Vorteile von Multimedia erkennen die Firmenstrategen sehr klar. Nach Schätzungen der EU-Kommission sind Einsparungen von durchschnittlich vier Prozent der Umsätze drin.

INTERVIEW

„Das Ende des Jobs"

Der alte Arbeitsplatz verschwindet in der Infogesellschaft

FOKUS: Wie verändert Multimedia die Arbeitsplätze?

Ehrhardt: Die neuen Kommunikationstechniken ändern nicht nur Jobs, sie schaffen sie ab. Den herkömmlichen Arbeitsplatz wird es bald nicht mehr geben.

FOKUS: Also noch mehr Arbeitslose?

Ehrhardt: Die Arbeitslosigkeit im traditionellen Sinn wird sicher steigen. Arbeitsplätze mit genau definierter Aufgabe, klarer Kompetenz und festem Vertrag fallen weg. Man wird nur noch für eine bestimmte Aufgabe eingekauft.

FOKUS: Aber die Arbeit wird doch nicht weniger.

Ehrhardt: Im Gegenteil, der Bedarf an Leistung steigt sogar. Die Bewältigung der Aufgaben wird aber anders organisiert. Man trennt zwischen der Arbeit, die getan werden muss, und dem festen Arbeitsverhältnis.

FOKUS: Wie funktioniert das?

Ehrhardt: Jeder bietet seine Kompetenz an und bringt sie in komplexe Projekte ein, die von immer neu zusammengesetzten Teams bearbeitet werden.

FOKUS: Wir sollen also alle kleine Unternehmer werden?

Ehrhardt: Ein Rest an Festangestellten bleibt sicher, zum Beispiel im Staatsdienst oder bei besonderen Aufgaben wie Piloten oder Krankenhausärzten. Die anderen aber müssen sich die Arbeit für ihre Fähigkeiten selber suchen.

FOKUS: Und wie finden sie die?

Ehrhardt: Durch Teamarbeit bilden sich schnell persönliche Netzwerke. Außerdem bieten die Unternehmen ja die Projekte an.

> Multimedia verändert das Sozialleben – ganz besonders die Art zu arbeiten
>
> ANDY HOPPER
> OLIVETTI RESEARCH

KAPITEL

6 Planen und Reservieren

Wortschatz und sprachliche Strukturen in dieser Lektion werden Ihnen helfen,
- bei der örtlichen Touristeninformation nach Hotelempfehlungen zu fragen,
- Hotelbroschüren zu verstehen,
- Preise für Konferenzeinrichtungen zu vergleichen,
- Besprechungen zu arrangieren und zu verschieben,
- Hotelbuchungen telefonisch und schriftlich vorzunehmen und zu ändern.

Sie werden außerdem etwas darüber erfahren, was Stuttgart tut, um Besucher anzuziehen.

6.1 Können Sie mir einige Hotels empfehlen?

A Claudia Lind, Personalreferentin bei HML, organisiert die internationale Jahreskonferenz der Firma und ihrer Auslandsgesellschaften für das folgende Jahr. Der Tagungsort ist Freiburg. Lesen Sie den Text. Warum, glauben Sie, hat die Firma diesen Ort gewählt?

Freiburg hat, was Sie suchen

Freiburg, die deutsche Universitätsstadt im Dreiländereck mit der Schweiz und Frankreich war schon immer – dank der Lage im Zentrum Europas – eine Stadt der Begegnungen. Zieht man um Paris – London – Berlin – Wien – Rom einen Kreis, dann liegt Freiburg im Mittelpunkt. Hier kommen Menschen verschiedenster Nationalitäten zusammen, wählen Freiburg als internationalen Treffpunkt. Man weiß, hier lässt sich gut reden. Hier, wo andere Urlaub machen, ist der Geist frei für neue Eindrücke, Impulse, Kreativität.

B 1 Frau Lind ruft die Tourist Information in Freiburg an, um sich nach Kongress-Hotels zu erkundigen. Hören Sie dem ersten Teil des Gesprächs zu.
Was für ein Hotel sucht Frau Lind? Beantworten Sie die Fragen.

1 Wie viele Teilnehmer hat die Konferenz?
2 Sollen alle Teilnehmer im Hotel wohnen?
3 Was für Tagungsräume soll das Hotel haben?
4 In welcher Preiskategorie soll das Hotel sein?
5 Welche Lage soll das Hotel haben?
6 Welche weiteren Wünsche hat Frau Lind?

2 Hören Sie weiter. Welche Hotels empfiehlt die Tourist-Information? Schreiben Sie die Namen und die Telefonnummern auf und notieren Sie zusätzliche Informationen.

Hotels, Pensionen, Gasthöfe   Freiburg (Vorwahl 0761)

	Kat	Km	🛏	1*	2*	3*	♿	♿	☎	TV	🍴	DIÄT	P	P	↕	🏊	S	💡	💳	🐕
Hotel AM RATHAUS, Rathausgasse 4–8, 79098 FR, Tel. 3 11 29, Fax 28 65 14	C	0,6 L1/5	60			EZ 98 DZ 175			x	x			x	x					x	x
Hotel BÄREN, Zum Roten, Oberlinden 12, 79098 FR, Tel. 3 87 87-0, Fax 3 87 87-17	B	1,0 L1	45			EZ 175–195 DZ 220–250	x	x	x	x	x		x	x				x	x	x
Hotel BARBARA, Poststraße 4, 79098 FR, Tel. 2 60 60, Fax 2 66 88	C	0,3	40			EZ 105–115 DZ 160–170			x	x	x		x						x	
Gasthaus DEUTSCHER KAISER, Günterstalstraße 38, 79100 FR, Tel. 7 49 10, Fax 70 98 22	D	2,0 L2/4 B12	30	EZ 65 DZ 90	EZ 75 DZ 100				x				x	x	x			x		x
INTERCITYHOTEL Freiburg, Bismarckallee 3, 79098 FR, Tel. 38 00-0, Fax 3 80 09 99	C	direkt	198			EZ 165–195 DZ 205–235	x	x	x	x	x		x	x				x	x	x
Hotel KREUZBLUME, Konviktstraße 31, 79098 FR, Tel. 3 11 94/95	C	1,0 L1	12			EZ 108 DZ 156			x	x	x		x					x		
Hotel MARKGRÄFLER HOF, Gerberau 22, 79098 FR, Tel. 3 25 40, Fax 3 79 47	C	1,0 L1,4,5	29	EZ 65–90 DZ 110–120		EZ 120–160 DZ 180–200			x	x	x		x					x	x	
Hotel MINERVA, Poststraße 8, 79098 FR, Tel. 3 14 66, Fax 3 64 20	C	0,3	49			EZ 95–135 DZ 160–175			x	x	x		x	x					x	x
NOVOTEL, Am Karlsplatz, 79098 FR, Tel. 38 51-0, Fax 3 07 67	B	1,1 B14	228			EZ 160–170 DZ 190–206	x		x	x	x		x						x	x
PANORAMA Hotel Mercure, Wintererstraße 89, 79104 FR, Tel. 51 03-0, Fax 5 10 33 00	B	8,0 B14	145			EZ 170–225 DZ 190–275	x		x	x	x		x	x	x	x	x	x	x	x
Hotel RHEINGOLD, Eisenbahnstraße 47, 79098 FR, Tel. 28 21-0, Fax 28 21-111	B	0,1	95			EZ 165–210 DZ 220–320	x		x	x	x		x					x	x	x
Hotel SCHIFF, Basler Landstraße 35–37, 79111 FR, Tel. 47 30 41, Fax 47 55 63	C	4,0 B14	120			EZ 115–145 DZ 155–185		x	x	x	x		x	x				x	x	x
Hotel SCHWARZWÄLDER HOF, Herrenstraße 43, 79098 FR, Tel. 3 23 86, Fax 3 08 53	D/C	0,8 L1	72	EZ 65–75 DZ 108–115	EZ 75 DZ 118	EZ 95–125 DZ 168–175			x	x			x					x		
Hotel VICTORIA, Eisenbahnstraße 54, 79098 FR, Tel. 3 18 81, Fax 3 32 29	B	0,2	100			EZ 135–165 DZ 185–235	x		x	x	x		x	x				x	x	x

Hotel-Kategorie: E = Economy   D = Standard   C = Komfort   B = First Class   A = Luxus

* Inklusivpreise pro Zimmer und Frühstück in DM

Kat	Kategorie	2	Zimmer mit Bad oder Dusche	♿ Behindertenfreundlich	P Parkplatz
Km	Entfernung vom Hauptbahnhof in km L = Straßenbahn B = Omnibus	3	Zimmer mit Bad/Dusche und WC	☎ Zimmertelefon	P Garage
🛏	Bettenanzahl	EZ	Einzelzimmer	TV TV im Zimmer	↕ Lift
1	Zimmer mit fließend kalt/warm Wasser	DZ	Doppelzimmer	🍴 Restaurant	🏊 Schwimmbad
			Kinderermäßigung	DIÄT Diätkost auf Wunsch	S Sauna, Solarium
					💡 Konferenzräume
					💳 Kreditkarten
					🐕 hundefreundlich

C
1. Sehen Sie sich den Auszug aus dem Freiburger Hotelverzeichnis an. Welche anderen Hotels kommen für Frau Lind in Frage?

2. Mit Hilfe des Hotelverzeichnisses empfehlen Sie einem Anrufer passende Hotels.
   PARTNER A benutzt Datenblatt A15, S. 152.
   PARTNER B benutzt Datenblatt B15, S. 160.

D Schreiben (oder faxen) Sie an das Verkehrsamt in Köln oder Stuttgart und bitten Sie um ein Hotelverzeichnis und Informationsmaterial über die Stadt. Benutzen Sie das Muster im Arbeitsheft.

Tourist-Information Stadt Köln
Unter Fettenhennen 19,
50667 Köln
Tel. (02 21) 2 21 33 45
Fax (02 21) 2 21 33 20

STUTTGART
Lautenschlagerstraße 3
70173 Stuttgart
Telefon 07 11/22 28 - 0
Telefax 07 11/22 28 - 217
info@stuttgart-tourist.de

KAPITEL 6

6.2 Wann dürfen wir Sie begrüßen?

A Frau Lind hat die Hotels, die die Tourist-Information empfohlen hat, angerufen und sie gebeten, ihr Informationsmaterial über die Hotel- und Konferenzeinrichtungen zu schicken.
PARTNER A: Lesen Sie die Informationen über das Kongress-Hotel Dorint rechts.
PARTNER B: Lesen Sie die Informationen über Schloss Reinach auf S. 80.
Machen Sie sich Notizen zu diesen Punkten.

- Hoteltyp (groß/klein; modern/traditionell; exklusiv/gemütlich)
- Lage
  Entfernung
  - vom Flughafen
  - vom Hauptbahnhof (= Stadtmitte)
  - von der Autobahn
- Zimmeranzahl
- Zimmerausstattung
- Tagungsräume
- Kapazität
- Küche
- Fitness- und Freizeitangebot
- Sonstige Vorteile

B Benutzen Sie folgende Fragen und tauschen Sie Informationen über die beiden Hotels mit Ihrem Partner aus. Machen Sie sich Notizen über das andere Hotel.

1. Was für ein Hotel ist das?
2. Wo liegt das Hotel?
3. Wie weit ist es vom Flughafen/Hauptbahnhof Freiburg/von der Autobahn entfernt?
4. Wie viele Zimmer hat das Hotel?
5. Wie sind die Hotelzimmer ausgestattet?
6. Was für Konferenzeinrichtungen bietet das Hotel?
7. Wie groß ist die Konferenz-Kapazität?
8. Was für eine Küche bietet das Hotel?
9. Was für Fitness- und Freizeitmöglichkeiten bietet das Hotel?
10. Bietet das Hotel sonst noch Vorteile?

@ www.freiburg-online.de
www.freiburg.de

C Welches Hotel würden Sie persönlich a) für eine Konferenz b) für einen Urlaub wählen? Warum? Sprechen Sie darüber mit Ihrem Partner.

D Lesen Sie beide Texte. Machen Sie eine Liste von allen Adjektiven, die das Hotel und die Ausstattung beschreiben. Schreiben Sie die Adjektive in der Form auf, in der sie im Wörterbuch stehen, z.B.:
ein alter Gutshof ➝ alt

SPRACHARBEIT

1. Schauen Sie sich diese Beispiele von der Dorint-Hotel-Broschüre an.

	Präposition	Artikel	Adjektiv	Nomen
in guter Nachbarschaft	zu	dem	neuen	Hauptbahnhof
	zu	der	historischen	Altstadt
Das Haus ist eine Symbiose	aus	–	exklusivem	Stadthotel
und	(aus)	–	sympathischer	Eleganz

Bestimmen Sie Genus und Kasus der Nomen.
Welche Endungen haben die Adjektive, wenn a) ein bestimmter Artikel, b) kein Artikel davor steht?
Können Sie in der Broschüre und im Brief weitere Beispiele für jeden Typ finden?   ▶ 4.3, 4.6
2. Wie viele Beispiele für das Passiv können Sie in jedem Text finden?   ▶ 6.11

E Tauschen Sie Informationen über zwei weitere Hotels in Freiburg aus.
PARTNER A benutzt Datenblatt A16, S. 152.
PARTNER B benutzt Datenblatt B16, S. 160.

Dorint
★★★★
AM KONZERTHAUS
FREIBURG

Lage: Freiburg, die sonnenreichste Stadt Deutschlands, hat in doppelter Hinsicht eine exzellente Lage: ausgesprochen verkehrsgünstig und klimatisch überaus attraktiv. Im Stadtzentrum Freiburgs, in guter Nachbarschaft zum neuen Hauptbahnhof und zur historischen Altstadt, liegt das Dorint Hotel *Am Konzerthaus.*

Ausstattung: Ein modernes Hotel, das seinen Gästen erstklassige Wohnkultur, komfortable Ausstattung und professionellen Service bietet. Das Haus ist eine Symbiose aus exklusivem Stadthotel und sympathischer Eleganz. Alle Galerie und die 219 eleganten Zimmer und Suiten sind im Art-Deco-Stil eingerichtet. Alle Zimmer haben Bad/Dusche, WC, Fön im Bad, Selbstwahltelefon, Kabel-TV, Minibar und Klima-Anlage. Als zusätzliches Angebot: Entspannung und Erholung. In der DORIMARE-Badelandschaft mit Sauna, und Solarien können Sie den Alltag abschalten und sich entspannen.

Tagungsangebot: Im Hotel steht ein modernes Tagungszentrum zur Verfügung. Unsere exklusive Business-Etage bietet 9 vollklimatisierte Konferenz- und Seminarräume für 5 bis 200 Personen. Alle Zimmer haben Tageslicht und sind mit modernster Kommunikationstechnik ausgestattet. Ihr Freizeitprogramm – ein Bummel durch die Altstadt oder eine Bootsfahrt auf dem Rhein – steht vor der Tür. Wir organisieren gern Veranstaltungen für Sie.

Gastronomie: Kaum ein Ort in Deutschland wird wegen seiner guten Küche so gelobt wie Freiburg. Die Freiburger Tradition guter Gastlichkeit wird im Dorint Hotel kultiviert und fortgeführt. Verwöhnen Sie Ihren guten Geschmack im Spezialitäten-Restaurant „La Rotonde" oder in der eleganten Lobby Lounge, die kulinarische Spezialitäten den ganzen Tag serviert. *Als Gast werden Sie es erleben – wann dürfen wir Sie begrüßen?*

So finden Sie uns:

- **ICE** Intercity-Express
  100 m bis zum Hotel
- ✈ Flughafen EuroAirport
  60 km bis zum Hotel
- BAB5 Freiburg-Mitte
  5 km bis zum Hotel
- **P** hoteleigene Tiefgarage
  mit 100 Einstellplätzen
- Busparkplatz am Hotel

79

SCHLOSS REINACH MUNZINGEN GMBH - ST. ERENTRUDIS-STR. 12 -

Frau Claudia Lind
Firma HML
...

Munzingen, 14.06.20--

Sehr geehrte Frau Lind,

ich beziehe mich auf unser gestriges Telefongespräch und übersende Ihnen wunschgemäß unsere Unterlagen über unser Haus, eine Tagungsmappe und Bankettunterlagen.

Schloss Reinach ist ein alter, traditionsreicher Gutshof aus dem 16. Jahrhundert. Nach aufwendigen Renovierungsarbeiten wurde es Mitte 1993 eröffnet und wird seither von der Freiburger Familie Hosp geführt. Durch den aufmerksamen und freundlichen Service spürt der Gast das persönliche Engagement der Inhaber.

Unser Haus liegt nur neun Kilometer von Freiburg entfernt. Von der Autobahn Karlsruhe-Basel erreichen Sie uns in zehn Minuten. Eine hoteleigene Tiefgarage und genügend Parkplätze sind vorhanden. Die Fahrzeit vom Flughafen Basel/Mulhouse beträgt zirka 30 Minuten. Vom Freiburger Hauptbahnhof fahren Sie mit dem Bus Linie 33 bis vor das Hotel, Fahrzeit zirka 20 Minuten. Ein Shuttle-Dienst zum Flughafen oder Bahnhof kann gegen Entgeld organisiert werden.

Für Tagungen, Kongresse und Bankette bietet Schloss Reinach ein stimmungsvolles Ambiente. In modernen Seminarräumen können 10 bis 250 Teilnehmer ungestört arbeiten. Alle Räume haben Tageslicht und sind mit neuester Tagungstechnik ausgestattet. Ruhig gelegen im Obergeschoss befinden sich Seminarraum I und II, mit Kapazitäten von 35 bis zu 70 Personen. Im Erdgeschoss befindet sich der Saal Reinach, unser Bankettsaal, der bis zu 300 Personen fasst, und der in zwei kleinere Säle unterteilt werden kann, mit Platz für 100 bzw. 200 Personen. Durch die stilvolle Kulisse wird eine angenehme Atmosphäre vermittelt.

Unsere 72 elegant und modern eingerichteten Zimmer sind mit Bad oder Dusche, Selbstwahltelefon und Farb-TV ausgestattet. Im Schloss befinden sich drei Appartements. Selbstverständlich stehen Nichtraucherzimmer sowie ein behindertengerechtes Zimmer zur Verfügung.

Kulinarisch verwöhnt werden die Gäste mit exzellenten badischen und internationalen Spezialitäten in unseren zwei geschmackvoll restaurierten Restaurants.

Für Ihre Gäste stellen wir gerne ein individuelles Programm zusammen. Freiburg, Colmar und Basel bieten dem Kunst- und Kulturliebhaber fast alles, was er in einer Metropole finden könnte. Ein Golfplatz, Joggingpfade und Kanutouren stehen Sportlern zur Verfügung. Im Haus steht ein Fitness-Studio für Sie bereit.

Wir freuen uns, wenn Ihnen unser Haus und unsere Leistungen zusagen. Rufen Sie uns einfach an und wir vereinbaren gerne einen Termin für eine individuelle Hausführung, bei der wir uns persönlich kennen lernen können.

Mit freundlichen Grüßen

Angelika Fell
Bankettabteilung

6.3 Einige Fragen zu Ihren Preisen

A 1 Viele Kongress-Hotels bieten eine Konferenzpauschale an, d.h. einen inklusiven Tagespreis für Konferenzraum, Tagungstechnik und Essen. Wenn Sie die Konferenzpauschale buchen, bekommen Sie oft eine Zimmerpreisermäßigung. Informieren Sie sich über den Tagungstarif des Hotels Dorint.

1. Wovon hängt der Zimmerpreis ab?
2. Ist die Konferenzpauschale zahlenunabhängig?
3. Ist die Konferenzpauschale inklusive oder exklusive Abendessen?
4. Welche Geräte sind in der Grundausstattung inbegriffen?
5. Werden zusätzliche Konferenzräume separat berechnet?

Dorint
AM KONZERTHAUS
FREIBURG

◆ TAGUNGSTARIF ◆

Übernachtung / Zimmer

- 219 elegant und modern ausgestattete Zimmer und Suiten stehen Ihnen zur Verfügung.
- Alle Zimmer haben Bad/Dusche, WC, Fön im Bad, Selbstwahltelefon, Kabel-TV, Minibar und (individuell regelbare) Klima-Anlage.

Alle Zimmerpreise erhalten Sie auf Anfrage. Die Zimmerpreise variieren bei Konferenzen und Seminaren nach Jahreszeit/Saison, Wochentagen, Teilnehmerzahl und Aufenthaltslänge.

Konferenzpauschale

Die Dorint-Konferenzpauschale ist gültig ab einer Teilnehmerzahl von 10 Personen – unabhängig von der Zimmerreservierung. Sie beinhaltet folgende Leistungen:

- Bereitstellung eines passenden Konferenzraumes
- Grundausstattung Tagungstechnik (Overhead- oder Diaprojektor mit Leinwand, Flipchart)
- Kaffeepause vormittags mit Snack
- Mittagessen als Business-Lunch-Buffet
- Kaffeepause nachmittags mit Snack
- 2 Softgetränke im Konferenzraum

... und das alles für € 44,- pro Person und Tag

Für Sie und Ihre Gäste arrangieren wir gerne den gemeinsamen Abend. Treffen Sie mit unserem Küchenchef die Auswahl aus feinen Menüs oder Büffets. Gerne erhalten Sie hierfür unsere Vorschläge.

Ihre Gesprächspartner

- Herr Olaf Offers – Direktor
- Frau Andrea Stotz – Veranstaltungsleiterin

Tagungstechnik

Folgende Grundausstattung steht Ihnen im Rahmen der Konferenzpauschale zur Verfügung bzw. ist in den Bereitstellungskosten für das Plenum enthalten:
- Overheadprojektor mit Leinwand
- 1 Flipchart mit 1 Block Papier, 2 Stifte
- 2 Pinnwände/Metaplanwand
- Notizblöcke, Stifte für alle Teilnehmer
- Zeigestock
- Rednerpult
- 1 Videorekorder und Monitor

Zusätzliche mobile Tagungstechnik (pro Tag, gegen Berechnung auf Selbstkostenbasis)
- Kassettenrekorder   € 20,-
- Videokamera   € 75,-
- Mikrofon, Verstärker, Boxen € 75,-
- Schreibmaschine   € 25,-

Weitere Geräte können auf Anfrage gemietet werden.

Bereitstellungskosten

Bereitstellungskosten und Raummieten für Konferenzräume entfallen bei der Buchung der Konferenzpauschale.

Alle genannten Preise beinhalten Bedienungsgeld und die Mehrwertsteuer. Preisänderungen vorbehalten.

2 Informieren Sie sich über das Raumangebot des Hotels Dorint. Welcher Konferenzraum und welche Bestuhlung wären am besten geeignet ...

1 für eine Plenarsitzung mit 70 Teilnehmern?
2 für eine Gruppendiskussion mit 35 Teilnehmern?

Dorint AM KONZERTHAUS FREIBURG — Raum- und Saalangebot

Konferenzräume	Fläche qm	Stuhlreihen	Parlament	U-Form	Bankett	Bereitstellungskosten pro Tag
Baden-Baden	122	70	55	28	80	650 €
Mühlhausen	71	55	32	15	42	350 €
Basel	53	45	28	15	30	220 €
Baden-Baden + Mühlhausen	193	140	120	-	115	899 €
Mühlhausen + Basel	124	100	74	28	75	650 €
Baden-Baden, Mühlhausen, Basel, kombiniert	246	200	150	-	180	1 150 €
Colmar-Straßburg	86	70	50	28	50	450 €
Luzern (teilbar)	44	35	26	18	30	250 €
Kehl (teilbar)	44	35	26	18	30	250 €

B 1 Frau Lind ruft das Hotel Dorint an, um Weiteres über die Preise zu erfahren. Hören Sie dem ersten Teil des Gesprächs zu. Richtig oder falsch?

1 Die HML-Konferenz findet Mitte Juni nächstes Jahr statt.
2 Der Anreisetag ist Sonntag und die Abreise ist Dienstag.
3 Das Hotel Dorint ist in der 3. Juniwoche völlig ausgebucht.

2 Hören Sie weiter. Frau Lind stellt folgende Fragen. Notieren Sie die Antworten.

1 Was wäre der Zimmerpreis für 70 Teilnehmer für drei Nächte?
2 Was kosten zusätzliche Konferenzräume?
3 Können Sie einige Menüpreise nennen?

C Lesen Sie das Angebot rechts, das Frau Lind von Schloss Reinach bekommen hat. Vergleichen Sie die Preise mit denen des Hotels Dorint. Welches Hotel ist billiger?

D Welches Hotel soll Frau Lind Ihrer Meinung nach für ihre Konferenz wählen? Überlegen Sie: Welches Hotel ...

1 hat eine günstigere Lage, d.h. ist für die Teilnehmer leichter zu erreichen?
2 hat geeignetere Konferenzräume?
3 hat eine gemütlichere Atmosphäre, sodass sich die Teilnehmer besser kennen lernen können?
4 bietet bessere Möglichkeiten für ein Freizeitprogramm?
5 ist preisgünstiger?

SCHLOSS REINACH MUNZINGEN GMBH - ST. ERENTRUDIS-STR. 12 - 79112 FREIBURG

SCHLOSS REINACH
FREIBURG-MUNZINGEN

Frau Claudia Lind
Firma HML
...

Munzingen, 05.07.20--

Angebot für Ihre Veranstaltung im Juni 20--

Sehr geehrte Frau Lind,

vielen Dank für Ihre Anfrage und das Interesse an unserem Haus. Gerne unterbreiten wir Ihnen das gewünschte Angebot wie folgt:

Anreise: Sonntag, 18.06.20--
Abreise: Mittwoch, 21.06.20--

70 Einzelzimmer zum Preis von € 60,- pro Person und Tag, inklusive Frühstück.

Veranstaltungsablauf:
Sonntag: individuelle Anreise von 70 Personen
Montag: gemeinsames Frühstück
Tagungsbeginn
Leistungen: **Tagungspauschale No. 1** € 30,- **pro Person/Tag** inklusive folgender
2 Pausen mit Kaffee/Tee, feinem Gebäck und Joghurt/Obstkorb, ein 3-Gang-Tagungsmenü oder Lunch-Buffet, die Bereitstellung der Räume und die Standardtagungstechnik
oder
Tagungspauschale No. 2 € 50,-
bei der zusätzlich zur Tagungspauschale No. 1 ein Drei-Gang-Menü zum Abendessen enthalten ist.
3 Tagungsräume zu Ihrer Verfügung:
Tagung in einem Konferenzraum für 70 Personen, 2 weitere Räume für je 35 Personen
Standardtagungstechnik in den Räumen: Overheadprojektor mit Leinwand, Rednerpult, Flipchart, Pinnwand

Dienstag: siehe Montag
Mittwoch: siehe Montag
Abreise der Tagungsteilnehmer

Für eine Abendveranstaltung in unserem Haus möchten wir Ihnen Folgendes vorschlagen:
- eine Weinprobe mit verschiedenen Weinen und Baguette für € 10,- pro Person
- musikalische Unterhaltung
- Volkstanz-Vorführung mit Musik
- ein badisches Buffet

Die Zimmer und den Veranstaltungsraum haben wir gerne vorreserviert und möchten Sie um eine Entscheidung bis zum 30.09.20-- herzlich bitten. Sollten Sie noch weitere Fragen bezüglich der Tagungsorganisation haben, rufen Sie uns an, wir stehen Ihnen gerne jederzeit zur Verfügung.

Herzliche Grüße von SCHLOSS REINACH

Ihre

Angelika Fell
Bankettabteilung

KAPITEL 6

6.4 Können wir einen Termin vereinbaren?

A Frau Lind ruft das Schloss Reinach an, um einen Termin für eine Hausführung zu vereinbaren. Danach ruft sie Herrn Frey, den Geschäftsführer einer HML-Tochtergesellschaft in Stuttgart, an. Beantworten Sie die Fragen zu jedem Gespräch.

Dialog 1
1. In welcher Woche möchten Frau Lind und ihr Chef das Hotel besichtigen?
2. Welcher Tag passt ihnen am besten?
3. Für welche Uhrzeit ist der Termin?

Dialog 2
1. Warum ist Herr Frey im Moment nicht erreichbar?
2. Worum geht es bei dem Anruf?
3. Wann ist Herr Frey frei?
4. Für welchen Tag und welche Uhrzeit wird der Termin vereinbart?

SPRACHARBEIT

1. Ordnungszahlen wie *der erste, zweite, dritte, vierte* etc. gebraucht man, um Daten anzugeben. Können Sie in dieser Reihenfolge bis zum *einunddreißigsten* weiterzählen? An welcher Stelle wechseln die Endungen der Ordnungszahlen von *-te* zu *-ste*? ▶ 8.2
2. Schauen Sie sich an, wie man das Datum ausdrücken kann.
   Heute ist Montag, der 21. (einundzwanzigste) Juni.
   Wir sehen uns am Donnerstag, dem 7. (siebten) Oktober.
   Ordnungszahlen sind Adjektive und verlangen Adjektivendungen.
   Warum wird bei den obigen Beispielen eine maskuline Endung verwendet? ▶ 9.3

B Üben Sie Dialoge, in denen Sie einen Termin vereinbaren.

Ich möchte Sie/Ihre Firma gerne besuchen. Können wir einen Termin vereinbaren?
Ich möchte (gern) einen Termin/eine Besprechung mit Ihnen (in den nächsten Tagen/
in der nächsten Woche/in der Woche vom 13. März) vereinbaren.

Geht es am [Mittwoch, den 7. Juni]?
Passt Ihnen [Montag, der 13. März]?
Wäre Ihnen [Donnerstagvormittag] recht?
Hätten Sie [nächsten Dienstag] Zeit?

Wann möchten Sie kommen?
Welches Datum/Welcher Tag passt Ihnen am besten?

Vormittags oder nachmittags?
Um welche Uhrzeit? / Um wie viel Uhr möchten Sie kommen?

Vormittags/Nachmittags wäre mir lieber.
Sagen wir um [10.00 Uhr]?

Einen Moment, ich sehe in meinem Terminkalender nach.

Ja, das passt sehr gut.
Ja, [Mittwoch um 10.00 Uhr] geht.
Ja, am [Donnerstag] bin ich den ganzen Tag frei.

Das geht leider nicht/passt mir schlecht.
Da habe ich schon einen Termin/eine Besprechung.
Da bin ich nicht im Haus.
[Nachmittag um 14.00 Uhr] / [Donnerstagvormittag] passt mir besser.

Gut, wir treffen uns also am … um … Uhr. (Ich bestätige Ihnen den Termin per E-Mail.)

PLANEN UND RESERVIEREN

C **1** Sie hören drei Telefongespräche. Aus welchen Gründen müssen die Anrufer ihre Termine absagen bzw. verschieben?

Ich muss unseren Termin leider absagen/verschieben ...
1 ... Es ist nämlich etwas dazwischen gekommen.
2 ..., denn ich stehe im Moment auf der Autobahn im Stau.
3 ..., da ich ganz plötzlich eine Geschäftsreise machen muss.
4 ..., weil die Fluglotsen hier am Flughafen streiken.
5 ..., weil ich im Moment zu beschäftigt bin.
6 ..., weil wir hier in der Firma im Augenblick einige Probleme haben.
7 ... Ich muss den Termin aus persönlichen Gründen absagen.

2 Hören Sie noch einmal zu. Welche neuen Vereinbarungen treffen die Gesprächspartner?

> **SPRACHARBEIT**
>
> Vier unterschiedliche Wörter für *weil* werden in **C** gebraucht. Welche sind es?
> Welche zwei Wörter leiten einen Nebensatz ein, in dem das Verb an das Satzende rückt? ▶ 7.4, 7.5

D Ändern Sie Ihre Termine. Spielen Sie abwechselnd die Rolle des Anrufers und des Angerufenen in folgenden Situationen.

Anruf 1
Sie haben einen Termin mit Herrn Krause von der Fima Klingspor am Mittwoch, den 29. November um 11.15 Uhr, müssen aber leider absagen. Rufen Sie ihn an und vereinbaren Sie einen neuen Termin.

Anruf 2
Sie haben eine Besprechung mit Ihrer Kollegin, Frau Walter, am nächsten Dienstag um 15.30 Uhr, können sie aber leider nicht einhalten und möchten sie auf die folgende Woche verschieben.

Benutzen Sie diese Ausdrücke und wählen Sie einen passenden Grund aus **C**.

Es geht um unseren Besuchstermin/unsere Besprechung am ...
Ich muss diesen Termin leider absagen. / Ich kann den Termin leider nicht mehr einhalten.
Wäre es möglich einen neuen Termin zu vereinbaren?
Könnten wir den/unseren Termin um eine Woche/einige Tage / auf den [4. Dezember]/die folgende Woche verschieben?

E Vereinbaren und ändern Sie einen Termin mit einem Geschäftspartner.
Partner A benutzt Datenblatt A17, S. 152.
Partner B benutzt Datenblatt B17, S. 161.

F Sie haben einen Kundentermin für die folgende Woche, müssen aber leider absagen.
Hinterlassen Sie eine Nachricht auf seinem/ihrem Anrufbeantworter. Sagen Sie:
- Namen und Firmennamen
- für wann der Termin vereinbart wurde
- warum Sie den Termin absagen müssen
- wann Sie wieder anrufen

Nehmen Sie Ihre Nachricht eventuell auf Band auf.

85

KAPITEL 6

6.5 Ich möchte zwei Zimmer reservieren

A Frau Lind ruft zwei Hotels in Stuttgart an, um eine Zimmerreservierung zu machen. Beantworten Sie die Fragen zu jedem Gespräch.

Dialog 1
1. Welches Hotel ruft Frau Lind an?
2. Wie hat Sie den Namen des Hotels erfahren?
3. Wie kann man das Hotel vom Hauptbahnhof erreichen?
4. Was möchte Frau Lind reservieren? Für wann?
5. Was ist das Problem, und wie reagiert Frau Lind?

Dialog 2
1. Welches Hotel ruft Frau Lind dann an?
2. Was kostet ein Einzelzimmer?
3. Was ist der Unterschied zwischen den niedrigeren und höheren Zimmerpreisen?
4. Was ist im Zimmerpreis inbegriffen?
5. Wo liegt das Hotel?
6. Für welchen Zimmerpreis entscheidet sich Frau Lind?

B Das Hotel schickt Frau Lind eine schriftliche Bestätigung ihrer Zimmerreservierung per Fax. Lesen Sie den Text und vervollständigen Sie die fehlenden Informationen mit Hilfe Ihrer Notizen in **A**. Dann beantworten Sie diese Fragen.

1. Ab wann stehen die Zimmer zur Verfügung?
2. Was muss ein Gast tun, wenn er spät anreisen will?

TELEFAX-NACHRICHT

Best Western HOTEL KETTERER
STUTTGART

An/To: Firma HML
zu Hd. von/Attention: Frau Lind
Telefax Nr./No.:
Betrifft/Subject: Reservierungsbestätigung
Seitenzahl/Pages: 1

Marienstr. 3, 70178 Stuttgart 1
Tel. (0711) 20 39-0
Fax (0711) 203 96 00
E-Mail: info@Ketterer.bestwestern.de

Stuttgart, den 25. Juli 20--

Sehr geehrte Frau Lind,

wir bedanken uns für Ihr Interesse an unserem Haus und
[X] bestätigen Ihre Reservierung wie folgt:
[ ] unterbreiten Ihnen folgendes Angebot:

_____ Einzelzimmer mit Dusche/Bad/WC zum Preis von € _____ pro Tag/pro Zimmer
_____ Doppelzimmer mit Dusche/Bad/WC zum Preis von € _____ pro Tag/pro Zimmer

Der Zimmerpreis ist inklusive Frühstücksbüffet, Service und Mehrwertsteuer.

Anreise: _____ 20--   für _____ Nacht
Abreise: _____ 20--

Bitte berücksichtigen Sie, dass die Zimmer am Anreisetag ab 14 Uhr zur Verfügung stehen. Im Falle einer Spätanreise bitten wir um telefonische Benachrichtigung, da die Zimmer nur bis 18 Uhr freigehalten werden.

Für Rückfragen stehen wir Ihnen jederzeit gerne zur Verfügung.

Wir freuen uns auf Ihren Besuch und wünschen Ihnen schon heute eine angenehme Anreise.

Mit freundlichen Grüßen

PLANEN UND RESERVIEREN

C Sie hören zwei Telefongespräche, in denen der Anrufer eine Zimmerreservierung ändern bzw. absagen muss. Beantworten Sie die Fragen zu jedem Gespräch.

1 Was hat der Anrufer reserviert?
2 Was möchte er/sie jetzt tun?
3 Geht das in Ordnung oder gibt es ein Problem?

D Ändern Sie folgende Hotelreservierungen, die Sie schon gemacht haben.

Ein Doppelzimmer vom 8.4. - 9.4. im Panorama-Hotel
Zwei Einzelzimmer vom 18.9. - 22.9. im Hotel Sieben Schwaben
Ein Einzelzimmer und ein Doppelzimmer vom 24.5. - 26.5. im City-Hotel
Zwei Einzelzimmer und drei Doppelzimmer vom 30.7. - 1.8. im Hotel Föhr

[Panorama-Hotel], guten Tag.

Guten Tag, hier spricht ... . Ich möchte bitte eine Reservierung ändern.

Was haben Sie reserviert?

[Ein Doppelzimmer/Zwei Einzelzimmer] auf den/die Namen ... und ... vom ... bis zum ...

Und was möchten Sie jetzt reservieren?

Ich hätte gern [zwei Einzelzimmer] anstatt [eines Doppelzimmers].
Ich möchte noch ein Zimmer reservieren, und zwar ...
Ich möchte die Buchung auf den [15. April] verschieben.
Ich möchte die Reservierung für Herrn/Frau ... absagen.

Es tut mir Leid, aber in der Zeit haben wir keine [Einzelzimmer]/ überhaupt nichts mehr frei.

Ja, das geht in Ordnung.

Ach so. Haben Sie denn am ... / vom ... bis ... etwas frei?
(Dann muss ich die Reservierung leider absagen. Ich versuche es bei einem anderen Hotel. Fallen da Stornierungskosten an?)

Vielen Dank! Soll ich Ihnen das bestätigen?
Könnten Sie mir die Umbuchung schriftlich bestätigen?

Nein, eine kostenfreie Stornierung ist bis drei Wochen vor Anreisedatum möglich.

Ja, bitte. / Nein, das ist nicht nötig. / Ja, selbstverständlich.

Gut, danke schön. Auf Wiederhören.

SPRACHARBEIT

Schauen Sie sich dieses Beispiel an.
Ich brauche zwei Einzelzimmer **anstatt** eines Doppelzimmers.
In welchem Kasus steht das Nomen nach der Präposition *anstatt*?   ▶ 5.6

E Nach ihrem Besuch in Freiburg macht Frau Lind die endgültige Hotelbuchung für die Jahreskonferenz der Firma HML in Freiburg. Beantworten Sie die Fragen und notieren Sie die Reservierung.

1 Für welches Konferenzhotel hat sich Frau Lind entschieden?
2 Bis wann kann sie kostenfrei absagen?
3 Welche Ermäßigung gibt das Hotel, wenn weniger Teilnehmer kommen?
4 Notieren Sie Frau Linds Reservierung.

F Machen und ändern Sie Zimmerreservierungen.
PARTNER A benutzt Datenblatt A18, S. 153.
PARTNER B benutzt Datenblatt B18, S. 161.

Willkommen in Stuttgart!

Die Stuttgart-Marketing GmbH gibt es seit 1993 als Nachfolgeinstitution des städtischen Amts für Touristik. Ihr Ziel: Die Spitzenposition der Region Stuttgart als hochrangige Tourismus- und Wirtschaftsregion stärken und ausbauen.

1. Eine Initiative der Stuttgart-Marketing GmbH ist der Stuttgarter City-Pass. Was ist der City-Pass? Welche Leistungen umfasst er?
2. Was würden Sie anbieten, um Ihre Stadt für Touristen und die Industrie attraktiv zu machen?

Das ist Stuttgart:

- ▲ Landeshauptstadt von Baden-Württemberg, in reizvoller Lage und eine der grünsten Großstädte. 207 km^2 groß, 560.000 Einwohner.
- ▲ Bedeutendes Industriezentrum, in dem weltbekannte Unternehmen wie DaimlerChrysler, Porsche, Bosch und IBM ihren Sitz haben. Wiege des Automobils!
- ▲ Hochrangiges Innovationszentrum: Drei Universitäten, drei Fachhochschulen, mehrere Forschungseinrichtungen, darunter zwei Max-Planck-Institute.
- ▲ Eine der führenden Kongressstädte und Messeplätze in Europa mit idealen Verkehrsanbindungen und 50.000m^2 Ausstellungsfläche.
- ▲ Kulturangebot von hohem, internationalem Rang.

Der Stuttgarter City-Pass

Mit dem Stuttgarter City-Pass wird ein Aufenthalt in Stuttgart erst so richtig zu einem Ereignis. Er bietet für wenig Geld viel Gutes. Und er ist so etwas wie der rote Faden, der Sie mit Gutscheinen und Vergünstigungen sicher durch die Landeshauptstadt führt.

Am Anfang steht eine Stadtrundfahrt. Sie verspricht zweieinhalb Stunden „Sehenswertes Stuttgart". An der Route liegen die wichtigsten Sehenswürdigkeiten der Stadt: Neue Staatsgalerie, Staatsoper, Landtag, Neues und Altes Schloss. Weiter geht es zu den Schauplätzen der Internationalen Gartenbauausstellung „IGA Stuttgart Expo", Baden-Württembergs erster Weltausstellung. Zur „Wilhelma", einem der schönsten zoologisch-botanischen Gärten in Europa. Über reizvolle Panoramastraßen auf die Höhen der Stadt zum Fernsehturm. Mit 217 Metern ist er das Wahrzeichen des modernen Stuttgarts.

Wo ist in Stuttgart was los? Die neuesten Ausgaben der „Stuttgarter Zeitung" oder der Stadtillustrierten PRINZ oder LIFT geben darüber detailliert Auskunft. Je ein Exemplar bietet Ihnen der City-Pass umsonst. Im Restaurant „Alte Kanzlei" wird das Mittagessen eingenommen; der City-Pass „spendiert" für den großen Durst ein Glas kühles Bier der „Stuttgarter Hofbräu AG".

Nach der Stadtrundfahrt der Einkaufsbummel. Königstraße und Calwer Passage, Eberhard-Straße und Schwabenzentrum – überall befinden sich viele gute Geschäfte, Kaufhäuser, Boutiquen, Restaurants, Cafés und Weinstuben. In einer der Hochland-Filialen verhilft der City-Pass zu 125 Gramm Kaffee nach Wahl. Die Firma Steinmann verwöhnt mit einer leckeren Zuckertüte.

Bevor das Programm für den Abend festgelegt wird, sollte im Mineral-Bad Cannstatt etwas für die Gesundheit getan werden. Für diese und für weitere Erlebnisse bietet der City-Pass ermäßigte Eintrittspreise. Das gilt auch für eine Fahrt mit der Neckar-Personen-Schifffahrt neckarabwärts, an reizvollen Weinbergen vorbei, nach Ludwigsburg – bekannt für seine Gartenschau „Blühendes Barock" im Schlosspark.

Der beginnende Abend führt den City-Pass-Bummler zunächst in die „1. Stuttgarter Lokalbrauerei". Bei einem Glas „Calwer Eck Bräu" lassen sich am besten Pläne für den weiteren Verlauf schmieden. Darf es ein anspruchsvolles Schauspiel im Alten Schauspielhaus sein, modernes Theater im Theater der Altstadt oder steht der musikalische Sinn mehr nach einem klassischen Konzert mit weltberühmten Orchestern, Solisten und Ensembles? Kein Problem, der City-Pass mit seinen Ermäßigungen bietet ungewöhnlich vieles.

Haben Sie Ihre Wahl getroffen? Prima, dann kann der Abend beginnen.

www.stuttgart.de

Stuttgart hat ein umfangreiches, internationales Hotelangebot aller Kategorien. Sie wohnen im Hotel REGA. Lesen Sie die Hotel-Information. Was tun Sie in folgenden Situationen?

1. Sie möchten morgen um 6.00 Uhr geweckt werden.
2. Sie müssen Geld wechseln.
3. Sie möchten das Frühstück im Zimmer.
4. Es ist 11.00 Uhr abends. Sie haben Hunger.
5. Ihr Zimmer ist zu warm.
6. Ihr Anzug hat einen Fleck.
7. Sie möchten außer Haus anrufen.
8. Sie wollen eine Nacht länger bleiben.
9. Sie müssen ein Fax an Ihre Firma schicken.

HOTEL-INFORMATION

Anreise:	Das Zimmer steht am Anreisetag ab 15.00 Uhr zur Verfügung und bleibt bis 18.00 Uhr reserviert, falls nicht eine spätere Ankunftszeit vereinbart wird.
Abreise:	Bis 12.00 Uhr, Aufenthaltsverlängerung bitte bis 10.00 Uhr dem Empfangspersonal – Hausruf 84 – mitteilen.
Rezeption:	Rund um die Uhr besetzt, Hausruf 84.
Frühstück:	Das internationale Frühstücksbüffet servieren wir täglich von 6.00 Uhr bis 10.00 Uhr, an Wochenenden bis 10.30 Uhr, in unserem Restaurant im Erdgeschoss.
Warme Küche:	Von 11.30 Uhr bis 14.00 Uhr und von 18.00 Uhr bis 22.00 Uhr.
Hotelbar:	Die Bar ist geöffnet bis 24.00 Uhr. Neben Getränken sind auch kleinere Speisen wie Suppen oder belegte Brote erhältlich.
Autovermietung:	Bitte wenden Sie sich an den Empfang, Hausruf 84.
Geldwechsel:	Rund um die Uhr an der Rezeption.
Hotelsafe:	Steht kostenlos an der Rezeption. Das Hotel haftet nicht bei Verlust von Bargeld oder anderen Wertgegenständen im Zimmer und in anderen Räumen!
Kreditkarten:	Wir akzeptieren: Visa, Eurocard, American Express, Diners Club.
Telefon:	Steht als Direktwahltelefon im Zimmer. Um eine Amtsleitung zu erhalten, wählen Sie bitte die 0. Die Einheiten der einzelnen Gespräche werden automatisch auf Ihre Rechnung gebucht.
Klimaanlage:	In Ihrem Zimmer können Sie mit Hilfe eines Thermostats die Zimmertemperatur höher oder niedriger stellen.
Minibar:	Wir bitten Sie, täglich den Minibarzettel ausgefüllt und unterschrieben am Empfang abzugeben.
TV:	Mit der TV-Selbstbedienung wählen Sie ganz nach Wunsch Ihr Fernseh-, Kabel-, Video- oder Radioprogramm.
Stromanschluss:	Achtung! Nur 220 Volt!
Schuhputzautomat:	Steht in jeder Etage zu Ihrer Verfügung.
Post:	An der Rezeption.
Fax- und Fotokopie-Service:	An der Rezeption.
Taxi:	Über Rezeption – Hausruf 84.
Friseur:	Wir arrangieren für Sie gern einen Termin bei einem Stuttgarter Stylisten – Hausruf 84.
Wäsche und Reinigung:	Geben Sie Ihre Wäsche montags bis freitags bis 9.00 Uhr an der Rezeption ab, erhalten Sie Ihre Kleidung am nächsten Tag spätestens um 12.00 Uhr zurück.
Wecken:	Ihren Weckruf bestellen Sie bitte an der Rezeption, Hausruf 84.
Zimmerservice:	Von 6.00 Uhr bis 24.00 Uhr über Hausruf 84.
Zimmerschlüssel:	Bitte das Abgeben vor der Abreise nicht vergessen!

Wir wünschen Ihnen einen angenehmen Aufenthalt!

KAPITEL

7 Unterwegs in Deutschland

In dieser Lektion werden Sie lernen, wie man in einem deutschsprachigen Land
- den Weg vom Flughafen zum Stadtzentrum findet,
- sich über Abfahrtszeiten von Zügen informiert, eine Fahrkarte kauft und einen Platz reserviert,
- sich in einer Stadt mit dem öffentlichen Nahverkehr oder zu Fuß fortbewegt,
- Wegbeschreibungen folgt, wenn man mit dem Auto unterwegs ist.

Sie werden außerdem etwas über Maßnahmen erfahren, um Verkehrsprobleme in den Innenstädten zu lösen.

7.1 Wie geht's vom Flughafen weiter?

A Wenn man zum ersten Mal mit dem Flugzeug in einer Stadt ankommt, muss man wissen, wie es vom Flughafen weitergeht. Das kann man im Voraus erfahren, z.B. aus Informationsbroschüren der Tourist-Information oder vom Flughafen selbst.

Informieren Sie sich über die Verkehrsverbindungen vom Flughafen Frankfurt/Main.

Situation 1
Sie fahren zur Frankfurter Messe. Das Messegelände befindet sich in der Stadtmitte, etwa zehn Gehminuten vom Hauptbahnhof entfernt.
1. Mit welchen öffentlichen Verkehrsmitteln kommt man zum Hauptbahnhof?
2. Wie kann man direkt zur Messe fahren?
3. Von wo fährt a) die S-Bahn b) der Messebus am Flughafen ab?
4. Wie oft fährt die S-Bahn nach Frankfurt-Hauptbahnhof? Wie lange dauert die Fahrt?
5. Wo kann man Fahrscheine bzw. Fahrkarten im Flughafen kaufen? Kann man sie im Zug kaufen?

Situation 2
Sie wollen mit dem Taxi zu Ihrem Hotel in der Innenstadt fahren.
1. Wo ist der Taxistand?
2. Was sollte die Fahrt kosten?
3. Wie lang ist die Fahrzeit?

Situation 3
Vom Flughafen müssen Sie weiter mit dem Zug nach Koblenz fahren.
1. Wie oft fahren die InterCity-Züge?
2. Von welchem Gleis fahren sie ab?

Situation 4
Sie fahren weiter mit einem Mietwagen nach Wiesbaden.
1. Welche Autobahn müssen Sie nehmen? A3
2. Wie kommen Sie auf die Autobahn?

SPRACHARBEIT

Sehen Sie sich die folgenden Häufigkeitsangaben an:
   Züge fahren **stündlich/alle 60 Minuten** in Richtung [Koblenz].
Wie würden Sie diese Ausdrücke übersetzen:
   täglich/wöchentlich/monatlich
   alle 15 Minuten/jede halbe Stunde/alle zwei Stunden
Oft sieht man auch die folgende Häufigkeitsangabe in Zug- und Busfahrplänen:
   Der Airport Bus fährt täglich **im 15 Minuten-Takt** zwischen Hauptbahnhof und Flughafen.

▶ 9.6

Flughafen
Frankfurt Main AG

Schiene

Der Flughafen-Bahnhof im **Terminal 1** ist über die Ebene „Unterm Flughafen" zu erreichen.
Elektronische Informationstafeln in der Ebene „Unterm Flughafen" und in der Ankunftsebene geben Auskunft über
- Zuganschluss
  Nahverkehr – S-Bahn (FVV)
  Fernverkehr – Intercity/Eurocity/ICE
- Fahrtrichtung
- Abfahrtszeit
- Gleisnummer
  Bahnsteig 1: S-Bahn Richtung Frankfurt-Innenstadt
  Bahnsteig 2: Fernzüge Richtung Süddeutschland
  Bahnsteig 3: S-Bahn Richtung Mainz/Wiesbaden
  Fernzüge Richtung Rheinland und Norddeutschland

Fahrscheine

An blauen FVV-Automaten und am Verkaufsschalter der Deutschen Bahn AG (DB Reisezentrum, Ebene „Unterm Flughafen", Bereich B) erhältlich. Im DB-Reisezentrum befinden sich auch Schalter zur Gepäckaufgabe und Gepäckausgabe. FVV-Automaten gibt es in der Ankunftsebene, Bereich B, in der Ebene „Unterm Flughafen" und auf den Bahnsteigen.

Fahrscheine bitte vor Fahrtantritt lösen; ein Nachlösen in der S-Bahn ist nicht möglich.

Fernverkehr

Ab Flughafen Frankfurt bestehen von 7.00 - 23.00 Uhr stündliche IC- bzw. ICE-Direktverbindungen in folgende Richtungen:
- Koblenz - Bonn - Köln - Dortmund - Bremen - Hamburg
- Würzburg - Nürnberg (München/Wien)

Straße

Autobahn

Die Terminals sind angeschlossen an die
A3 aus Richtung - München, Würzburg, Offenbach
 - Köln, Mainz, Wiesbaden
A5 aus Richtung - Hamburg, Hannover, Kassel
 - Basel, Karlsruhe, Heidelberg, Darmstadt

Abfahrten führen direkt vor die Terminals. Folgen Sie bitte den Hinweisschildern „Abflug" beziehungsweise „Ankunft".

Bus

Nahverkehr

Reise- und Linienbusse halten am **Terminal 1** am Busbahnhof vor der Ankunftshalle auf der Ebene 1 und am **Terminal 2** an der Haltebucht vor der Ankunfts-/Abflughalle.

Fahrscheine sind entweder beim Busfahrer oder aus den blauen FVV-Automaten erhältlich. Fahrpläne finden Sie im Terminal in der Ankunftsebene, in der Ebene „Unterm Flughafen" und an den Abfahrtsbuchten.

Taxis

Taxistände befinden sich vor beiden Terminals. Eine Fahrt von/nach Frankfurt-Innenstadt kostet ca. 25 €. Die Fahrzeit beträgt ca. 20 – 25 Minuten.

Mietwagen

Autovermietungen sind in beiden Terminals vertreten.
Im **Terminal 1** in der Ankunftshalle A.
Im **Terminal 2** in der Ebene 3, Mitte.

S-Bahnen, Linien S14 und S15
Suburban Rail Services S14 and S15

Abfahrt vom Flughafen nach Frankfurt-Hauptbahnhof
Departure from Airport to Frankfurt Central Station

04.33	w 06.43●	w 08.43●	w 10.43●	w 12.43●	w 14.43●	a 16.43●	a 18.43●	21.13	00.23●
04.53	06.53	08.53	10.53	12.53	14.53	16.53	18.53	21.23●	00.33
w 05.03●	w 07.03●	w 09.03●	w 11.03●	w 13.03●	w 15.03●	a 17.03●	19.03●	21.33	
05.13	07.13	09.13	11.13	13.13	15.13	17.13	19.13	21.53	
05.23●	07.23●	09.23●	11.23●	13.23●	15.23●	17.23●	19.23●	22.13	
05.33	07.33	09.33	11.33	13.33	15.33	17.33	19.33	22.23●	
w 05.43●	w 07.43●	w 09.43●	w 11.43●	w 13.43●	w 15.43●	a 17.43●	19.43●	22.33	
05.53	07.53	09.53	11.53	13.53	15.53	17.53	19.53	22.53	
w 06.03●	w 08.03●	w 10.03●	w 12.03●	w 14.03●	a 16.03●	a 18.03●	20.13	23.13	
06.13	08.13	10.13	12.13	14.13	16.13	18.13	20.23●	23.23●	
06.23●	08.23●	10.23●	12.23●	14.23●	16.22●	18.23●	20.33	23.33	
06.33	08.33	10.33	12.33	14.33	16.33	18.33	20.53	23.53	

Fahrzeit Flughafen-Hauptbahnhof ca. 11 Minuten./Travel time from Airport to Frankfurt Central Station is about 11 minutes.
● Die Züge der Linie S 14 halten im Tiefbahnhof des Frankfurter Hauptbahnhofs und fahren von dort aus weiter in die Frankfurter Innenstadt und nach Frankfurt-Sachsenhausen.
● The trains of the S 14 line stop at the underground station of Frankfurt Central Station and from there travel on into downtown Frankfurt and to Frankfurt-Sachsenhausen.

Busse
Buses

Haltestelle Bus Stop	Linie Line	Zielort Destination	Haltestelle Bus Stop	Linie Line	Zielort Destination
14	250	Darmstadt	18	964	Neu-Isenburg, Dreieich
	975	Offenbach	19		Messe Frankfurt Walldorf-Mörfelden
	975	Rüsselsheim			
15	62	Schwanheim, Kelsterbach			
	73	Kelsterbach	20		Heilbronn
16	61	Frankfurt-Niederrad, Südbahnhof	21		Prag
			22		Straßburg
17	68	Zeppelinheim, Neu-Isenburg			
	915	Bad Homburg	23		Seeheim (DLH-Werkverkehr)

Abfahrtszeiten bzw. Zwischenhalte sind den Aushangfahrplänen zu entnehmen.
For departure times and further stops see timetables.

STADTWERKE FRANKFURT AM MAIN
Reihe 1
Messebus
Flughafen—Messe 8,00 DM
Erwachsene
48656

Nicht übertragbar. Es gelten die Gemeinsamen Beförderungsbedingungen und Tarifbestimmungen. Fahrscheine sind nach Beendigung der Fahrt bis nach Verlassen des Haltestellenbereichs aufzubewahren.

KAPITEL 7

B Welche Flughafen-Dienstleistungen passen zu welchen Piktogrammen?

1 e   2 h   3 b   4 l   5 i   6 c
7 k   8 j   9 f   10 d   11 a   12 g

a) Informationsschalter
b) Treffpunkt
c) Gepäcknachforschung
d) Mietwagen
e) Gepäckausgabe
f) Gepäckschließfach
g) Post
h) Linienbusse/Busbahnhof
i) Bank/Geldwechsel
j) Geschäfte/Zeitungskiosk
k) Gepäckwagen
l) Apotheke

C Vier Reisende bitten um Informationen bzw. Hilfe im Flughafen. Beantworten Sie die Fragen zu jedem Gespräch.

1 Wo findet das Gespräch statt? Wählen Sie das entsprechende Piktogramm in **B**.
2 Welche Frage bzw. Bitte hat der/die Reisende?
3 Welche Antwort bekommt er/sie?

D Bilden Sie ähnliche Dialoge mit Hilfe der Stichwörter.

Dialog 1
helfen? / Koffer nicht angekommen!   ▶ Von wo geflogen?
Maschine aus Istanbul   ▶ Mit welcher Fluggesellschaft?
Lufthansa   ▶ zum Lufthansa-Schalter/gehen
sagen/wo/Schalter?   ▶ Ecke/drüben links

Dialog 2
Wie/am besten/in die Stadtmitte?   ▶ S-Bahn Linie 14/15/zum Hauptbahnhof
sagen/wo/Bahnhof?   ▶ unterm Terminalgebäude
Wie/dahinkommen?   ▶ die Treppe runter/zwei Etagen tiefer
Wissen/wie oft/fahren?   ▶ alle 10 Minuten

Dialog 3
hier/Haltestelle/Messebus?   ▶ Nein/hier/Busse für den Fernverkehr
Wissen/wo/Messebus/abfahren?   ▶ vom Busbahnhof/gegenüber / Haltestelle 19
Wo/Fahrschein/bekommen?   ▶ beim Busfahrer/vom Automaten
sagen/was/kosten?   ▶ 9/10 Euro

Dialog 4
20 Euro in Kleingeld wechseln?/   ▶ Mal gucken/ Einen Zehneuroschein/
Münzen für das Telefon   ... Fünfeurostücke/ ... Eurostücke/
                                       ... Fünfzigcentstücke/den Rest
                                       in Zehncentstücken

E Informieren Sie sich über die Verkehrsverbindungen von anderen Flughäfen.
PARTNER A benutzt Datenblatt A19, S. 153.
PARTNER B benutzt Datenblatt B19, S. 162.

7.2 Wann fahren die Züge?

A 1 Sehen Sie sich die Zeichenerklärungen an.

1. Wie viele Zugtypen gibt es bei der Deutschen Bahn?
2. Welche Zugtypen sind für den Fernverkehr? Für den Nahverkehr?
3. Welche Züge sind zuschlagpflichtig?
4. Wie viele Zugtypen haben Sie in Ihrem Land? Gibt es bei Ihnen auch zuschlagpflichtige Züge?
5. Was bedeuten die Symbole in Ihrer Sprache? Haben Sie die gleichen Symbole?

2 Sehen Sie sich den Streckennetzplan an. Er zeigt die IC-Verbindungen von Frankfurt/Main.

1. Über welche Städte fährt man von Frankfurt/Main nach
   a) Freiburg?   b) Dortmund?   c) München?
2. Was ist der kürzeste Weg zwischen Frankfurt und Berlin?
3. Kann man direkt von Frankfurt nach Wien fahren?
4. Wie oft fahren die Züge von Frankfurt nach Amsterdam?

Zeichenerklärungen

ICE InterCityExpress
Hochgeschwindigkeitszug mit bis zu 280 km/h. Besonderer Fahrpreis. Übergang aus anderen Zügen ist nur gegen Zahlung des Preisunterschiedes möglich.

EC EuroCity-Zug
Internationaler Qualitätszug. EC/IC-Zuschlag erforderlich.

IC InterCity-Zug
Nationaler Qualitätszug. Größtenteils im Stundentakt mit bis zu 200 km/h. EC/IC-Zuschlag erforderlich.

IR InterRegio
Überregionaler Zug mit gehobenem Komfort. Meistens im 2-Stunden-Takt.

D Schnellzug
Bei Fahrten unter 50 Km Zuschlag erforderlich.

RSB RegionalSchnellBahn
Qualitätszug des Regionalverkehrs. Überbrückt die längeren Distanzen zwischen größeren Orten der Region. Fährt mindestens alle zwei Stunden.

E Eilzug
N Zug des Nahverkehrs
S S-Bahn
Zug des Verdichtungsverkehrs mit dichtem Taktverkehr.

- Busverbindung
- Schiffsverbindung
- Kurswagen
- Schlafwagen
- Liegewagen 2. Klasse
- **Bord Restaurant,** Zugrestaurant
- Bistro Café, Zugrestaurant
- Imbiss und Getränke im Zug erhältlich

KAPITEL 7

B Beantworten Sie die Fragen unten anhand des Fahrplans.

1 Wie oft fahren ICE-Züge direkt von Frankfurt/Main nach München? Wie lange dauert die Fahrt?
2 Mit welchen IC-Zügen können Sie direkt fahren? Wie lang ist die Fahrzeit?
3 Wo müssen Sie umsteigen, wenn Sie den EC-Zug um 12.14 Uhr von Frankfurt nehmen? Mit welchem Zugtyp fahren Sie weiter nach München?
4 Sie wollen in Stuttgart aussteigen. Können Sie mit dem IC-Zug um 7.14 Uhr fahren?
5 Welche Züge kommen nicht in Frage, wenn Sie an einem Sonntag nach München fahren wollen?
6 Welche Züge haben kein Zugrestaurant?
7 Sie haben einen Termin mit einem Kunden um 14.00 Uhr in München. Sie brauchen 20 Minuten vom Hauptbahnhof bis zu seiner Firma. Mit welchem Zug fahren Sie am besten ab Frankfurt?

C Eine Reisende, Frau Brenner, ruft die Reiseauskunft am Frankfurter Hauptbahnhof an, um sich nach Zügen nach München zu erkundigen. Notieren Sie folgende Einzelheiten, dann vergleichen Sie Ihre Notizen mit Ihrem Partner.

- Reisetag
- gewünschte Reisezeit
- Abfahrts- u. Ankunftszeit der Züge
- Anschlussverbindungen
- Service im Zug

Frankfurt(Main)Hbf → München Hbf

423 km

ab	Zug		Umsteigen	an	ab	Zug		an	Verkehrstage
0.02	D 1123		München Ost	4.04	4.27	S	2.Kl	4.35	täglich 01
5.42	IC 821							9.20	Mo - Sa 02
6.14	IC 721		Regensburg Hbf	9.29	9.37	IR 2068		11.01	täglich
6.28	D 350		Heidelberg Hbf	7.22	8.07	EC 15		11.10	täglich
6.31	ICE 993							9.41	Mo - Fr 03
6.40	ICE 271		Mannheim Hbf	7.23	7.27	ICE 995		10.15	täglich
7.14	IC 723		Würzburg Hbf	8.26	8.41	D 2085		11.16	Mo - Sa 02
7.43	ICE 997							11.15	Mo - Sa
7.47	IR 2671		Heidelberg Hbf	8.40	9.07	EC 113		12.10	täglich
8.43	ICE 999							12.15	täglich
8.51	IC 552		Mannheim Hbf	9.44	9.55	EC 13		13.10	Mo - Sa 02
9.43	ICE 791							13.15	Mo - Sa 02
9.47	IR 2571		Heidelberg Hbf	10.40	11.07	IC 119		14.10	täglich
10.09	ICE 771		Mannheim Hbf	10.50	10.55	IC 119		14.10	täglich
10.14	EC 25		Würzburg Hbf / München Ost	11.26 / 14.35	12.02 / 14.39	IC 781 / S	2.Kl	14.48	täglich 04
10.43	ICE 591							14.15	täglich
11.14	IC 725							15.18	täglich
11.43	ICE 793							15.15	täglich
12.14	EC 27		Würzburg Hbf	13.26	13.41	D 2089		16.16	täglich
12.43	ICE 593							16.15	täglich
12.51	IC 556		Mannheim Hbf	13.44	13.55	IC 513		17.10	täglich
13.43	ICE 895							17.15	täglich
13.47	IR 2575		Heidelberg Hbf	14.40	15.07	IC 613		18.10	Mo - Fr, So 05
14.43	ICE 595							18.15	täglich
14.51	EC 56		Mannheim Hbf	15.44	15.55	EC 19		19.10	täglich
15.14	IC 621							19.18	Mo - Fr, So 05
15.43	ICE 897							19.15	täglich
16.14	IC 729		Würzburg Hbf	17.26	17.41	D 2183		20.16	täglich
16.43	ICE 597							20.15	täglich
16.51	IC 558		Mannheim Hbf	17.44	17.55	IC 617		21.10	täglich
17.43	ICE 899							21.15	täglich
17.47	IR 2579		Heidelberg Hbf / Stuttgart Hbf	18.40 / 19.50	19.07 / 20.02	IC 719 / EC 67		22.10	täglich
18.43	ICE 599							22.15	täglich
19.14	IC 523		Würzburg Hbf	20.26	20.41	D 2187		23.16	täglich
19.43	ICE 795							23.18	täglich
19.47	IR 2673		Darmstadt Hbf / Stuttgart Hbf	20.04 / 22.03	20.33 / 22.16	IC 619 / IR 2299		0.35	Mo - Fr, So 05
20.43	ICE 695		Stuttgart Hbf	22.08	22.16	IR 2299		0.35	täglich 06

01 = an München Hbf (Tief); nicht 30. Okt bis 31. Mär
02 = nicht 3. Okt, 26. bis 31. Dez, 15., 17. Apr, 1. Mai
03 = ICE-Sprinter incl. Service; nicht 18. Jul bis 26. Aug, 3. Okt, 26. bis 30. Dez, 14., 17. Apr, 1., 25. Mai
04 = an München Hbf (Tief)
05 = nicht 2. Okt, 25. bis 30. Dez, 14., 16., 30. Apr
06 = nicht 24., 31. Dez

Die S-Bahn (Nahverkehrszüge)

Der ICE: der High-Tech-Zug der Deutschen Bahn

D Spielen Sie ähnliche Dialoge.
REISENDE/R: Entscheiden Sie, wann Sie nach München fahren wollen, bzw. wann Sie dort sein müssen. Bitten Sie um Auskunft über Züge.
AUSKUNFT: Geben Sie einem Kunden/einer Kundin die gewünschte Auskunft anhand des Fahrplans links. Beginnen Sie so:

> Deutsche Bahn Frankfurt, guten Tag. Wie kann ich Ihnen helfen?

> Guten Tag. Ich hätte gern eine Zugauskunft. Ich möchte [morgen Vormittag gegen ... Uhr] nach München fahren. Wann fahren die Züge, bitte?

> Da fahren Sie um ... Uhr mit ... und kommen um ... Uhr in München an.

E Frau Brenner bucht ihre Fahrkarte telefonisch. Welche Aussagen sind richtig?

1 Sie fährt einfach/hin und zurück.
2 Sie möchte erste/zweite Klasse.
3 Sie möchte eine Platzreservierung für die Hinfahrt/für die Hin- und Rückfahrt.
4 Sie fährt am Samstag, den 17. Juni/am Freitag, den 14. Juli.
5 Für die Platzreservierung muss sie extra bezahlen/braucht sie nicht extra zu bezahlen.
6 Sie möchte im Großraumwagen/im Abteilwagen sitzen.
7 Sie möchte einen Raucher-/einen Nichtraucherwagen.
8 Sie möchte einen Fensterplatz/einen Gangplatz.
9 Das macht € 188,- mit/ohne € 8,- IC-Zuschläge.
10 Sie kann die Fahrkarte bei allen Fahrkartenschaltern/beim Schalter für vorbestellte Fahrscheine abholen.
11 Die DB akzeptiert Kreditkarten/keine Kreditkarten.

E Spielen Sie ähnliche Dialoge mit Hilfe der Alternativen in **E**. Beginnen Sie so:

> Guten Tag. Ich fahre mit dem [ICE/InterCity] nach München und möchte [eine Fahrkarte/zwei Fahrkarten] buchen.

> Fahren Sie einfach oder hin und zurück?

G Sie hören vier Durchsagen am Bahnhof. Was bedeuten die Durchsagen für Sie?

1 Sie kommen im Bahnhof an. Der Zug, mit dem Sie fahren wollen, steht auf Gleis 4. Was müssen Sie tun? Warum?
2 Sie stehen am Gleis 9 und warten auf den Zug nach Stuttgart. Ihr Zug wird angekündigt. Was müssen Sie tun?
3 Sie stehen am Gleis 8. Ihr Zug aus München hat Verspätung. Wie lange müssen Sie noch warten?
4 Sie stehen am Gleis 2 und warten auf den EC nach Amsterdam. Eine Gleisänderung wird angekündigt. Zu welchem Gleis müssen Sie gehen?

H Erkundigen Sie sich nach Abfahrts- und Ankunftszeit eines Zuges und kaufen Sie Fahrkarten.
PARTNER A benutzt Datenblatt A20, S. 153.
PARTNER B benutzt Datenblatt B20, S. 162.

KAPITEL 7

7.3 Wie komme ich hin?

A 1 Sehen Sie sich den Verkehrslinienplan des VVS (Verkehrsverbund Stuttgart) an.
Mit welchen öffentlichen Verkehrsmitteln kann man in Stuttgart und Umgebung fahren?

2 Am Stuttgarter Hauptbahnhof fragen vier Besucher nach dem Weg …

1 nach Untertürkheim
2 zu den Mineralschwimmbädern, Bad Cannstatt
3 zum Hotel Ketterer
4 zur Universität

Notieren Sie die Anweisungen, die sie erhalten. Dann folgen Sie den Anweisungen auf den Plänen.

SPRACHARBEIT

1 Wenn man einen Weg erfragen will, beginnt man mit *Wie komme ich … ?* und fügt *nach* oder eine der Formen von *zu (zum/zur/zu den)* hinzu. Wann sagt man *nach*, wann *zu*?   ▶ 5.5
2 Schauen Sie sich dieses Beispiel an.
   Sie können entweder mit der S-Bahn **fahren** oder zu Fuß **gehen**.
   Wann sagt man *fahren* und wann *gehen*?

B 1 Suchen Sie folgende Ziele auf dem Verkehrslinienplan. Mit Hilfe der Sprachmuster fragen bzw. erklären Sie, wie man vom Hauptbahnhof aus dorthin fährt.

1 Flughafen [S] 2/3
2 Killesberg-Messe [U] 7
3 Russische Kirche [🚋] 2 Russische Kirche
4 Hauptverwaltung, Porsche AG [S] 6 Neuwirtshaus
5 Fernsehturm in Degerloch [🚋] 15 Ruhbank/Fernsehturm
6 Gottlieb Daimler-Gedächtnisstätte [S] [U] Charlottenplatz, [🚋] 2 Kursaal

---

Wie komme ich am besten zum/zur/zu den …?
(Mit welcher Linie fahre ich?)   (Wie viele Haltestellen sind das?)

Nehmen Sie | die [S2/U7] direkt [zum Flughafen/zur Messe].
            | die Straßenbahn [Nr. …] Richtung [Heumaden].
Fahren Sie mit der [S-Bahn] bis [zum Rotebühlplatz]. (Das sind ungefähr … Haltestellen.)
[Am Rotebühlplatz] steigen Sie in die … um (und fahren [vier] Haltestellen).
Steigen Sie am …/an der Haltestelle … aus.

---

2 Suchen Sie diese Sehenswürdigkeiten auf dem Stadtplan. Mit Hilfe der Sprachmuster fragen bzw. erklären Sie, wie man sie zu Fuß vom Hauptbahnhof aus erreicht.

1 Staatsgalerie, Konrad-Adenauer-Str.
2 Altes Schloss
3 Haus der Wirtschaft, Willi-Bleicher-Straße
4 Leonhardskirche am Leonhardsplatz

Gehen Sie | hier rechts/links raus, die … Straße entlang/runter/hoch.
          | (immer) geradeaus (bis zur Kreuzung/zum Ende).
          | rechts/links in die … Straße.
          | über die Kreuzung/quer durch den Park/am [Postamt] vorbei.
          | durch die Straßenunterführung und nehmen Sie den Ausgang …
Nehmen Sie die erste/zweite Straße rechts/links.
Überqueren Sie die … Straße. (Nach zirka [500 Meter] kommen Sie zu [einer Grünanlage].)
Sie sehen es auf der rechten/linken Seite/direkt vor sich. Sie können es überhaupt nicht verfehlen.
Das sind nur [5] Minuten/gute [15] Minuten zu Fuß.

---

3 Spielen Sie weitere Gespräche.
Partner A benutzt Datenblatt A21, S. 154. Partner B benutzt Datenblatt B21, S. 163.

C Fragen Sie bzw. geben Sie Anweisungen, wie man bestimmte Orte in Ihrer Stadt mit öffentlichen Verkehrsmitteln bzw. zu Fuß erreicht.

▲ STUTTGART: INNENSTADTPLAN ▼ VERBUND - SCHIENENNETZ

KAPITEL 7

7.4 Mit dem Auto unterwegs

A 1 Die Firma Vorwerk & Co., die u.a. Elektrogeräte und Teppichböden herstellt, hat verschiedene Standorte in Wuppertal, einer Stadt im Ruhrgebiet (Nordrhein-Westfalen). Wie viele Firmen hat Vorwerk eine Karte mit Fahrthinweisen für Besucher.
Lesen Sie die Fahrthinweise rechts und sehen Sie sich die Karte an. Welche Standort-Adressen passen zu welchen Hinweisen?

1 Rauental 38   3 Mühlenweg 17 - 37
2 Am Diek 52

2 Lesen Sie die Anweisungen noch einmal. Was bedeuten die <u>unterstrichenen</u> Wörter in Ihrer Sprache?

B Ein Firmenbesucher hat einen Termin mit Herrn Blaue im Werk Am Diek.
Er ruft Herrn Blaue an, um sich zu erkundigen, wie er am besten dorthin kommt.
Hören Sie sich das Gespräch an und ergänzen Sie die fehlenden Wörter im Text.

„ Wenn Sie (1)... der A46 (2)... Düsseldorf kommen, (3)... Sie die Ausfahrt Wuppertal-Wichlinghausen.

Dann (4)... Sie geradeaus (5)... die erste Ampel. (6)... der zweiten Ampel (7)... Sie links (8)... in Richtung Wichlinghausen.

Dann (9)... Sie sich immer geradeaus, am Wichlinghauser Markt (10)..., und nach etwa einem Kilometer (11)... Sie das Vorwerk-Gebäude auf der rechten Seite.
Sie können es gar nicht (12)... "

SPRACHARBEIT

Vergleichen Sie die schriftlichen und mündlichen Anweisungen, wie man zur Adresse *Am Diek 52* gelangt. Wie unterscheiden Sie sich? Vervollständigen Sie diese Regeln.
- Bei ... Anweisungen benutzt man die Infinitivform des Verbs. Manchmal lässt man auch das ganze Verb weg. Artikel und Präpositionen werden ebenso weggelassen.
- In ... Anweisungen benutzt man die Imperativform des Verbs.

Wandeln Sie die schriftlichen Anweisungen für die beiden anderen Adressen in mündliche um:
Schildern Zentrum folgen → ... Sie Schildern ... Richtung Zentrum
links einordnen → ... Sie sich links ...

▶ 6.12

C Mit Hilfe der Fahrthinweise rechts spielen Sie ähnliche Dialoge wie in **B**.
PARTNER A: Erklären Sie, wie ein/e Firmenbesucher/in aus Richtung Düsseldorf zur Hauptverwaltung im Mühlenweg kommt.
PARTNER B: Erklären Sie, wie ein/e Firmenbesucher/in aus Richtung Köln zu den Elektrowerken in Rauental kommt.

D Fragen Sie bzw. geben Sie Anweisungen, wie man in die DaimlerChrysler Zenrale in Stuttgart-Untertürkheim kommt.
PARTNER A benutzt Datenblatt A22, S. 154.
PARTNER B benutzt Datenblatt B22, S. 163.

E Schreiben Sie Fahrthinweise für Ihre Firma/Schule und skizzieren Sie einen Plan.

Damit Sie uns leichter finden

VORWERK

A

A 46 aus Richtung Düsseldorf
Ausfahrt Wuppertal-Barmen (linke Spur)
Schildern Zentrum folgen
Carnaper Straße ca. 1 km hinunter fahren
Nach Eisenbahn-Viadukt in Abbiegespur links einordnen
Einbahnstraße bis zum Ende fahren
Dort scharf links in den Mühlenweg einbiegen

B

A1 aus Richtung Köln
Ausfahrt Wuppertal-Ost/Schwelm
B 7 Richtung Wuppertal
B 51 Richtung Remscheid/Solingen abbiegen (links, über die Brücke)
linke Spur, geradeaus
100 m hinter der Biegung auf der rechten Seite

@ www.vorwerk.de

C

A 46 Ausfahrt Wuppertal-Wichlinghausen
1. Kreuzung (Ampel) geradeaus
2. Ampel links abbiegen in Richtung Wichlinghausen
Immer geradeaus halten, dem Straßenverlauf folgend. Am Wichlinghauser Markt vorbei.
Nach ca. 1,2 km auf der rechten Seite

99

"Der richtige Weg"

Überall auf der Welt sucht man Lösungen für das Problem der zunehmenden Verkehrsdichte auf unseren Straßen.

1. Was halten Sie von den Konzepten, die der Münchner Automobilhersteller BMW für die Lösung des Verkehrsproblems in der Innenstadt Münchens vorgelegt hat?
2. Mit welchen Maßnahmen hat Ihr Land/Ihre Stadt auf das Verkehrsproblem reagiert?

Kooperatives Verkehrsmanagement

City-Konzept „Blaue Zone"

Die Vision einer fußgängerfreundlichen Innenstadt: Mit dem Projekt „Blaue Zone" will BMW die Münchner City für alle Verkehrsteilnehmer attraktiver machen. Trotzdem bleibt die Innenstadt gut erreichbar – ein durchdachtes öffentliches Verkehrssystem macht's möglich.

Konzeptionelle Grundüberlegungen

Heute besitzen rund 88 Prozent aller Haushalte in der Bundesrepublik Deutschland ein Kraftfahrzeug. Der zunehmende Verkehr auf unseren Staßen wird immer stärker als Belastung empfunden. Gegen die hohe Verkehrsdichte helfen rein fahrzeugbezogene technische Lösungen (z.B. Verringerung der Emissionen, sparsame Motoren usw.) allein nicht.
Angesichts dieser Entwicklung hat BMW das Forschungsprojekt „Kooperatives Verkehrsmanagement München". Zur Projektgruppe gehören heute über 50 Partner aus Politik, Verwaltung, Industrie und Wissenschaft.

Im Mittelpunkt steht das „Gesamtsystem Verkehr"

Im Mittelpunkt der Überlegungen steht nicht das Automobil, sondern das „Gesamtsystem Verkehr". Auto, Bus und Bahn dürfen nicht konkurrieren, sondern müssen in kooperativem Miteinander genutzt werden. Und die Attraktivität der Öffentlichen Verkehrsmittel muss erhöht werden.

City-Konzept „Blaue Zone"

Während sich das „Kooperative Verkehrsmanagement" vorwiegend mit den Verkehrsproblemen im Großraum München befasst, behandelt ein weiteres BMW Verkehrskonzept in logischer Ergänzung die Münchner City. Dieses Konzept, „Blaue Zone" genannt, möchte die Ziele im Kern der Innenstadt – Geschäfte, Restaurants etc. – für alle Verkehrsteilnehmer gut erreichbar machen und damit die Lebensqualität in der Großstadt verbessern.

Bisherige Konzepte europäischer Großstädte

In den vergangenen zehn Jahren haben einige europäische Städte bereits unterschiedliche Konzepte entwickelt. In Athen haben Fahrzeuge mit Katalysatoren bei extremer Witterung stets Vorrang. In den Kurorten Zermatt, Berchtesgaden und Oberstdorf gibt es elektrisch betriebene Citybusse. Bergen und Oslo verlangen Straßengebühren.

„Blaue Zone": keine Einzellösungen, sondern vernetzte Maßnahmen

Dies sind jedoch alles Einzelmaßnahmen, die „Blaue Zone" versucht eine Gesamtlösung anzubieten. Die hier dargestellten Vorschläge sollen nicht als endgültiges Konzept verstanden werden, sondern als Anregung zur Diskussion. Bei entsprechendem politischen Willen könnte die „Blaue Zone" in 10 bis 15 Jahren Wirklichkeit werden.
Was verbirgt sich also hinter diesem Projektnamen?

Die Elemente der „Blauen Zone"

1. Automatisierte Tiefgaragen
Am Rand der Zone gibt es zehn automatisierte Parkgaragen mit je etwa 600 Stellplätzen. Im Parkhaus stellt der Autofahrer sein Fahrzeug in der Übergabebox ab. Er steigt aus und überlässt alles Weitere der Technik: Sein Auto steht in der Box auf einer fahrbaren Palette. Auf dieser Palette wird das Fahrzeug ohne Insassen automatisch in die Parkebenen transportiert und dort eingelagert.

2. Das City-Straßennetz
Das komplette Straßennetz in der „Blauen Zone" besteht ausschließlich aus vorhandenen

Automatisiertes Parkhaus: 600 Stellplätze, aber nur geringer Flächenbedarf

100

Stadtverkehr in der Zukunft

Umweltfreundliche Citybusse transportieren die Besucher der „Blauen Zone". Die nächste erreichbare Citybus-Haltestelle ist nie mehr als rund 3 Gehminuten entfernt.

Straßen. Die Citybusse fahren in einem rund 20 Kilometer langen Ringstraßennetz (s. Grafik). Die äußeren Ringlinien führen unmittelbar an den automatisierten Tiefgaragen vorbei. So können die Autofahrer bequem vom Auto in den Citybus umsteigen. Während der Spitzenzeiten fahren die Citybusse im Abstand von vier Minuten in beide Richtungen. Die fünf Citybus-Ringlinien sind an vier Umsteigeknoten miteinander und mit dem Schnellbahnnetz sowie den Straßenbahnlinien und Buslinien verbunden.

3. Die Citybusse
Die Citybusse sollen in der „Blauen Zone" so weit wie möglich das private Automobil ersetzen. Sie bieten etwa 40 bis 60 Fahrgästen Platz und können auch enge Altstadtstraßen befahren. Sie sind abgasarm und geräuschgekapselt. Als Antrieb kommt ein schadstoffarmer Dieselmotor mit Oxidationskatalysator in Betracht.

4. Fußgängerzonen
Zusätzlich zur zentralen Fußgängerzone in der Münchner Altstadt sind noch sechs weitere, kleinere Fußgängerzonen geplant.

5. Radwege
Das Radwege-Netz nutzt das gesamte Straßennetz der „Blauen Zone". Dies ist möglich, da auf allen Straßen in der „Blauen Zone" ein 30 km/h-Tempolimit gilt. Nur in den Grünanlagen und in den weniger stark besuchten Fußgängerzonen gibt es eigene Radwege.

Die Einfahrt: Wer darf hinein?
Am Gürtel um die „Blaue Zone" sind 12 Ein- und Ausfahrten vorgesehen. Der Zugang könnte per Ampelsystem geregelt werden. Je nach Tageszeit sind unterschiedliche Regelungen für Einfahrtberechtigte geplant. So dürfen während der Geschäftszeiten in die „Blaue Zone":
- Anwohner
- Beschäftigte von Firmen und Behörden bei Nachweis eines eigenen Stellplatzes
- Fahrzeuge von Behinderten
- Hotelgäste
- Wirtschaftsverkehr und Taxen
- Rettungsdienste, Polizei, Ärzte im Einsatz

Außerhalb der Geschäftszeiten ist die Zufahrt für alle Verkehrsteilnehmer frei.

Die Elemente der „Blauen Zone" auf einen Blick

- ○ Umsteigeknoten
- ■ Blauer Ring
- ▶ Ein- und Ausfahrten
- P Autopark-Tiefgaragen
- ■ Autopark-Zufahrtstraßen und Parkstraßen
- ■ Cityringe mit Citybussen
- ■ Citystraßen
- ■ Anliegerstraßen
- ■ Fußgängerzonen
- ■ Grünanlagen
- R Rathaus
- HBF Hauptbahnhof

www.bmw.de

101

KAPITEL

8 Auf der Messe

Wortschatz und sprachliche Strukturen in dieser Lektion werden Ihnen helfen,
- Gründe für den Besuch einer Messe zu verstehen und anzugeben,
- mit Besuchern umzugehen, wenn man einen Stand betreut,
- Produkte hinsichtlich ihrer Maße, ihres Gebrauchs oder Zwecks zu beschreiben,
- Produkte zu vergleichen und zu empfehlen,
- Kontakte weiterzuverfolgen, die auf einer Messe geknüpft wurden.

Ihnen werden außerdem Tipps gegeben, wie man einen erfolgreichen Messebesuch planen kann.

8.1 Messeplatz Deutschland

A Beantworten Sie die Fragen über das deutsche Messewesen anhand der Informationen im Text rechts.

1 Warum könnte man Deutschland „Messeland Nr. 1" nennen?
2 Seit wann gibt es Messen in Deutschland?
3 Was war die erste „Messestadt" Deutschlands?
4 Nennen Sie einige Messestädte, die heute wichtig sind.
5 Was bedeutet der Ausdruck „Fachmesse"?
6 Welchen Nutzen hat die Messebeteiligung für Aussteller und Besucher?
7 Ungefähr welcher Prozentsatz a) der Aussteller b) der Besucher auf deutschen Messen kommt aus dem Ausland?

Aussteller	☐ 20%	☑ 50%	☐ 70%
Besucher	☐ 5%	☑ 15%	☐ 30%

8 Warum ist ein hoher Prozentsatz ausländischer Teilnehmer bei einer Messe wichtig?

B Diese sind fünf der wichtigsten Fachmessen in Deutschland. Kennen Sie weitere Messen, die in Deutschland stattfinden?

SPRACHARBEIT

1 Die Form des Präteritums hängt davon ab, ob das Verb **schwach** ist wie z.B. das Verb *entwickeln*, ob es **stark** ist wie z.B. das Verb *erhalten* oder ob es **unregelmäßig** ist wie z.B. das Verb *sein*. Suchen Sie im Text auf S. 103 alle Verben, die im Präteritum stehen, und kreisen Sie sie ein. Was wird dem Stamm von schwachen Verben hinzugefügt? Wie verändert sich der Stamm der starken Verben? ▶ 6.9

2 Suchen und unterstreichen Sie nun die Verben im Perfekt. Welcher Unterschied besteht hier im Gebrauch des Präteritums und des Perfekts? ▶ 6.7

Hier handelt die Welt

Messeplatz Deutschland
Durch seine geografische Lage im Herzen Europas ist Deutschland schon immer Knotenpunkt für den Handel gewesen. Heute gehört die Bundesrepublik mit immer neuen Ausfuhrrekorden zur Weltspitze.

Messe ist Kommunikation
Für den Handel sind Informationen ebenso wichtig wie die Waren selbst. Neue Produkte und Dienstleistungen müssen den Kunden präsentiert werden. Persönliche Kontakte müssen geknüpft und gepflegt werden. Wo könnte dies besser geschehen als auf Messen und Ausstellungen, im direkten Gespräch mit Kunden und Interessenten? Die Messe ist auch im Internet-Zeitalter ein wichtiges Marketinginstrument im Marketing-Mix des Unternehmens.

Deutsche Messen haben Tradition
Deutsche Handelsmessen entwickelten sich im Mittelalter aus einzelnen Jahrmärkten, auf denen die Menschen zusammenkamen, um Handel zu treiben. Im Jahr 1240 verlieh Kaiser Friedrich II. der Stadt Frankfurt am Main das erste Messeprivileg und stellte die Kaufleute, die zur Messe reisten, unter seinen Schutz. Die Stadt Leipzig erhielt das Messeprivileg 1507. Jahrhundertelang war die Leipziger Messe ein Inbegriff für das Messewesen selbst.

@ www.auma.de

Messestädte in Deutschland

Deutschland: Messeland Nr. 1
Nach dem Ersten Weltkrieg entstanden auch in anderen Ländern Messen, von denen sich einige zu weltweiter Bedeutung entwickelt haben. Deutsche Messen und Ausstellungen haben jedoch in den letzten Jahrzehnten eine dominante Position im Welthandel erlangt. Von den international etwa 150 führenden Fachmessen finden derzeit 110 bis 120 in Deutschland statt. Die wichtigsten deutschen Messestädte sind: Berlin, Düsseldorf, Essen, Frankfurt am Main, Hamburg, Hannover, Köln, Leipzig, München, Nürnberg und Stuttgart.

Deutsche Fachmessen: Branchentreffpunkte
Die Messeart, die heute am Messeplatz Deutschland vorherrscht, ist die Fachmesse. Ein immer größeres Produktangebot machte die Konzentration auf bestimmte Produktgebiete notwendig. Fast alle Branchen sind auf deutschen Fachmessen vertreten. Einige Beispiele: Büro- und Informationstechnik, Chemie, Elektronik und Elektrotechnik, Fotografie, Maschinenbau, Mode, Möbelindustrie und Unterhaltungselektronik.

Zahl der Aussteller und Besucher
Die Zahl der Aussteller ist kontinuierlich gewachsen. Im letzten Jahr lag sie auf den überregionalen Messen bei über 160 000. Die Auslandsbeteiligung liegt inzwischen bei 50 Prozent: 79 000 der Aussteller, die ihre Waren auf deutschen Fachmessen präsentierten, kamen aus dem Ausland. Von den jährlich über 9 Millionen Besuchern kommen ca. 1,5 Millionen aus dem Ausland. Ausländische Besucher gehören oft zum Top-Management. Je weiter die Anreise, desto größer die Entscheidungskompetenz im Unternehmen. Diese Multinationalität weckt noch mehr internationales Interesse.

**Messeplatz Deutschland:
Hier ist der Weltmarkt präsent.**

KAPITEL 8

C Vor der Entscheidung über eine Messebeteiligung muss man genaue Ziele erarbeiten und definieren. Es ist möglich, verschiedene Ziele zu kombinieren. Welche der folgenden Beteiligungsziele sind Ihrer Meinung nach am wichtigsten ...

1 für eine kleine Firma, die versucht, ihre Exportmärkte aufzubauen?
2 für ein etabliertes Unternehmen, das ein neues Produkt auf den Markt bringt?

Allgemeine Beteiligungsziele
- neue Märkte kennen lernen, Marktnischen entdecken
- sich über Neuheiten und Entwicklungstrends informieren
- den Absatz steigern, Aufträge bekommen
- die Konkurrenz beobachten

Kommunikationsziele
- den Kontakt zu Stammkunden pflegen
- Wünsche und Ansprüche der Kunden herausfinden
- neue Kunden werben
- das Firmen- und Produktprofil erhöhen
- Marktinformationen sammeln

Produktziele
- Produktinnovationen vorstellen
- Prototypen vorstellen
- Akzeptanz des Produktsortiments am Markt testen

Distributionsziele
- Vertreter suchen
- Händler und Vertriebsgesellschaften suchen
- Kontakt mit potentiellen Lieferanten aufnehmen

D Vertreter der folgenden Unternehmen erklären einem Journalisten, warum sie auf der Messe ausstellen. Welche der Ziele oben erwähnen sie?

Interview 1: Herr Steiner, Sonnenstrand Freizeitartikel
Interview 2: Frau Burkart, Technotalk
Interview 3: Herr Lindner, Karat Fahrradwerk, Chemnitz

SPRACHARBEIT

1 Welche Konstruktion wird in diesem Beispiel gebraucht?
   Unser Ziel ist, Marktinformationen **zu sammeln.**
   Wir hoffen(,) deutsche Vertreter **zu finden.**
   Kennen Sie noch andere Verben, die diese Konstruktion erfordern? ▶ 7.8
2 Was bedeutet *um ... zu* in diesen Beispielen aus dem Transkript des Hörtextes?
   Wir sind hier(,) **um** Aufträge **zu** bekommen.
   Wir stellen aus(,) **um** den Prototyp unseres neuen Systems vor**zu**stellen.
   Was geschieht mit *zu* bei einem trennbaren Verb? ▶ 7.9
   Wandeln Sie die in **C** aufgeführten Ziele in Sätze um und benutzen Sie eine oder beide der Konstruktionen.

E Was sind die wichtigsten Messen bzw. Ausstellungen in Ihrem Land? Wo finden sie statt?
Waren Sie schon einmal als Besucher oder Aussteller auf einer Messe? Wenn ja, was waren Ihre Eindrücke?
Warum sollten sich gerade kleine und mittelständische Unternehmen an Messen beteiligen? Warum tun viele es nicht?

AUF DER MESSE

8.2 Ich sehe, Sie interessieren sich für ...

@ www.koelnmesse.de

A 1 Sie hören zwei Gespräche auf einem Messestand der SPOGA-Messe in Köln. (Das ist eine Fachmesse für Sportartikel, Campingbedarf und Gartenmöbel.) Beantworten Sie die Fragen zu jedem Gespräch.

Dialog 1
1 Wofür interessiert sich die Standbesucherin?
2 Was bietet ihr der Standmitarbeiter an?
3 Was fragt die Besucherin dann?
4 Wann ist die nächste Produktvorführung?

Dialog 2
1 Ist der Standbesucher Großhändler oder Einzelhändler?
2 Worüber möchte der Besucher sprechen und warum?
3 Mit wem und für wann vereinbart die Standmitarbeiterin einen Termin?

▼ *Hauszelte*

Garten-
möbel ▶

▲ *Badeboote*

2 Hören Sie sich beide Gespräche noch einmal an. Welche von diesen Sätzen spricht der/die Standmitarbeiter/in?

Die Aufmerksamkeit des Besuchers wecken	Ich sehe, Sie interessieren sich für unsere ... Wir haben ein umfangreiches Angebot in dieser Serie. Sind Sie an einem besonderen Modell interessiert? Dieses Modell ist besonders beliebt/gefragt. Diese Serie verkauft sich dieses Jahr besonders gut.
Produktliteratur überreichen	Darf ich Ihnen (vielleicht) unseren Katalog mitgeben? Da können Sie alles über unsere Produkte nachlesen. Da ist auch eine Preisliste drin. Darin ist eine Liste unserer Händler/Auslandsvertretungen. Wenn Sie weitere Fragen haben, stehe ich Ihnen gerne zur Verfügung.
Einen Termin vereinbaren	Möchten Sie zu einer Produktvorführung kommen? Die nächste Produktvorführung ist um ... Uhr. Am besten sprechen Sie mit unserem [Geschäftsführer] darüber. Unser [Verkaufsleiter] ist dafür zuständig. Ich vereinbare gern einen Termin für Sie.

B Mit Hilfe Ihrer Antworten und der Sätze in **A** üben Sie ähnliche Dialoge auf einem Messestand. Spielen Sie abwechselnd die Rolle von Standmitarbeiter und Besucher.

105

KAPITEL 8

C Sie hören jetzt noch ein Gespräch auf dem Stand der Firma Sonnenstrand Freizeitartikel, die u.a. PVC-Luftmatratzen herstellt. Eine Besucherin erkundigt sich nach Preisen, Lieferzeiten und Zahlungsbedingungen. Wie beantwortet der Standmitarbeiter ihre Fragen?

1 Was kostet dieses Modell?
 a) Der Katalogpreis ist 28,90 Euro.
 b) Alle Preise sind in der Preisliste.

2 Ist der Preis inklusive Zubehör?
 a) Ja, da ist eine Pumpe dabei.
 b) Nein, die Pumpe wird extra berechnet.

3 Wie viel Rabatt geben Sie für Händler?
 a) Ich kann Ihnen unsere Händlerpreisliste geben.
 b) Das kommt auf die Stückzahl an.

4 Wie sind Ihre Lieferzeiten?
 a) Kleinere Mengen können wir ab Lager innerhalb einer Woche liefern.
 b) Die Lieferzeit ist normalerweise eine Woche.

5 Wie sind Ihre Zahlungsbedingungen?
 a) Die üblichen Zahlungsbedingungen.
 b) 30 Tage nach Rechnungsdatum.

6 Soll ich Ihnen einen Katalog schicken?
 a) Ja, bitte, hier ist meine Karte.
 b) Nein, danke, ich nehme ihn lieber mit.

D Benutzen Sie die Alternativantworten in **C** und üben Sie ähnliche Dialoge.

E Der Messe-Katalog ist eine wichtige Informationsquelle für Aussteller und Besucher. Lesen Sie die Eintragungen im Katalog der SPOGA-Messe. Welche Stände würden Sie in folgenden Situationen besuchen?

1 Ihre Firma stellt Schlafsäcke her und möchte ein Vertriebsnetz in Deutschland aufbauen.
2 Ihre Firma ist Großhändler für Grillgeräte und sucht einen neuen Lieferanten.
3 Sie arbeiten bei einer Firma, die Gartenmöbel herstellt, und möchten etwas Marktforschung betreiben (Produkte, Preise und Bedingungen vergleichen).
4 Sie sind Wassersportfan und interessieren sich für die neuesten Boote.

F Schreiben Sie einen ähnlichen Katalog-Eintrag für Ihre Firma/eine imaginäre Firma.

Les Exposants • List of firms • Firmen

Bent Krogh A/S, Grønlandsvej 5, DK-8660 Skanderborg/Dänemark – ☎ +45 / 86-520922. Tx 63120 bksdk. Fax +45 / 86-523698 – Hochwertige Garten- und Objektmöbel aus Aluminium und Stahlrohr – Vertretung für Deutschland: Robinson GmbH, Tegelbarg 43, D-24576 Bad Bramstedt – ☎ 04192 / 7901. Fax 04192 / 7996 – In Köln anwesend: Herren P. Rasmussen, E. Raunsgaard. **Halle 11.1, Gang C Stand 21; Gang D Stand 20**

INTERSWING SA, Via Bernasconi, 16, CH-6850 Mendrisio/Switzerland – ☎ 4191 / 466477. Fax 4191 / 466065 – Campingmöbel (weltweit die einzigen Campingstühle mit TÜV-GS-Zertifikat sowie patentiertem Gelenk), Gartenmöbel aus Metall, Vollkunststoff und Holz, Gartenschaukeln, Gartenschirme, Gartenschirmständer, Schutzhüllen für Gartenmöbel, Camping und Gartenmöbelauflagen, Badeboote, Luftmatratzen, Stahlrohrbecken, Blasebälge, Paddel, Kühltaschen. **Halle 2.1, Gang C Stand 30; Gang D Stand 31**

Landmann GmbH & Co. KG, Am Binnenfeld 3, D-27711 Osterholz-Scharmbeck – ☎ 04791 / 3080. Fax 04791 / 30835 – Holzkohle-Grillgeräte, Gas-Grillgeräte, Elektro-Grillgeräte, Grill-Zubehörartikel, Holzkohle und Grillbriketts; Marke: «Grill-Chef» – In Köln anwesend: Geschäftsleitung, Verkaufsmanagement, Inlands- und Auslandsvertretungen. **Halle 10.2, Gang F Stand 81** – Stand-Tel. 81 91 17

Zimmermann U., Einzel- und Großhandel, Im- und Export GmbH, Gerhard-Stalling-Str. 9, D-26135 Oldenburg – ☎ 0441 / 92070-0. Tx 254983 uzett. Fax 0441 / 92070-98 – Importeur von Schlafsäcken, Haushalts- und Freizeitartikel, Gartenartikel – Marken: «PULLY'S» / «ZIMMERMANN» – In Köln anwesend: Geschäftsleitung, Verkaufsmitarbeiter. **Halle 10.2, Gang G Stand 72**

AUF DER MESSE

8.3 Können Sie mir etwas zu diesem Produkt sagen?

A 1 Astra Products, ein Hersteller von Campingbedarf, stellt auf der ISPO-Messe in München aus. (Das ist eine internationale Fachmesse für Sportartikel und -mode.) Sehen Sie sich die Eintragung im Firmenkatalog an. Für wen ist dieser Schlafsack geeignet?

2 Ein Besucher interessiert sich für diesen Schlafsack. Hören Sie sich das Gespräch auf dem Stand an und vervollständigen Sie die Produktspezifikation.

www.ispo.de

IDAHO

Der universelle 3-Jahreszeitenschlafsack für Leute, die Gewicht sparen wollen und keinen extrem warmen Schlafsack brauchen. Das wasser- und winddichte TEXAPORE LIGHTWEIGHT Außenmaterial schützt vor Feuchtigkeit und Wind. Durch die hochwertige Gänsedaune und das überzeugende Kammer- und Füllsystem bietet IDAHO trotz seiner Leichtigkeit noch unter Null Grad Celsius angenehmen Schlafkomfort.

Regular

Länge: _210_ cm

Material außen: _Texapore_

Material innen: _____

Füllung: _____

Gewicht: _____ g

Packmaß: _____ x _____ cm

Farben: _____

Zubehör: _____

Art. Nr. 94211-55 € _____

Baumwollaufbewahrungsbeutel
und Nylonpacksack
für alle Daunenschlafsäcke.

Temperaturbereich:

Extrem	Komfort	Maximal
-27°	-9°	+23°

B Vergleichen Sie Ihre Notizen in **A** mit Ihrem Partner. Stellen und beantworten Sie diese Fragen über den IDAHO.

1 Für welchen Temperaturbereich ist dieser Schlafsack geeignet?
▶ Für den Temperaturbereich bis zu minus … Grad.
2 In wie vielen Größen ist er erhältlich?
▶ In zwei Größen, …
3 Wie lang ist der Schlafsack?
▶ Die Regular-Ausführung hat eine Länge von … Zentimetern.
4 Aus welchem Material ist er?
▶ Das Außenmaterial ist … Die Füllung ist aus …
5 Wie viel wiegt er?
▶ Das Gewicht ist … Gramm.
6 Wie groß ist der Schlafsack eingepackt?
▶ Er hat ein Packmaß von … mal …
7 In welchen Farben ist er erhältlich?
▶ In der Farbkombination …
8 Gibt es dafür Zubehör?
▶ Ja, der Schlafsack wird mit … geliefert.
9 Was kostet er?
▶ Der Katalogpreis ist …

KAPITEL 8

C Welche Produktbeschreibung passt zu welchem Bild?

1   Hängesitz

2   CITY-CRUISER Fahrrad

3   „E-Z Up INSTANT SHELTERS®"

4   LUFTIKUS Wanderrucksack

A

Speziell für die Stadt geeignet. Fahren Sie bequem ohne Stau und Stress zur Arbeit oder zum Shopping.

- Aluminium-Rahmen mit Kunststoff beschichtet
- 7 Gänge
- Aluminium Cantileverbremse vorne
- bequemer, verstellbarer Sattel für entspanntes Fahren
- ergonomisch geformter Lenker
- leistungsstarke Lichtanlage
- attraktives Design
- Farbkombination: Silber/Schwarz
- Herren- und Damenausführung

unverbindliche Preisempfehlung € **599,-**

B

Ideal für entspanntes Schaukeln im Garten, auf Balkon und Terrasse. Stabiler Rahmen aus Hartholz, feuchtigkeitsbeständig, Bezug aus festem Baumwollstoff. Sitzpolster und Kopfkissen in den Bezug eingearbeitet. Aufhängeseile längenverstellbar, mit Montageanleitung. Rahmengröße 90 x 70 cm.
In Verkaufskarton mit Klarsichtfenster.

„Acapulco" Baumwollbezug in buntem Streifenmuster	36 001 8
„Amalfi" Baumwollbezug naturbelassen	36 002 5

Verbraucherpreis € 45,-/49,-

C

Für Wanderfreunde und Liebhaber der freien Natur. Zwei geräumige Seitentaschen, eine große Deckeltasche, alle mit Reißverschluss. Das integrierte Tragegestell verbessert den Tragekomfort. Weitere Komfortdetails: höhenverstellbarer Brustgurt, abnehmbarer Bauchgurt.

Material:	Nylon
Maße:	Höhe: 44 cm, Breite: 34 cm, Tiefe: 17 cm
Volumen:	ca. 30 l
Gewicht:	1150 g
Farben:	Rot/Violett, Art. Nr. 23420-30 Blau/Beige Art. Nr. 23420-34 € 79,-

D

- Ideal für Gartenfeste. Als Regen- oder Sonnenschutz geeignet. Auch bei Ausstellungen einsetzbar.
- Schnelle Aufbauzeit (kann innerhalb von 60 Sekunden aufgebaut werden).
- Verstärkter Stahlrahmen und Qualitätsdach aus wasserdichtem Kunststoff garantieren eine lange Lebensdauer.
- Pflegeleichtes Design.
- Bequem und kompakt zusammenlegbar, mit praktischer Aufbewahrungstasche.
- Leicht zu transportieren.
- Farbauswahl: blau, rot, weiß, grün, champagne sind Standardfarben für sofortige Lieferung.
- Lieferbar mit viel Zubehör (extra berechnet), z.B. Seitenwände, Halbwände, Gardinen usw.
- Erhältlich in den Größen 2,5m x 2,5m, 3,0m x 3,0m, 3,0 x 4,5m.

AUF DER MESSE

D Lesen Sie die Produktbeschreibungen in **A** und **C** noch einmal.

1 Machen Sie eine Liste von allen Farbwörtern. Welche anderen Farbwörter kennen Sie?

2 Machen Sie eine Liste von allen Materialien. Kennen Sie weitere Materialien?

3 Machen Sie eine Liste der Adjektive, die diese Produkte beschreiben.
Ordnen Sie die Wörter in zwei Gruppen:

GRUPPE 1: Adjektive, mit denen man Produktmerkmale objektiv beschreibt.
GRUPPE 2: Adjektive, die man für subjektive Produktbeschreibungen benutzt.

4 Aus welchen Verben sind diese Adjektive gebildet? Was bedeutet die Endung *-bar*?

verstellbar   abnehmbar   einsetzbar   lieferbar   zusammenlegbar

E Spielen Sie Gespräche auf einem Messestand.
BESUCHER: Wählen Sie ein Produkt aus **C**. Bereiten Sie einige Fragen
über das Produkt vor, die Sie einem Standmitarbeiter stellen können.
STANDMITARBEITER: Beantworten Sie die Fragen eines potenziellen Kunden
über Ihr Produkt. Dann bieten Sie ihm/ihr Produktliteratur an.

Guten Tag, mein Name ist ... Ich sehe, Sie interessieren sich für unsere [Fahrräder].
▼
Ja, ich bin an diesem Modell besonders interessiert.
Können Sie mir etwas mehr darüber sagen? Zum Beispiel, wofür ist das geeignet?
...
Gut, vielen Dank für das Gespräch.
▼
Darf ich Ihnen also unseren Katalog mitgeben?
Er enthält eine Preisliste/eine Liste unserer Händler.

F Bereiten Sie eine kurze
Präsentation eines Produktes
in **C** oder eines Produktes
Ihrer Firma vor. Erwähnen
Sie folgende Punkte.

- für wen/wofür das
  Produkt geeignet ist
- die Spezifikationen/
  technischen Daten
- Besonderheiten

Beginnen Sie so:

Meine Damen und Herren,
Sie sehen hier ...

*Verkaufsgespräch
auf dem Messestand* ▶

109

KAPITEL 8

8.4 Welches Modell würden Sie empfehlen?

A Sie arbeiten bei einer Firma, die Laser- und Tintenstrahldrucker herstellt. Die Firma stellt auf der CeBIT-Messe aus (die Fachmesse für Informations- und Kommunikationstechnik). Informieren Sie sich im Voraus über die Vor- und Nachteile ihrer Produkte und vervollständigen Sie die Sätze unten.

Welcher Drucker der richtige ist, hängt davon ab, welche Dokumente für wen produziert werden sollen. Kommt es auf hohe Druckqualität an, auf schnellen Druck, große Auflagen, farbige Darstellung oder eine Kombination aus diesen Kriterien? Jeder Druckertyp hat seine Vor- und Nachteile, die ihn für unterschiedliche Einsatzzwecke mehr oder weniger geeignet machen.

	Vorteile	Nachteile
Tintenstrahldrucker	leise; gute Druckqualität; ausreichende Druckgeschwindigkeit; relativ niedriger Kaufpreis (ab 150 €); niedrige Betriebskosten	sehr gute Druckqualität nur auf speziellem Papier; wenige eingebaute Schriftarten
Laserdrucker	hervorragende Druckqualität; schneller Druck; große Auswahl von Schriftarten; relativ leise	relativ teuer (ab 500 €); hohe Betriebskosten

Laserdrucker bieten (1)... Druckqualität, (2)... Druckgeschwindigkeit und eine (3)... Auswahl von Schriftarten als Tintenstrahldrucker.
Auf der anderen Seite bieten Tintenstrahldrucker (4)... Druckqualität bei relativ geringen Kosten. Sie sind (5)... als Laserdrucker und die Betriebskosten sind auch (6)... .
Tintenstrahldrucker sind auch etwas (7)... als Laserdrucker.

B Ein Standbesucher fragt, welche Art von Drucker für seine Bedürfnisse geeigneter wäre. Wie beantwortet er folgende Fragen? Was würden Sie diesem Kunden empfehlen?

1. Wofür braucht der Kunde den Drucker? ☒ für die Heimanwendung   ☐ für das Büro
2. Was möchte er drucken?
   ☐ Routinearbeiten   ☐ Korrespondenz   ☐ Tabellen und Grafiken   ☐ Publikationen
3. Druckt er große Auflagen?   ☐ Ja   ☒ Nein
4. Was ist für ihn wichtig/nicht so wichtig?

	wichtig	nicht so wichtig
die Druckgeschwindigkeit	☐	☒
die Druckqualität	☐	☒
der Kaufpreis	☒	☐
die Betriebskosten	☒	☐
der leise Druck	☒	☐

C Vergleichen Sie die beiden Tintenstrahldrucker rechts in Bezug auf Druckqualität (Auflösung), Geschwindigkeit, Geräuschpegel usw., z.B.:

Bei dem ... ist die [Druckqualität] ebenso gut/nicht so gut wie bei dem ...
Der ... ist [schneller/lauter/leichter] als/nicht so [schnell/laut/leicht] wie der ...
Der ... hat mehr/weniger [Schriften] als der ...
Beide Modelle drucken/bieten ...
Nur der ... ist [aufrüstbar]/bietet ...
Ein Vorteil/Eine Besonderheit des ... : Er ...

D Beraten Sie einen Interessenten/eine Interessentin auf dem Messestand.
PARTNER A benutzt Datenblatt A23, S. 155.
PARTNER B benutzt Datenblatt B23, S. 164.

Canon

BJ-300

Büro- / Desktopdrucker

Der BJ-300 ist der perfekte Drucker für den Einsatz direkt am Arbeitsplatz. Mit einer Geschwindigkeit von bis zu 300 Zeichen pro Sekunde druckt er Briefe, Tabellen, Grafiken oder Adressaufkleber in außergewöhnlicher Qualität. Außerdem arbeitet er extrem leise. Weitere Vorteile sind seine hohe Zuverlässigkeit und Belastbarkeit. Der BJ-300 läßt sich problemlos an Ihr vorhandenes System anschließen. Er emuliert den IBM Proprinter sowie den Epson LQ 850. Damit können Sie mit einer Vielzahl von Softwareprogrammen arbeiten.

Die Bedienung ist äußerst anwenderfreundlich, und die Wartung beschränkt sich auf ein Minimum. Dieses Modell hat 3 integrierte Schriften. Optional zusätzliche Schriftkarten stehen zur Verfügung. Außerdem kann der interne Speicher mit einer Speichererweiterung um 128 KB aufgerüstet werden.

Technische Daten:

Auflösung:	360 x 360 dpi
Geschwindigkeit:	300 Zeichen/Sekunde
Schriften fest:	3 (5 Punktgrößen)
Emulationen:	IBM Proprinter X24E, Epson LQ 850
Tintenpatrone (schwarz):	Lebensdauer ca. 1 Mio. Zeichen
Druckpapier:	Normalpapier, Briefumschläge, OHP-Folien
Papierformat:	A4 (Hoch- und Querformat) A3 (Hochformat), Endlospapier
Papier-Management:	Einzelblatt-, Endlospapier
Geräuschpegel:	< 45 dB
Speicherkapazität:	30 KB
Abmessungen (BxTxH)	45,8 x 33,3 x 13,7 cm
Gewicht:	ca. 6,9 kg
Optionen:	automatischer Einzelblatteinzug – Schriftkarten – Speichererweiterung

Preis: 699,- €* zuzüglich Mehrwertsteuer

* unverbindlich empfohlener Verkaufspreis

BJ-230

Kompakter DIN A3-Drucker

Der BJ-230 überzeugt durch Laserdruckqualität, hohe Druckgeschwindigkeit von 248 Zeichen pro Sekunde und extrem niedrige Geräuschentwicklung. Mit 40 Dezibel gehört er zu den leisesten Tintenstrahldruckern der Welt und ist somit für den täglichen Einsatz in Großraumbüros bestens geeignet.

Der BJ-230 druckt mit wasserlöslicher und ungiftiger Tinte. Sie haben außerdem die Wahl zwischen Normal- und Recyclingpapier. So wird die Umwelt geschont.

Trotz seinen kompakten Abmessungen und geringem Gewicht (nur 3,5 kg inkl. automatischer Einzelblattzuführung und integriertem Netzteil) druckt der BJ-230 auf A3-Formaten. Das macht ihn für alle interessant, die z.B. mit CAD-Anwendungen und großformatigen Tabellen arbeiten.

Technische Daten:

Auflösung:	360 x 360 dpi
Geschwindigkeit:	max. 248 Zeichen/Sekunde
Schriften:	8 interne Fonts in 6 verschiedenen Punktgrößen
Emulationen:	IBM ProPrinter, Epson LQ
Druckpapier:	Normal- oder Recyclingpapier, Overheadfolien DIN A4, Briefumschläge, Zweckform-Etiketten
Papierverarbeitung:	max. Papierformat: DIN A3 Hochformat automatische Einzelblattzuführung (100 Blatt)
Geräuschpegel:	ca. 40 dB
Abmessungen:	42,8 x 20,8 x 20,1 cm (BxHxT)
Gewicht:	ca. 3,5 kg

Preis: 499,- €* exkl. MwSt.

* unverbindlich empfohlener Verkaufspreis

8.5 Nach der Messe

A Nach der Messe schreiben viele Aussteller an ihre Standbesucher, um die gewünschten Unterlagen zu senden, oder einfach, um den Kontakt aufrechtzuerhalten. Lesen Sie den Brief rechts und beantworten Sie die Fragen.

1 Auf welcher Messe hat der Absender ausgestellt?
2 Was für ein Produkt stellt die Firma her?
3 Was ist in der Anlage?
4 Welche Produkteigenschaften werden im Brief noch einmal erwähnt?

B 1 Die Bestandteile des deutschen Geschäftsbriefes sind unten aufgelistet. Lesen Sie den Brief rechts noch einmal und nummerieren Sie die Bestandteile (1 – 9).

1 Briefkopf
Der Briefkopf besteht aus dem Namen und der Anschrift der Firma, gegebenenfalls mit dem Firmenzeichen oder -logo.

2 Anschrift des Empfängers
Die Anschrift besteht aus dem Namen und der Postanschrift des Empfängers.
Wenn der Brief einer bestimmten Person in einer Firma zugeleitet werden soll, setzt man den Namen dieser Person unter den Firmennamen.

```
Graphopack GmbH
Herrn Dr. Rolf Schwarz
```

Bei Briefen an Einzelpersonen setzt man den Namen oberhalb des Firmennamen.

```
Herrn Dr. Rolf Schwarz
Graphopack GmbH
```

Die Postanschrift besteht aus:
a) Straße und Hausnummer bzw. Postfachnummer
b) Postleitzahl und Ortsangabe.

3 Datum
So kann man das Datum schreiben:
04.08.20--   4. Aug. 20--
4.8.20--   4. August 20--

4 Betreffzeile
Die Betreffzeile – eine stichwortartige Inhaltsangabe – steht vor der Anrede, gegebenenfalls mit dem Vermerk *Betreff* oder *Botr.*

5 Anrede
Nach der Anrede setzt man normalerweise ein ein Komma (,), manchmal noch ein Ausrufezeichen (!).
Nach einem Ausrufezeichen hat das erste Wort des Brieftextes einen Großbuchstaben, nach einem Komma einen Kleinbuchstaben.
Die Standardanrede für Firmen und Organisationen lautet:
Sehr geehrte Damen und Herren
Bei Einzelpersonen lautet die Standardanrede:
Sehr geehrter Herr Schmidt oder
Sehr geehrte Frau Müller

6 Brieftext
Damit der Inhalt übersichtlich wird, macht man für jedes neue Thema einen Absatz. Der Brieftext und alle Absätze beginnen am linken Rand des Briefblatts.

7 Schlussformel
Die meistgebrauchte Schlussformel bei Geschäftsbriefen ist: *Mit freundlichen Grüßen*
Andere Varianten sind: *Mit freundlichem Gruß* oder *Freundliche Grüße*

8 Unterschrift
Die Abkürzungen *i.V.* (*in Vollmacht / in Vertretung*) bzw. *i.A.* (*im Auftrag*) vor der Unterschrift bedeuten, dass ein Bevollmächtigter den Brief in Abwesenheit des Absenders unterschrieben hat.

```
Mit freundlichen Grüßen
i.A. H. Maschlich
```

9 Anlagevermerk
Der Anlagevermerk steht links unten auf dem Briefblatt. Es gibt verschiedene Möglichkeiten:

```
Anlage
```
```
2 Anlagen
```
```
Anlage:
Katalog
```
```
Prospekt
Preisliste
```

2 Vergleichen Sie einen deutschen Geschäftsbrief und einen Geschäftsbrief in Ihrer Sprache in Bezug auf die äußere Form.

①

E-Z UP Europe B.V.
Zandweg 19
P.O. Box 339
3960 BG Wijk bij Duurstede
The Netherlands
Tel.: (31) 3435-78269
Fax: (31) 3435-78254
ID. no.: NL-801754732

Ellermann KG
Frau Katrin Busch
Gottfried-Daimler-Ring 49
63654 Büdingen
DEUTSCHLAND

20. September 20--

SPOGA 20--
Ihr Besuch vom 05.09.20--

Sehr geehrte Frau Busch,

wir bedanken uns recht herzlich für Ihren Besuch auf unserem Stand während der SPOGA und für Ihr Interesse an unserem Schutzdach **E-Z Up Instant Shelter**®. In der Anlage senden wir Ihnen unsere neueste Broschüre sowie die aktuelle Preisliste.

Auf einer Messe bekommt man so viele Informationen, dass es manchmal schwierig ist, alle Einzelheiten zu behalten. Deshalb möchten wir Sie gern noch einmal kurz über unser **E-Z Up Instant Shelter**® informieren. Das **E-Z Up Instant Shelter**® ist berühmt als "das schnellste Dach der Welt". Innerhalb von 60 Sekunden entsteht aus einem golftaschenähnlichen Paket ein fertiges, freistehendes Schutzdach. Das Gestell ist aus verzinktem Stahl und das Dach ist aus Polyester mit Poly-Urethane beschichtet. Eine Kreuzrahmen-Konstruktion verhindert ein Verbiegen des Rahmens unter größter Belastung und bei Dauergebrauch. So ist das **E-Z Up Instant Shelter**® ein starkes Schutzdach für die höchsten Ansprüche. Das Dach ist in 12 Standardfarben erhältlich und auch Farbkombinationen sind lieferbar. Das E-Z Up-Zubehör umfasst z.B. Seitenwände, Eckgardinen und vieles mehr. **E-Z Up Instant Shelters**® können u.a. als Gartenpavillon, als Festzelt oder als Verkaufsstand eingesetzt werden. Als Innovation können wir das Schutzdach jetzt mit Kundenaufschrift bzw. -Logo anbieten.

Für weitere Informationen oder für ein individuelles Angebot stehen wir Ihnen jederzeit gerne zur Verfügung.

Wir würden uns freuen bald von Ihnen zu hören.

Mit freundlichen Grüßen

i.A. J. Ebalude

Eveline van Gemert
Director of European Operations

Anlage

C Ihre Firma hat auf einer Messe in Deutschland ihre Produkte ausgestellt. Schreiben Sie einen Brief an einen Deutsch sprechenden Messestandbesucher. (Sie können auch eine der Firmen aus **8.3** wählen.) In diesem Brief ...

- danken Sie für seinen Besuch bei Ihrem Stand und sein Interesse an Ihrem Produkt
- übersenden Sie einen Katalog und eine Preisliste
- erinnern Sie nochmals an Ihr Produkt, indem Sie Eigenschaften und Verwendungszweck(e) kurz erwähnen
- bieten Sie weitere Informationen an, falls erwünscht.

Messeplatz Deutschland

Eine erfolgreiche Messebeteiligung erfordert eine gezielte Planung und Budgetfestlegung. Aus diesen Texten können Sie ersehen, welche Faktoren zu berücksichtigen sind.

1. Sehen Sie sich die **Checkliste für die Messebeteiligung** an. Können Sie die Aktivitäten den drei Überschriften zuordnen?
2. Sehen Sie sich die Checkliste **Kosten einer Messebeteiligung** an. Welche Überschrift passt zu welcher Spalte?
3. Würde sich eine Messebeteiligung für Ihre Firma/eine Firma, die Sie kennen, lohnen?

Wie plane ich die Messebeteiligung und deren Erfolg?

Bevor sich der Messeverantwortliche mit der Beantwortung dieser wichtigen Fragen beschäftigt, muss er sich darüber im Klaren sein, dass eine optimale und erfolgreiche Messebeteiligung gut durchdacht, detailliert geplant und straff organisiert werden sollte. Bei einer Messebeteiligung handelt es sich um einen Prozess, der schon vor der Messe beginnt und nicht mit dem letzten Messetag endet. Die Aufgaben unterteilen sich in die, die vor, während und nach einer Messe durchgeführt werden. Dabei fallen die meisten Aufgaben in die Vorplanung. Bereits in der Planungsphase lässt sich feststellen, ob sich eine Messebeteiligung lohnt.

Checkliste für die Messebeteiligung

1. Vor der Messe: Planung und Vorbereitung
2. Während der Messe: Messedurchführung
3. Nach der Messe: Messenachbearbeitung

@ www.spoga.de

Die Kölner Messe: Treffpunkt der SPOGA

- Messeziele erarbeiten und exakt definieren
- Manöverkritik am letzten Messetag
- Anmeldung beim Veranstalter
- Internen Abschlussbericht anfertigen
- Werbe-Konzeption
- Auswerten der Gesprächsprotokolle
- Tägliche Lagebesprechungen

- Bearbeitung des Serviceangebotes vom Veranstalter
- Besucher-Einladungen versenden
- Dankeschön an das Messeteam
- Terminplanung
- Training des Messeteams
- Unterkunftsreservierung für das Standpersonal
- Nachbearbeiten der Messekontakte

- Budgetfestlegung
- Pressekonferenz
- Bestellung der benötigten Standausstattung
- Standabbau und Abreise
- Bestätigung der Standfläche durch den Veranstalter
- Gesprächsprotokolle ausfüllen
- Auswahl der Exponate und Ausstellungsprogramm

Das Kölner Messehaus

Die Hannover Messe: Treffpunkt der CeBIT

Personalkosten

Kosten für das Ausstellungsgut

Kostenbeiträge an den Veranstalter

Kosten für Standbau und Versorgung

Kosten für Werbung, Presse und Verkaufsförderung

Kosten einer Messebeteiligung

1. ...
- Standmiete
- evtl. Zuschläge
- Eintragung in den Messe-Katalog
- Eintragung in Messe-Informationssysteme
- Ausstellerausweise
- Parkscheine

2. ...
- Vorführmodelle
- Transport und Lagerung
- Versicherung

3. ...
- Standbaumaterial
- Leistungen des Standbauunternehmens
- Transport
- Standausstattung (Möbel, Bodenbeläge, Beleuchtung usw.)
- Standbeschriftung
- Technische Versorgung (Strom, Wasser usw.)
- Telekommunikationsanschluss
- Standreinigung und -bewachung

4. ...
- Direktwerbung
- Besondere Einladungen
- Anzeigen
- Drucksachen und Prospekte
- Pressemappen
- Übersetzungen

5. ...
- Reisekosten
- Tagegeld
- Unterkunft
- Dolmetscher
- Aushilfskräfte

114

Sehen Sie sich den Geländeplan unten an. Welche von diesen Dingen kann man oder kann man nicht auf der Messe machen?

1. seinen Mantel abgeben
2. Reiseschecks einlösen
3. Briefmarken kaufen
4. zum Friseur gehen
5. Schmerztabletten kaufen
6. ins Kino gehen
7. einen Arzt konsultieren
8. mit dem Hubschrauber fliegen
9. einen Imbiss einnehmen
10. ein Geschenk kaufen

Die CeBIT bietet mehr als jede andere Messe

www.cebit.de
www.messe.de

Als internationale Leitmesse der Informations- und Telekommunikationstechnik stellt die CeBIT den Weltmarkt in konzentrierter Form dar. Hier treffen über 7.500 Aussteller aus 65 Nationen auf mehr als eine halbe Million Besucher aus über 100 Ländern. Weil Entscheidungsträger und Fachleute aus allen Anwenderbereichen wie Industrie, Handel, aus Handwerk, den freien Berufen, der Verwaltung und Wissenschaft nach Hannover kommen, erspart Ihnen die CeBIT viele Messen im Laufe des Jahres. Auf einen Schlag können Sie in allen zentralen Anwendungsbereichen neue Kontakte knüpfen und Ihre Absatzchancen erhöhen.

Ausstellungsprogramm

INFORMATIONSTECHNIK — Hallen 1, 6, 7, 8, 9, 11

NETWORK COMPUTING — Hallen 11, 12

COMPUTER INTEGRATED MANUFACTURING (CIM) — Hallen 19, 20, 21

SOFTWARE, BERATUNG — Hallen 2, 3, 4, 5, 6

TELEKOMMUNIKATION — Hallen 13, 16, 17, 23

BÜROTECHNIK — Halle 1

BANK- UND SPARKASSENTECHNIK — Halle 18

SICHERHEITSTECHNIK — Halle 18 OG

FORSCHUNG — Hallen 22, 15

Messeplatz Deutschland

KAPITEL

9 Import – Export

Wortschatz und sprachliche Strukturen in dieser Lektion werden Ihnen helfen,
- allgemeine Termini und Handelsbedingungen zu verstehen,
- mit Anfragen und Wünschen nach einem Kostenvoranschlag umzugehen,
- Bestellungen anzunehmen und zu bestätigen,
- mit Lieferungsproblemen umzugehen,
- mit Beschwerden umzugehen.

Sie werden außerdem etwas über deutsche Standards hinsichtlich Technik und Sicherheit und den Umweltschutz erfahren.

9.1 Allgemeine Geschäftsbedingungen

A 1 Der Kauf und Verkauf von Produkten erfolgt in mehreren Schritten. Nummerieren Sie die Schritte in einer logischen Reihenfolge für den Käufer bzw. den Verkäufer.

der Käufer
- 5 a) zwischen Konkurrenzangeboten wählen
- 1 b) Lieferanten suchen
- 6 c) einen Auftrag erteilen
- 7 d) die Lieferung entgegennehmen
- 2 e) Anfragen machen
- 9 f) die Rechnung bezahlen
- 3 g) ein Angebot erbitten
- 8 h) die Ware prüfen
- 4 i) über die Preise und Bedingungen verhandeln

der Verkäufer
- 7 a) die Rechnung an den Kunden schicken
- 4 b) Referenzen einholen (bei neuen Kunden)
- 1 c) eine Anfrage entgegennehmen
- 3 d) einen Auftrag erhalten
- 9 e) die Zahlung erhalten
- 2 f) ein Angebot erstellen
- 8 g) eventuelle Reklamationen bearbeiten
- 5 h) den Auftrag bestätigen
- 6 i) die Ware liefern

2 Vergleichen Sie Ihre Antworten mit Ihrem Partner, z.B.:

Zuerst sucht der Käufer Lieferanten. Dann macht er Anfragen. Danach ... / Zuletzt ...

3 Von welchen Abteilungen einer Firma werden diese Aufgaben erledigt? Bilden Sie Sätze.

Lieferanten	werden	von der	Vertriebsabteilung	gesucht.
Ein Angebot	wird		Versandabteilung	erstellt.
Die Ware			Buchhaltung	bezahlt.
Die Rechnung			Einkaufsabteilung	geliefert.

B 1 Mit einer Bestellung akzeptiert der Käufer die Geschäftsbedingungen des Verkäufers. Sehen Sie sich die Geschäftsbedingungen der Firma XYZ rechts an. Was bedeuten die <u>unterstrichenen</u> Wörter?

2 Lesen Sie die Geschäftsbedingungen noch einmal und beantworten Sie die Fragen.

1. Sind telefonische Bestellungen möglich?
2. Wann wird eine Bestellung verbindlich?
3. In welcher Währung sind die Preise?
4. Wie lang ist die Zahlungsfrist?
5. Wann gewährt der Verkäufer Skonto?
6. Was geschieht, wenn der Käufer nicht rechtzeitig bezahlt?
7. Wer trägt die Kosten und die Gefahr der Lieferung?
8. Was geschieht, wenn der Verkäufer nicht rechtzeitig liefert?
9. Welche Garantie gibt der Verkäufer?

XYZ

Allgemeine Verkaufs-, Liefer- und Zahlungsbedingungen der XYZ AG
(Auszug)

Allgemeine Bestimmungen
1. Bestellungen führen wir ausschließlich zu nachstehenden Bedingungen aus. Andere Einkaufs- und Zahlungsbedingungen des Käufers können nicht anerkannt werden.
2. Telefonische Bestellungen müssen grundsätzlich schriftlich oder per Fax bestätigt werden, bevor die Sendung ausgeliefert wird.

Angebot und Annahme
1. Unsere Angebote sind grundsätzlich unverbindlich.
2. Die Annahme von Bestellungen wird für uns nur durch unsere schriftliche Bestätigung verbindlich.

Preise, Zahlungsbedingungen
1. Die in Katalogen genannten Preise sind unverbindlich und jederzeit änderbar.
2. Die Preise sind €-Preise und verstehen sich ohne gesetzliche Mehrwertsteuer.
3. Wir räumen ein Zahlungsziel ab Rechnungsdatum von 30 Tagen ein. Bei Bar- oder Scheckzahlung innerhalb von 14 Tagen ab Rechnungsdatum gewähren wir 3% Skonto.
4. Rabatte für Einzelhändler sind bei der Vertriebsabteilung zu erfragen.
5. Bei Zahlungsverzug sind wir berechtigt, Verzugszinsen in Höhe von 2% zu verlangen.

Lieferbedingungen, Lieferfristen
1. Wir liefern in Verpackung nach unserer Wahl ab Werk.
2. Versand erfolgt auf Gefahr des Käufers.
3. Lieferfristen sind verbindlich, wenn wir sie schriftlich bestätigt haben. Die Lieferfrist ist erfüllt, sobald die Sendung dem Spediteur, der Bahn oder der Post übergeben ist.
4. Bei Betriebs- und Transportstörungen, Verzögerungen durch unsere Zulieferanten sowie ähnlichen Lieferhindernissen werden vereinbarte Lieferfristen verlängert.
5. Bei Lieferverzug wird der Anspruch des Käufers auf Schadenersatz für jede Woche des Verzuges auf maximal 5% des Wertes der Ware begrenzt.

Garantie
1. Bei Mängeln der gelieferten Ware verpflichten wir uns zu kostenloser Nachbesserung oder Ersatzlieferung. Wir tragen die Kosten für die Versendung von uns zum Käufer.
2. Mängel jeder Art sind uns spätestens innerhalb von 10 Tagen nach Zugang der Ware schriftlich anzuzeigen. Versteckte Mängel sind spätestens 10 Tage nach ihrer Entdeckung schriftlich anzuzeigen.
3. Die Garantiezeit ist 6 Monate.

XYZ Aktiengesellschaft, Frankfurt am Main.

SPRACHARBEIT

1 Schauen Sie sich die folgenden Beispiele für Passivkonstruktionen an, die mit einem Modalverb gebraucht werden. Sie stammen aus dem obigen Text.
   Telefonische Bestellungen **müssen** grundsätzlich schriftlich **bestätigt werden**.
   Andere Einkaufsbedingungen des Käufers **können** nicht **anerkannt werden**.   ▶ 6.11
Können Sie die Beispiele in Aktivsätze umwandeln?

2 Hier wird *sein* + Infinitiv gebraucht, um auszudrücken, dass man etwas tun muss/sollte.
   Mängel **sind** innerhalb von 10 Tagen schriftlich **anzuzeigen**.   ▶ 7.10
Können Sie im Text ein weiteres Beispiel für diese Konstruktion finden?

KAPITEL 9

C Die Incoterms (International Commercial Terms) sind international verwendete Ausdrücke für die Lieferung von Waren. Sie legen die Pflichten der Vertragsparteien, vor allem die Kostenübernahme (wer trägt die Kosten der Lieferung?) und den Gefahrenübergang (wer trägt das Risiko?), eindeutig fest. Dadurch werden Missverständnisse vermieden. Ordnen Sie folgende Incoterms ihren Definitionen zu.

1 **EXW** Ex works / Ab Werk
2 **FOB** Free on board / Frei an Bord
3 **CFR** Cost and freight / Kosten und Fracht
4 **CIF** Cost, insurance and freight / Kosten, Versicherung und Fracht

a) Der Verkäufer trägt alle Kosten einschließlich der Versicherung bis zu dem vom Kunden benannten Bestimmungshafen/-ort.
b) Der Verkäufer stellt dem Käufer die Ware auf seinem Gelände (Werk, Lager usw.) zur Verfügung. Der Käufer trägt alle Kosten für Fracht und Versicherung.
c) Der Verkäufer trägt alle Kosten, bis die Ware an Bord des Schiffes bzw. Flugzeugs geladen wird.
d) Der Verkäufer trägt alle Kosten ausschließlich der Versicherung bis zu dem vom Kunden benannten Bestimmungshafen/-ort.

D 1 Zahlungsbedingungen sind Vereinbarungen über Zeitpunkt und Ort der Zahlung einer Rechnung. Sie werden oft mit Lieferbedingungen verbunden. Welche der folgenden Bedingungen kommen beim Import-Export-Geschäft am häufigsten vor?

- Vorauszahlung
- Zahlung bei Erhalt der Ware (Nachnahme)
- Zahlung bei Rechnungserhalt
- Zahlung innerhalb 30/60/90 Tage nach Rechnungsdatum
- Drittelzahlung (1/3 bei Auftragserteilung, 1/3 bei Lieferung, 1/3 innerhalb (30) Tagen nach Lieferung)

2 Welche Zahlungsform passt zu welchem Bild?

a) Barzahlung
b) Zahlung mit Scheck
c) Zahlung mit Kreditkarte
d) Zahlung durch Banküberweisung auf das Konto des Verkäufers

E Wer sind die wichtigsten Handelspartner Ihres Landes? Was sind die wichtigsten Einfuhr- und Ausfuhrgüter: Fertigwaren wie z.B. Maschinen, elektrotechnische Erzeugnisse usw.? Rohstoffe wie z.B. Öl? Agrarprodukte?

9.2 Unser Angebot zu Ihrer Anfrage

A Vulcan Forgings ist eine Firma, die Schmiedeteile herstellt. Ihre Kunden sind vorwiegend Zulieferungsfirmen für die Automobilindustrie.

▲ *Fertigungsprozess eines Gesenks*

▲ *Heiße Schmiedeteile*

▲ *Fertige unbearbeitete Motorbauteile*

1 Frau Keller, Vertriebsassistentin bei Vulcan, bekommt eine telefonische Anfrage von einem Kaufinteressenten, Herrn Schuster von der Firma Habermann, München. Herr Schuster sucht einen neuen Lieferanten für Bremspedale. Er hat den Namen und die Adresse von Vulcan von Geschäftspartnern erfahren und möchte sich erst einmal allgemein über ihre Preise und Lieferbedingungen informieren. Welche Fragen stellt er?

Können Sie mir Näheres über Ihre Preise und Lieferbedingungen sagen?
Haben Sie eine Mindestabnahmemenge?
Geben Sie Rabatt auf Ihre Katalogpreise?
Ab welcher Menge geben Sie Rabatt?
Was ist der Stückpreis bei dieser Menge?
Ist das Ihr Nettopreis, ohne Rabatt?
Können Sie mir einen Preis für 1.000 Stück nennen?
Wie lange bleibt dieser Preis gültig?
Wie sind Ihre Zahlungsbedingungen?
Gewähren Sie Skonto für prompte Zahlung?
Wie schnell können Sie liefern?
Wie sind Ihre Lieferbedingungen?
Haben Sie die Ware auf Lager?
Können Sie mir ein schriftliches Angebot machen?

2 Hören sie noch einmal zu. Notieren Sie folgende Informationen.

Mindestabnahmemenge: Zahlungsfrist: Lieferbedingungen:
Mengenrabatt: Skonto: Lieferzeit:
Stückpreis:

B Mit Hilfe Ihrer Notizen in **A** spielen Sie das Gespräch zwischen Frau Keller und Herrn Schuster nach.

C Lesen Sie die schriftliche Anfrage an die Firma Spielco, einen Hersteller von Modellspielzeugen in Deutschland, und das entsprechende Angebot rechts. Benutzen Sie die Informationen und spielen Sie ein Telefongespräch. Der/Die Kaufinteressent/in soll sich zuerst allgemein über die Preise und Verkaufsbedingungen der Firma informieren, dann ein schriftliches Angebot erbitten.

Renault 6 CV

In Frankreich heißt ein kleines Auto "voiturette". Der erfolgreiche Renault 6 CV von 1911 ist eines davon. Wir haben ihn 1964 erstmals präsentiert. Mit detaillierter Technik: linke Tür und Motorhaube lassen sich öffnen. Handbremse und Schalthebel für Leerlauf und Vorwärtsfahrt sind funktionsfähig. Das robuste Federwerk erzeugt das typische Rütteln – und im Motorraum imitiert eine Glühlampe mit Batterie-Unterstützung die Zündfunken!

Renault 6CV Voiturette

12.1.20--
Spielco GmbH
Postfach 33 57
90027 Nürnberg
Deutschland

Sehr geehrte Damen und Herren,

wir sind Einzelhändler für Spielzeugwaren mit fünf Verkaufsstellen in unserem Gebiet (Gesamtumsatz ca. 1 Million €). Letztes Jahr haben wir Ihren Messestand in Nürnberg besucht und Ihren Katalog bekommen. Wir sind sehr an Ihrer Oldtimer Replica-Serie interessiert. Wir beabsichtigen, einen Markttest durchzuführen und möchten Ihnen zu diesem Zweck einen Probeauftrag erteilen. Bitte senden Sie uns ein Angebot mit Mustern für folgende Artikel:

Art.-Nr.	Bezeichnung	Stück
81238	Repl. Opel Doktorwagen	20
81237	Repl. Ford Coupé schwarz	20
81230	Repl. Renault 6CV	20

Wir wären Ihnen auch dankbar für die Sendung ausführlicher Informationen über Ihre Zahlungs- und Lieferbedingungen sowie Ihre Lieferzeiten.

Bankreferenzen und Auskünfte über unsere Firma erhalten Sie jederzeit von der ... Bank in ... .

Wenn der Markttest positiv ausfällt, können Sie mit regelmäßigen Aufträgen rechnen.

Mit freundlichen Grüßen

Christian Legrand
Christian Legrand
Geschäftsführer

Spielco GmbH Nürnberg

Spielco GmbH - Postfach 33 57 - 90027 Nürnberg

Spielco

Telefon: (09 11) 4 60 23 - 0
Telefax: (09 11) 4 60 23 42

[Herr Legrand
Firma
Adresse]

Ihr Zeichen	Ihre Nachricht vom	Unser Zeichen HH/b	Durchwahl -33	Datum 17. Januar 20--

ANGEBOT

Sehr geehrter Herr Legrand,

wir danken Ihnen für Ihre Anfrage vom 12.1. und freuen uns, dass Sie an unseren Produkten interessiert sind. Gerne unterbreiten wir Ihnen folgendes Angebot:

Um Ihnen die Einführung unserer Produkte zu erleichtern, gewähren wir einen 5%-igen Rabatt auf die Preise unserer Händlerpreisliste, die Sie in der Anlage finden.

Art.-Nr.	Bezeichnung	Menge	Stückpreis (minus 5% Rabatt)
81238	Repl. Opel Doktorwagen	20	€ 44,25
81237	Repl. Ford Coupe schwarz	20	€ 37,50
81230	Repl. Renault 6CV	20	€ 44,50

Die Preise verstehen sich ab Werk, ausschließlich Verpackung, in € zuzüglich der jeweils gültigen Mehrwertsteuer. Für Verpackung berechnen wir € 3,50 extra.

Unsere Zahlungsbedingungen lauten: 14 Tage – 2 % Skonto, 30 Tage netto. Die Lieferung kann sofort nach Erhalt der Aufträge erfolgen.

Wir halten Ihnen unser Angebot für zwei Wochen offen.

Mit getrennter Post senden wir Ihnen je ein Musterexemplar der oben genannten Artikel. Diese werden berechnet, auch wenn der Auftrag nicht erteilt wird.

Wir freuen uns auf Ihren Auftrag.

Mit freundlichen Grüßen

Hartmut Holtkamp
Hartmut Holtkamp
Verkaufsleiter

Anlage

D Mit Hilfe der Muster schreiben Sie die Anfrage der Firma Habermann an Vulcan Forgings und das entsprechende Angebot. Benutzen Sie Ihre Notizen in **A** (S. 119) und die folgenden Informationen.

- Herr Schuster bezieht sich auf sein Telefongespräch mit Frau Keller vom 23.6.20-- und erbittet ein Angebot auf der Basis CIF München über 10.000 Bremspedale nach der beiliegenden Zeichnung KN 3594. Er bittet Frau Keller auch ihm mitzuteilen, wie die Ware verpackt wird. Als Referenz nennt er die Deutsche Bank AG, München. Die Adresse der Firma ist: Wilhelm Habermann GmbH & Co. KG Postfach 1266 D-80819 München.

- In ihrem Angebot nennt Frau Keller einen Stückpreis von € 1,42 (d.h. der Nettopreis von € 1,50 minus 5% Mengenrabatt). Sie erklärt, dass die Ware in Pappkartons in Holzkisten verpackt wird. Das Angebot ist für vier Wochen gültig.

KAPITEL 9

9.3 Wir danken für Ihre Bestellung!

A Frau Keller von Vulcan Forgings hat ein Angebot über 10.000 Bremspedale an die Firma Habermann geschickt. Jetzt ruft sie Herrn Schuster an, um sich zu erkundigen, ob er die Ware bestellen will. Was ist hier richtig, falsch oder nicht bekannt?

1. Herr Schuster erwartet noch das Angebot eines Konkurrenten.
2. Frau Keller ist nicht bereit, über den Preis zu verhandeln.
3. In ihrem Angebot hat Frau Keller einen Stückpreis von € 1,42 genannt.
4. Das ist der Nettopreis von € 1,50 minus 5 Prozent Mengenrabatt.
5. Herr Schuster verlangt einen Rabatt von 9 Prozent.
6. Sie einigen sich auf 6 Prozent.
7. Herr Schuster hat Probleme mit der Lieferzeit von vier Wochen.
8. Die Firma Vulcan kann die Lieferfrist nicht verkürzen.

B Ordnen Sie die Sätze zu einem sinnvollen Dialog. Dann üben Sie den Dialog mit Ihrem Partner.

Verkäufer

[1] Ich rufe an wegen unseres Angebots über Bremspedale. Haben Sie eine Entscheidung getroffen?

[4] Ja, in unserem Angebot nennen wir vier Wochen.

[7] Ich kann Ihnen maximal 6% anbieten. Das ist leider mein letztes Angebot.

[5] Ich glaube nicht, denn wir sind im Moment völlig ausgelastet, aber ich kann mit dem Produktionsleiter sprechen.

[6] Ja, natürlich, ich rufe Sie morgen an.

[2] Ja, über den Preis können wir noch verhandeln.

Käufer

[2] Gut. In Ihrem Angebot haben Sie uns einen Rabatt von 5% genannt. Können Sie uns bei dieser Bestellmenge einen besseren Rabatt geben?

[6] Gut, ich erwarte Ihren Anruf. Auf Wiederhören.

[1] Wir haben Ihr Angebot mit der Konkurrenz verglichen und Ihr Preis ist uns zu hoch. Können Sie uns da etwas entgegenkommen?

[3] Nun, gut. Einigen wir uns auf 6%. Da ist aber auch noch die Lieferzeit.

[4] Können Sie nicht schneller liefern, sagen wir drei Wochen? Wir brauchen die Ware dringend.

[5] Danke. Könnten Sie mich sobald wie möglich zurückrufen?

C 1 Die Firma Habermann erteilte Vulcan Forgings die Bestellung rechts. Wenn man eine Bestellung bekommt, muss man nachprüfen, ob sie mit dem Angebot übereinstimmt oder ob sie eventuell Fehler enthält. (Falls es Diskrepanzen oder Fehler gibt, muss man diese mit dem Kunden klären, bevor man die Bestellung bestätigt.) Lesen und überprüfen Sie die Bestellung.

1. Wie viel Stück hat der Kunde bestellt?
2. Hat er den Rabatt bei der bestellten Menge richtig berechnet oder hat er zu viel Rabatt abgezogen?
3. Stimmt der Gesamtbetrag?
4. Welche Lieferzeit gibt der Kunde an? Konnte Vulcan die Lieferfrist verkürzen?

2 Spielen Sie die Rolle von Frau Keller und klären Sie eventuelle Diskrepanzen oder Fehler mit Herrn Schuster am Telefon.

D Füllen Sie die Auftragsbestätigung rechts aus.

E Der Spielzeughersteller Spielco hat einen Auftrag für seine Oldtimer Replica-Serie bekommen. Schreiben Sie die Auftragsbestätigung anhand der Informationen in der Anfrage und dem entsprechenden Angebot auf S. 120/121.

Wilhelm Habermann
GmbH & Co. KG
Telefon: (0 89) 66 31 92 - 1
Telefax: (0 89) 66 31 92 71

Postfach 1266 80819 München
Wörlitzer Str. 52 - 55 80819 München

[Vulcan Forgings
...
...
...   ]

Bestell-Nr.	119771
Bestelldatum	04.07.20--
Lieferant-Nr.	994258
Zuständig	Herr Schuster
Telefon/Durchwahl	- 672

BESTELLUNG

Wir danken für Ihr Angebot vom 25.6.20-- und bitten um Lieferung gemäß umseitigen Einkaufsbedingungen:

Pos.	Art.-Nr.	Menge	Einh.	Bezeichnung	Preis je Stück
1	S-9751	10.000	Stck.	Bremspedal-Rohling gemäß unserer beiliegenden Zeichnung KN 3594	€ 1,35

Gesamt-Bestellwert € 13,500

Zahlungsbedingungen: 14 Tage 3% Skonto, 90 Tage netto; Zahlung durch Banküberweisung
Lieferbedingungen: CIF München einschließl. Verpackung
Versandart: per LKW
Liefertermin: 3 Wochen vom Auftragseingang (K.W. 30/20--)
Lieferanschrift: s.o. (Tor 1). Bitte beachten Sie folgende Warenannahmetermine: Mo. - Fr.: 6.30 Uhr - 14.00 Uhr

Als Anlage erhalten Sie 5 Rohlinge als Muster. Ihre Werkzeuge sind entsprechend diesem Muster anzufertigen, damit wir unsere vorhandenen Vorrichtungen ohne Änderung benutzen können.
Lieferscheine und Rechnungen müssen unsere Bestellnummer und unsere Artikel-Nummer enthalten. Andernfalls müssen wir einen Unkostenbetrag von der Rechnung abziehen.

AUFTRAGSBESTÄTIGUNG

Unser Zeichen: JK/es   Ihr Zeichen: Herr Schuster   Datum: 08.07.20--

Wilhelm Habermann GmbH & Co. KG
Postfach 1266
D-80819 München

Sehr geehrte Damen und Herren,

wir bedanken uns für Ihren Auftrag vom ..., Ihre Bestellnummer ..., die wir wie folgt notiert haben:

Art.-Nr.	Menge	Einh.	Bezeichnung	Stückpreis	Liefertermin

Preise und Lieferbedingungen: Die Preise verstehen sich ... München, einschließlich Verpackung.
Zahlungsbedingungen: 14 Tage ... Skonto, ... Tage netto.
Versand: Der Versand erfolgt mit Spedition Intertrans.
Verpackung: Die Ware wird in Pappkartons in Holzkisten verpackt.

Mit freundlichen Grüßen

J. Keller
J. Keller
Vertriebsassistentin

9.4 Wo bleibt die Ware?

A **1** Die Exportprodukte von Vulcan Forgings werden von einem deutschen Spediteur, Spedition Intertrans, nach Deutschland befördert. Die Sätze unten beschreiben den Transportweg. Nummerieren Sie sie in der richtigen Reihenfolge.

2 ☐ a) In einem Distributionslager wird die Ware vom LKW entladen und auf einen Sattelschlepper verladen.
5 ☐ b) Die Ware wird per LKW an den Kunden geliefert.
4 ☐ c) In einem Distributionslager in Deutschland wird die Ware vom Sattelschlepper entladen und wieder auf einen LKW verladen.
1 ☐ d) Der Spediteur holt die Ware per LKW beim Lieferanten ab.
3 ☐ e) Die Ware wird per Sattelschlepper nach Deutschland transportiert.

2 Vergleichen Sie Ihre Antworten mit Ihrem Partner, z.B.:

Was passiert zuerst? Und dann?

B Damit die Sendung nicht fehlgeleitet wird oder verloren geht, muss jedes Kollo (Frachtstück) richtig markiert werden. Bei der Markierung müssen die Anweisungen des Käufers beachtet werden. Gemäß den Anweisungen der Firma Habermann werden die Kolli von Vulcan Forgings wie folgt markiert. Identifizieren Sie die Markierungen:

Lieferanschrift/Bestimmungsort
Kennmarke des Empfängers
Nummer des Kollos und Gesamtzahl der Kolli
Bestellnummer

INTERTRANS
Internationale Transporte München

Empfänger
Destinataire **WH**
Consignee

colli	total
3/10	
119771	

An: Tor 1 Wörlitzer Str. 52-55 München

C **1** Einige Tage nachdem die Lieferung von Bremspedalen für Wilhelm Habermann abgeschickt wurde, erhielt Vulcan Forgings folgendes Fax. Was ist das Problem? Welche Bitte hat der Kunde?

Kurz-Fax

An: Frau Keller, Vulcan Forgings   **von:** Schuster, Wilhelm Habermann, München

Telefon-Nr.: (089) 66 31 92 - 672
Telefax-Nr.: (089) 66 31 92 71   **Datum:** 31.7.19--

Betr. Bestell-Nr. 119771 vom 4.7.19--

Die Lieferung dieser Bestellung war für Freitag, den 28.7.19--, angesagt. Die Sendung ist noch nicht eingetroffen. Bitte teilen Sie uns dringendst mit, wo die Ware bleibt. E I L T S E H R!!

---

2 Was muss Frau Keller tun um herauszufinden, was mit der Sendung passiert ist?

IMPORT – EXPORT

D 1 Durch einen Anruf bei dem Spediteur am Ort hat Frau Keller festgestellt, dass die Sendung termingerecht nach Deutschland verladen wurde. Jetzt ruft sie das Lager des Spediteurs in Deutschland an und spricht mit Herrn Köbel. Welche Informationen braucht er, um die Sendung zu identifizieren?

2 Herr Köbel ruft Frau Keller zurück. Aus welchem Grund wurde die Sendung nicht rechtzeitig geliefert?

Es ist Folgendes passiert. Die Sendung ...
1 ... ist noch nicht im Lager angekommen. Die Lastwagen haben Verspätung wegen des schlechten Wetters.
2 ... wurde vom Zollamt festgehalten, weil die Exportdokumente nicht vollständig sind.
3 ... ist am richtigen Tag angekommen, aber zu spät für die Warenannahmezeiten bei dem Kunden.
4 ... wurde an die falsche Adresse geliefert, und zwar an die Verwaltung anstatt an das Lager.
5 ... wurde aus Versehen an den falschen Empfänger geliefert.

3 Wann wird der Kunde die Ware erhalten?

E 1 Mit Hilfe der Sprachmuster und Ihrer Antworten in **D** spielen Sie beide Telefongespräche zwischen Frau Keller und Herrn Köbel nach.

> Es geht um eine verspätete Sendung (von uns) an die Firma ... in ...
> Der Liefertermin war ..., aber der Kunde hat die Ware noch nicht erhalten.
> Ich habe bereits erfahren, dass die Sendung am ... nach Deutschland verladen wurde.
> Können Sie mir bitte sagen, wo die Ware bleibt?

> Wie viele Frachtstücke sind es? Was ist drin?
> Wer ist der Empfänger? Wie ist die Lieferanschrift?
>
> Ich werde mich erkundigen und rufe Sie dann zurück.

2 Spielen Sie ähnliche Telefongespräche.
PARTNER A benutzt Datenblatt A24, S. 155.
PARTNER B benutzt Datenblatt B24, S. 164.

F Vervollständigen Sie den Text dieses Faxes, in dem Frau Keller der Firma Habermann den Grund der Verspätung erklärt.

G Schreiben Sie ein Fax an die Firma Gruber (s. **E2**), das den Grund für die verspätete Lieferung angibt.

Bestell-Nr. 119771 vom 4.7.20--

Sehr geehrter Herr Schuster,

mit Bezug auf Ihr Fax von heute Morgen haben wir uns beim Distributionslager von Spedition Intertrans in München erkundigt und festgestellt, dass ... *die Lastwagen wegen des schlechten Wetters Verspätung haben*. Die Ware wird ... an Sie geliefert. *erst am Montag, den 7.11.2005*

Wir hoffen mit diesen Informationen gedient zu haben und bitten um Verständnis für die Verspätung.

Mit freundlichen Grüßen

J. Keller

J. Keller
Vertriebsassistentin

KAPITEL 9

9.5 Wir müssen Ihre Lieferung reklamieren

A Der Käufer ist rechtlich verpflichtet, eingehende Ware sofort zu prüfen und festgestellte Mängel dem Verkäufer unverzüglich anzuzeigen. Man unterscheidet folgende Arten von Mängeln:

- Mängel in der Art: Der Verkäufer hat die falsche Ware geliefert
- Mängel in der Güte oder Qualität: Die Ware ist defekt, beschädigt oder verdorben
- Mängel in der Menge: Der Verkäufer hat zu viel oder zu wenig geliefert

1 Sie hören vier Telefongespräche, in denen folgende Lieferungen reklamiert werden. Um welche Art von Mängeln geht es bei jeder Lieferung? Notieren Sie die Einzelheiten zu jeder Reklamation.

Gespräch 1: Bad-Teppich-Garnituren

Gespräch 2: Keramikfliesen

Gespräch 3: Kaffeeservice und Weinsets

Gespräch 4: eine Maschine

2 Welche Regelung würden Sie in jedem einzelnen Fall vorschlagen?

1. Wir schicken Ihnen die fehlenden Artikel auf unsere Kosten zu.
2. Wir senden Ihnen Ersatz für die beschädigte/mangelhafte Ware.
3. Sie kürzen unsere Rechnung um den Wert der fehlenden Waren.
4. Sie behalten die reklamierte Ware und wir gewähren Ihnen einen Preisnachlass von 50%.
5. Wir nehmen die ganze Lieferung zurück und schicken Ihnen kostenlos eine Ersatzlieferung.
6. Wir vereinbaren den Besuch eines Technikers, um das Problem zu untersuchen.
7. Wir führen die notwendigen Reparaturen kostenlos durch.
8. Sie senden uns die reklamierte Ware zur Prüfung.
9. Ich bespreche die Reklamation mit unserer technischen Abteilung und rufe Sie dann zurück.

IMPORT – EXPORT

B Mit Hilfe Ihrer Notizen in **A** spielen Sie ähnliche Telefongespräche über die vier Reklamationen. Der Verkäufer soll einen passenden Vorschlag machen.

> Es geht um Ihre Sendung vom ..., die wir gestern erhalten haben.
> Ich habe leider eine Reklamation.
> Ich muss leider Ihre letzte Lieferung von ... reklamieren.

> Das tut mir sehr Leid. Was ist passiert?
> Könnten Sie mir Näheres dazu sagen?

> Bei der Prüfung der Sendung haben wir festgestellt, dass ...
> ... die Lieferung unvollständig ist. Es fehlen ...
> ... Sie uns die falsche Ware geliefert haben. Wir haben ... bestellt, Sie haben uns aber ... geschickt.
> ... ein Teil der Ware beschädigt/zerbrochen ist/einen Riss hat. Sie sind daher unbrauchbar.
> Bei Inbetriebnahme der Maschine sind Störungen aufgetreten. Sie funktioniert nicht richtig.

> Darf ich also Folgendes vorschlagen: ...

C 1 Die Firma Wilhelm Habermann war mit der Qualität der von Vulcan Forgings gelieferten Ware nicht zufrieden. Lesen Sie das Fax, das Herr Schuster an Frau Keller geschickt hat.

1 Warum beschwert sich die Firma Habermann?
2 Welche Regelung verlangt der Kunde?

FAX-MESSAGE

Wilhelm Habermann GmbH & Co. KG
Postfach 1266   80819 München
Telefon (0 89) 66 31 92 -1   Telefax (0 89) 66 31 92 71

An:	Vulcan Forgings	Datum: 03.08.20--
zu Hd. von:	Frau Keller	Mit der Bitte um:
Telefon-Nr.:		☐ Erledigung
Telefax-Nr.:		☑ Stellungnahme
Betrifft:	Reklamation	☐ Prüfung
		☐ Kenntnisnahme
Seiten:	1	Zuständig: Herr Schuster

Sehr geehrte Frau Keller,

unsere Wareneingangskontrolle stellte bei den gelieferten 10.000 Bremspedalen, Bestell-Nr. 119771 vom 04.07.20-- Mängel fest. Die Abmessungen entsprechen nicht unserer Zeichnung. In einigen Fällen weichen sie um 1,5 mm von den gegebenen Toleranzen ab. Eine genaue Untersuchung von 5 Kartons zeigte, dass ca. jede 10. Einheit mangelhaft ist.

Daher lehnen wir die Annahme der gesamten Lieferung ab und bitten Sie, uns sobald wie möglich eine Ersatzlieferung zu senden.

Diese Angelegenheit hat uns große Unannehmlichkeiten bereitet. Für Ihre umgehende Stellungnahme wären wir dankbar.

Mit freundlichen Grüßen

R. Schuster

KAPITEL 9

2 Frau Keller hat Herrn Schuster angerufen, um Näheres über die Reklamation zu erfahren. Sie hat vorgeschlagen, dass Habermann die ganze Lieferung kontrollieren sollte. Dann würde Vulcan nur die fehlerhafte Ware ersetzen müssen.
Lesen Sie das Fax, das sie nach ihrem Telefongespräch an Herrn Schuster schickt.

1 Hat Herr Schuster Frau Kellers Vorschlag akzeptiert?
2 Würden Sie den Vorschlag akzeptieren? Warum (nicht)?
3 Glauben Sie, dass Habermann der Firma Vulcan weitere Aufträge geben wird?

Sehr geehrter Herr Schuster,

mit Bezugnahme auf unser heutiges Telefongespräch bestätigen wir die kostenlose Rücknahme unserer Lieferung vom 31.7.20--, Bestell-Nr. 119771. Die Ersatzlieferung erfolgt in der Woche vom 29.8.20--.

Wir bedauern, dass es bei dieser Lieferung zu einer Reklamation gekommen ist. Wir werden uns bemühen, Ihre zukünftigen Aufträge zu Ihrer vollen Zufriedenheit auszuführen.

Mit freundlichen Grüßen

J. Keller

J. Keller
Vertriebsassistentin

D Wählen Sie eine der Situationen in **A** (S. 126).
PARTNER A: Schreiben Sie einen Brief/ein Fax, in dem Sie als Kunde die Lieferung reklamieren.
PARTNER B: Schreiben Sie die entsprechende Antwort des Lieferanten.

Schmiede mit Fallhammer

Sehen Sie sich den Auszug aus dem *Landmann* Produkt-Katalog an und lesen Sie den Text unten. Was bedeuten die Ausdrücke *DIN*, *TÜV* und *GS*? Warum sollte ein Exporteur in die Bundesrepublik Deutschland etwas darüber wissen?

LANDMANN

GRILLS & ZUBEHÖR

LANDMANN-Produkte unterliegen strengen Qualitäts-Kontrollen und entsprechen den unten angegebenen Normen und Richtlinien:

GRILLGERÄTE	DIN 66077
GRILL-HOLZKOHLE UND GRILL-HOLZKOHLEBRIKETTS	DIN 51749
ANZÜNDHILFEN	DIN 66358

Unsere Produkte sind überwiegend [GS] bzw. [GS] geprüft.

Änderungen in Technik und Design vorbehalten. Alle Maße sind ca.-Maße.

Qualität, Sicherheit und Zuverlässigkeit sind bekannte Merkmale von deutschen Produkten. Sie unterliegen strengen Qualitätskontrollen und sollen außerdem den Deutschen Industrie-Normen (DIN) und den Sicherheitsvorschriften entsprechen.

Viele verschiedene Organisationen setzen und veröffentlichen Standards, die nationalen Status haben. Zum Beispiel bestimmt der VDE (Verein Deutscher Elektrotechniker) elektrische Standards, der VDI (Verein Deutscher Ingenieure) ist verantwortlich für Standards in der Mechanik, und der TÜV (Technischer Überwachungsverein) ist vor allem bekannt durch seine Überprüfung von Autos und anderen Kraftfahrzeugen. Wenn diese Standards erst einmal akzeptiert sind, werden sie in einen Katalog aufgenommen, der vom Deutschen Institut für Normung herausgegeben wird. In diesem Katalog befinden sich mehr als 25.000 Industriestandards.

Deutsche Konsumenten achten beim Kauf und bei der Benutzung besonders von elektrischen Geräten darauf, dass die Geräte den relevanten deutschen Standards entsprechen. Exporteure in die Bundesrepublik müssen deshalb mit geringeren Marktchancen rechnen, wenn ihre Produkte nicht nach den deutschen Standards hergestellt werden und kein deutsches Standard-Zeichen tragen.

Außerdem gibt es in der Bundesrepublik das allgemein anerkannte Zeichen GS (Geprüfte Sicherheit), das von etwa 100 regierungsbevollmächtigten Organisationen verliehen wird, zum Beispiel vom TÜV. Das GS-Zeichen enthält normalerweise in der linken oberen Ecke das Logo der Testorganisation und beweist dem potenziellen Kunden, dass ein Produkt mit diesem Symbol technisch sicher ist, obwohl es nicht unbedingt einer DIN-Norm entsprechen muss.

Wenn also ein ausländisches Unternehmen erfolgreich nach Deutschland exportieren möchte, dann sollte es sich nach den DIN-Standards richten oder dafür sorgen, dass sein Produkt das GS-Zeichen trägt.

Qualität Made in Germany

Der Umweltschutz

Die deutsche Bevölkerung ist sehr umweltbewusst. **Umweltfreundlichkeit von Produkten**, **Ressourcenschonung**, **Wiederverwertbarkeit**, **Recycling** und **Müllentsorgung** sind wichtige Konzepte und werden sowohl vom Verbraucher als auch vom Hersteller ernst genommen. Das **Bundesumweltministerium** ist für den Umweltschutz zuständig. Auch die Bundesländer haben Umweltministerien. Die Umweltpolitik der Bundesregierung will erreichen, dass Wirtschaft und Bürger größere Verantwortung für die Lösung von Umweltproblemen übernehmen.

1 Was halten Sie von den Maßnahmen, die hier beschrieben werden?
2 Gibt es in Ihrem Land ähnliche Initiativen?

Vermeiden und verwerten

Zentrales Ziel der deutschen Umweltpolitik ist die **Abfallvermeidung**. Abfallvermeidung wird erreicht durch a) weniger Materialverbrauch bei der Produktion und b) **Kreislaufwirtschaft**, d.h. durch Sammlung verbrauchter Produkte und anschließendes Recycling.

Am 21. Juni 1991 ist die *Verordnung über die Vermeidung von Verpackungsabfällen* in Kraft getreten. Die Verpackungsverordnung führt zur Abfallvermeidung durch Rücknahmepflichten der Industrie, die nach dem **Verursacherprinzip** für das Recycling der Verpackungsmaterialien aufkommen muss. Unter anderem legt sie Sammelquoten fest und formuliert ausdrücklich den Schutz und den Ausbau von **Mehrwegsystemen**.

Das **„Duale System Deutschland"** (DSD, „Grüner Punkt") organisiert privatwirtschaftlich die Einsammlung und Sortierung der gebrauchten Verpackungen, die dann der **Wiederverwertung** zugeführt werden. Finanziert wird das Duale System durch **Lizenzgebühren** für die Nutzung des Grünen Punktes. Der Grüne Punkt ist das international geschütztes Warenzeichen der Duales System Deutschland GmbH und kennzeichnet Verpackungen aus recyclingfähigem Material.

Laut Verpackungsverordnung werden 80 Prozent aller Verpackungen vom Dualen System wieder eingesammelt.

Außerdem haben einige deutsche Städte eine kommunale Einwegverpackungssteuer eingeführt. Damit will man einen weiteren Anreiz zur Reduzierung von Verpackungen und Umstellung auf Mehrwegverpackung geben.

@ www.gruener-punkt.de
www.hausfrauenbund.de

Verpackungsrecycling in Europa
Erreichte stoffliche Verwertungsquoten

Land	Quote
Deutschland	63%
Belgien	62%
Österreich	61%
Schweden	58%
Niederlande	55%
Finnland	42%
Dänemark	37%
Frankreich	35%
Luxemburg	33%
Italien	32%
Großbritannien	30%
Griechenland	25%
Irland	18%
Portugal	3%
Spanien	k. A.

Quelle: EU-Kommission
Grafik: Duales System März 2000

Verpackungen sind out

Deutschland, Österreich und Belgien sind im Verpackungsrecycling europaweit führend. Während in Österreich und Belgien schon ein großer Anteil von Verpackungen aus dem Gewerbe stofflich verwertet wird, geht die hohe Recyclingquote in Deutschland zu einem deutlich überwiegenden Anteil auf das Recycling von Verkaufsverpackungen mit dem Grünen Punkt zurück, die direkt beim Verbraucher gesammelt werden. Im Recycling von Verpackungen, die im gewerblichen Bereich anfallen, besteht in Deutschland eindeutig Nachholbedarf.

Der Umweltschutz

Lesen Sie die Anzeige für den Compaq Deskpro XE. Welche umweltfreundlichen Eigenschaften werden in der Anzeige besonders hervorgehoben?

Deskpro XE

DER COMPAQ DESKPRO XE.
WENIGER VERBRAUCH,
MEHR LEISTUNG.

Compaq Computer GmbH, Süskindstraße 4, 819

Dieses Minus ist Ihr Plus: Der Compaq Deskpro XE spart für Sie und die Umwelt bis zu 50 % Energie. Und leistet dafür 70 % mehr. Dank QVision-Local-Bus-Grafik, schnellerer Festplatten und Skalierbarkeit bis zum Intel Pentium™-Prozessor. Den Deskpro XE 433s gibt's ab DM 2.490,- (unverbindliche Preisempfehlung). Inkl. Zukunftssicherheit durch Business Audio und viele weitere typische Pluspunkte wie:
- 3 Jahre Garantie auf alle PCs.
- Vor-Ort-Service im 1. Jahr inklusive.
- Support durch das Compaq CareCenter.

Wenn Sie mehr oder weniger alles wissen wollen, dann rufen Sie uns jetzt gleich an.

Gleich Infos anfordern!
Telefon: 0130/6868
Fax: 089/808295

Das Intel Inside Logo ist ein eingetragenes Warenzeichen der Intel Corporation.

COMPAQ
COMPUTER, UND MEHR

Lesen Sie jetzt den Text aus COMPUTER News. Was hat der Text über die umweltfreundlichkeit von Computern zu sagen? Was empfiehlt der Artikel dem Verbraucher?

COMPUTER News

PC-Produktion: hohe ökologische Folgekosten

Die größten Umweltbelastungen treten bei der Herstellung von Computern auf. Das ist das Ergebnis einer Studie des US-Verbands Microelectronics und Computer Technology in Texas. Bislang waren lediglich die ökologischen Belastungen bekannt, die beim Betrieb und Recycling von PCs entstehen.

Noch bevor Sie Ihren neuen PC zum ersten Mal eingeschaltet haben, hat er bereits
- so viel Energie verschlungen, dass davon ein deutscher Durchschnittshaushalt ein Jahr lang mit Strom versorgt werden könnte,
- soviel Wasser verbraucht wie jemand, der ein halbes Jahr lang täglich ein Vollbad nimmt,
- doppelt so viel Abfall erzeugt, wie der PC selbst wiegt,
- so viel CO_2 in die Atmosphäre abgegeben wie ein Auto nach 6000 Kilometern.

Dazu kommen die im Vergleich zu anderen elektronischen Konsumgütern – Fernseher oder Hifi-Anlage – äußerst kurzlebigen Produktzyklen.

Die Empfehlung für den Konsument: Vermeiden Sie Neukäufe, rüsten Sie Ihren PC auf oder kaufen Sie einen Gebraucht-PC. Auch der Umstieg auf einen neuen Green-PC macht nur Sinn, wenn man ohnehin einen neuen PC anschaffen muss. Und: Achten Sie beim Neukauf auf den blauen **Umweltengel**.

■ UMWELT-TEST

Zum erstenmal bewertete die Stiftung Warentest auch die Umwelteigenschaften von PCs. Das Ergebnis: Nur vier der zehn getesteten PCs erhielten das Prädikat „Gut".
Einige PCs enthalten sogar **krebserregende** Schadstoffe.

■ RECYCLING TIPP

Das Aachener Recycling-Unternehmen **„Service 4U"** kauft verbrauchte Laser-, Kopierer- und Tintendrucker-Kassetten auf.
Ab zehn Stück übernimmt das Unternehmen sogar die Frachtkosten.
Tel.: 0241-573011

---

* *der Umweltengel*: Umweltzeichen des Bonner Umweltministeriums
* *die Stiftung Warentest*: Verein, der Produkte einer Produktgruppe nach Qualität und Preis vergleicht, um den Konsumenten eine Kaufhilfe zu geben.

@ www.warentest.de
www.bundesumwelt-ministerium.de

KAPITEL

10 Ich möchte in Deutschland arbeiten

In dieser Lektion werden Sie lernen, wie man
- in Deutschland nach Arbeit sucht,
- das deutsche Bildungssystem und Bildungsabschlüsse in Beziehung zu den eigenen setzt,
- die eigenen Erfahrungen und Stärken beurteilt,
- Stellenangebote versteht,
- einen Lebenslauf und einen Bewerbungsbrief schreibt,
- sich auf ein Vorstellungsgespräch vorbereitet.

Sie werden außerdem etwas über die Arbeitsbedingungen in Deutschland erfahren.

10.1 Wie stehen meine Chancen?

A Sie möchten in Deutschland arbeiten? Vergleichen Sie Ihre Zukunftspläne bzw. -wünsche mit anderen Kursteilnehmern:
Was für eine Stelle suchen Sie? (Suchen Sie einen Ferienjob? Eine Praktikantenstelle oder einen Austausch während der Ausbildung? Eine Dauerbeschäftigung?)
Warum wollen Sie in Deutschland arbeiten? (Möchten Sie ein anderes Land kennen lernen? Ihre Sprachkenntnisse verbessern? Mehr Geld verdienen?)

B Jeder Bürger der Europäischen Union (EU) kann sich in jedem Mitgliedsland Wohnung und Arbeit suchen. Wie sieht das in der Praxis aus? Unten sind einige Fragen, die Sie vielleicht stellen möchten. Die Texte auf diesen Seiten werden Ihnen helfen sie zu beantworten.

- Welche persönlichen und beruflichen Anforderungen muss ich erfüllen, um mich in Deutschland erfolgreich zu bewerben?
- In welchen Berufen sind die Beschäftigungschancen gut?
- Habe ich bei einer Bewerbung mit einer großen Konkurrenz zu rechnen?
- Wie sind deutsche Gehälter im Vergleich zu meinem Land?
- Gibt es rechtliche Probleme?
- Wie steht es mit Sozial- und Rentenversicherung?
- Ich interessiere mich für eine Praktikantenstelle. Wo kann ich mich erkundigen?
- Ich bin an einer Dauerbeschäftigung interessiert. Wo suche ich eine Stellung?

FREMDSPRACHEN AM ARBEITSPLATZ

Fremdsprachenkenntnisse sind bei diesen Mitarbeitern für die befragten Unternehmen sehr wichtig oder wichtig (Angaben in Prozent):

Gewerbliche Mitarbeiter:	
Un- und Angelernte	0
Facharbeiter	7
Technische Mitarbeiter:	
Meister/Techniker	14
Ingenieure/Naturwissenschaftler	53
Kaufmännische Fachkräfte:	
Kaufleute	54
Betriebswirte/Juristen	55
Sekretärinnen:	62
Führungskräfte:	83

Quelle: Institut der deutschen Wirtschaft Köln

Bei Berufen mit Auslandskontakten sind Fremdsprachen gefragt. Wie wichtig sind Fremdsprachenkenntnisse am Arbeitsplatz? Dazu hat das Institut der deutschen Wirtschaft 232 Unternehmen in Deutschland befragt (siehe Grafik). Besonders groß ist der Bedarf im Büro – bei kaufmännischen Berufen, Sekretärinnen und bei Führungskräften. Aber auch immerhin 14 Prozent der Betriebe halten Fremdsprachenkenntnisse bei Technikern für wichtig bis sehr wichtig, sieben Prozent der Betriebe bei Facharbeitern.
Im Bereich der neuen Medien und des Internets ist Englisch ein Muss.

Ortswechsel in Europa
Wie stehen die Chancen?

Die Chancen für deutsche Fachkräfte, in einem anderen europäischen Land eine Anstellung zu finden, sind grundsätzlich gut, so Dr. Günther Schauenberg, Leiter der Auslandsabteilung bei der Zentralstelle für Arbeitsvermittlung (ZAV) in Frankfurt. „Man muss jedoch die nötigen Voraussetzungen mitbringen. Rund 120 000 Anfragen erhält die ZAV jährlich. Aber nur fünf Prozent der Interessierten erfüllen die Anforderungen, die man braucht, um sich erfolgreich im europäischen Ausland zu bewerben." Ohne gründliche Fremdsprachenkenntnisse kommt man nicht aus. Nicht zuletzt: Man muss in der Lage sein, sich in einer fremden Situation – getrennt von Familie und Freunden – zurechtzufinden und auf die Gewohnheiten und kulturellen Besonderheiten des Landes eingehen können.

Berufserfahrung und Qualifikationen

Ein guter Ausbildungsabschluss ist das A und O jeder Bewerbung. Nur: Die Ausbildungen sind in den europäischen Ländern noch so unterschiedlich, dass Berufsabschlüsse nicht problemlos anerkannt werden. Die Qualität der Ausbildung in Deutschland wird jedoch in allen europäischen Ländern hoch eingeschätzt. Wer zwei oder drei Jahre Berufserfahrung nachweisen kann, hat bessere Aussichten. In jedem Fall aber sollte man die jeweilige Landessprache flüssig sprechen, wenn eine Bewerbung erfolgreich sein soll.

Gefragte Berufe

In der Regel gilt: Berufe, bei denen in Deutschland Nachfrage nach Arbeitskräften besteht, sind auch in anderen EU-Ländern gefragt. Wie in Deutschland werden überall Computer- und Internetspezialisten gesucht. Auch Dienstleistungshandwerker wie z.B. Maler und Lackierer, Radio- und Fernsehtechniker sind gesucht. Oder auch Krankenschwestern und Krankenpfleger: In fast allen europäischen Ländern fehlt es an Pflegepersonal. Gute Chancen haben natürlich Arbeitnehmer in Berufen, in denen Sprachkenntnisse wichtig sind, z.B. Fremdsprachenkorrespondenten oder Exportkaufleute. Das gilt auch für Berufe in der Touristik und im Gastgewerbe. Aber Vorsicht: In vielen EU-Ländern herrscht noch größere Arbeitslosigkeit als in Deutschland und als Folge harte Konkurrenz um Arbeitsplätze.

Löhne und Urlaubszeit

Was Tariflöhne und Urlaubszeit angeht – hier steht Deutschland europaweit mit an der Spitze. Bei einer Arbeit in vielen anderen europäischen Ländern muss man in dieser Beziehung mit weniger rechnen.

Von Gesetz wegen kein Problem

Jeder Arbeitnehmer aus einem EU-Land kann in einem anderen Land der Union arbeiten. Er zahlt in diesem Land dann Steuern und Beiträge zur Sozial- und Rentenversicherung. Diese Beiträge werden ihm dann später in Deutschland angerechnet.

Berufsperspektive Europa - Sonderausgabe der *Informationszeitung* der Berufsberatung

@ www.ZAV-reintegration.de
www.zeitarbeit-online.de
www.aiesec.de

ANSPRECHPARTNER FÜR AUSLÄNDISCHE ARBEITNEHMER

Austausch während der Ausbildung
Der Austausch während der Ausbildung wird europaweit gefördert – durch das EU-Programm PETRA II. Austauschgruppen werden von den Berufsschulen, den Industrie- und Handelskammern oder von Betrieben zusammengestellt. Dort muss man nachfragen.

Praktika in einem Betrieb
Auskunft über offene Praktikantenstellen geben:
- die Industrie- und Handelskammern
- die Zentralstelle für Arbeitsvermittlung (ZAV), Frankfurt/Main

Jobs
Auskunft und Stellenvermittlung bei:
- Europa-Service der Berufsberatung

Man schickt seinen Bewerbungsbrief und Lebenslauf (auf Deutsch) an den regionalen Europaberater eines landeseigenen Arbeitsamtes. Über das internationale Datennetz EURES kann der Europaberater über geeignete Stellen in Deutschland informieren. (Dieser Service steht nur EU-Bürgern zur Verfügung.)
- Abteilung Arbeitsvermittlung und Beratung der deutschen Arbeitsämter
- Internationale Zeitarbeitbüros mit deutschen Niederlassungen. Viele sind im Raum Düsseldorf konzentriert.

Man kann sich auch bei deutschen Arbeitgebern direkt bewerben. Lesen Sie die Stellenangebote in Fachzeitschriften und Tageszeitungen oder sprechen Sie die Personalabteilungen von Firmen an, in denen Sie gern arbeiten möchten. Am schnellsten informieren Sie sich über die Homepages der Unternehmen.

10.2 Das deutsche Bildungswesen

A Bei Stellenbewerbungen spielen formale Qualifikationen eine wichtige Rolle. Ausländische Arbeitsuchende haben das Problem, dass deutsche Arbeitgeber ihre Ausbildungsabschlüsse oft nicht kennen und schwer einstufen können. Man sollte also in seiner Bewerbung versuchen, Parallelen zwischen seinem eigenen Bildungsgang und dem deutschen Bildungssystem zu ziehen. Dazu braucht man erst einmal Grundkenntnisse über das deutsche Bildungswesen. Ergänzen Sie die verschiedenen Bildungsabschlüsse im Diagramm anhand der Informationen rechts.

Schematische Gliederung des Bildungswesens in Deutschland

Berufsqualifizierender Abschluss	Allgemeine Hochschulreife	Berufsqualifizierender Studienabschluss
Fachschule	Abendgymnasium/Kolleg	Wissenschaftliche Hochschule / Fachhochschule

			4 _____	
13	Berufsbildender Abschluss Mittlerer Bildungsabschluss	3 _____	Gymnasiale Oberstufe	13
12	Berufsausbildung in Betrieb	Berufs-	Fach-	12
11	u. Berufsschule (Duales System)	fachschule	oberschule	11
10	Berufsgrundbildungsjahr			10

	1 _____	2 _____			
10	10. Schuljahr				10
9					9
8	Hauptschule	Realschule	Gymnasium	Gesamt-	8
7				schule	7
6					6
5					5
4					4
3		Grundschule			3
2					2
1					1
Schuljahr					

B 1 Ziehen Sie Parallelen zwischen Bildungsstätten und Abschlüssen in Deutschland und im eigenen Land, z.B.:

Eine [deutsche Gesamtschule] ist mit unserem/unserer ... zu vergleichen.
Ein/Eine ... bei uns ist (ähnlich) wie [eine Fachhochschule].
Unser ... entspricht etwa [der mittleren Reife/dem Abitur].

2 Welche Schulen haben Sie besucht? Welche Abschlüsse haben Sie? Erklären Sie es auf Deutsch.

C Vergleichen Sie das Bildungswesen in Deutschland und in Ihrem Land in Bezug auf folgende Punkte.

1 Die Schulpflicht beträgt 12 Jahre.
2 Das Schulsystem ist grundsätzlich dreigliedrig.
3 Das „duale System" der Berufsausbildung verbindet praktische Ausbildung im Betrieb und theoretische Ausbildung in der Berufsschule.
4 Das Studium an einer wissenschaftlichen Hochschule steht allen offen, die die Hochschulreife erworben haben.
5 Die Studiendauer an einer Hochschule ist nicht begrenzt.

Das deutsche Bildungswesen

Die Bundesländer sind für die allgemeinbildenden und berufsbildenden Schulen zuständig. Daher gibt es in verschiedenen Bundesländern leichte Variationen im Schulsystem. Der Besuch aller öffentlichen Schulen ist kostenlos.

☐ **Die Schulpflicht.** Die Schulpflicht in Deutschland beträgt zwölf Jahre. Um sie zu erfüllen, muss man neun oder (in einigen Bundesländern) zehn Jahre lang eine allgemeinbildende Vollzeitschule und danach eine Berufsschule in Teilzeitform bzw. weiter eine Vollzeitschule besuchen.

☐ **Die allgemeinbildenden Schulen.** Mit sechs Jahren besuchen alle Kinder eine **Grundschule**. Nach in der Regel vier Jahren wechseln sie in eine andere Schulform. Je nach Schultyp erwirbt man verschiedene Abschlüsse.
Die **Hauptschule** führt nach der 9. oder 10. Klasse (je nach Bundesland) zum **Hauptschulabschluss**. Die meisten Jugendlichen mit Hauptschulabschluss beginnen eine Berufsausbildung im Betrieb und besuchen daneben bis zum 18. Lebensjahr eine Berufsschule.
Die **Realschule** steht zwischen Hauptschule und Gymnasium und führt zu einem **mittleren Bildungsabschluss (Mittlere Reife/Realschulabschluss)**. Dieser Abschluss berechtigt zum Besuch einer Fachoberschule.
Das **Gymnasium** führt zur akademischen Weiterbildung. Das Abschlusszeugnis der Gymnasien, die **Allgemeine Hochschulreife (das Abitur)**, berechtigt im Prinzip zum Studium an einer Fachhochschule oder wissenschaftlichen Hochschule.
Die **Gesamtschule** vereint die drei Schulformen Hauptschule, Realschule und Gymnasium unter einem Dach. Dieses Modell existiert aber nur in einigen Bundesländern.

☐ **Berufliche Bildung.** Die meisten Jugendlichen, die die Hochschulreife nicht erwerben, werden im „dualen System" ausgebildet. Das duale System verbindet praktische Ausbildung im Betrieb mit theoretischer Ausbildung in der **Berufsschule**, die der Jugendliche für zwei bis drei Jahre in Teilzeitform besuchen muss. Die private Wirtschaft und der Staat sind also gemeinsam für die berufliche Bildung verantwortlich. Das duale System führt zu bis ca. 400 anerkannten Ausbildungsberufen. Bevorzugte Berufe bei Jungen sind z.B. Kfz-Mechaniker, Elektroinstallateur, Industriemechaniker oder Kaufmann im Groß- und Außenhandel. Mädchen bevorzugen Berufe im Büro- und Dienstleistungsbereich wie z.B. Bürokauffrau, Kauffrau im Einzelhandel, Arzthelferin. Die Berufsschule ist Pflichtschule für alle Jugendlichen unter 18 Jahren, die keine andere Schule besuchen.
Neben Lehre und Berufsschule gibt es weitere Wege der Berufsausbildung. Ein Beispiel: Die **Fachoberschule** ist eine Vollzeitschule und führt Schüler mit mittlerem Bildungsabschluss in zwei Jahren zur **Fachhochschulreife**. Der Lehrplan umfasst Unterricht in Lehrwerkstätten, Praktika und Theorie.

☐ **Der zweite Bildungsweg.** Der zweite Bildungsweg bietet die Möglichkeit, Versäumtes nachzuholen. Im Abendgymnasium können sich Berufstätige auf die Hochschulreife vorbereiten. In Abendschulen können sie den Hauptschul- oder Realschulabschluss nachholen.

Eingang Fachhochschule Düsseldorf

☐ **Weiterbildung.** Die **Universitäten**, **Technischen Universitäten** und **Technischen Hochschulen** bilden die **Wissenschaftlichen Hochschulen**. Bei Geisteswissenschaften führt das Studium zur **Magisterprüfung**, bei Naturwissenschaften zur **Diplomprüfung**. Danach kann man eine weitere Qualifizierung bis zur **Doktorprüfung (Promotion)** machen.
Die **Fachhochschulen** sind eine jüngere Hochschulform, die hauptsächlich in den Bereichen Ingenieurwesen, Wirtschaft, Sozialwesen, Design und Landwirtschaft eine stärker praxisbezogene Ausbildung bietet. Das Studium schließt mit einer **Diplomprüfung** ab.
Das Studium steht allen offen, die die erforderlichen Abschlussprüfungen haben. Da es bei einigen sehr begehrten Fächern, z.B. Medizin, zu viele Studienbewerber gibt, besteht jedoch eine Zulassungsbeschränkung, der Numerus Clausus. Die durchschnittliche Studienzeit beträgt fünf bis sechs Jahre. Es gibt keine Studiengebühren. Studenten, die die Kosten für ihren Lebensunterhalt nicht aufbringen können, haben die Möglichkeit, nach dem Bundesausbildungsförderungsgesetz (BAföG) staatliche Finanzierung zu beantragen. Die Hälfte des Förderungsbetrags wird als Stipendium gewährt, die andere Hälfte als Darlehen.

www.bmbf.de

Im Labor Elektrotechnik

KAPITEL 10

10.3 Ein Fragebogen zur Selbsteinschätzung

A Füllen Sie den vom Bundesministerium für Arbeit und Sozialordnung zusammengestellten Fragebogen aus.

B Spielen Sie mit Ihrem Partner ein Berufsberatungsgespräch.
ARBEITSBERATER/IN: Fragen Sie Ihre/n Gesprächspartner/in nach konkreten Beispielen für seine/ihre Erfahrungen, Fertigkeiten und Fähigkeiten. Welchen Rat könnten Sie ihm/ihr in Bezug auf seine/ihre berufliche Zukunft geben?
ARBEITNEHMER/IN: Beantworten Sie die Fragen des/der Berufsberaters/-beraterin anhand des ausgefüllten Fragebogens.

Mein persönlicher Fragebogen

Nehmen Sie sich jetzt die Zeit, über Ihre berufliche Zukunft nachzudenken. Eine Hilfe dabei soll Ihr persönlicher Fragebogen sein, der Ihnen Klarheit über Ihre beruflichen Fähigkeiten und Neigungen geben kann. Wenn Sie alle Fragen beantwortet haben, wissen Sie schon besser, wo Ihre Stärken liegen, in welche Richtung Sie sich weiterbilden möchten, ob Sie überhaupt in Ihrem alten Beruf weiterarbeiten oder vielleicht sogar lieber einen neuen erlernen wollen. Jetzt können Sie einfach besser und effektiver beraten werden.

Lesen Sie die Fragen durch und versuchen Sie, sie so realistisch wie möglich zu beantworten. Kreuzen Sie bitte das Zutreffende (auch mehreres) an oder machen Sie Ihre Angaben in den dafür vorgesehenen Zeilen.

Diesen Fragebogen können Sie vollständig ausgefüllt zu Ihrem Beratungsgespräch beim Arbeitsamt mitnehmen. Er kann für Ihren Gesprächspartner und für Sie selber eine große Hilfe sein.

1. Was habe ich gelernt und wie ist meine berufliche Ausbildung?

   ☐ Ich bin ausgebildet als: _____
   _____
   _____

   ☐ Ich übe folgenden Beruf aus: _____
   _____
   _____

   ☐ Schul- und Berufsabschlüsse: _____
   _____
   _____

   ☐ Ich habe an Weiterbildungsveranstaltungen teilgenommen:
   ☐ ja   ☐ nein

2. Formale Berufsausbildung und Berufsbezeichnung – das ist das eine. Das gibt aber nur zum Teil Auskunft über die besonderen Erfahrungen und Fertigkeiten, die jeder in seiner Berufsausübung erworben hat.

	Habe Erfahrung	Hätte gern Erfahrung
im Umgang mit Holz	☑	☑
im Umgang mit Metall	☐	☐
im Umgang mit Textilien	☐	☐
im Umgang mit Baumaterialien	☐	☐
im Umgang mit Rohstoffen	☐	☐
im Umgang mit Chemie/Chemikalien	☐	☐
im Umgang mit Maschinen	☐	☐
im Umgang mit Nahrungsmitteln	☑	☐
im Umgang mit Autos/LKW	☐	☐
im Umgang mit handwerklichen Geräten	☐	☐
im Umgang mit technischen Geräten allgemein	☐	☐
im Umgang mit Computern	☐	☐
im Umgang mit Texten	☐	☐
im Umgang mit Verwaltungsvorgängen, -prozessen	☐	☐
im Umgang mit Berechnungen, Kalkulationen	☑	☐
im Umgang mit Planung, Organisation	☐	☐
im Umgang mit Geld	☐	☐
im Umgang mit Kunden	☐	☑
in der Pflege von Menschen	☐	☑
in der Führung von Mitarbeitern	☐	☑
im Umgang mit Menschen allgemein	☑	☐
in Pflege und Umgang mit Tieren	☑	☐

@ www.bma.de

3. Jeder Mensch hat persönliche Fähigkeiten, die ihm häufig gar nicht klar sind. Es ist wichtig, darüber nachzudenken, was man wirklich alles kann und was einem möglicherweise für den weiteren Berufsweg nützt.

	Was kann ich?
Mit anderen Menschen umgehen	☑
Mich voll auf eine Sache konzentrieren	☑
Sparsam haushalten, wirtschaften	☑
Lösungen für Probleme finden	☑
Weitgehend selbstständig arbeiten	☐
Autofahren	☐
Organisieren	☑
Körperlich hart arbeiten	☑
Sicher auftreten	☐
Andere Menschen führen	☐
Schnell begreifen	☐
Lange und ausdauernd arbeiten	☐
Gut zuhören	☑
Handwerklich arbeiten	☐
Überzeugend etwas verkaufen	☐
Formulieren und schreiben	☑
Flexibel auf neue Situationen reagieren	☑
Andere Menschen überzeugen	☐
Theoretisch arbeiten	☐
Planen	☑

4. Wie ist meine aktuelle Arbeitssituation?

☐ Ich habe einen sicheren Arbeitsplatz
☐ Mein Arbeitsplatz ist von Kurzarbeit bedroht
☐ Mein Arbeitsplatz ist gefährdet
☐ Ich mache eine Umschulung zum: _____

☐ Ich befinde mich in einer Berufsausbildung zum:
_____

☐ Ich bin noch in der Schulausbildung
☐ Ich bin arbeitslos mit der Perspektive auf einen Arbeitsplatz in näherer Zukunft
☐ Ich mache Gelegenheitsjobs und suche nach einer festen Arbeitsmöglichkeit

5. Viele Menschen üben in ihrem Leben verschiedene Berufe aus, entweder weil sie in ihrem erlernten Beruf nicht den passenden Arbeitsplatz finden oder weil sie gerne etwas anderes tun möchten. Wie können Sie sich Ihren weiteren Berufsweg vorstellen?

☐ Ich möchte am liebsten in meinem jetzigen Beruf bleiben
☐ Ich kann mir vorstellen etwas ganz anderes zu machen

6. Was möchten Sie – unabhängig von Ihrem jetzigen Beruf – können? Was wäre für Sie eine berufliche Alternative?

_____

7. Die soziale Marktwirtschaft bietet verschiedene Möglichkeiten der Beschäftigung. Wie würden Sie persönlich am liebsten arbeiten?

☐ als Arbeiter/Arbeiterin   ☐ als Beamter/Beamtin
☑ als Angestellte/r   ☑ als Selbstständige/r

NACHFRAGE: In welchem Beruf möchten Sie sich gerne selbstständig machen?

_____
_____

8. Welche Bereiche kommen für Sie überhaupt in Frage? Welche Berufsmöglichkeiten würden Sie interessieren? Kreuzen Sie bitte den entsprechenden Bereich an und tragen Sie daneben Ihren Berufswunsch ein.

		Beruf
☐	Baugewerbe	
☐	Elektro- und Kfz.-Wesen	
☐	Metallverarbeitung	
☐	Bergbau und Energie	
☐	EDV	
☐	Handel/Verkauf	
☐	Banken/Versicherungen	
☑	Hotel/Gaststätten/Tourismus	
☐	Verkehr/Transport	
☐	Gesundheit, Kranken- und Altenpflege	
☑	Soziales, Erziehung	
☑	Bildung/Ausbildung/ Weiterbildung	
☐	Öffentliche Verwaltung	
☑	Umweltschutz	
☐	Anderes, nämlich:	

9. Eine Weiterbildung kann Ihrer weiteren beruflichen Qualifizierung und der Verbesserung Ihrer Arbeitsmarktchancen dienen. Zu welcher Art von Qualifizierung wären Sie bereit?

☐ Fortbildung im erlernten Beruf
☐ Umschulung in einen verwandten Beruf
☐ Umschulung in einen ganz anderen Beruf
☐ berufliche Fortbildung im Betrieb
☐ berufliche Fortbildung außerhalb des Betriebes
☐ Fernlehrgänge zur beruflichen Weiterbildung mit Abschluss

10. Welcher Zeitrahmen wäre für eine Qualifizierungsmaßnahme möglich?

☐ Vollzeit
☐ Teilzeit (zwischen 12 und 25 Stunden wöchentlich)
☐ berufsbegleitend (abends/am Wochenende)
☐ Ich wäre auch zu einem Wohnungswechsel bereit
☐ Ich würde auch längere Wege in Kauf nehmen, wenn dies erforderlich wäre

KAPITEL 10

10.4 Ein Blick in die Stellenangebote

A Große Firmen inserieren meistens in überregionalen Zeitungen oder in Wochenzeitschriften, z.B.:

Süddeutsche Zeitung – Deutschlands große Tageszeitung

DIE ZEIT – WOCHENZEITUNG FÜR POLITIK · WIRTSCHAFT · HANDEL UND KULTUR

Frankfurter Allgemeine – ZEITUNG FÜR DEUTSCHLAND

Mittelständische Betriebe geben ihre Stellenanzeigen hauptsächlich in Lokalzeitungen auf, z.B.:

BERLINER MORGENPOST – Forum der Hauptstadt

Kölnische Rundschau

Kennen Sie die Namen weiterer deutscher Zeitungen und Zeitschriften?

B In den Zeitungen werden Stellenangebote unter verschiedenen Rubriken veröffentlicht. Sehen Sie sich die Stellenangebote rechts an. Unter welcher Rubrik wären sie zu finden?

12	Personalwesen	24	Wissenschaft/Forschung/Labor	38	Werbung/Publizistik/Film/Kunst	62	Medizinische und soziale Berufe
14	Finanz- und Rechnungswesen	30	Verkauf/Vertrieb	42	Planung/Konstruktion/Entwicklung/Fertigung	64	Hotel und Gaststättengewerbe/Küchenpersonal
16	EDV und Organisation	34	Kaufmännische Berufe	48	Technische Berufe	74	Weitere Berufe
18	Einkauf	36	Sekretariat/Büro- und Schreibkräfte	56	Öffentlicher Dienst	78	Ausbildungsplätze
				58	Handwerker/Facharbeiter		

C 1 Wählen Sie eine Stelle, die Sie interessant finden. Lesen Sie die Anzeige durch und machen Sie sich Notizen zu diesen Punkten.

- Stelle
- Firma/Stadt
- Voraussetzungen (Ausbildung/Erfahrung/persönliche Eigenschaften)
- Was die Firma bietet

Abkürzungen:
TU = Technische Universität
FH = Fachhochschule
BAT = Bundesangestelltentarif

2 Tauschen Sie Informationen über die Anzeige, die Sie gelesen haben, mit einem Partner aus. Stellen Sie diese oder ähnliche Fragen.

Was für eine Stelle ist das?
Wie heißt der Arbeitgeber?
In welcher Stadt ist die Stelle?
Worin besteht die Arbeit?
Welche Qualifikationen braucht der Bewerber?
Ist Berufserfahrung erforderlich?
Werden besondere persönliche Eigenschaften verlangt?
Bietet die Firma eine Ausbildung/Fortbildungsmöglichkeiten?
Gibt die Anzeige Informationen über Arbeitsbedingungen, Gehalt oder Sozialleistungen?
Wie bewirbt man sich um die Stelle?

www.arbeitsamt.de
www.stellenboerse.de
www.jobs.zeit.de
www.dv-job.de
www.stepstone.de
www.stellenanzeigen.de

Wenn Sie die entsprechenden Informationen in der Anzeige nicht gefunden haben, antworten Sie:

> Das steht nicht in der Anzeige.

D Könnten Sie sich mit Ihren Qualifikationen und Ihrer Erfahrung um eine dieser Stellen bewerben?

STELLENMARKT

BORCHARDT & PARTNER GMBH
FINANZBERATUNG UND -VERMITTLUNG

Borchardt und Partner, Finanzberatung und -Vermittlung, ist ein erfolgreiches und expandierendes Unternehmen. Um diesen Erfolg kontinuierlich weiterzuführen, suchen wir

SALESPOWER

Sind Sie:
- zwischen 18 und 35 Jahre alt
- Enthusiast
- dynamisch
- und haben Sie Durchsetzungsvermögen

dann bieten wir:
- amerikanisches Verkaufstraining
- gute Provisionsregelungen
- gute Arbeitsatmosphäre
- ein junges, dynamisches Team
- gute Aufstiegsmöglichkeiten
- einen soliden Betrieb

Wenn Sie Interesse haben, dann rufen Sie sofort an! 88 21 50
Fa. Borchardt & Partner GmbH, Güntzelstraße, 10717 Berlin

Ein Arbeitsplatz im Zentrum Münchens

Wir sind ein Wirtschaftsbetrieb des Freistaates Bayern und suchen zum nächstmöglichen Termin für unsere EDV-Abteilung mit zwei DV-Anlagen Siemens H 60 mit Betriebssystem BS 2000 eine(n)

Operator(in)

Sie sollten über Kenntnisse im Siemens Betriebssystem BS 2000 verfügen. Die Bereitschaft zum Schichtdienst, auch an Wochenenden, ist Voraussetzung.
Wir bieten einen sicheren und interessanten Arbeitsplatz, 13. Monatsgehalt und Urlaubsgeld, München-Zulage, zusätzliche Altersversorgung, Essenszuschuß und eigene Kantine.
Bei gleicher Eignung werden schwerbehinderte Bewerber bevorzugt.
Richten Sie Ihre Bewerbung mit den üblichen Unterlagen an die
Staatliche Lotterieverwaltung – Personalreferat –
Karolinenplatz 4, 80019 München, Postfach 20 19 53

WIR, eine Bauunternehmung mit Hauptsitz in München-Ottobrunn, die auf fortschrittliche Entwicklungsarbeit und innovative Ingenieurleistungen zurückblicken kann, suchen für den BEREICH BERLIN

BAULEITER
(Dipl.-Ingenieure TU oder FH)

ERFORDERLICH sind: Ein solides technisches und baubetriebliches Basiswissen, Eigeninitiative, Durchsetzungsvermögen und kostengerechtes Denken der Bauausführung.

Wenn Sie Interesse an einer gutdotierten, abwechslungsreichen, selbständigen und ausbaufähigen Position haben, so bitten wir Sie, uns Ihre Bewerbungsunterlagen zuzusenden.

Auch Studienabgänger und junge Ingenieure mit geringer Berufserfahrung erhalten eine Chance, durch intensive Einarbeitung rasch eine verantwortungsvolle Tätigkeit zu erreichen.

IHRE Bewerbungsunterlagen senden Sie bitte an

Pöttinger
BAUUNTERNEHMUNG
Prinz-Otto-Straße 13
85521 Ottobrunn

MDC MAX-DELBRÜCK-CENTRUM FÜR MOLEKULARE MEDIZIN BERLIN-BUCH

In der Forschungsgruppe Neurowissenschaften des MAX-DELBRÜCK-CENTRUMS FÜR MOLEKULARE MEDIZIN (MDC), Berlin-Buch, ist ab dem 1. 5. 1994 oder zu einem späteren Zeitpunkt eine Stelle als

Fremdsprachensekretär/in

zu besetzen.
Stellenbeschreibung: Erledigung von Korrespondenz, Schreiben wissenschaftlicher Veröffentlichungen, allgemeine Büroorganisation.
Voraussetzung: gute Kenntnisse in Englisch und Deutsch in Wort und Schrift sowie möglichst gute Kenntnisse biologisch-medizinischer Terminologie. Erwünscht sind Engagement und Lernbereitschaft.
Schwerbehinderte werden bei gleicher Qualifikation bevorzugt.
Die Vergütung erfolgt nach Vergütungsgruppe VIb BAT.
Schriftliche Bewerbungen mit Lichtbild, Lebenslauf und Zeugniskopien sind bis 29. 4. 1994 zu richten an:
MAX-DELBRÜCK-CENTRUM FÜR MOLEKULARE MEDIZIN (MDC)
– Personalabteilung – Robert-Rössle-Straße 10, 13125 Berlin

Koordinator/in

Freundlich, professionell, kundenorientiert – so sind AVIS-Mitarbeiter. Dabei gute Team-Kollegen.
Als Koordinator/in in unserem Carport Berlin unterstützen Sie den Carportleiter in administrativen Belangen, erstellen Statistiken und sind für die selbständige Bearbeitung von Sachgebieten zuständig. Außerdem erledigen Sie allgemeine Sekretariatsarbeiten und die anfallende Korrespondenz. Bei Abwesenheit vertreten Sie den Carportleiter und den District Fleet Coordinator.
Für diese vielseitige Tätigkeit benötigen Sie eine kaufmännische Ausbildung, sehr gutes Verhandlungsgeschick, Durchsetzungsvermögen und Organisationstalent. Die Bereitschaft zur Teamarbeit, gute Englisch- und PC-Kenntnisse (Winword, Excel) bringen Sie mit.
Interessiert? Dann bitten wir um Ihre Bewerbungsunterlagen mit Foto sowie Angaben über Ihre Gehaltsvorstellung und wann Sie bei uns starten können.

AVIS Autovermietung GmbH
z. H. Herrn Peter Schröter
Goerzallee 271
14167 Berlin

AVIS AUTOVERMIETUNG RENT A CAR

Wir sind mit rund 10.000 Restaurants in 77 Ländern und 146.000 Mitarbeitern die größte Pizza-Restaurant-Kette der Welt. In Deutschland beschäftigen wir bereits heute fast 2.500 Mitarbeiter in ca. 70 Einheiten; bis zum Jahr 2000 werden es 500 Betriebe sein. Im Rahmen unserer Expansion suchen wir deshalb für unsere Delivery-Einheiten

ASSISTANT RESTAURANT MANAGER
PERSPEKTIVE: RESTAURANT MANAGER

Qualifizierte Damen und Herren mit einer Ausbildung im Hotel- und Gaststättengewerbe (Alter 25-35 J.) haben bei uns beste Ein- und Aufstiegschancen. Ihr Ziel ist die Zufriedenheit unserer Gäste. Sie verfügen über Organisationstalent, Eigeninitiative, Durchsetzungsvermögen, Belastbarkeit und Führungsqualitäten, verbunden mit der Fähigkeit, im Team zu arbeiten. Wir bieten Ihnen die Einbindung in ein engagiertes, modernes Management-Team und exzellente Entwicklungsmöglichkeiten. Darüber hinaus erwartet Sie ein marktgerechtes, leistungsorientiertes Vergütungssystem und ein neutraler Dienstwagen nach zwei Jahren erfolgreicher Tätigkeit als Restaurant Manager.
Interessiert? Dann freuen wir uns auf Ihre Bewerbungsunterlagen mit Bild und Gehaltsvorstellung. Wir antworten schnell.

Pizza Hut Restaurations-Gesellschaft mbH, Personalabteilung, Friedrich-Ebert-Str. 120 • 45473 Mülheim a.d. Ruhr

Ein Unternehmen im PepsiCo-Konzern

PR-Agentur sucht Praktikanten. Jung, engagiert, flexibel. Mit Sinn für Textverarbeitung und Führerschein. Für Projektassistenz bei Event-Organisation und ein Buchprojekt. Kurze schriftliche Bewerbungen (Foto erwünscht) bitte an Schröder + Schömbs, Reuchlinstr. 10-11, 10553 Berlin

KAPITEL 10

10.5 Die schriftliche Bewerbung

A Bei den meisten Bewerbungen, vor allem wenn es sich um höher qualifizierte Stellen handelt, ist zunächst eine schriftliche Bewerbung üblich. Bei der Bewerbung wollen Sie sich in ein gutes Licht setzen; der Arbeitgeber wünscht Informationen, die eine Vorentscheidung über den Bewerber erleichtern. Für eine erfolgreiche Bewerbung sollen folgende Tipps eine Hilfe sein. Lesen Sie sie und beantworten Sie die Fragen.

1. Welche Punkte sollte Ihr Bewerbungsschreiben enthalten?
2. Welche Informationen sollte Ihr Lebenslauf enthalten? Wie sollte er gegliedert sein?
3. Welche Unterlagen gehören zu einer vollständigen Bewerbung?
4. Wie präsentieren Sie Ihre Bewerbungsunterlagen am besten?

@ www.bewerben.toplinks.de
www.kurzbewerbung.de

Bewerbungs-Ratgeber

Für eine erfolgreiche Bewerbung ist es unbedingt notwendig, daß Sie folgende Punkte beachten:

1. Legen Sie in Ihrem Bewerbungsanschreiben kurz, aber ausreichend dar, aus welchen Gründen Sie für die Stelle qualifiziert sind. Gehen Sie möglichst genau auf die Anforderungen der Stelle ein.

2. Legen Sie einen tabellarischen Lebenslauf bei. Gliedern Sie ihn nach der zeitlichen Abfolge Ihrer Ausbildungs- und Berufsstationen.

3. Kleben Sie ein Foto mit Passbildformat rechts oben auf Ihren Lebenslauf. Investieren Sie ein wenig Zeit und lassen Sie Ihr Bewerbungsfoto vom Fotografen machen. Es lohnt sich.

4. Legen Sie Ihre Ausbildungs- und Arbeitszeugnisse als Kopien bei. Ordnen Sie sie in zeitlicher Reihenfolge, das neueste zuoberst. Achtung: Die Daten des Lebenslaufes müssen mit den Daten der Zeugnisse übereinstimmen.

5. Wählen Sie für die ordentliche Zusammenstellung Ihrer kompletten Bewerbungsunterlagen eine Clip-Mappe oder einen Schnellhefter. Falls Sie einen Schnellhefter benutzen, heften Sie jede einzelne Seite in einer Klarsichtfolie ab.

B Vor kurzem hat Simone Schemann ihr Studium an der Fachhochschule Düsseldorf beendet. Jetzt sucht sie eine feste Anstellung mit guten Aufstiegsmöglichkeiten. Aufgrund der Anzeige rechts entscheidet sie, sich bei der Supermarktkette Tengelmann zu bewerben. Lesen Sie die Anzeige und beantworten Sie die Fragen.

1. Um was für eine Stelle handelt es sich?
2. Was für Bewerber sucht Tengelmann?
3. Welche Informationen gibt die Anzeige über Tengelmann?

140

Professionell handeln im jungen Team!

a – 35 Jahre, Referentin Gbl. Grosso
b – 38 Jahre, Stellvertretender Justitiar
c – 33 Jahre, Verkaufsleiter Kaiser's
d – 40 Jahre, Ressortleiter Betriebswirtschaft
e – 33 Jahre, Leiter Rechnungswesen
f – 40 Jahre, Leiter Verkaufscontrolling
g – 44 Jahre, Geschäftsbereichsleiter Plus
h – 36 Jahre, Sonderbeauftragter Ausland
i – 38 Jahre, Leiter Umwelt
j – 27 Jahre, Sen. Associate Untern.-entwicklung
k – 41 Jahre, Ressortleiter Expansion
l – 36 Jahre, Leiter Management-Entwicklung
m – 35 Jahre, Verkaufsleiter Grosso
n – 32 Jahre, Einkäuferin Obst & Gemüse Italien
o – 34 Jahre, Leiter Untern.-entwicklung
p – 40 Jahre, Einkäuferin Nonfood
q – 39 Jahre, Leiter Category Management
r – 28 Jahre, Geschäftsführer Plus Tschechien

Wir suchen Top-Nachwuchsführungskräfte
im Einkauf • Marketing • Verkauf • Personal • Rechnungswesen/Finanzen

Wir handeln:
Wir wollen unser Team junger Handelsprofis verstärken und suchen überdurchschnittlich talentierte Nachwuchskräfte:
- mit einem überzeugenden Fach-/Hochschul-Abschluß
- international einsetzbar (mindestens eine Fremdsprache)
- mit ausgeprägten analytischen Fähigkeiten
- mit praxisorientierter Ausbildung (Praktika u. a.)

Sie erwartet bei uns zum Einstieg ein TRAINEESHIP von 4–6 Monaten in Filialen und Regionszentralen unserer Unternehmensgruppe. Im Anschluß beginnt Ihre individuelle Karriere: z.B. als Einkaufs- oder Finanzassistent/in oder als Führungskraft im Verkauf.

Handeln Sie mit:
Wenn Sie Handeln begeistert, senden Sie uns bitte Ihre detaillierte Bewerbung zu. Wir freuen uns auf ein baldiges Kennenlernen.

Unternehmensgruppe Tengelmann
Management-Entwicklung
z. Hd. Herrn Jörg Wins

Wissollstraße 5-43
45478 Mülheim an der Ruhr
Telefon 0208-4590-137
Fax 0208-4590-133

TENGELMANN
Wir handeln

Wir handeln weltweit: in ca. 7.700 Filialen, mit rund 200.000 Mitarbeiterinnen und Mitarbeitern erzielen wir einen Jahresumsatz von 26 Milliarden EURO.

Die Unternehmensgruppe **TENGELMANN**

KAPITEL 10

C Lesen Sie den Lebenslauf Simone Schemanns und beantworten Sie die Fragen. Ist Frau Schemann Ihrer Meinung nach eine geeignete Bewerberin für eine Stelle bei Tengelmann?

1. Was für eine Schul- und Berufsausbildung hat sie gemacht? Welche Abschlüsse hat sie?
2. Welche praktischen Berufserfahrungen hat sie?
3. Hat sie sonstige Fähigkeiten?

Simone Schemann
Dickelsbachweg 12
40625 Düsseldorf
Tel.: (02 11) 8 04 57

Lebenslauf

Geburtsdatum:	5.3.1974
Geburtsort:	Herford
Staatsangehörigkeit:	deutsch
Familienstand:	ledig

Schule

Aug. 84 - Juni 90 — Geschwister-Scholl-Realschule, Herford
Abschluß: Mittlerer Bildungsabschluss mit Durchschnittsnote 1,2

Ausbildung

Aug. 90 - Juni 93 — Abgeschlossene Ausbildung zur Kauffrau im Einzelhandel bei Möbelhaus Korsmeier, Bielefeld

Aug. 93 - Juni 95 — Besuch des Abendgymnasiums Westfalenkolleg, Bielefeld
Abschluss: Abitur (Durchschnittsnote 1,3)

Okt. 95 - Mai 2000 — Betriebswirtschaftsstudium an der Fachhochschule Düsseldorf, Studiengang: Außenwirtschaft
Schwerpunkte im Hauptstudium: Internationales Marketing/Außenhandel, Internationales Rechnungswesen/Controlling
Sprachkurse: Wirtschaftsenglisch
Im Studium integriert: Praxissemester in der Firma Lorfonte, Frankreich
Diplomarbeit „Expansion nach Polen: rechtliche und betriebswirtschaftliche Grundlagen", Note 1,5
Abschluss: Diplom-Betriebswirtin der FH Düsseldorf im Studiengang Außenwirtschaft, Gesamtnote „gut"

Berufliche Tätigkeiten

Juli 93 - Sep. 95 — Kaufmännische Angestellte bei Karstadt, Bielefeld; verantwortlich für Großkundenbetreuung und Bestellungen
Nach einem Jahr Aufstieg zur Einkäuferin

Okt. 95 - Juli 99 — Aushilfskraft auf Stundenbasis bei Karstadt in Bielefeld und anschließend in Düsseldorf

Besondere Fertigkeiten

Internet, MS-Office-Kenntnisse (Word, Excel, Access)
Fremdsprachen: Französisch, Englisch in Wort und Schrift
Führerschein Klasse 3

Referenzen

Herr Prof. Erwin Schmidt
FH Düsseldorf
Dörnerhofstraße 14
40225 Düsseldorf
Tel.: (02 11) 43 35 65

Herr Karl Lehmann
Personalleiter, Karstadt
Humboldtstraße 24
33615 Bielefeld
Tel.: (05 21) 8 04 57

11.8.20--

Simone Schemann

ICH MÖCHTE IN DEUTSCHLAND ARBEITEN

D 1 Der Brieftext eines Bewerbungsschreibens sollte die Punkte unten enthalten. Lesen Sie das Bewerbungsschreiben Simone Schemanns. Schreiben Sie die Ziffern 1 - 4 neben die entsprechenden Absätze im Brief.

> 1 Erklären Sie, woher Sie wissen, dass die Firma neue Mitarbeiter sucht, und zu welchem Termin Sie sich bewerben.
> 2 Erklären Sie, warum Sie sich für die Stelle bewerben.
> 3 Beschreiben Sie, aus welchen Gründen Sie qualifiziert sind. Erläutern Sie Ihre Erfahrung bzw. Ausbildung für die Stelle, Ihre besonderen Kenntnisse und persönlichen Fähigkeiten.
> 4 Bitten Sie um einen Vorstellungstermin.

2 Vergleichen Sie das Bewerbungsschreiben Frau Schemanns mit ihrem Lebenslauf. Welche Punkte hebt sie im Brief besonders hervor? Warum?

3 Machen Sie eine Liste von den Ausdrücken im Brief, die Sie bei Ihrem Bewerbungsschreiben benutzen könnten.

Simone Schemann
Dickelsbachweg 12
40625 Düsseldorf
Tel.: (02 11) 8 04 57

Düsseldorf, 11.8.20--

Unternehmensgruppe Tengelmann
Management-Entwicklung
zu Hd. Herrn Jörg Wins
Wissollstraße 5-43
45478 Mülheim an der Ruhr

Ihre Anzeige in der ... Zeitung vom ...

Sehr geehrter Herr Wins,

aus Ihrer Anzeige entnehme ich, dass Ihr Unternehmen talentierte Führungsnachwuchskräfte sucht. Vor kurzem habe ich mein Studium der Betriebswirtschaft an der FH Düsseldorf mit der Gesamtnote „gut" abgeschlossen und suche jetzt eine herausfordernde und verantwortungsvolle Tätigkeit zum frühestmöglichen Zeitpunkt. Da mir Ihr Trainee-Programm anspruchsvoll und interessant erscheint und gute Karrieremöglichkeiten in meinen Interessenbereichen bietet, möchte ich mich bei Ihnen bewerben.

Ich glaube, dass ich den beschriebenen Anforderungen aufgrund meiner Qualifikationen, meiner praktischen Berufserfahrungen und meiner persönlichen Eigenschaften entspreche. Neben meinem Fachhochschulabschluss habe ich auch eine kaufmännische Ausbildung mit Abschluss als Kauffrau im Einzelhandel sowie einige Jahre Erfahrung in den Bereichen Verkauf und Einkauf. Während meines Studiums habe ich ein sechsmonatiges Praxissemester bei einer Firma in Frankreich verbracht. Dort konnte ich meine Französischkenntnisse erheblich verbessern. Ich verfüge außerdem über gute Englischkenntnisse in Wort und Schrift.

Neben Belastbarkeit und Verantwortungsbereitschaft kann ich auch Kreativität und Organisationstalent beweisen. Ich arbeite gern im Team und bin geschickt im Umgang mit Menschen.

Ich würde mich freuen, wenn Sie mir Gelegenheit zu einem Vorstellungsgespräch geben könnten.

Mit freundlichen Grüßen

Simone Schemann

Anlagen

E Wählen Sie eine Stelle aus **10.4** oder ein anderes (Internet-)Angebot, das Sie interessiert. Verfassen Sie einen Lebenslauf und ein Bewerbungsschreiben mit Ihren Angaben.

10.6 Das Vorstellungsgespräch

A Ein Vorstellungsgespräch bei einem potenziellen Arbeitgeber ist eine große Chance. Unten sind einige Tipps, wie man sich am besten darauf vorbereitet und sich dabei verhält. Was sollen Sie tun? Bilden Sie Sätze. Würden Sie weitere Ratschläge geben?

Tips für das Vorstellungsgespräch

Sich gezielt vorbereiten
- sich vorher über den Arbeitgeber informieren; Arbeitgeber werten es negativ, wenn Bewerber nicht informiert sind
- sehen Sie sich die Homepage des Unternehmens an
- zu Hause überlegen, welche Fragen vom Personalchef gestellt werden könnten
- Fragen zum Betrieb, zur Stelle bzw. zum Ablauf der Ausbildung vorbereiten, einige Stichpunkte dazu aufschreiben

Sich positiv darstellen
- sich sauber und korrekt kleiden
- pünktlich ankommen, z.B. fünf Minuten vor der Zeit
- alle Fragen klar und sachlich beantworten
- überzeugen ohne zu übertreiben
- Fragen stellen, die Ihr Interesse an der Firma und an der Arbeit zeigen

B Auf folgende Fragen des Personalchefs sollte man Antworten wissen. Welche Fragen würden Sie problematisch finden? Hat man Ihnen auch andere Fragen bei einem Vorstellungsgespräch gestellt?

Ablauf des Interviews:

1. Kontaktaufnahme
Was wissen Sie schon über die Firma?
Warum möchten Sie bei uns arbeiten?

2. Lebenslaufanalyse
Was für eine Schul-/Berufsausbildung haben Sie gemacht?
Warum haben Sie sich für diese Ausbildung/dieses Studium entschieden?
Welche Fächer haben Sie gemacht/studiert?
In welchen Fächern haben Sie das Abitur gemacht?
Haben Sie während des Studiums Praktika gemacht oder praktische Erfahrungen gesammelt?
Haben Sie Fremdsprachenkenntnisse?
Können Sie Ihre bisherigen Tätigkeiten/Ihre Tätigkeit bei ... schildern?
Warum haben Sie die Stelle bei ... verlassen?
Was machen Sie zur Zeit?
Wie sieht Ihr jetziger Tätigkeitsbereich aus?
Welche von Ihren bisherigen Stellen haben Sie am positivsten empfunden?
Wo liegen Ihre besonderen beruflichen Interessen und Neigungen?
Auf Grund welcher persönlichen Eigenschaften glauben Sie, dass Sie für diese Stelle geeignet sind?

3. Sonstige Merkmale
Können Sie überall in Deutschland oder im Ausland arbeiten?
Haben Sie sich bei anderen Unternehmen beworben?
Welche Kündigungsfrist müssen Sie bei Ihrem jetzigen Arbeitgeber einhalten?

ICH MÖCHTE IN DEUTSCHLAND ARBEITEN

C **1** Sie hören den ersten Teil des Vorstellungsgesprächs bei Tengelmann mit der Bewerberin Simone Schemann. Welche Fragen in **B** stellt der Personalchef?

2 Hören Sie noch einmal zu. Wie beantwortet Frau Schemann die Fragen?

D Auch Sie müssen sich entscheiden, ob die Stelle für Sie geeignet ist. Fragen Sie deshalb nach allen Informationen, die Sie für Ihre Entscheidung brauchen, z.B. nach Ihrer Verantwortung, Ihrer Bezahlung, nach den Arbeitsbedingungen usw. Formulieren Sie höfliche Fragen zu folgenden Punkten.

- Ablauf der Traineeausbildung?
- Möglichkeit einer festen Anstellung nach der Ausbildung?
- Tätigkeitsbereich?
- Arbeitszeiten? (Gleitzeit, arbeiten am Wochenende)
- Probezeit?
- Bezahlung? (Monatsgehalt, 13. Monatsgehalt, Weihnachtsgeld)
- Hilfe bei der Wohnungssuche?
- Erstattung von Umzugskosten?
- Weiterbildungsmöglichkeiten?
- Sozialleistungen? (Krankenkasse, Altersversorgung, Pflegeversicherung)
- Termin der Arbeitsaufnahme?

> Können Sie mir Näheres über den Ablauf der Traineeausbildung sagen?

> Bitte geben Sie mir noch Auskunft über meinen Tätigkeitsbereich.

> Würden Sie mir bitte sagen, wie lang die Probezeit ist?

> Ich möchte gerne wissen, ob Sie neue Mitarbeiter bei der Wohnungssuche unterstützen.

E Hören Sie sich den zweiten Teil des Vorstellungsgesprächs mit Simone Schemann an. Frau Schemann stellt dem Personalchef einige Fragen. Welche Antworten gibt er?

F Spielen Sie ähnliche Vorstellungsgespräche als Rollenspiel.

1 Wählen bzw. erfinden Sie als Gruppe/Klasse eine geeignete Firma und Stelle, um die sich alle Kursteilnehmer bewerben könnten.
2 Teilen Sie sich in zwei Gruppen, Personalleiter und Bewerber, auf. Als Vorbereitung auf das Vorstellungsgespräch überlegen Sie sich geeignete Fragen/Antworten.
3 Die Personalleiter führen ein Vorstellungsgespräch mit zwei oder drei Bewerbern hintereinander durch. Die restlichen Kursteilnehmer hören den Gesprächen zu.
4 Während der Gespräche machen Sie sich Notizen über die Bewerber zu folgenden Punkten.

- Ausbildung und Qualifikationen
- berufliche Erfahrung
- Motivierung zur Stellenbewerbung
- persönliches Auftreten (ungeeignet/zufriedenstellend/ gut/sehr gut)

5 Die Personalleiter machen einen Entscheidungsvorschlag und begründen ihre Wahl. Die anderen Kursteilnehmer stimmen dann über die Kandidatenwahl ab.

Chancengleichheit für Frauen

Das M+E-Magazin berichtet aus den Unternehmen der Metall- und Elektro-Industrie: Reportagen, Meinungen und Erfahrungen am Ort. Lesen Sie das Interview mit Hildegard Fleck.

1. Wie sieht Frau Fleck die Karrierechancen von Frauen in technischen Berufen? Fassen Sie ihren Standpunkt kurz zusammen in Bezug auf folgende Punkte.
   - Chancengleichheit in der schulischen Ausbildung
   - Chancengleichheit in der Einstellungspolitik der Unternehmen
   - Berufswahl der Frauen
   - Sozialpolitik der Unternehmen

   Stimmen Sie mit Frau Fleck überein?

2. Welche Maßnahmen gibt es in Ihrem Land, um die Karrierechancen von Frauen zu fördern?

Interview: Mut zum Wettbewerb der Fähigkeiten

Hildegard Fleck, Beauftragte für Chancengleichheit bei der IBM Deutschland Informationssysteme GmbH, Stuttgart

M+E: Haben Frauen immer noch schlechtere Karriere-Karten als Männer?

H. Fleck: Nicht schlechtere Karriere-Karten, aber eine schlechtere Ausgangssituation.

M+E: Wo liegen die Schwierigkeiten?

H. Fleck: Viele Frauen geben der Berufswahl nicht annähernd den Stellenwert, den die Berufsentscheidung für junge Männer hat, obwohl in der schulischen Ausbildung die Chancen längst gleich sind. Oft haben Mädchen bessere Schulabschlüsse als Jungen. Sehr oft aber zementieren junge Frauen mit einer einseitigen Berufswahl alte Vorurteile.

M+E: Wie sehen die Unternehmen das Problem?

H. Fleck: Die Unternehmen sind bereit, den Anteil der Frauen in den technischen Berufsfeldern zügig zu steigern. Dass das so langsam geht, liegt nicht an den Betrieben. Das Problem ist meines Erachtens, dass zu wenige Frauen in der industriellen Welt mitmischen und Verantwortung übernehmen wollen. Mit ihrem Zögern verzichten sie auf hervorragende Lebenschancen. Denn die Berufe in der M+E-Industrie sind zukunftsorientiert und beschäftigungssicher. Sie bedeuten finanzielle Unabhängigkeit und ein selbstbestimmtes Leben. Ich frage mich, warum sich immer noch so wenige Mädchen daran beteiligen, Einfluss auf die technische Entwicklung zu nehmen.

M+E: Was tut die IBM, um das zu ändern?

H. Fleck: Einer der wichtigsten IBM-Grundsätze und Teil unserer weltweiten Unternehmenskultur ist das Prinzip der Chancengleichheit. Dieses Prinzip bedeutet: Wir bemühen uns, allen Mitarbeiterinnen und Mitarbeitern die gleichen Möglichkeiten im beruflichen Einsatz und in der Entwicklung ihrer Fähigkeiten zu geben. Ob und wie sie ihre Chancen wahrnehmen, bestimmen sie allerdings selbst.

M+E: Welche Fortschritte gibt es seit der Einführung dieser verstärkten Maßnahmen?

H. Fleck: Ich nenne ein paar Beispiele: Unsere Einstellungspraxis ist eindeutig frauenfreundlich. Letztes Jahr war z.B. jede vierte Neueinstellung weiblich bei einem Bewerbungsanteil von 19 Prozent Hochschulabsolventinnen. In den letzten Jahren hat IBM mit einem Stipendienprogramm für Abiturientinnen 60 Stipendiatinnen in ingenieurwissenschaftlichen Studiengängen gefördert.

Ferner bieten wir Hilfen an, um Familie und Beruf besser aufeinander abzustimmen. Dazu gehören die verlängerte Erziehungszeit, flexible Formen der Teilzeitarbeit während der Erziehungszeit, die Möglichkeit, auch zu Hause zu arbeiten, und die Beurlaubung zur Betreuung schwer pflegebedürftiger Angehöriger. Das sind heute ja Selbstverständlichkeiten.

M+E: Was würden Sie jungen Frauen raten?

H. Fleck: Ich würde sagen: Stellen Sie sich dem Wettbewerb der Fähigkeiten und Talente, nicht dem Wettbewerb der Geschlechter. Die Türen zu den vermeintlichen Männerdomänen stehen heute weiter offen als je zuvor.

M+E: Das ist leichter gesagt als getan ...

H. Fleck: Nicht unbedingt. Denn junge Frauen von heute planen doch ihr Leben wie junge Männer auch. Dabei müssen Beruf und Familie zu ihrem Recht kommen. Wichtig ist, dass der Lebenspartner nicht nur die beruflichen Interessen und Ambitionen unterstützt, sondern auch bei der Wahrnehmung der familiären Aufgaben und Pflichten ein Partner ist. Aber das ist heute ja nicht mehr die Ausnahme.

M+E: Ihre Wünsche?

H. Fleck: Wir brauchen dringend viel mehr weibliche Vorbilder in technischen Berufen!

Metallerinnen verdienen mehr.

Tarifliche Bruttomonatsverdienste im ersten Jahr nach Abschluss der Ausbildung - in € -

Beruf	Verdienst
Friseurin	1.000
Arzthelferin	1.230
Kauffrau (Einzelhandel)	1.360
Bürokauffrau (Groß- und Außenhandel)	1.400
Industriekauffrau	1.590
Bankkauffrau	1.690

Tarifgebiet Nordrhein-Westfalen; Stand Januar 2000
Quelle: Bundesvereinigung der Deutschen Arbeitgeberverbände

Mitbestimmung im Betrieb

1 Was ist ein Betriebsrat? Welche Rechte hat der Betriebsrat in den folgenden Situationen?
- Der Arbeitgeber möchte Kurzarbeit einführen. Braucht er dazu die Zustimmung des Betriebsrats?
- Der Arbeitgeber beabsichtigt 50 Leute zu entlassen. Kann der Betriebsrat das verhindern?
- Der Arbeitgeber plant den Bau einer neuen technischen Anlage. Hat der Betriebsrat das Recht, Vorschläge zu machen?
- Ein neuer Geschäftsführer wird vom Vorstand eingestellt. Hat der Betriebsrat ein Vetorecht?

2 Welche Kommunikationskanäle existieren in Ihrem Land zwischen Arbeitgebern und Arbeitnehmern? Welche Funktionen/Aufgaben/Rechte haben Sie?

@ www.dgb.de
www.igmetall.de

Betriebsrat im Alltag

Die gemeinsamen sozialen Interessen der Arbeitnehmer innerhalb eines Betriebs können in der Bundesrepublik durch einen Betriebsrat vertreten werden. In allen Betrieben der privaten Wirtschaft, in denen mindestens fünf Arbeitnehmer beschäftigt sind, kann ein Betriebsrat gewählt werden. Er wird von der Belegschaft alle vier Jahre in geheimer Wahl gewählt. Die Wahlberechtigung setzt die Vollendung des 18. Lebensjahrs voraus. Leitende Angestellte sind nicht wahlberechtigt. Die Mitwirkungs- und Mitbestimmungsrechte des Betriebsrats werden durch das Betriebsverfassungsgesetz (BetrVG) definiert. Der Betriebsrat wird von den Gewerkschaften unterstützt und beraten.

Der Betriebsrat hat das Recht, über bestimmte soziale, personelle und wirtschaftliche Angelegenheiten im Betrieb mitzuentscheiden. Gleichzeitig hat er darüber zu wachen, dass die Arbeitsgesetze, Tarifverträge und sonstige Vorschriften (z.B. Sicherheitsvorschriften), die dem Schutz der Arbeitnehmer dienen, eingehalten werden.

Wenn sich Arbeitgeber und Betriebsrat bei Konflikten im Betrieb nicht einigen können, entscheidet eine Einigungsstelle.

Die Rechte des Betriebsrats

MITBESTIMMUNG	Erzwingbare Mitbestimmung	Diese Angelegenheiten darf der Arbeitgeber ohne eine Einigung mit dem Betriebsrat nicht entscheiden. Der Betriebsrat hat auch ein Initiativrecht, d.h. er kann von sich aus aktiv werden, um bestimmte Angelegenheiten zu regeln. Bei Nichteinigung mit dem Arbeitgeber entscheidet die Einigungsstelle.	• Fragen der Ordnung des Betriebs (Tragen von Schutzkleidern, Rauchverbot usw.) • Beginn und Ende der täglichen Arbeitszeit sowie der Pausen • vorübergehende Verlängerung/Verkürzung der Arbeitszeit (Überstunden, Sonderschichten, Einführung der Kurzarbeit) • Fragen der Leistungs-/Verhaltenskontrolle der Arbeitnehmer mittels technischer Einrichtungen (Stechuhren, Filmkameras usw.) • Ausschreibung von Arbeitsplätzen • Aufstellung von Entlohnungsgrundsätzen (Zeitlohn, Prämien, Akkord) • Ausgestaltung eines Sozialplans zur Minderung der Folgen einer Betriebsänderung, z.B. Stilllegung/Verlegung des Betriebs
MITWIRKUNG	Widerspruchs-/Zustimmungsrechte	In diesen Angelegenheiten muss der Arbeitgeber die Zustimmung des Betriebsrats erhalten. Erhält er diese nicht, so entscheidet entweder die Einigungsstelle oder das Arbeitsgericht. Der Betriebsrat hat folglich nur eine indirekte Mitbestimmungsfunktion in diesen Bereichen.	• eingeschränkte Widerspruchsmöglichkeit des Betriebsrats bei arbeitgeberseitigen Kündigungen • Zustimmungserfordernis bei personellen Einzelmaßnahmen wie Einstellung, Ein-/Umgruppierung und Versetzung • Formulierung von Einstellungs- und Personalfragebögen • Maßnahmen im Bereich der Berufsausbildung
	Beratungsrechte	Der Arbeitgeber muss den Betriebsrat über geplante Maßnahmen informieren und der Betriebsrat hat das Recht, den Arbeitgeber in diesen Angelegenheiten zu beraten. Er kann jedoch die endgültige Entscheidung des Arbeitgebers nicht wirksam beeinflussen.	• Beratungsrechte über Einführung neuer Arbeitsmethoden, Techniken und Fertigungsverfahren
	Informationsrechte		• Unterrichtung über die wirtschaftlichen Angelegenheiten des Unternehmens • Einstellung leitender Angestellter

147

Informationen für Partner A

DATENBLATT A1
(1.1F, S. 11)

Situation 1
Sie arbeiten bei der Firma Oriel & Co. Sie holen Frau Kohl, einen Gast aus Deutschland, um 9.30 Uhr vom Flughafen ab und fahren sie zu der Firma. Machen Sie Konversation unterwegs. Stellen Sie Fragen mit Hilfe der Stichwörter:
- Wie/Reise?
- Wetter in Deutschland?
- erster Besuch?
- Woher/in Deutschland?
- Was für eine Stadt?

Beenden Sie das Gespräch mit: *So, da ist die Firma.*

Situation 2
Sie sind Dr. Udo Gerlach aus Stuttgart. Sie besuchen die Firma Infotec. Es ist 15.00 Uhr. Ein/e Mitarbeiter/in holt Sie vom Empfang ab. Beantworten Sie seine/ihre Fragen mit Hilfe dieser Informationen:
- Sie hatten Probleme, vom Hotel zum Büro zu kommen, da sehr viel Verkehr war.
- In Deutschland ist es im Moment heiß und sonnig.
- Sie kommen oft geschäftlich hierher, Sie waren das letzte Mal vor zwei Monaten hier.
- Es gefällt Ihnen hier, die Leute sind freundlich und das Essen ist gut.
- Sie kommen aus Stuttgart, der Hauptstadt von Baden-Württemberg.
- Ihrer Meinung nach ist Stuttgart eine der schönsten Städte Deutschlands.

DATENBLATT A2
(1.2E, S. 13)

Situation 1
Sie sind Chefassistent/in bei der Firma ABC und betreuen einen Firmenbesucher, Herrn Manfred Weber. Sagen Sie, Ihr Chef kommt in fünf Minuten. Bieten Sie dem Besucher Erfrischungen an und eventuell Hilfe.
NB Die neue Preisliste ist noch nicht fertig.

Situation 2
Sie sind Dagmar Braun und besuchen die Firma Data Systems. Sie haben einen Termin mit dem Chef, er ist aber noch nicht da. Sein/e Assistent/in bietet Ihnen Erfrischungen an. Sie trinken keinen Kaffee und keine Cola, möchten aber gern eine Tasse Tee mit Zitrone. Sie haben keinen Hunger.
Sie haben folgende Bitten:
- Sie möchten ein Fax an Ihre Firma schicken.
- Sie müssen Ihren Flug nach Deutschland umbuchen, könnte der/die Assistent/in Ihnen helfen?
- Sie möchten rauchen.

DATENBLATT A3
(1.3F, S. 15)

Situation 1
Ein Kollege/eine Kollegin braucht einige Informationen über Frau Köpke von der Firma Elco Papier. Beantworten Sie seine/ihre Fragen mit Hilfe der Informationen auf der Visitenkarte.

ELCO PAPIER

Gabriele Köpke
Personalleiterin

Elco Papier GmbH Telefon (0 40) 5 41 70 12 - 0
Grünerweg 65   Durchwahl (0 40) 5 41 70 12 - 33
22525 Hamburg   Telefax (0 40) 5 41 70 80
                 E-Mail:koepke@elco.com
                 http:\\www.elco.de

Situation 2
Sie brauchen einige Informationen über Herrn Graulich von der Firma Bilfinger Werbedruck. Bitten Sie einen Kollegen/eine Kollegin darum. Notieren Sie die Antworten.

Position: _____
Büronummer: _____
E-Mail: _____
Adresse der Firma: _____

Privatnummer: _____

DATENBLATT A4
(2.3C, S. 26)

Situation 1
Sie sind Journalist/in und interviewen Herrn Otmar C. Küsel, Vorsitzender des Vorstands der Rosenthal AG. Stellen Sie Fragen und machen Sie sich Notizen zu folgenden Punkten:
Branche
Produkte
Umsatz
Mitarbeiterzahl

Situation 2
Sie sind Herr Werner M. Bahlsen, Sprecher der Unternehmensleitung bei Bahlsen. Beantworten Sie die Fragen eines Journalisten/einer Journalistin mit Hilfe dieser Informationen.

Branche Nahrungs- und Genussmittelindustrie
Produkte Süßgebäck (führende Marke: Leibniz-Kekse), Snackprodukte (z.B. Crunchips, Stackers)
Umsatz fast 500 Mio. €
Mitarbeiterzahl über 4.000 weltweit

INFORMATIONEN FÜR PARTNER A

DATENBLATT A5
(2.3E, S. 27)

Situation 1
Bitten Sie eine/n Mitarbeiter/in bei Rosenthal um die fehlenden Zahlen in dieser Mehrjahresübersicht. Dann bitten Sie ihn/sie, einige Zahlen zu erklären.

Rosenthal Konzern in Zahlen

	1997	1998	1999
Weltumsatz (Mio. €)	160	——	——
Auslandsanteil der Rosenthal Gruppe – Anteil am Gruppenumsatz (%)	38	42,1	——
Vollzeitbeschäftigte (im Inland)	——	1.762	——
Vollzeitbeschäftigte (im Ausland)	145	147	——

Situation 2
Sie sind Mitarbeiter/in bei der Firma Bahlsen. Mit Hilfe dieser Informationen beantworten Sie die Fragen eines Interessenten/einer Interessentin zu der Entwicklung der Bahlsen-Gruppe.

1996	1997	1998	1999	**Die Bahlsen-Gruppe im Langzeitvergleich**
1.010	1.023	1.030	500	**Umsatz** netto in Millionen €
9.005	9.031	8.983	4.000	**Mitarbeiter** Durchschnitt, in Tsd.
132	90	79	50	**Investitionen** in Millionen €

1997 Verluste in Höhe von 10 Mio. €
1998-2000 Neuordnung der Bahlsen-Gruppe in 3 selbstständige Einheiten
111 Jahre Bahlsen (2000)

@ www.bahlsen.de

DATENBLATT A6
(2.4F, S. 30)

Situation 1
Beantworten Sie die Fragen Ihres Partners über die Porsche-Gruppe mit Hilfe dieser Informationen.

@ www.porsche.de

PORSCHE
Porsche AG
Stammsitz und Produktion: Stuttgart-Zuffenhausen
Bereich Vertrieb und Marketing: Ludwigsburg
Bereich Design und Entwicklung: Weissach
Branche: Automobilbau
Produktionsprogramm: Produktion von Sportwagen

Gesamtumsatz: 992 Mio. € (1999)
Mitarbeiter: 8.712 weltweit

Die Unternehmen der Porsche-Gruppe:
Inland: Porsche Financial Services GmbH, Bietigheim-Bissingen,
Porsche Consulting GmbH, Stuttgart,
Porsche Engineering Services GmbH, Bietigheim-Bissingen
Ausland: Porsche Cars Great Britain Ltd;
Porsche Italia S.p.A., Padua/Italien;
Porsche España S.A., Madrid/Spanien;
Porsche Cars North America Inc., USA;
Porsche Cars Australia Pty. Ltd., Richmond/Australien;
Porsche Japan K.K., Tokio/Japan

Situation 2
Informieren Sie sich bei Ihrem Partner über die BASF-Gruppe. Stellen Sie Fragen und machen Sie sich Notizen zu folgenden Punkten:
Branche und Produkte
Umsatz und Mitarbeiterzahl
Firmenstruktur und -standorte

INFORMATIONEN FÜR PARTNER A

DATENBLATT A7
(3.3E, S. 42)

Situation 1
Sie haben einen Firmenbesucher, Herrn Dr. Krause, zum Abendessen in ein Restaurant eingeladen. Dr. Krause kommt aus Bremen und wird wahrscheinlich Ihr Firmenvertreter für das Gebiet Norddeutschland. Beginnen Sie das Gespräch im Restaurant mit einem Kommentar über seine Heimatstadt. (Sie wissen, dass Bremen eine wichtige Hafenstadt ist.) Stellen Sie weitere Fragen über Bremen, wo und wie er wohnt, und ob er Familie hat.
Beantworten Sie die Fragen Ihres Gasts anhand Ihrer eigenen Wohn- und Familiensituation.

Situation 2
Sie sind Eva Raab. Sie arbeiten zwei Monate bei einer ausländischen Tochtergesellschaft Ihrer Firma, die ihren Hauptsitz in Köln, Nordrhein-Westfalen, hat. Da dies Ihre erste Woche hier ist, hat ein Kollege/eine Kollegin Sie zum Essen in ein Restaurant eingeladen. Beantworten Sie die Fragen Ihres Gastgebers/Ihrer Gastgeberin mit Hilfe der Informationen unten. Stellen Sie ihm/ihr auch ähnliche Fragen.

Heimatstadt: Sie sind in Köln geboren. Köln ist die größte Stadt Nordrhein-Westfalens und ist berühmt für den gotischen Dom, das Wahrzeichen der Stadt, aber auch wegen seiner vielen Museen. Die Kölner sind voller Lebensfreude und es gibt immer viel zu tun. Der Karneval, der im Februar oder März jedes Jahr stattfindet, ist auch sehr bekannt.

Wohnort: Sie wohnen am südlichen Stadtrand. Es ist eine ruhige Wohngegend, direkt an einem Park gelegen. Sie fahren mit der S-Bahn zur Arbeit, es ist nicht weit zur Haltestelle.

Wohnung: Sie wohnen mit Ihren Eltern in einem Einfamilienhaus. Es ist gemietet. Sie haben etwa 140 qm, mit Keller und einem großen Garten.

Familie: Sie haben eine Schwester, Anna, und einen Bruder, Uwe. Sie sind beide älter als Sie. Anna arbeitet bei einer Bank und Ihr Bruder ist Arzt.

DATENBLATT A8
(3.6D, S. 48)

Situation 1
Mit Hilfe des Informationsblatts auf S. 49 erklären Sie einem Gast, was er/sie in Frankfurt tun und sehen kann. Fragen Sie ihn/sie, wofür er/sie sich besonders interessiert.

Situation 2
Sie sind auf Geschäftsreise in Frankfurt. Fragen Sie Ihre/n Gastgeber/in, was Sie hier tun können. Erklären Sie ihm/ihr, wofür Sie sich besonders interessieren: Sie möchten die wichtigsten Sehenswürdigkeiten besichtigen. Sie interessieren sich für Literatur und Geschichte. Sie möchten auch einen Einkaufsbummel machen. Am Abend möchten Sie gut essen. Sie gehen gern in die Oper.

DATENBLATT A9
(4.3C, S. 57)

Situation 1
Fragen Sie bei Rohrbach nach dem Weg.
1 Sie haben eine Lieferung für Herrn Hansen. Fragen Sie die Empfangsdame, wo sein Büro ist.
2 Sie arbeiten in der kaufmännischen Abteilung und müssen 100 Fotokopien machen. Fragen Sie, wo der Fotokopierer ist.

Situation 2
Geben Sie Anweisungen, wie man zu bestimmten Räumlichkeiten bei Rohrbach kommt.
1 Sie sind Frau Weber von der Ausbildungsabteilung. Heute wollen Sie einem neuen Mitarbeiter/einer neuen Mitarbeiterin das Lernzentrum zeigen. Wenn er/sie anruft, erklären Sie ihm/ihr, wo und wie er/sie hinkommen soll.
2 Sie arbeiten in der Produktionsabteilung. Ein neuer Mitarbeiter/eine neue Mitarbeiterin fragt nach dem Weg. Geben Sie ihm/ihr entsprechende Anweisungen.

DATENBLATT A10
(4.4F, S.59)

Situation 1
Sie sind neu bei der Firma. Stellen Sie sich einem Kollegen/einer Kollegin in der Kantine vor. Fragen Sie ihn/sie nach seiner/ihrer Arbeit. Fangen Sie das Gespräch so an:
Entschuldigung, ist hier noch frei?
Ich bin hier neu. Ich arbeite in der ...-Abteilung.
In welcher Abteilung arbeiten Sie?

Situation 2
In der Kantine stellt sich Ihnen ein/e neue/r Mitarbeiter/in vor. Beantworten Sie seine/ihre Fragen anhand der Informationen in der Stellenbeschreibung.

Stellenbezeichnung:	Projekt-Ingenieur/in
Abteilung:	Entwicklung/Konstruktion
Zuständigkeiten:	Projektmanagement und -controlling
Aufgaben:	Kunden beraten, Produktspezifikationen besprechen, Angebote erstellen, nach den Plänen und Wünschen der Kunden Programme für die CNC-Maschinen schreiben

(CNC = Computer Numeric Controlled)

INFORMATIONEN FÜR PARTNER A

DATENBLATT A11
(5.1F, S. 67)

Situation 1
Spielen Sie die Rolle der nationalen Telefonauskunft mit Hilfe der Telefonnummern unten. Wenn Sie einen Anruf bekommen, sagen Sie:
Auskunft, guten Tag. Welcher Ort, bitte?
Wie heißt der Teilnehmer?

> **Bremen**
> Stubbe Stahl und Metallbau GmbH,
> Tel: (04 21) 26 99 77
>
> **Frankfurt am Main**
> Golisch Elektro-Service,
> Tel: (0 69) 68 54 32
>
> **Hannover**
> Wilhelmsen Kunststoffe GmbH,
> Tel: (05 11) 42 51 85

Situation 2
Rufen Sie die nationale Auskunft an. Sie brauchen die Telefonnummern folgender Firmen:

> Schreiber Büromaschinen, München
> Zimmermann & Co. Spedition, Berlin

DATENBLATT A12
(5.2F, S. 69)

Situation 1
Rufen Sie die Firma Würth, Saarbrücken, an. Sie möchten folgende Personen sprechen:
1 Herrn Münster von der Verkaufsabteilung
2 Frau Lautenbach von der Buchhaltung
3 Herrn Schlüter vom Kundendienst

Situation 2
Sie sind Telefonist/in bei der Firma Hedemann Ludwigshafen. Nehmen Sie Anrufe für folgende Personen entgegen.

Name	Abteilung	
Herr Becker	Versandabteilung	Auf Geschäftsreise, erst nächste Woche wieder im Büro.
Frau Lutsch	Produktionsabteilung	Meldet sich nicht.
Frau Richter	Personalabteilung	Heute nicht im Büro, morgen ab 9.00 Uhr wieder da.

DATENBLATT A13
(5.3F, S. 71)

Situation 1
Sie sind Herr/Frau Müller. Sie interessieren sich für die Produkte der Firma Broom Export. Rufen Sie die Firma an, um sich einen Katalog schicken zu lassen. Geben Sie Ihren Namen an sowie den Namen und die Adresse Ihrer Firma:

> **Bultze GmbH**
> Pottlehmplatz 5
> 78166 Donaueschingen
> Tel: (07 71) 26 39 40

Situation 2
Sie arbeiten an der Rezeption des Arabella Hotels. Ein Anrufer möchte Informationsmaterial über das Hotel. Notieren Sie seinen/ihren Namen sowie den Namen und die Adresse der Firma. Sagen Sie, Sie schicken ihm/ihr eine Broschüre heute noch zu. Gern kann er/sie sich vorab über die Homepage (www.arabella.de) informieren.

DATENBLATT A14
(5.4C, S. 73)

Situation 1
Rufen Sie folgende Firmen an und hinterlassen Sie eine Nachricht.
Anruf 1
Sie wollen Frau Bethmann, die Verkaufsleiterin bei der Firma Neurath in Stuttgart, sprechen. Es geht Frau Bethmanns Besuch nächste Woche. Sie möchten wissen, wann ihr Flug ankommt. Sie sind bis 18.00 Uhr im Büro. Hinterlassen Sie Ihre Telefonnummer.
Anruf 2
Sie möchten Herrn Munz von der Firma König GmbH in Berlin sprechen. Es geht um Bestellung Nr. AJ/4320. Wegen Produktionsschwierigkeiten können Sie den Liefertermin nicht einhalten. Könnte Herr Munz sobald wie möglich zurückrufen?

Situation 2
Nehmen Sie Nachrichten entgegen und notieren Sie Einzelheiten.
Anruf 1
Sie heißen Kern und arbeiten bei BW Motorsport in Essen. Sie bekommen einen Anruf für den Abteilungsleiter Herrn Jäger. Er ist aber auf Dienstreise und kommt erst in zwei Tagen wieder.
Anruf 2
Sie heißen Lanitz und arbeiten in der Vertriebsabteilung bei der Firma Luxart in Cottbus. Sie bekommen einen Anruf für Ihre Chefin, Frau Gerhardt. Frau Gerhardt ist heute nicht im Haus, kommt aber morgen wieder.

INFORMATIONEN FÜR PARTNER A

DATENBLATT A15
(6.1C, S. 77)

Situation 1
Sie sind Angestellte/r bei der Tourist-Information Freiburg. Mit Hilfe des Hotelverzeichnisses auf S.77 empfehlen Sie einem Anrufer passende Hotels. Rechnen Sie die DM-Angaben in Euro um.

Situation 2
Ihr Chef fährt für zwei Tage auf Geschäftsreise nach Freiburg. Er braucht ein Hotel in der Nähe des Hauptbahnhofs, das nicht zu teuer ist (Kategorie Komfort). Das Hotel sollte möglichst ein eigenes Restaurant haben, aber das ist nicht unbedingt nötig. Rufen Sie die Tourist-Information in Freiburg an und bitten Sie um einige Hotelempfehlungen. Notieren Sie Namen und Telefonnummern der Hotels.

DATENBLATT A16
(6.2E, S. 78)

Situation 1
Sie arbeiten an der Rezeption des Hotels Rheingold, Freiburg. Beantworten Sie die Fragen eines Anrufers anhand dieser Informationen.

HOTEL RHEINGOLD FREIBURG

Dieses moderne Hotel liegt zentral im Herzen Freiburgs, nur wenige Gehminuten von der historischen Altstadt und vom Hauptbahnhof entfernt.
Wir bieten 49 geschmackvoll eingerichtete Komfortzimmer und 95 Betten. Alle Zimmer haben Kabel-TV, Selbstwahltelefon, Minibar, einen großen Schreibtisch, abschließbaren Safe, Hosenbügler, Badezimmer mit Dusche/Bad, WC und Haarfön.
Vier größenvariable Seminarräume bilden das Konferenz-Center mit Platz für acht bis 300 Personen. Modernste Tagungstechnik und individueller Service garantieren eine erfolgreiche Veranstaltung.
Neben Kunst und Kultur genießt der Seminarteilnehmer aktive Entspannung nach einem harten Arbeitstag bei Golf, Tennis, Schwimmen, Surfen, Segeln, Reiten und mehr in der Umgebung.

So finden Sie uns:
Autobahn A 5 Frankfurt, Karlsruhe/Basel, Ausfahrt Freiburg-Mitte: 7 km bis zum Hotel
Flughafen Basel-Mulhouse-Freiburg: 70 km bis zum Hotel

DATENBLATT A17
(6.4E, S. 85)

Situation 1
Sie sind Frau Schumacher und arbeiten bei der Firma Otto Elektrik. Sie haben Herrn Weiss, einem potenziellen Kunden, Fachliteratur und Kataloge geschickt. Sie möchten in der nächsten Woche einen Erstbesuch bei ihm machen. Sehen Sie sich Ihren Terminkalender an und rufen Sie dann Herrn Weiss an, um einen Termin zu vereinbaren.

JUNI	24. Woche
Montag 13	Termine für Mittwoch absagen! 9.30 Besprechung m. dem Vertriebsleiter 14.15 Hrn. Blau vom Flughafen abholen
Dienstag 14	9 - 13 Kundenbesuche in München Hrn. Blum anrufen! Theaterkarten f. Samstag bestellen.
Mittwoch 15	Düsseldorf / Messe ↓
Donnerstag 16	Verkaufsbericht schreiben! 11.00 Besprechung Dr. Jung (Handelskammer) 12.30 Mittagessen m. Hrn. Schmidt
Freitag 17	Termine f. Woche 28 vereinbaren! 15.20 Flug nach Paris

Situation 2
Einen Tag später ruft Herr Weiss zurück, weil er den Termin nicht einhalten kann. Vereinbaren Sie einen neuen Termin in der gleichen Woche.

Situation 2
Sie möchten einige Informationen über das Panorama-Hotel Mercure, Freiburg. Rufen Sie das Hotel an und stellen Sie Fragen über:
- Hoteltyp
- Lage und Entfernung vom Hauptbahnhof/ Flughafen/Autobahn
- Zimmeranzahl und -ausstattung
- Konferenzeinrichtungen
- Küche
- Fitness- und Freizeitmöglichkeiten

INFORMATIONEN FÜR PARTNER A

DATENBLATT A18
(6.5F, S. 87)

Situation 1
Sie müssen eine Hotelreservierung für die Frankfurter Messe machen. Rufen Sie das Hotel Viktoria an. Erkundigen Sie sich, was die Zimmer kosten und ob das Hotel auch einen Konferenzraum hat. Reservieren Sie auf den Namen Ihrer Firma ein Doppelzimmer und zwei Einzelzimmer mit Bad/Dusche und WC vom 04.10. bis zum 09.10. (fünf Nächte) sowie einen Konferenzraum für acht Personen von 15.30 Uhr bis 19.30 Uhr am 06.10. Bitten Sie das Hotel, Ihre Reservierung per Fax zu bestätigen.

Situation 2
Sie müssen Ihre Reservierung beim Hotel Viktoria ändern. Sie brauchen eines der Einzelzimmer nur noch für zwei Nächte, vom 07.10. bis zum 09.10. Rufen Sie das Hotel noch einmal an. Fragen Sie, ob Sie Stornierungskosten bezahlen müssen.

DATENBLATT A19
(7.1E, S. 92)

Situation 1
Sie arbeiten am Informationsschalter im Flughafen Köln/Bonn. Beantworten Sie die Fragen eines/einer Reisenden anhand dieser Informationen.

ZUBRINGER

Schnellbusse (Airport Bus)
Ab **KÖLN** (Linie 170) Stadthaltestelle Hauptbahnhof/Busbahnhof Breslauer Platz. Haltestelle am Bahnhof Deutz mit direktem Zugang zur Kölner Messe:
täglich 05.40 sowie 06.00 bis 07.00 Uhr alle 30 Minuten, 07.15 bis 20.00 Uhr alle 15 Minuten, 20.30 bis 23.00 alle 30 Minuten.
Ab **FLUGHAFEN** nach Köln: täglich 06.05 bis 07.35 alle 30 Minuten, 07.50 bis 20.35 alle 15 Minuten, 21.05 bis 23.35 Uhr alle 30 Minuten.
Zusatzbusse zur und von der **Kölner Messe** bei Bedarf. (Busse halten direkt vor den Messe-Eingängen.)
Fahrzeiten: 20 bis 30 Minuten
Fahrpreise: Erwachsene € 4,90 (einfache Fahrt); Kinder € 3,20 (einfache Fahrt)

Situation 2
Sie sind auf Geschäftsreise und Ihre Maschine ist gerade in Hannover gelandet. Es ist 8.00 Uhr abends. Informieren Sie sich am Informationsschalter im Flughafen, wie Sie am besten zu Ihrem Hotel in der Innenstadt kommen. Erkundigen Sie sich nach Fahrpreisen und Fahrzeiten.

DATENBLATT A20
(7.2H, S. 95)

Situation 1
Sie wollen morgen mit der Bahn von Frankfurt/Main nach Berlin fahren. Sie müssen um 16.00 Uhr in Berlin sein. Rufen Sie die Auskunft an, um sich nach Zügen zu erkundigen. Dann buchen Sie eine Rückfahrkarte 2. Klasse und eine Platzkarte für die Hin- und Rückfahrt.

Situation 2
Sie arbeiten in der Reiseauskunft am Hauptbahnhof Frankfurt/Main. Geben Sie Auskunft über Züge nach Wuppertal anhand des Fahrplans und der Preistafel.

Frankfurt(Main)Hbf → **Wuppertal Hbf**
268 km

ab	Zug		Umsteigen	an	ab	Zug		an	Verkehrstage	
5.23	S		Wiesbaden Hbf	6.09	6.16	IC	608	8.40	Mo - Sa	01
5.44	D	352	Koblenz Hbf	7.01	7.13	IC	608	8.40	Mo - Sa	02
5.55	IR	2514	Hagen Hbf	8.47	8.52	RSB 3156		9.12	täglich	
6.09	D	1122	Köln Hbf	8.33	8.41	E	3512	9.15	Mo - Sa	03
6.51	IC	739	Köln Hbf	9.05	9.10	IC	508	9.40	täglich	
6.58	D	222 2.Kl	Köln Hbf	9.21	9.41	E	3516	10.15	Mo - Sa	04
7.51	IC	826						10.40	täglich	
7.55	IR	2512	Hagen Hbf	10.47	10.52	RSB 3160		11.12	täglich	
8.51	IC	526						11.40	täglich	
9.51	IC	822	Köln Hbf	12.05	12.10	IC	604	12.40	täglich	
9.55	IR	2510	Hagen Hbf	12.47	12.52	RSB 3164		13.12	täglich	
10.51	IC	524						13.40	täglich	
11.51	IC	522	Köln Hbf	14.05	14.10	IC	500	14.40	täglich	
11.55	IR	2418	Hagen Hbf	14.47	14.52	RSB 3168		15.12	täglich	
12.51	IC	620						15.40	täglich	
13.51	IC	728						16.40	täglich	
13.55	IR	2416	Hagen Hbf	16.47	16.52	RSB 3172		17.12	täglich	
14.51	IC	520	Köln Hbf	17.05	17.10	EC	108	17.40	täglich	
15.03	S		Mainz Hbf / Köln Hbf	15.38 / 17.29	15.48 / 17.41	EC / E	112 / 3548	18.18	Mo - Fr, So	05
15.51	EC	28	Köln Hbf	18.05	18.10	IC	547	18.40	Mo - Fr, So	06
15.51	EC	28	Köln Hbf	18.05	18.13	N	3135	19.01	täglich	
15.55	IR	2414	Hagen Hbf	18.47	18.52	RSB 3176		19.12	täglich	07
16.51	IC	724	Köln Hbf	19.05	19.10	IC	549	19.40	täglich	
17.03	S		Mainz Hbf / Köln Hbf	17.38 / 19.29	17.48 / 19.41	EC / E	714 / 3556	20.15	Mo - Fr, So	05
17.51	EC	26						20.40	täglich	
18.51	IC	726						21.40	Mo - Fr, So	06

Preistafel

	Einfache Fahrt		
	Fahrpreis 2. Kl. €	Fahrpreis 1. Kl. €	IC-Zuschlag
von Frankfurt Hbf. nach: Wuppertal Hbf.	42,00	66,00	4,00

INFORMATIONEN FÜR PARTNER A

DATENBLATT A21
(7.3B, S. 96)

Situation 1
Sie arbeiten an der Rezeption des Hotels Unger, in der Kronenstraße (in der Nähe des Hauptbahnhofs). Ein Gast fragt, wie er/sie zu verschiedenen Orten/Gebäuden kommt. Erklären Sie ihm/ihr, wie er/sie zu Fuß bzw. mit öffentlichen Verkehrsmitteln am besten dorthin kommt.
Benutzen Sie die Pläne auf S. 97.

Situation 2
Sie wohnen im Hotel Royal in der Sophienstraße, wenige Gehminuten vom Rotebühlplatz. Fragen Sie an der Rezeption, wie Sie am besten folgende Ziele erreichen.
1 Sie nehmen an einer Tagung in der Universität teil.
2 Sie möchten das Carl-Zeiss-Planetarium im Schlossgarten besuchen.
Notieren Sie die Anweisungen, die Sie bekommen, dann prüfen Sie sie anhand der Pläne auf S. 97. Stimmen die Anweisungen?

DATENBLATT A22
(7.4D, S. 98)

Situation 1
Sie haben morgen um 14.00 Uhr einen Termin mit Herrn Dornier in der DaimlerChrysler Zentrale in Stuttgart-Untertürkheim. Rufen Sie ihn an und erkundigen Sie sich, wie Sie am besten dorthin fahren. Sie kommen auf der A8 aus München. Notieren Sie die Anweisungen, die Sie bekommen bzw. markieren Sie den Weg auf der Karte unten.

Situation 2
Sie sind Frau Engeler und arbeiten in der Daimler-Chrysler Zentrale in Stuttgart-Untertürkheim. Sie bekommen einen Anruf von einem Vertreter/einer Vertreterin, mit dem/der Sie morgen um 10.00 Uhr einen Termin haben. Erklären Sie ihm/ihr anhand der Fahrthinweise unten, wie er/sie am besten zur Firma fährt.

Wenn Sie nach Stuttgart kommen ...

Mit dem Auto aus Richtung Karlsruhe/Pforzheim

Autobahnausfahrt Stuttgart-Vaihingen. Weiterfahrt über den Autobahnzubringer in Richtung Zentrum. Nach etwa 7 km Abfahrt auf die B14 in Richtung Zentrum. Dem Straßenverlauf der B14 durch die Innenstadt folgen. Hinter dem Tunnel rechts einordnen. Gleich nach Überquerung des Neckars rechts nach Untertürkheim in die Mercedesstraße einbiegen.

INFORMATIONEN FÜR PARTNER A

DATENBLATT A23
(8.4D, S.110)

Situation 1
Sie arbeiten für eine Firma, die Drucker herstellt, und vertreten Ihre Firma auf der CeBIT-Messe. Ein/e Interessent/in bittet Sie, ein geeignetes Modell zu empfehlen. Fragen Sie, wofür er/sie den Drucker braucht, dann empfehlen Sie das geeignetere Modell auf S. 111. Erklären Sie die Spezifikationen und Besonderheiten bzw. Vorteile dieses Modells.

Situation 2
Sie sind selbstständige Marketingberaterin. Auf der CeBIT-Messe suchen Sie einen geeigneten Tintenstrahldrucker für Ihr kleines Heimbüro. Sie wollen Korrespondenz, Berichte, zum Teil mit Tabellen und Grafiken, und Rundschreiben drucken. Sie drucken aber keine großen Auflagen. Das Gerät darf nicht zu viel kosten, muss aber später aufrüstbar sein. Fragen Sie eine/n Standmitarbeiter/in um Rat und erklären Sie, wofür Sie den Drucker brauchen. Stellen Sie eventuell Fragen zu dem Modell, das er/sie empfiehlt.

DATENBLATT A24
(9.4E, S. 125)

Situation 1
Sie arbeiten bei einer Firma, die Christbaumkugeln herstellt. Ein Kunde in Bremerhaven hat 5.000 Kugelsätze zur Lieferung Ende November bestellt. Die Sendung wurde vom Spediteur am 27. November bei Ihnen abgeholt und am nächsten Tag nach Deutschland verladen. Der Kunde hat Ihnen aber heute in einem Fax mitgeteilt, dass die Ware noch nicht angekommen ist. Rufen Sie das Distributionslager des Spediteurs in Bremen an und erkundigen Sie sich nach der Ware. Benutzen Sie folgende Informationen.

Liefertermin:	30. November
Abholdatum beim Sender:	27. November
Zahl der Frachtstücke/ Verpackung:	80 Pappkartons in 4 Holzkisten
Inhalt:	Christbaumkugeln
Name des Empfängers:	Firma Gruber
Lieferanschrift:	Neuenmoorweg 176 - 179, Bremerhaven

Situation 2
Etwas später ruft der Spediteur zurück und erklärt, was mit der Sendung passiert ist. Fragen Sie, wann die Ware geliefert wird, damit Sie dem Kunden Bescheid sagen können.

Informationen für Partner B

DATENBLATT B1
(1.1F, S. 11)

Situation 1
Sie sind Dagmar Kohl. Sie besuchen die Firma Oriel & Co. Ein/e Mitarbeiter/in der Firma holt sie um 9.30 Uhr vom Flughafen ab. Beantworten Sie seine/ihre Fragen mit Hilfe dieser Informationen:
- Sie hatten einen guten Flug, das Essen war aber nicht sehr gut.
- Das Wetter in Deutschland ist sehr schlecht, es regnet schon seit drei Tagen.
- Sie sind zum ersten Mal hier.
- Sie kommen aus Ludwigshafen in Rheinland-Pfalz, wohnen und arbeiten aber seit einigen Jahren in Berlin.
- Berlin ist eine sehr interessante und lebendige Stadt, aber das Leben dort ist manchmal sehr hektisch.

Situation 2
Sie arbeiten bei der Firma Infotec und treffen einen Firmenbesucher, Dr. Udo Gerlach, um 15.00 Uhr am Empfang. Führen Sie ihn zum Büro Ihres Chefs und machen Sie Konversation unterwegs. Stellen Sie Fragen mit Hilfe der Stichwörter:
- Büro gut gefunden?
- Wetter in Deutschland?
- erster Besuch?
- Wie gefällt/hier?
- Woher/in Deutschland?
- Was für eine Stadt?

Beenden Sie das Gespräch mit: *So, da kommt mein Chef.*

DATENBLATT B2
(1.2E, S. 13)

Situation 1
Sie sind Manfred Weber und besuchen die Firma ABC. Sie haben einen Termin mit dem Chef, er ist aber noch nicht da. Sein/e Assistent/in bietet Ihnen Erfrischungen an. Sie möchten einen Kaffee mit Milch, aber ohne Zucker. Sie essen auch gern einige Kekse.
Sie haben auch folgende Bitten:
- Sie möchten noch etwas Milch haben.
- Sie möchten kurz nach Deutschland anrufen.
- Sie möchten die neue Preisliste haben.

Situation 2
Sie sind Chefassistent/in bei der Firma Data Systems und betreuen eine Firmenbesucherin, Frau Dagmar Braun. Sagen Sie, Ihr Chef kommt in zehn Minuten. Bieten Sie der Besucherin Erfrischungen an und eventuell Hilfe.
NB Rauchen ist bei Ihnen nur in der Kantine erlaubt.

DATENBLATT B3
(1.3F, S. 15)

Situation 1
Sie brauchen einige Informationen über Frau Köpke, Personalleiterin bei der Firma Elco Papier. Bitten Sie einen Kollegen/eine Kollegin darum. Notieren Sie die Antworten.

Büronummer/Durchwahl: _____
Faxnummer: _____
E-Mail: _____
Adresse der Firma: _____

Situation 2
Ein Kollege/eine Kollegin braucht einige Informationen über Herrn Graulich von der Firma Bilfinger Werbedruck. Beantworten Sie seine/ihre Fragen mit Hilfe der Informationen auf der Visitenkarte.

KARL GRAULICH   **BWD**
Dipl.-Kaufmann

Geschäftsführer der Firma
Bilfinger Werbedruck GmbH & Co.

Königstr. 14-18,   76133 Karlsruhe
Telefon (07 21) 16 48 - 0, Telefax (07 21) 1 65 71 50
E-Mail: Graulich@bilfinger.de
Privat: Mahlower Str. 30, Telefon (07 21) 74 69 22

DATENBLATT B4
(2.3C, S. 26)

Situation 1
Sie sind Herr Otmar C. Küsel, Vorsitzender des Vorstands der Rosenthal AG. Beantworten Sie die Fragen eines Journalisten/einer Journalistin mit Hilfe dieser Informationen.

Branche Konsumgüterindustrie
Produkte Porzellan, Keramik, Glas (z.B. die neue Trinkglas-Serie „Saga"), Besteck
Umsatz über 165 Mio. € weltweit
Mitarbeiterzahl an die 3.000 weltweit

Situation 2
Sie sind Journalist/in und interviewen Herrn Werner M. Bahlsen, Sprecher der Unternehmensleitung bei Bahlsen. Stellen Sie Fragen und machen Sie sich Notizen zu folgenden Punkten:
Branche
Produkte
Umsatz
Mitarbeiterzahl

INFORMATIONEN FÜR PARTNER B

DATENBLATT B5
(2.3E, S.27)

Situation 1
Sie sind Mitarbeiter/in bei der Firma Rosenthal. Mit Hilfe dieser Informationen beantworten Sie die Fragen eines Interessenten/einer Interessentin zu der Entwicklung der Rosenthal-Gruppe.

@ www.rosenthal.de

Rosenthal Konzern in Zahlen

	1997	1998	1999
Weltumsatz (Mio. €)	160	161	165
Auslandsanteil der Rosenthal Gruppe - Anteil am Gruppenumsatz (%)	38	42,1	45
Vollzeitbeschäftigte (im Inland)	1.893	1.762	1.760
Vollzeitbeschäftigte (im Ausland)	145	147	150

1997 - 99 Stagnation im Inlandsmarkt, Wachstum im Ausland
1998 - 2000 Umstrukturierungsmaßnahmen, Rationalisierung der Fertigung, Vertriebsoptimierung

Situation 2
Bitten Sie eine/n Mitarbeiter/in bei Bahlsen um die fehlenden Zahlen in dieser Mehrjahresübersicht. Dann bitten Sie ihn/sie, einige Zahlen zu erklären.

Die Bahlsen-Gruppe im Langzeitvergleich

1996	1997	1998	1999	
1.010	___	1.030	___	**Umsatz** netto in Millionen €
___	9.031	8.983	___	**Mitarbeiter** Durchschnitt, in Tsd.
132	___	79	___	**Investitionen**

DATENBLATT B6
(2.4F, S. 30)

Situation 1
Informieren Sie sich bei Ihrem Partner über die Porsche AG. Stellen Sie Fragen und machen Sie sich Notizen zu folgenden Punkten:
Branche und Produkte
Umsatz und Mitarbeiterzahl
Firmenstruktur und -standorte

Situation 2
Beantworten Sie die Fragen Ihres Partners über die BASF-Gruppe mit Hilfe der Informationen.

@ www.basf.de

Die BASF

Weltweit führendes Unternehmen der chemischen Industrie

110 000 Mitarbeiter weltweit

Produktbereiche: Erdgas, Öl, Petrochemikalien, Kunststoffe, Pflanzenschutzmittel, Pharmazeutika

Jahresumsatz des Konzerns: 29 Mrd. Euro
- Hauptsegmente:
  - Gesundheit/Ernährung: 5 Mrd. €
  - Farbmittel/Veredelung: 6 Mrd. €
  - Chemikalien: 5 Mrd. €
  - Kunststoffe: 8 Mrd. €
- Regionen:
  - Europa: 18 Mrd €
  - Nordamerika: 6 Mrd. €
  - Südamerika: 2 Mrd. €
  - Asien, Pazifischer Raum, Afrika: 3 Mrd. €

Bedeutendste Standorte: Ludwigshafen (Deutschland), Antwerpen (Belgien), Barcelona (Spanien), Cheadle (Großbritannien), Mount Olive (USA) und Guaratinguetá (Brasilien).
Die BASF AG ist die größte Einzelgesellschaft. Sie hat ihren Stammsitz in Ludwigshafen.

INFORMATIONEN FÜR PARTNER B

DATENBLATT B7
(3.3E, S. 42)

Situation 1
Sie sind Dr. Krause und besuchen eine ausländische Firma. Dies ist Ihr erster Besuch. Sie hoffen, der Vertreter für das Gebiet Norddeutschland zu werden. Man hat Sie zum Essen in ein Restaurant eingeladen. Beantworten Sie die Fragen Ihres Gastgebers/Ihrer Gastgeberin mit Hilfe der Informationen unten. Stellen Sie ihm/ihr auch ähnliche Fragen.
Heimatstadt: Sie kommen aus Bremen. Bremen und Bremerhaven bilden zusammen das kleinste Bundesland. Bremen ist die älteste Hafenstadt Deutschlands, entwickelt aber auch eine wichtige Luft- und Raumfahrtindustrie. Bremen ist auch eine historische Stadt, mit vielen schönen alten Gebäuden. Das Freizeitangebot ist groß, besonders Wassersport.
Wohnort: Sie wohnen in der neuen Satellitenstadt Neue Vahr, nicht weit von der Altstadt am östlichen Stadtrand. Es ist sehr schön, dort zu wohnen, die Atmosphäre ist angenehm. Es gibt gute Schulen und gute Einkaufsmöglichkeiten, und die Verkehrsverbindungen sind ausgezeichnet.
Wohnung: Sie wohnen im dritten Stock eines Wohnblocks. Sie haben fünf Zimmer und einen großen Balkon.
Familie: Sie sind verheiratet und haben zwei Töchter, Anneliese, 10, und Mechthild, 8.

Situation 2
Sie arbeiten bei der Tochtergesellschaft einer deutschen Firma mit Sitz in Köln, Nordrhein-Westfalen. Eva Raab, eine junge Mitarbeiterin in der Hauptverwaltung, soll zwei Monate in Ihrer Firma verbringen. Da dies ihre erste Woche ist, haben Sie sie zum Essen in ein Restaurant eingeladen.
Beginnen Sie das Gespräch im Restaurant mit einem Kommentar über Köln. (Sie wissen z.B., dass der gotische Dom besonders berühmt ist.)
Stellen Sie weitere Fragen über die Stadt, wo und wie Eva wohnt, und ob sie Familie hat.
Beantworten Sie Evas Fragen anhand Ihrer eigenen Wohn- und Familiensituation.

DATENBLATT B8
(3.6D, S. 48)

Situation 1
Sie sind auf Geschäftsreise in Frankfurt. Fragen Sie Ihre/n Gastgeber/in, was Sie hier tun können. Erklären Sie ihm/ihr, wofür Sie sich besonders interessieren: Sie besuchen gern Museen. Sie interessieren sich für Kunst und Filme. Sie gehen nicht gern in Kaufhäusern einkaufen, lieben aber Flohmärkte. Am Abend möchten Sie die echte Frankfurter Atmosphäre erleben.

Situation 2
Mit Hilfe des Informationsblatts auf S. 49 erklären Sie einem Gast, was er/sie in Frankfurt tun und sehen kann. Fragen Sie ihn/sie, wofür er/sie sich besonders interessiert.

DATENBLATT B9
(4.3C, S. 57)

Situation 1
Geben Sie Anweisungen, wie man zu bestimmten Räumlichkeiten bei Rohrbach kommt.
1 Sie sind die Empfangsdame bei Rohrbach. Herr Hansen ist in der kaufmännischen Abteilung.
2 Sie arbeiten in der kaufmännischen Abteilung. Wenn man mehr als 20 Fotokopien braucht, muss man den Fotokopierer im Erdgeschoss benutzen.

Situation 2
Fragen Sie nach dem Weg bei Rohrbach.
1 Sie arbeiten in der Abteilung Vertrieb und Marketing. Sie haben einen Termin mit Frau Weber von der Ausbildungsabteilung. Rufen Sie sie an. Fragen Sie, wo Sie sich treffen und wie man dorthin kommt.
2 Sie arbeiten in der Produktionsabteilung und müssen dem Leiter Vertrieb und Marketing einige Unterlagen bringen. Wie finden Sie sein Büro?

DATENBLATT B10
(4.4F, S.59)

Situation 1
In der Kantine stellt sich Ihnen ein/e neue/r Mitarbeiter/in vor. Beantworten Sie seine/ihre Fragen anhand der Informationen in der Stellenbeschreibung.

Stellenbezeichnung: Industriemechaniker/in
Abteilung: Fertigung/Montage
Zuständigkeiten: Warten und Instandhalten der Fertigungsanlagen
Aufgaben: Maschinen und Anlagen inspizieren, Defekte erkennen, defekte Anlagen reparieren

Situation 2
Sie sind neu bei der Firma. Stellen Sie sich einem Kollegen/einer Kollegin in der Kantine vor. Fragen Sie ihn/sie nach seiner/ihrer Arbeit. Fangen Sie das Gespräch so an:
Entschuldigung, ist hier noch frei?
Ich bin hier neu. Ich arbeite in der ...-Abteilung.
In welcher Abteilung arbeiten Sie?

DATENBLATT B11
(5.1F, S. 67)

Situation 1
Rufen Sie die nationale Auskunft an. Sie brauchen die Telefonnummern folgender Firmen:

  Golisch Elektro-Service, Frankfurt am Main
  Wilhelmsen Kunststoffe GmbH, Hannover

Situation 2
Spielen Sie die Rolle der nationalen Telefonauskunft mit Hilfe der Telefonnummern unten. Wenn Sie einen Anruf bekommen, sagen Sie:
  Auskunft, guten Tag. Welcher Ort, bitte?
  Wie heißt der Teilnehmer?

> **Berlin**
> Zimmermann & Co. Spedition,
> Tel: (0 30) 67 28 59
>
> **Bremerhaven**
> H. Grote GmbH Apparatebau,
> Tel: (04 71) 7 32 08
>
> **München**
> Schreiber Büromaschinen,
> Tel: (0 89) 8 47 33 84

DATENBLATT B12
(5.2F, S. 69)

Situation 1
Sie sind Telefonist/in bei der Firma Würth, Saarbrücken. Nehmen Sie Anrufe für folgende Personen entgegen.

Name	Abteilung	
Herr Münster	Verkaufsabteilung	Anschluss besetzt.
Frau Lautenbach	Buchhaltung	Bis 16.00 Uhr in einer Besprechung.
Herr Schlüter	Kundendienst	Im Moment nicht da.

Situation 2
Rufen Sie die Firma Hedemann, Ludwigshafen, an. Sie möchten folgende Personen sprechen:
1 Herrn Becker von der Versandabteilung
2 Frau Lutsch von der Produktionsabteilung
3 Frau Richter von der Personalabteilung

DATENBLATT B13
(5.3F, S. 71)

Situation 1
Sie arbeiten bei der Firma Broom Export. Ein Anrufer möchte sich einen Katalog Ihrer Produkte schicken lassen. Notieren Sie seinen/ihren Namen sowie den Namen und die Adresse der Firma. Sagen Sie, Sie schicken ihm/ihr den Katalog heute zu.

Situation 2
Sie sind Herr/Frau Schreiber. Sie möchten Informationsmaterial über das Hotel Arabella. Rufen Sie das Hotel an, um sich eine Broschüre schicken zu lassen. Geben Sie Ihren Namen an sowie den Namen und die Adresse Ihrer Firma:

> **Kerzler & Co GmbH**
> Heerwasenstr. 59
> 49084 Osnabrück
> Tel. (05 41) 54 17 38
> E-Mail: schreiber@kerzler.de

DATENBLATT B14
(5.4C, S. 73)

Situation 1
Nehmen Sie Nachrichten entgegen und notieren Sie die Einzelheiten.
  Anruf 1
  Sie heißen Strobl und arbeiten bei der Firma Neurath in Stuttgart als Assistent/in von Frau Bethmann, der Verkaufsleiterin. Sie bekommen einen Anruf für Frau Bethmann. Sie ist aber den ganzen Vormittag in einer Besprechung.
  Anruf 2
  Sie heißen Holtkamp und arbeiten in der Einkaufsabteilung bei König GmbH in Berlin. Sie bekommen einen Anruf für Ihren Chef, Herrn Munz. Er ist aber gerade mit einem Kunden zusammen.

Situation 2
Rufen Sie folgende Firmen an und hinterlassen Sie eine Nachricht.
  Anruf 1
  Sie wollen Herrn Jäger von der Firma BW Motorsport in Essen sprechen. Ihr Chef kann den Termin am Donnerstag im Hotel Mercure nicht einhalten. Könnte Herr Jäger zurückrufen, um einen neuen Termin zu vereinbaren?
  Anruf 2
  Sie möchten Frau Gerhardt von der Firma Luxart in Cottbus sprechen. Sie müssen ihre letzte Lieferung reklamieren. Bei den 75 bestellten Schreibtischlampen Modell „Klara" sind fünf Stück defekt. Sie möchten, dass Luxart die defekten Lampen sofort zurücknimmt.

INFORMATIONEN FÜR PARTNER B

DATENBLATT B15
(6.1C, S. 77)

Situation 1
Ihre Firma veranstaltet eine zweitägige Vertreterkonferenz im September und Sie suchen ein passendes Hotel. Sie brauchen Unterkunft für 45 Teilnehmer sowie einen Konferenzraum mit Platz für 50 Personen. Die Lage kann auch außerhalb des Stadtzentrums sein. Das Hotel muss einen Parkplatz oder Garage haben und ein eigenes Restaurant.
Ein Schwimmbad oder Sauna wäre schön, aber das ist nicht unbedingt nötig.
Rufen Sie die Tourist-Information in Freiburg an und bitten Sie um einige Hotelempfehlungen. Notieren Sie die Namen und Telefonnummern der Hotels.

Situation 2
Sie sind Angestellte/r bei der Tourist-Information Freiburg. Mit Hilfe des Hotelverzeichnisses auf S. 77 empfehlen Sie einem Anrufer passende Hotels. Rechnen Sie die DM-Angaben in Euro um.

DATENBLATT B16
(6.2E, S. 78)

Situation 1
Sie möchten einige Informationen über das Hotel Rheingold, Freiburg. Rufen Sie das Hotel an und stellen Sie Fragen über:
- Hoteltyp
- Lage und Entfernung vom Hauptbahnhof/ Flughafen/Autobahn
- Zimmeranzahl und -ausstattung
- Konferenzeinrichtungen
- Küche
- Fitness- und Freizeitmöglichkeiten

Situation 2
Sie arbeiten an der Rezeption des Panorama-Hotels Mercure, Freiburg. Beantworten Sie die Fragen eines Anrufers anhand der Informationen.

Hotel *M*ercure
PANORAMA FREIBURG

Im Panorama-Hotel am Jägerhäusle erleben Sie Freiburg von seiner schönsten Seite. Unser modernes Haus liegt etwas außerhalb von Freiburg auf dem Berg, mit Sicht über die ganze Stadt, den Kaiserstuhl und das Elsass.

Alle unsere 84 First-Class-Hotelzimmer haben einen Balkon, von dem Sie den eindrucksvollen Blick genießen können, und sind mit Bad und/oder Dusche, Selbstwahltelefon, Minibar und Farbfernseher ausgestattet.

Fünf Konferenzräume verschiedener Größe (100, 60, 30, 2 x 25 qm) lassen Ihre Veranstaltung erfolgreich verlaufen. Wir geben unser Bestes, damit Ihre Veranstaltung so besonders wie unsere Lage wird.

In unserem Restaurant beeinflusst die Nähe Frankreichs die Vielfalt des Menüs.

Für Ihr tägliches Freizeit- und Fitnessprogramm stehen Ihnen Schwimmbad, Tennisplätze und Sauna, Beauty-Farm, Yoga und Fastenkuren, kilometerlange Wanderwege, Trimm- und Joggingpfade und vieles mehr zur Verfügung.
Wir freuen uns auf Sie!

So kommen Sie uns näher!
Von der Autobahn Karlsruhe-Basel (Ausfahrt Freiburg Mitte) erreichen Sie uns in 20 Minuten. Der EuroBus bringt Sie vom Flughafen Basel-Mulhouse zum Hauptbahnhof, Fahrzeit ca. 45 Minuten. Von dort fahren Sie ca. 10 Minuten mit dem Taxi bis zum Hotel.

INFORMATIONEN FÜR PARTNER B

DATENBLATT B17
(6.4E, S. 85)

Situation 1
Sie sind Herr Weiss und haben von Frau Schumacher von der Firma Otto Elektrik, Fachliteratur und Kataloge bekommen. Frau Schumacher ruft Sie an, weil sie Sie in der nächsten Woche besuchen möchte. Sehen Sie sich Ihren Terminkalender an und vereinbaren Sie einen Termin.

Situation 2
Sie können den Termin mit Frau Schumacher leider nicht einhalten. Es ist etwas dazwischengekommen. Rufen Sie sie an und vereinbaren Sie einen neuen Termin in der gleichen Woche.

JUNI			24. Woche
Montag **13**	*Kopierer-Service anrufen!* *11.30 Besprechung mit dem Produktionsleiter, Lieferung der neuen Maschine!*	*9 - 12 Betriebsrundgang (Fa. Schickel)* *Mittagessen m. Frau Reiter* *Bericht für Riedel schreiben!*	Donnerstag **16**
Dienstag **14**	*Nachmittag in Frankfurt*	*Eva anrufen! Blumen besorgen!* *14.00 Sitzung der Betriebsleitung*	Freitag **17**
Mittwoch **15**	*9.00 Vorstandssitzung* *16.00 Zahnarzt* *Peter Geburtstag!*		Samstag **18**
			Sonntag **19**

DATENBLATT B18
(6.5F, S. 87)

Situation 1
Sie arbeiten an der Rezeption des Hotels Viktoria, Frankfurt. Sie nehmen eine Zimmerreservierung entgegen. Beantworten Sie die Fragen des Anrufers anhand folgender Informationen und notieren Sie die Einzelheiten auf dem Formular unten.

Situation 2
Einige Tage später ruft die Firma noch einmal an, um die Reservierung zu ändern. Notieren Sie die Umbuchung und bitten Sie die Firma, das schriftlich zu bestätigen.
NB Eine kostenfreie Stornierung ist bis zum 28. Juli möglich.

Hotel Viktoria

Tarife 20--

Einzelzimmer € 155,-
Doppelzimmer € 175,-
Konferenzraum € 160,- pro Tag

Der Zimmerpreis ist inklusive Frühstück, Bedienung und Mehrwertsteuer.
Alle Zimmer sind mit Bad, Dusche, WC, Telefon, Radio, Kabel-TV und Minibar ausgestattet.

von / bis	Einzel ☐ / Doppel ☐	Preis / Anreise spät ☐	Code
Name			Bestätigen ☐
Bemerkung			Vertrag ☐
Firma			Garantiert ☐
Besteller			Änderung ☐
Tel./Telex/Telefax			Voucher ☐
Adresse			Rg. an Firma ☐
			Bestätigung folgt ☐
Eingang	Telex ☐ Telefax ☐ Telefon ☐ Brief ☐		Datum / Unterschrift
Storno / Datum	Telex ☐ Telefon ☐ Brief ☐ / durch		Unterschrift

161

INFORMATIONEN FÜR PARTNER B

DATENBLATT B19
(7.1E, S. 92)

Situation 1
Sie besuchen die Kölner Messe. Informieren Sie sich am Informationsschalter, wie Sie vom Flughafen Köln/Bonn zur Messe kommen, wie lang die Fahrzeit ist und was eine Fahrkarte kostet.

Situation 2
Sie arbeiten am Informationsschalter im Flughafen Hannover. Beantworten Sie die Fragen eines/einer Reisenden anhand dieser Informationen.

Verkehrsverbindungen vom und zum Flughafen Hannover

Taxi
Taxistände befinden sich vor dem Terminal-Gebäude. Die Fahrt vom Flughafen zum Hauptbahnhof/Innenstadt kostet ca. € 15,-. Die Fahrzeit beträgt ca. 15 bis 20 Min.

Schnellbuslinie 60
Verkehrsverbindung zwischen Flughafen und Innenstadt. Vom City Air Terminal am Hauptbahnhof (Innenstadt) bis zum Flughafen und zurück verkehrt alle 30 bzw. 20 Minuten die Schnellbuslinie nonstop. Preis € 4,- einfach.

Hannover Messe
Vom Hauptbahnhof Hannover fährt die S-Bahn-Linie 8 direkt zum Messegelände.

DATENBLATT B20
(7.2H, S. 95)

Situation 1
Sie arbeiten in der Reiseauskunft am Hauptbahnhof Frankfurt/Main. Geben Sie Auskunft über Züge nach Berlin anhand des Fahrplans und der Preistafel.

Preistafel

ICE-Fahrpreise für einfache Fahrt von Frankfurt Hbf. nach:
Berlin Hbf.

Fahrpreis 2. Kl.	Fahrpreis 1. Kl.
€ 115,00	€ 162,00

Gewöhnliche Preise für einfache Fahrt

2. Kl.	1. Kl.
€ 90,00	€ 125,00

Situation 2
Sie wollen morgen zwischen 8.00 und 9.00 Uhr mit der Bahn von Frankfurt/Main nach Wuppertal fahren. Rufen Sie die Auskunft an, um sich nach Zügen zu erkundigen. Dann buchen Sie eine Rückfahrkarte 2. Klasse.

Frankfurt(Main)Hbf → Berlin Zoolg. Garten
533 km

ab	Zug		Umsteigen	an	ab	Zug		an	Verkehrstage	
5.22	IC	657	Erfurt Hbf	8.24	8.31	E	4985		Mo - Sa	01
			Magdeburg Hbf	11.05	11.35	IC	545	12.54		
5.26	E	3800	Fulda	6.48	7.08	ICE	886		Mo - Sa.	01
			Hannover Hbf	8.31	8.39	ICE	641	11.08		
7.18	ICE	696						12.10	täglich	
7.22	IC	655	Erfurt Hbf	10.24	10.31	E	4987		täglich	
			Magdeburg Hbf	13.05	13.35	IC	508	14.54		
9.18	ICE	694						14.10	täglich	
9.22	IC	653	Erfurt Hbf	12.24	12.50	D	2204		täglich	
			Berlin-Wannsee	15.50	16.00			2.Kl 16.21		
10.18	IR	2153	Flugh B-Schönef	17.06	17.17			2.Kl 18.07	täglich	
11.18	ICE	598						16.10	täglich	
11.22	IC	651	Erfurt Hbf	14.24	14.31	E	4991		täglich	
			Magdeburg Hbf	17.05	17.35	IC	502	18.54		
13.18	ICE	596						18.10	täglich	
13.22	IC	559	Erfurt Hbf	16.24	16.50	IR	2200		täglich	02
			Berlin-Wannsee	19.50	20.10			2.Kl 20.30		
14.22	ICE	692						19.18	täglich	03
15.18	ICE	594						20.10	täglich	
15.22	EC	57	Naumburg(S)	19.14	19.33	IR	2202	22.01	täglich	
16.22	ICE	690						21.18	Mo - Fr, So	04
17.18	ICE	592						22.10	täglich	02
17.18	ICE	592	Braunschweig	20.01	20.47	EC	108	22.54	täglich	
19.18	ICE	590						0.10	täglich	05
23.23	D	1955						6.41	täglich	06

01 = nicht 3. Okt, 26. bis 31. Dez, 15., 17. Apr, 1. Mai
02 = nicht 24. Dez
03 = nicht 24., 31. Dez, 14. bis 16. Apr
04 = nicht 14., 16. Apr
05 = nicht 24., 31. Dez
06 = nicht 24. Sep, 19. Nov

INFORMATIONEN FÜR PARTNER B

DATENBLATT B21
(7.3B, S. 96)

Situation 1
Sie wohnen im Hotel Unger in der Kronenstraße (in der Nähe des Hauptbahnhofs). Fragen Sie an der Rezeption, wie Sie am besten folgende Ziele erreichen.
1. Sie möchten das Lindenmuseum besichtigen.
2. Sie müssen einen Bekannten besuchen, der in Bietigheim, einer kleinen Stadt im Nordwesten von Stuttgart, wohnt.

Notieren Sie die Anweisungen, die Sie bekommen, dann prüfen Sie sie anhand der Pläne auf S. 97 nach. Stimmen die Anweisungen?

Situation 2
Sie arbeiten an der Rezeption des Hotels Royal, in der Sophienstraße, wenige Gehminuten vom Rotebühlplatz. Ein Gast fragt, wie er/sie zu verschiedenen Orten/Gebäuden kommt. Erklären Sie ihm/ihr, wie er/sie zu Fuß bzw. mit öffentlichen Verkehrsmitteln am besten dorthin kommt. Benutzen Sie die Pläne auf S. 97.

DATENBLATT B22
(7.4D, S. 98)

Situation 1
Sie sind Herr Dornier und arbeiten in der Daimler-Chrysler Zentrale in Stuttgart-Untertürkheim. Sie bekommen einen Anruf von einem Kunden/einer Kundin, mit dem Sie morgen um 14.00 Uhr einen Termin haben. Erklären Sie ihm/ihr anhand der Fahrthinweise unten, wie er/sie am besten zur Firma fährt.

Situation 2
Sie sind Vertreter/in und haben morgen um 10.00 Uhr einen Termin mit Frau Engeler in der DaimlerChrysler Zentrale in Stuttgart-Untertürkheim. Rufen Sie sie an und erkundigen Sie sich, wie Sie am besten dorthin fahren. Sie kommen aus Karlsruhe. Notieren Sie die Anweisungen, die Sie bekommen bzw. markieren Sie den Weg auf der Karte.

Wenn Sie nach Stuttgart kommen ...

Mit dem Auto aus Richtung München/Ulm

Autobahnausfahrt Wendlingen. Weiterfahrt über den Autobahnzubringer in Richtung Plochingen. B10 (Schnellstraße) links abbiegen in Richtung Esslingen. Immer geradeaus halten. Schildern zur Hauptverwaltung folgen.

INFORMATIONEN FÜR PARTNER B

DATENBLATT B23
(8.4D, S.110)

Situation 1
Sie arbeiten bei einer kleinen Ingenieurfirma. Auf der CeBIT-Messe suchen Sie einen Tintenstrahldrucker zum Drucken von externer und interner Korrespondenz und vor allem technischen Zeichnungen auf großformatigem Papier. Ihre Prioritäten sind hochwertige Druckqualität bei Grafiken und eine breite Schriftartenauswahl. Fragen Sie eine/n Standmitarbeiter/in um Rat und erklären Sie, wofür Sie den Drucker brauchen. Stellen Sie eventuell Fragen zu dem Modell, das er/sie empfiehlt.

Situation 2
Sie arbeiten für eine Firma, die Drucker herstellt, und vertreten Ihre Firma auf der CeBIT-Messe. Ein/e Interessent/in bittet Sie, ein geeignetes Modell zu empfehlen. Fragen Sie, wofür er/sie den Drucker braucht, dann empfehlen Sie das geeignetere Modell auf S. 111. Erklären Sie die Spezifikationen und Besonderheiten bzw. Vorteile dieses Modells.

DATENBLATT B24
(9.4E, S. 125)

Situation 1
Sie arbeiten im Distributionslager des Spediteurs Panalpina in Bremen. Sie bekommen einen Anruf wegen einer verspäteten Lieferung. Notieren Sie die Einzelheiten. Erklären Sie dem Anrufer, dass Sie sich erkundigen und dann zurückrufen werden.

Situation 2
Rufen Sie den Kunden/die Kundin zurück und erklären Sie, was mit der Sendung passiert ist: Die Lastwagen haben Verspätung wegen des schlechten Wetters. Sie sollen am nächsten Tag in Bremen eintreffen. Die Sendung geht wahrscheinlich übermorgen an den Empfänger ab.

Hörtexte

KAPITEL 1

1.1A

DIALOG 1
Frau Brett: Entschuldigen Sie bitte! Sind Sie Herr Becker?
Herr Becker: Ja.
Frau Brett: Ich bin Anna Brett von der Firma Norco.
Herr Becker: Wie bitte, wie war Ihr Name?
Frau Brett: Brett.
Herr Becker: Ach, guten Morgen, Frau Brett!
Frau Brett: Guten Morgen, Herr Becker! So, gehen wir? Mein Auto steht draußen.

DIALOG 2
Empfangsdame: Guten Tag, bitte schön?
Dr. Hoffmann: Guten Tag. Mein Name ist Hoffmann von der Firma Hansen und Co. Ich habe einen Termin bei Frau Andersen.
Empfangsdame: Einen Moment bitte, ich rufe an ... Ja, Frau Andersen kommt gleich. Möchten Sie solange Platz nehmen?
Dr. Hoffmann: Ja, danke.
Frau Andersen: Ach, Herr Doktor Hoffmann, guten Tag. Schön, Sie wiederzusehen! Wie geht's Ihnen?
Dr. Hoffmann: Danke, gut, und Ihnen?
Frau Andersen: Gut, danke. So, kommen Sie bitte mit ins Büro.

1.1D

Frau Brett: Wie war die Reise, Herr Becker?
Herr Becker: Ganz gut, danke. Wir hatten nur fünf Minuten Verspätung.
Frau Brett: Sehr gut! Und wie ist das Wetter in Deutschland? So schön wie hier?
Herr Becker: Nein, wir hatten schlechtes Wetter.
Frau Brett: Ach, schade! Und ist es Ihr erster Besuch hier, Herr Becker?
Herr Becker: Nein, letztes Jahr war ich zwei Wochen hier im Urlaub.
Frau Brett: Aha. Und wie hat es Ihnen hier gefallen?
Herr Becker: Prima! Wir hatten die ganze Zeit Sonne.
Frau Brett: Das ist gut. Und woher kommen Sie in Deutschland?
Herr Becker: Aus Regensburg in Bayern. Ich wohne und arbeite aber seit vielen Jahren in Hamburg.
Frau Brett: Ach so! Ich war auch einmal in Hamburg. Das ist eine schöne Stadt, nicht wahr?
Herr Becker: Ja, das stimmt.
Frau Brett: So, da ist die Firma, da sind wir schon.

1.2A

Frau Brett: So, Herr Becker, gehen wir rein.
Herr Becker: Danke schön.
Frau Brett: Bitte schön. Herr Olson kommt in fünf Minuten. Möchten Sie solange hier Platz nehmen?
Herr Becker: Danke.
Frau Brett: Darf ich Ihren Mantel nehmen?
Herr Becker: Ja, vielen Dank.
Frau Brett: Möchten Sie etwas trinken? Tee oder Kaffee? Wir haben auch Apfelsaft, Orangensaft, Mineralwasser oder Cola.
Herr Becker: Ich möchte bitte eine Tasse Kaffee.
Frau Brett: Wie trinken Sie den Kaffee? Mit Milch?
Herr Becker: Mit Milch, aber ohne Zucker.
Frau Brett: Gut. ... So, hier ist der Kaffee. Möchten Sie auch Kekse?
Herr Becker: Nein, danke. Ich habe keinen Hunger.

1.2C

Herr Becker: Frau Brett, entschuldigen Sie bitte!
Frau Brett: Ja, bitte schön?
Herr Becker: Könnte ich vielleicht nach Deutschland faxen?
Frau Brett: Aber selbstverständlich! Schreiben Sie Ihr Telefax und ich schicke es für Sie ab.
Herr Becker: Ach, vielen Dank!
Herr Becker: Frau Brett, kann ich bitte etwas fotokopieren?
Frau Brett: Das ist leider nicht möglich. Der Fotokopierer ist im Moment kaputt.
Herr Becker: Ach, so.
Herr Becker: Frau Brett, entschuldigen Sie, darf man hier rauchen?
Frau Brett: Nein, das geht leider nicht. Das ist hier nicht erlaubt.
Herr Becker: Wie schade.
Herr Becker: Frau Brett!
Frau Brett: Ja, bitte?
Herr Becker: Entschuldigen Sie bitte nochmal, aber wo ist die Toilette?
Frau Brett: Kommen Sie mit. Ich zeige es Ihnen.
Herr Becker: Frau Brett, könnten Sie mir Ihren neuen Prospekt zeigen?
Frau Brett: Der neue Prospekt ist leider noch nicht fertig.
Herr Becker: Ach, so.
Frau Brett: Aber ich kann Ihnen gerne einen alten holen.
Herr Becker: Danke, den habe ich schon.

1.3A

Sprecher: Leiter Marketing; Exportleiter; Leiter Qualitätssicherung; Produktionsleiter; Leiter Finanz- und Rechnungswesen; Personalleiter

1.3B

Frau Brett: Herr Becker, darf ich vorstellen? Das ist unser Geschäftsführer, Herr Olson.
Herr Becker: Sehr angenehm.
Herr Olson: Guten Tag, Herr Becker.
Frau Brett: Ich bin die Sekretärin von Herrn Olson. Und Frau Scheiber, die Leiterin Vertrieb und Marketing, kennen Sie ja.
Herr Becker: Guten Tag, Frau Scheiber, wie geht's Ihnen?
Frau Scheiber: Sehr gut, danke.
Frau Brett: Das ist Herr Doil, unser technischer Leiter.
Herr Becker: Ah, Herr Doil, guten Tag!
Frau Brett: Dann Herr Boltman, der Werksleiter.
Herr Becker: Entschuldigung, wie war Ihr Name?
Herr Boltmann: Boltmann.
Herr Becker: Sehr erfreut.
Frau Brett: Und das ist Herr Becker, unser neuer Vertreter für Norddeutschland.
Herr Olson: So, Herr Becker, herzlich willkommen bei Norco!

1.3D

Sprecher: (spricht das Alphabet)

1.4A

Frau Brett: So, Herr Becker, hier ist das Tagesprogramm für Ihren Besuch bei uns. Zuerst sehen Sie einen kurzen Videofilm über unsere Firma, und dann um 11.00 Uhr findet eine Betriebsbesichtigung statt.
Herr Becker: Mit Ihnen?
Frau Brett: Ja, und auch mit Herrn Boltman, dem Werksleiter. Um 12.30 Uhr essen wir dann zu Mittag.
Herr Becker: Hier in der Firma?

165

Frau Brett: Nein, in einem kleinen Lokal hier in der Nähe. Um 14.00 Uhr haben Sie ein Gespräch mit unserem technischen Leiter, Herrn Doil. Er erklärt Ihnen alle technischen Aspekte unserer Produkte.
Herr Becker: Gut.
Frau Brett: Und um 15.30 Uhr nehmen Sie an einer Sitzung unserer Marketing-Gruppe teil.
Herr Becker: Da lerne ich die Marketingstrategie besser kennen.
Frau Brett: Ja, genau. Und um 19.00 Uhr gibt es Abendessen mit Herrn Olson und mir.
Herr Becker: Wo essen wir denn?
Frau Brett: In einem netten Restaurant in der Innenstadt. Ist Ihnen das recht?
Herr Becker: Ja, danke, alles wunderbar.

1.5B

Frau Brett: So, Herr Becker, ich zeige Ihnen unsere Firma. Hier ist der Empfang, wie Sie sehen.
Herr Becker: Mm. Sehr schön.
Frau Brett: Und hier nebenan ist das Büro des Geschäftsführers, Herrn Olson. Durch diese Tür geht es zur Abteilung Vertrieb und Marketing. Hier koordinieren wir die Arbeit unserer Vertreter.
Herr Becker: Also, mit dieser Abteilung werde ich direkt zu tun haben.
Frau Brett: Ja, das stimmt. Hier nebenan ist die Buchhaltung. Hier machen wir die Kontenführung und rechnen die Löhne und Gehälter ab.
Herr Becker: Ah, hier bezahlt man also meine Provision!
Frau Brett: Ja, genau. Und daneben ist die Einkaufsabteilung. Hier kaufen wir das Material für die Fertigung ein.
Herr Becker: Und was für ein Zimmer ist das gegenüber?
Frau Brett: Das ist unser Konferenzzimmer. Möchten Sie reinschauen?
Herr Becker: Aha, sehr imposant!
Frau Brett: Also, gehen wir weiter. Hier links sehen Sie das Konstruktionsbüro. Hier entwerfen wir Designs für neue Modelle.
Herr Becker: Mit Computern?
Frau Brett: Mit Computern und auch manuell. Dort in der Ecke links ist die Küche und gegenüber sind die Toiletten. Und das ist die Arbeitsvorbereitung. Hier planen wir die Produktion für die kommenden Wochen. So, und jetzt gehen wir links in die Fertigungshalle.
Herr Becker: Hier fertigen Sie also die Produkte an. Mm, das ist aber beeindruckend! Und alles so modern!
Frau Brett: Ja, dieses Jahr haben wir in neue Maschinen investiert. Dort in der Ecke sitzt Herr Boltmann und überwacht die Produktion. Gehen wir rein.
Herr Becker: Hallo, Herr Boltmann.
Herr Boltmann: Tag, Herr Becker. So, jetzt machen wir einen Rundgang durch die Fertigungshalle. Kommen Sie mal mit.
Herr Becker: Was ist das da drüben?
Herr Boltmann: Das ist unser Prüfraum. Dort testen wir unsere Produkte.
Herr Becker: Sehr interessant.
Herr Boltmann: So, gehen wir mal weiter.
Herr Becker: Also, das war wirklich interessant. Und was für ein Gebäude ist das da draußen?
Herr Boltmann: Das ist unser Fertiglager. Dort lagern wir die Fertigprodukte.
Herr Becker: Aha.
Frau Brett: So, das wäre dann alles. Gehen wir zurück in das Verwaltungsgebäude?
Herr Becker: Recht herzlichen Dank für den interessanten Rundgang, Frau Brett. Die Büros sind sehr schön und die Fabrik ist höchst modern. Ich freue mich auf die Zusammenarbeit mit Norco!
Frau Brett: Vielen Dank, Herr Becker.

KAPITEL 2

2.1A

Teil 1
Sprecher: Aventis; Braun; Bayer; ThyssenKrupp; Rosenthal; DaimlerChrysler; Siemens; Porsche

Teil 2
Sprecher: AEG; VW; IBM; BMW; BASF; MAN

2.1B

Dialog 1
Interviewer: Eine Frage, bitte. Kennen Sie den Namen Agfa?
Mann: Agfa? Sie machen doch Fotofilme, oder?

Dialog 2
Interviewer: Guten Tag, was bedeutet für Sie der Name Rosenthal?
Frau: Rosenthal? Ach, Rosenthal ist doch für Porzellan bekannt!

Dialog 3
Interviewer: Entschuldigung, kennen Sie den Namen Varta?
Mann: Ja, natürlich. Batterien von Varta habe ich zu Hause.

Dialog 4
Interviewer: Verzeihung, darf ich mal fragen, was bedeutet für Sie der Name BASF?
Frau: BASF – das bedeutet für mich in erster Linie Tonbänder und Videos.

Dialog 5
Interviewer: Was für ein Image haben die Produkte von Porsche?
Mann: Porsche, das bedeutet für mich schnelle, rassige Sportwagen.

2.1C

Dialog 1
Interviewer: Was produziert die Firma Schwarzkopf?
Mitarbeiterin: Schwarzkopf produziert Toilettenartikel, zum Beispiel Shampoo, Rasierwasser, Deodorants. Unsere führende Marke ist das Shampoo „Schauma".

Dialog 2
Interviewer: Sie arbeiten bei der Firma Grundig. Was für Produkte hat Ihre Firma?
Mitarbeiter: Grundig ist eine Firma, die Geräte der Unterhaltungselektronik herstellt, zum Beispiel Radios, Fernsehapparate und Stereoanlagen.

Dialog 3
Interviewer: Bayer ist ein Unternehmen, das unter anderem Arzneimittel produziert. Was für Produkte haben Sie eigentlich?
Mitarbeiterin: Bayer produziert und vertreibt rezeptfreie Arzneimittel gegen Schmerzen, Husten und Erkältung. Unser bekanntestes Produkt ist Aspirin.

Dialog 4
Interviewer: Das neueste Produkt des Münchener Kraftfahrzeugherstellers MAN ist der Reisebus „Lion's Star". Ich mache eine Testfahrt mit Herrn Kuriat ... Herr Kuriat, können Sie uns etwas über den neuen Reisebus sagen?
Herr Kuriat: Ja, unser neuer Fernreise-Hochdecker „Lion's Star" hat eine ganze Reihe technischer Raffinessen ...

Dialog 5
Interviewer: Sagen Sie mir bitte, was stellt eigentlich die Firma Siemens her?
Mitarbeiter: Siemens hat sehr unterschiedliche Produkte. Die Firma ist Ihnen wahrscheinlich durch Haushaltsgeräte bekannt. Wir sind aber auch in der Informationstechnik tätig. Vielleicht haben Sie ein Siemens Telefon mit Anrufbeantworter zu Hause?

2.2B

DIALOG 1
Interviewer: Was für eine Firma ist ThyssenKrupp?
Mitarbeiter: ThyssenKrupp ist ein führender deutscher Technologie- und Dienstleistungskonzern.

DIALOG 2
Interviewer: In welcher Branche ist Aventis tätig?
Mitarbeiterin: Aventis ist ein großer Pharmakonzern.
Interviewer: Was macht die Firma Aventis eigentlich?
Mitarbeiterin: Aventis produziert Medikamente, Impfstoffe, Diagnoseinstrumente, Pflanzen, biotechnische Produkte und Tiernahrungsmittel.

DIALOG 3
Interviewer: DaimlerChrysler ist der größte Automobilhersteller Deutschlands. Ist die Firma aber auch in anderen Bereichen aktiv?
Mitarbeiter: Ja, außer im Automobilbau auch in den Bereichen Luft- und Raumfahrt, Bahnsysteme sowie im Finanzdienstleistungssektor.

DIALOG 4
Interviewer: In welcher Branche ist die Firma Mannesmann tätig?
Mitarbeiterin: Mannesmann ist in vielen Branchen tätig. Wir bauen Maschinen und Anlagen, stellen Komponenten für die Kraftfahrzeugindustrie und Röhren her. Außerdem produzieren wir so ziemlich alles im Bereich Telekommunikation.

DIALOG 5
Interviewer: VEBA zählt zu den fünf größten Firmen Deutschlands, in welchen Bereichen ist die Firma aktiv?
Mitarbeiter: VEBA ist im Bereich Energiewirtschaft tätig, wir produzieren nämlich Öl und Strom, sowie auch in der chemischen Industrie. Wir sind auch im Dienstleistungssektor vertreten, z.B. in den Bereichen Handel und Verkehr.
Interviewer: Aber der Name VEBA ist doch relativ unbekannt.
Mitarbeiter: Das stimmt, aber vielleicht kennen Sie die Firma Aral?
Interviewer: Ach, Aral Tankstellen!
Mitarbeiter: Sehen Sie, Aral gehört zu VEBA.

2.2D

DIALOG 1
Interviewer: Was für eine Firma ist Lufthansa?
Mitarbeiterin: Lufthansa ist Deutschlands größte Fluggesellschaft. Sie hat Flugverbindungen in alle Welt.

DIALOG 2
Interviewer: Was für eine Firma ist Aldi?
Mitarbeiter: Aldi ist eine Supermarktkette, die Lebensmittel zu Niedrigpreisen verkauft.

DIALOG 3
Interviewer: Können Sie mir bitte sagen, was Neckermann eigentlich macht?
Mitarbeiterin: Gerne. Neckermann ist ein Versandhaus, das heißt, wir verkaufen Waren per Katalog und schicken sie dann den Kunden ins Haus.

DIALOG 4
Interviewer: Hertie ist ein Kaufhaus, nicht wahr?
Mitarbeiter: Ja, Hertie ist eines der bekanntesten Kaufhäuser Deutschlands. Ein Hertie-Kaufhaus findet man in jeder größeren Stadt.

DIALOG 5
Interviewer: Was für eine Firma ist die Allianz?
Mitarbeiterin: Die Allianz ist eine der größten Versicherungsgesellschaften Deutschlands.

DIALOG 6
Interviewer: In welchem Bereich ist Kühne und Nagel tätig?
Mitarbeiter: Wir sind im Bereich Transport tätig. Wir sind eine Speditionsfirma, das heißt, wir transportieren Waren per LKW, per Luftfracht und per Schiff.

2.3A

TEIL 1
Sprecher: dreizehntausendvierhundert;
neun Millionen dreihundertsiebenundsiebzigtausend;
achtunddreißig Milliarden zweiundvierzig Millionen;
siebzehn Komma fünf Prozent;
fünf Komma zwei sechs Milliarden;
neunzehnhundertneunundachtzig;

TEIL 2
Sprecher: einhundertsechsunddreißigtausendsiebenhundert;
fünfundfünfzig Millionen sechshundertdreiundsiebzigtausend;
vier Milliarden achtundvierzig Millionen;
eine Milliarde siebenhundertneunundsiebzig Millionen dreihunderttausend;
einundsechzig Komma fünf Prozent;
neunzehnhundertsechsundneunzig

2.3B

DIALOG 1
Interviewer: In welcher Branche ist Springer Sportmoden tätig?
Mitarbeiter: Springer Sportmoden ist in der Bekleidungsindustrie tätig und stellt Tennisbekleidung, Trainingsanzüge und Radfahrerbekleidung her.
Interviewer: Und wie hoch ist Ihr Umsatz?
Mitarbeiter: Unser Umsatz beträgt zirka siebzehn Millionen Euro.
Interviewer: Wie viele Leute beschäftigen Sie?
Mitarbeiter: Wir haben einhundertvierzig Mitarbeiter.

DIALOG 2
Interviewer: In welcher Branche ist die Firma BASF tätig?
Mitarbeiterin: Die BASF-Gruppe ist ein großer Chemiekonzern. Wir produzieren unter anderem Chemikalien, Chemiefasern, Produkte aus Öl und Gas sowie Pflanzenschutzmittel und Pharmazeutika.
Interviewer: Und wie viel beträgt Ihr Umsatz?
Mitarbeiterin: Über neunundzwanzig Milliarden Euro.
Interviewer: Wie viele Mitarbeiter beschäftigt Ihre Firma ungefähr?
Mitarbeiterin: Wir beschäftigen weltweit etwa einhundertzehntausend Mitarbeiter.

DIALOG 3
Interviewer: Was für eine Firma ist Kessel?
Mitarbeiter: Kessel Auto-Electric ist eine Firma, die Komponenten für die Kraftfahrzeugindustrie herstellt.
Interviewer: Und wie groß ist die Firma?
Mitarbeiter: Unser Umsatz liegt zwischen neunhunderttausend und einer Million Euro, und wir haben siebenundzwanzig Beschäftigte.

2.4D

Interviewer: Was für eine Firma ist die AEG?
Sprecher: Die AEG ist ein führender Elektrokonzern.
Interviewer: Könnten Sie mir bitte die Firmenstruktur kurz beschreiben?
Sprecher: Ja, die AEG gehört seit 1986 dem Daimler-Benz-Konzern. Daimler-Benz ist eine Holding-Gesellschaft für die vier Unternehmenseinheiten Mercedes-Benz, AEG, Deutsche Aerospace und Daimler-Benz InterServices, oder *debis*.
Interviewer: In welchen Bereichen ist die AEG tätig?
Sprecher: Die Aktivitäten der AEG umfassen fünf Geschäftsbereiche, und zwar: Automatisierungstechnik, Elektrotechnische Anlagen und Komponenten, Bahnsysteme, Hausgeräte und Mikroelektronik.
Interviewer: Und wie viele Gesellschaften gehören zur AEG-Gruppe?
Sprecher: Zur AEG gehören mehr als 100 Tochter- und Beteiligungsgesellschaften in über 107 Ländern.
Interviewer: Wo ist der Hauptsitz der Firma?
Sprecher: Die Hauptverwaltung ist in Frankfurt am Main.
Interviewer: Und hat die AEG andere Standorte in Deutschland?

Sprecher: Wir haben Vertriebsniederlassungen und Fertigungsstätten sowie auch Tochtergesellschaften an 81 Standorten in Deutschland, z.B. in Berlin, in Hannover, in Stuttgart, aber auch in den neuen Bundesländern, z.B. in Dresden.
Interviewer: Und wo sind die wichtigsten Standorte im Ausland?
Sprecher: Die AEG hat Vertretungen, Produktions- und Vertriebsgesellschaften in allen wichtigen europäischen Ländern, z.B. in Frankreich, in Spanien, in Großbritannien und auch in Russland.
Interviewer: In Russland auch?
Sprecher: Ja, in Moskau und St. Petersburg. Und im übrigen Ausland sind wir an 147 Standorten vertreten, z.B. in den USA, in Südamerika, Afrika und Australien.
Interviewer: Also eigentlich weltweit.
Sprecher: Jawohl, das stimmt.
Interviewer: Und wie hoch ist Ihr Umsatz?
Sprecher: Unser Gesamtumsatz beträgt zirka 12 Milliarden Mark, und wir beschäftigen ungefähr 60.000 Mitarbeiter weltweit.
Interviewer: Das ist interessant. Herzlichen Dank für das Gespräch.
Sprecher: Gern geschehen.

2.5A

Sprecherin: Guten Morgen, meine Damen und Herren. Herzlich willkommen in unserer Zentrale hier in Hamburg. Zuerst möchte ich Ihnen kurz etwas über den Otto-Konzern erzählen.
Otto ist in erster Linie ein Versandhaus, das Waren per Katalog und Online-Bestellung verkauft und den Kunden direkt ins Haus schickt. Insgesamt gibt es mehr als 600 Kataloge pro Saison. Den deutschen Hauptkatalog mit dem Motto „Ist es Trend, hat es Otto" kennen Sie sicher. Er bietet auf 1.300 Seiten über 25.000 Produkte an, vor allem Bekleidung und Schuhe. Darüber hinaus gibt es hier mehr als 20 Spezialkataloge, zum Beispiel „Multimedia", „Baumarkt", „Klitzeklein", „Gartencenter" oder „p.s. company" – trendige Mode für junge Leute. Selbstverständlich alle kostenlos.
Otto existiert seit 1949. Im Herbst 1950 brachte unser Firmengründer, Werner Otto, den ersten Katalog heraus. Dieser erschien in einer Auflage von 300 Exemplaren, alle handgebunden, mit einem Angebot von 28 Paar Schuhen. Er hatte übrigens 14 Seiten. Und nach 50 Jahren ist die Otto-Handelsgruppe mit 51 Unternehmen in 20 Ländern in Europa, Amerika und Asien der einzige Global Player der Branche und das umsatzstärkste Versandunternehmen der Welt. Der Konzern erwirtschaftet einen Jahresumsatz von 17 Mrd. Euro, etwa die Hälfte davon im Ausland. Er beschäftigt 65.000 Menschen.
Der Sitz der Handelsgruppe ist, wie gesagt, nach wie vor Hamburg.
In jüngster Zeit hat Otto seine Position in Großbritannien, dem zweitgrößten Versandhandelsmarkt Europas, entscheidend verstärkt. Otto hat das britische Versandhandelsunternehmen Freemans Plc., London, übernommen. Dadurch hat Otto seinen Marktanteil am Versandhandel in Großbritannien von bisher 8 auf 15 Prozent erhöht. Der Otto-Konzern plant, seine Marktposition in den großen Versandhandelsmärkten auszubauen.
Das war also ein kurzer Überblick über unsere Firma. Möchte jemand eine Frage stellen?
Besucher 1: Entschuldigung, könnten Sie den Umsatz bitte wiederholen?
Sprecherin: Ja, wir haben einen Umsatz von 17 Mrd. Euro weltweit. Hat jemand weitere Fragen?
Besucher 1: Ja, können Sie uns bitte etwas über Ihre Aktivitäten in Spanien sagen?
Sprecherin: Ja, gerne. Wir verfolgen in Spanien ebenfalls einen Wachstumskurs. Deshalb hat Otto beschlossen, ein Joint Venture mit dem Textileinzelhandelsunternehmen Inditex zu gründen.
Besucher 2: Danke.
Sprecherin: So, meine Damen und Herren, beginnen wir jetzt unsere Betriebsbesichtigung ...

KAPITEL 3

3.1B

Herr Noske: Herr Weber, darf ich Sie irgendwann diese Woche zum Abendessen einladen?
Herr Weber: Gern, Herr Noske, das ist sehr freundlich von Ihnen.
Herr Noske: Würde Ihnen Donnerstag passen?
Herr Weber: Ja, das wäre prima, da habe ich nichts anderes vor.
Herr Noske: Gut. Essen Sie gern chinesisch? Ich kenne nämlich ein sehr gutes chinesisches Restaurant, das Restaurant Lotus. Die Küche ist ausgezeichnet und die Atmosphäre dort finde ich sehr angenehm.
Herr Weber: Es tut mir Leid, aber ich befürchte, die chinesische Küche schmeckt mir nicht.
Herr Noske: Wie wär's also mit einem gutbürgerlichen deutschen Restaurant?
Herr Weber: Ja, ehrlich gesagt ist mir das lieber.
Herr Noske: Dann kann ich zwei Restaurants empfehlen, die Bingelsstube oder das Restaurant Zum Kuhhirten-Turm. Die Bingelsstube hat eine Freiterrasse, da kann man wunderbar draußen sitzen. Aber das Restaurant Zum Kuhhirten-Turm hat, glaube ich, die bessere Speisekarte. Der Kuhhirten-Turm ist auch in Sachsenhausen. Das ist unser Vergnügungsviertel, das sollten Sie sehen.
Herr Weber: Prima, gehen wir also ins Restaurant Zum Kuhhirten-Turm.
Herr Noske: Gut, dann reserviere ich einen Tisch für Donnerstagabend.
Herr Weber: Wann und wo sollen wir uns treffen?
Herr Noske: Ich hole Sie so um halb sieben mit dem Auto von Ihrem Hotel ab.
Herr Weber: Vielen Dank für die Einladung, Herr Noske, ich freue mich drauf!

3.2B

Herr Noske: Guten Abend, ich habe einen Tisch reserviert auf den Namen Noske, Firma Morita.
Empfangsdame: Ja, Herr Noske, kommen Sie bitte mit. Ich hoffe, dieser Tisch passt Ihnen?
Herr Noske: Ja, wunderbar. Danke schön.
Kellner: So, meine Herrschaften, die Speisekarte, bitte schön.
Herr Weber: Mm. Sieht alles sehr lecker aus. Nehmen Sie eine Vorspeise?
Herr Noske: Ja. Ich glaube, ich nehme die Hühnerbrühe mit Einlage.
Herr Weber: Ich auch.
Herr Noske: Und was nehmen Sie als Hauptgericht?
Herr Weber: Können Sie mir etwas empfehlen?
Herr Noske: Das Eisbein mit Sauerkraut schmeckt hier besonders gut. Das ist eine Spezialität der Gegend.
Herr Weber: Ach nein, danke, da nehme ich lieber etwas anderes. Ich glaube, ich probiere die halbe Wildente. Und was nehmen Sie?
Herr Noske: Für mich das Champignonschnitzel mit Rahmsauce. Also, Herr Ober, wir möchten bestellen!
Kellner: Bitte schön, die Herrschaften, was bekommen Sie?
Herr Noske: Also, zweimal Hühnerbrühe ... und dann die halbe Wildente für den Herrn und Champignonschnitzel für mich.
Kellner: Jawohl. Und was möchten Sie dazu trinken?
Herr Noske: Also, kein Alkohol für mich. Ich muss noch Auto fahren. Ich nehme ein Apollinaris. Aber Sie, Herr Weber, Sie dürfen ruhig etwas trinken. Ich fahre Sie dann nach Hause.
Herr Weber: Dann nehme ich bitte ein Glas Rotwein, den Trollinger, und auch eine Flasche Mineralwasser.
Kellner: Ist gut, vielen Dank.

3.2D

Kellner: So, meine Herrschaften, hat es Ihnen geschmeckt?
Herr Noske: Ja, es war köstlich, danke.
Herr Weber: Ja, es hat wirklich sehr gut geschmeckt.
Kellner: Möchten Sie noch etwas bestellen?
Herr Noske: Ich nehme noch eine Rote Grütze. Und Sie, Herr Weber?
Herr Weber: Ich möchte bitte das Pflaumenkompott mit Vanilleeis, aber ohne Sahne.
Herr Noske: Und bringen Sie mir die Rechnung, bitte.
Kellner: Geht die Rechnung zusammen oder getrennt?
Herr Noske: Alles zusammen, bitte.
Kellner: So, die Rechnung, bitte schön.
Herr Noske: Danke. So, stimmt so.
Kellner: Vielen Dank. Angenehmen Abend noch.
Herr Noske: Vielen Dank, auf Wiedersehen.
Kellner: Wiedersehen.

3.3B

Herr Noske: Also, trinken wir auf Moritas neue Niederlassung in Weimar!
Herr Weber: Ja, auf ihren Erfolg!
Herr Noske: Sie sind doch aus Weimar, Herr Weber. Was ist denn Weimar für eine Stadt?
Herr Weber: Weimar ist eine mittelgroße Stadt und ist, wie Sie bestimmt wissen, für ihre historischen Verbindungen mit Goethe, Schiller und Liszt bekannt. Goethe hat mal gesagt: „Wählen Sie Weimar zu Ihrem Wohnort. Wo finden Sie auf einem so engen Flecken noch so viel Gutes!"
Herr Noske: Es muss ja sehr schön sein. Und wo wohnen Sie?
Herr Weber: In der Nähe des Stadtzentrums, in der Altstadt.
Herr Noske: Und wie wohnt man dort?
Herr Weber: Es ist schon sehr schön, dort zu wohnen. Trotz der Zentrumslage ist es dort relativ ruhig. Nur es kommen jetzt immer mehr Touristen und das Parken wird immer schwieriger!
Herr Noske: Ja, das Parken ist immer ein Problem in der Stadt. Wie kommen Sie denn zur Arbeit? Fahren Sie mit dem Auto?
Herr Weber: Nein, ich gehe zu Fuß, dafür brauche ich nur 15 Minuten.
Herr Noske: Toll, ich brauche mindestens eine Stunde. Und wie wohnen Sie, wenn ich fragen darf?
Herr Weber: Wir haben eine Wohnung im dritten Stock eines Altbaus.
Herr Noske: Gehört die Wohnung Ihnen oder ist es eine Mietwohnung?
Herr Weber: Es ist eine Mietwohnung.
Herr Noske: Und wie groß ist sie?
Herr Weber: Ungefähr 80 Quadratmeter. Wir haben drei Zimmer und einen Balkon. Und wo wohnen Sie, Herr Noske?
Herr Noske: In einem Stadtteil, der Schwalbach heißt, das liegt am nordwestlichen Stadtrand.
Herr Weber: Und wie wohnt man dort?
Herr Noske: Es ist eigentlich eine schöne Wohngegend, es ist fast im Grünen. Wir haben's nicht weit zum Taunusgebirge.
Herr Weber: Und wie kommen Sie zur Arbeit? Gibt es gute Verkehrsverbindungen ins Stadtzentrum?
Herr Noske: Ich fahre meistens mit dem Auto, die Straßenverbindungen sind sehr gut.
Herr Weber: Und wie wohnen Sie?
Herr Noske: Ich wohne in einer Doppelhaushälfte mit Südgarten.
Herr Weber: Schön, einen Garten hätte ich gern. Gehört das Haus Ihnen?
Herr Noske: Ja, das Haus habe ich vor etwa vier Jahren gekauft.
Herr Weber: Und wie groß ist es?
Herr Noske: 120 Quadratmeter. Es hat vier Zimmer.
Herr Weber: Hat das Haus einen Keller?
Herr Noske: Ja, der Keller kommt noch dazu. Da unten macht mein Sohn Musik.

3.3D

Herr Noske: Und haben Sie auch Familie, Herr Weber?
Herr Weber: Ja. Darf ich Ihnen diese Fotos zeigen?
Herr Noske: Gern.
Herr Weber: Das sind meine Kinder, Matthias und Claudia.
Herr Noske: Und wie alt sind sie?
Herr Weber: Matthias ist jetzt zehn und Claudia ist zwölf Jahre alt. Und das ist meine Frau, Barbara. Sie arbeitet im Krankenhaus, sie ist Krankenschwester.
Herr Noske: Sehr nett. Ich müsste auch irgendwo ein Familienfoto haben ... ja, da ist es. Da bin ich und der da, das ist mein Sohn, Thomas.
Herr Weber: Wie alt ist er?
Herr Noske: Er wird bald 18 und geht noch zur Schule. Nächstes Jahr macht er sein Abitur.
Herr Weber: Und wer sind die anderen?
Herr Noske: Das ist meine Schwester Ingrid mit ihrem Mann und das ist mein Bruder Johann mit seiner Frau. Mein Schwager Albert arbeitet übrigens auch bei Morita, vielleicht lernen Sie ihn noch kennen.
Herr Weber: Und wer ist der Kleine da?
Herr Noske: Das ist mein Neffe Georg, der Sohn von meiner Schwester Ingrid. Mein Bruder und seine Frau haben noch keine Kinder.
Herr Weber: Und Ihre Frau?
Herr Noske: Meine Ex-Frau ist nicht dabei. Ich bin seit zwei Jahren geschieden und erziehe meinen Sohn alleine.
Herr Weber: Ach so, das tut mir Leid.
Herr Noske: Na ja, das passiert heutzutage so oft.

3.4B

Herr Noske: Was machen Sie denn in Ihrer Freizeit, Herr Weber?
Herr Weber: Na ja, ich gehe gern mit meiner Familie im Park oder im Wald spazieren. Sonntags machen wir auch gern mal Ausflüge und besuchen alte Burgen, Schlösser und Kirchen. Ich interessiere mich nämlich sehr für Geschichte.
Herr Noske: Ja, Ihre Gegend muss historisch sehr interessant sein. Interessieren Sie sich auch für Musik oder Theater?
Herr Weber: Ja, ich höre sehr gern klassische Musik. Meine Frau und ich gehen gern mal ins Konzert oder ins Theater. Und Sie?
Herr Noske: Eigentlich gehe ich lieber ins Kino.
Herr Weber: Ach so. Ich interessiere mich auch sehr für Filme. Was für Filme sehen Sie gern?
Herr Noske: Eigentlich alles, nur nicht Horrorfilme oder Sciencefiction! Ja, ich finde die Filme von Wim Wenders sehr interessant.
Herr Weber: Ich persönlich mag die alten Hitchcock-Filme am liebsten. Die bringen sie ganz oft im Fernsehen.
Herr Noske: Ja, mir gefällt Hitchcock auch. Sehen Sie denn viel fern?
Herr Weber: Nein, ich habe keine Zeit. Nur Fußball sehe ich gern im Fernsehen, die Nachrichten natürlich, und ab und zu schaue ich mir einen interessanten Dokumentarfilm an.
Herr Noske: Treiben Sie Sport?
Herr Weber: Leider nicht mehr! Sind Sie denn sportlich aktiv?
Herr Noske: Ja, ziemlich.
Herr Weber: Was für Sportarten treiben Sie?
Herr Noske: Na, im Winter fahre ich mit meinem Sohn Ski und im Sommer fahre ich gern Rad. Ich mache oft Radtouren in Taunus. Und zweimal pro Woche jogge ich, um fit zu bleiben.
Herr Weber: Alle Achtung! Ich müsste auch wieder mal joggen gehen, ich bin überhaupt nicht mehr fit. Und haben Sie noch andere Hobbys?
Herr Noske: Na ja, ich lese gern, die Zeitung natürlich, aber auch Literatur und Sachbücher, am liebsten Biografien.
Herr Weber: Wer sind Ihre Lieblingsautoren?
Herr Noske: Ja, ich lese gern die Bücher von Heinrich Böll, Christa Wolf, Patrick Süskind ...
Herr Weber: Ah, ja, „Das Parfüm" von Süskind hat mir sehr gut gefallen ...

3.5C

Herr Noske: In der DDR konnte man nur selten in die westlichen Länder fahren. Sind Sie seit der Wiedervereinigung viel gereist?
Herr Weber: O ja, natürlich!
Herr Noske: Wohin sind Sie denn letztes Jahr in Urlaub gefahren?
Herr Weber: Nach Österreich. Wir haben zwei Wochen in St. Gilgen verbracht.
Herr Noske: Ah, St. Gilgen kenne ich. Ich war selbst vor zwei Jahren im Skiurlaub dort. Wie hat es Ihnen gefallen?
Herr Weber: Sehr gut. Die Stadt ist sehr schön, sauber und ruhig und die Landschaft ist herrlich.
Herr Noske: Ja, das fand ich auch. Wo haben Sie gewohnt?
Herr Weber: Wir haben in einer Familienpension gewohnt. Es war recht gemütlich. Die Familie war sehr freundlich, der Service war ausgezeichnet und das Essen hat uns sehr gut geschmeckt.
Herr Noske: Prima! Und was haben Sie dort gemacht?
Herr Weber: Wir sind viel in den Bergen gewandert. Wir sind auch oft geschwommen und mein Sohn hat auf dem See Surfen gelernt. An einem Tag haben wir einen Ausflug nach Salzburg gemacht. Abends sind meine Frau und ich oft ins Konzert gegangen und einmal haben wir eine Folklore-Veranstaltung besucht. Es war ein schöner Urlaub.
Herr Noske: Ja, es hat mir dort auch gefallen. Und wie war das Wetter?
Herr Weber: Herrlich, es hat nicht einmal geregnet!
Herr Noske: Prima! Und haben Sie schon Reisepläne für dieses Jahr?
Herr Weber: Ja, dieses Jahr wollen wir wahrscheinlich in die Schweiz fahren. Und Sie? Wo waren Sie letztes Jahr im Urlaub?
Herr Noske: Wir sind in die Türkei geflogen und haben ...

3.5D

Herr Weber: Wo waren Sie letztes Jahr im Urlaub?
Herr Noske: Wir sind in die Türkei geflogen und haben zwei Wochen in Side verbracht.
Herr Weber: Aha! Da war ich noch nie. Wie hat es Ihnen gefallen?
Herr Noske: Es war wunderbar. Wir haben uns richtig erholt!
Herr Weber: Prima! Wo haben Sie denn gewohnt?
Herr Noske: Wir haben in einem Luxushotel gewohnt, direkt am Strand. Der Service war ausgezeichnet und das Essen hat uns sehr gut geschmeckt. Die Leute waren auch sehr freundlich.
Herr Weber: Und was haben Sie dort gemacht?
Herr Noske: Natürlich haben wir viel am Strand gelegen und wir sind auch jeden Tag geschwommen. Wir haben die römischen Ruinen besucht, die direkt in Side sind. Wir haben auch einige Ausflüge mit dem Bus ins Landesinnere gemacht. Und abends sind wir durch die Bazars gebummelt. Es war ein sehr schöner Urlaub.
Herr Weber: Und wie war das Wetter?
Herr Noske: Meistens herrlich, nur am letzten Tag hat es geregnet!
Herr Weber: Wunderbar. Da muss ich auch mal hin! Und haben Sie schon Reisepläne für dieses Jahr?
Herr Noske: Ja, dieses Jahr wollen wir wahrscheinlich nach Spanien fahren.

3.6B

Herr Weber: Herr Noske, ich habe bald ein freies Wochenende in Frankfurt. Was kann man hier tun?
Herr Noske: Was möchten Sie gern machen?
Herr Weber: Ich möchte natürlich einige Sehenswürdigkeiten besichtigen.
Herr Noske: Also, wenn Sie sich für Geschichte interessieren, sollten Sie den Römer besuchen, das mittelalterliche Rathaus der Stadt. Und nicht weit vom Römer ist die Paulskirche, wo die erste deutsche Nationalversammlung stattfand.
Herr Weber: Ja, von dem Römer und der Paulskirche habe ich schon gehört.
Herr Noske: Und weil Sie ja aus der Goethe-Stadt Weimar kommen, müssen Sie unbedingt Goethes Geburtshaus besuchen. Das ist auch nicht weit vom Römer.
Herr Weber: Ach ja, eine gute Idee!
Herr Noske: Es gibt auch viele interessante Museen in Frankfurt. Wenn Sie sich für Filme interessieren, könnten Sie das Deutsche Filmmuseum besuchen.
Herr Weber: Aha, wo ist es denn?
Herr Noske: Am südlichen Mainufer. Die Straße dort nennt man jetzt „Museumsufer", weil es dort so viele Museen gibt. Selbst wenn Sie die Museen nicht besuchen, können Sie ihre spektakuläre moderne Architektur bewundern!
Herr Weber: Da muss ich unbedingt hin! Ich möchte auch einige Geschenke kaufen. Wo kann man am besten einen Einkaufsbummel machen?
Herr Noske: Die wichtigste Einkaufszone ist die Zeil. Dort finden Sie fast alle großen Kaufhäuser und Geschäfte. Wissen Sie, dass die Zeil die umsatzstärkste Einkaufsstraße Frankfurts ist?
Herr Weber: Tatsächlich? Und kann ich dort auch Andenken kaufen?
Herr Noske: Unter der Hauptwache finden Sie viele Souvenirläden, das ist am Anfang der Zeil. Auch hier in Sachsenhausen können Sie Souvenirs kaufen.
Herr Weber: Und was ist ein typisches Andenken von Frankfurt?
Herr Noske: Oh, ein *Äppelwoi*-Bembel, das ist ein großer Steinkrug, blau bemalt. *Äppelwoi* ist ja das typische Frankfurter Getränk!
Herr Weber: Und was macht man abends in Frankfurt?
Herr Noske: Es gibt viele Möglichkeiten. Es kommt darauf an, was Sie gerne tun. Wenn Sie sich für Kultur interessieren, könnten Sie in die Alte Oper gehen. Dort hört man allerdings Konzerte, keine Opern. Das Gebäude wurde 1944 zerstört und 1981 als Konzert- und Kongresshaus wieder eröffnet. Übrigens, da habe ich eine Idee. Gehen Sie gern in die Oper?
Herr Weber: Ja, aber warum?
Herr Noske: Wir haben ein Abonnement für die Stadtoper und am nächsten Mittwoch habe ich eine Karte für den „Fliegenden Holländer" von Wagner übrig. Hätten Sie Lust mitzukommen?
Herr Weber: O ja, mit Vergnügen! Recht vielen Dank!

KAPITEL 4

4.1B

Herr Grimm: So, Herr Wenz, hier ist das Organigramm unserer Firma. Wie Sie sehen, wird die Firma von einer Geschäftsführung geleitet, unser Geschäftsführer heißt Dr. Schwarz. Organisatorisch ist die Firma in sieben Hauptbereiche aufgeteilt.
Herr Wenz: Das sind Vertrieb, Produktion und so weiter?
Herr Grimm: Ja, genau.
Herr Wenz: Und einige Bereiche sind in Abteilungen aufgeteilt?
Herr Grimm: Ja, richtig. Der Bereich Vertrieb zum Beispiel umfasst die Abteilung Marketing und Werbung, den Außendienst und den Innendienst. Zum kaufmännischen Bereich gehören die Abteilungen Rechnungswesen und Buchhaltung, Materialwirtschaft und Logistik sowie die Lagerhaltung.
Herr Wenz: Aha. Und wo arbeite ich?
Herr Grimm: Sie arbeiten in drei Abteilungen bei uns. So bekommen Sie einen guten Überblick über das Zusammenwirken der verschiedenen Abteilungen. Zuerst arbeiten Sie vier Wochen im Vertrieb. Der Leiter dort ist Herr Dorn. Zu Anfang arbeiten Sie im Innendienst, dort unterstehen Sie Frau Peer.
Herr Wenz: Frau Peer, P-E-E-R?
Herr Grimm: Ja, genau. Die nächsten vier Wochen verbringen Sie in der kaufmännischen Abteilung.
Herr Wenz: Und wer ist da der Chef?
Herr Grimm: Unser kaufmännischer Leiter ist Herr Fleck.
Herr Wenz: Herr Fleck?
Herr Grimm: Ja. Dort fangen Sie in der Abteilung Materialwirtschaft und Logistik an. Der Abteilungschef heißt Herr Braun.
Herr Wenz: Und danach?

Herr Grimm: Die letzten vier Wochen sind Sie in der Produktion. Unser Produktionschef ist Herr Swoboda.
Herr Wenz: Wie schreibt man den Namen, bitte?
Herr Grimm: S-W-O-B-O-D-A, Swoboda.
Herr Wenz: Aha, danke.
Herr Grimm: So lernen Sie bei uns etwas über die Tätigkeiten und Anforderungen in den verschiedenen Berufen, was bei der Berufswahl ja sehr wichtig ist.

4.1D
Herr Wenz: Herr Grimm, könnten Sie bitte erklären, wie das alles bei Rohrbach funktioniert?
Herr Grimm: Ja. Wir sind eine Maschinenbaufirma, die wichtigste Abteilung bei uns ist also die Entwicklung und Konstruktion. Die Projektingenieure in dieser Abteilung besprechen mit den Kunden, was diese genau haben möchten, und entwickeln dann entsprechende Produkte. Das Konstruktionsbüro konzipiert die Prototypen.
Herr Wenz: Und was geschieht dann?
Herr Grimm: Die Abteilung Fertigung und Montage fertigt, beziehungsweise montiert, die Produkte. Wir fertigen nach dem Just-in-Time-System.
Herr Wenz: Was ist das Just-in-Time-System?
Herr Grimm: Just-in-Time bedeutet, dass unsere Lieferanten das richtige Produktionsmaterial zum richtigen Zeitpunkt und in der richtigen Menge an den Fertigungsort liefern müssen. Das spart Geld. Wir kaufen nämlich nur das ein, was wir brauchen, und wir haben keine hohen Lagerkosten.
Herr Wenz: Ach so, ich verstehe. Und wer organisiert das?
Herr Grimm: Das alles macht die Abteilung Materialwirtschaft und Logistik. Dabei arbeitet sie natürlich eng mit den Abteilungen Entwicklung und Konstruktion und Produktion zusammen. Diese Abteilungen informieren sie, was für Rohmaterialien sie brauchen und zu welchem Termin.
Herr Wenz: Aha. Und wer verkauft die Produkte?
Herr Grimm: Das macht der Vertrieb durch sein Netz von Außendienstmitarbeitern. Die Mitarbeiter im Außendienst betreuen unsere Stammkunden, suchen aber auch ständig neue Kunden.
Herr Wenz: Ach so. Ich verstehe. Vielen Dank, Herr Grimm.
Herr Grimm: Bitte.

4.2A
Herr Wenz: Herr Grimm, wie sind die Arbeitszeiten bei der Firma?
Herr Grimm: In der Fabrik gibt es Schichtarbeit, aber in der Verwaltung haben wir gleitende Arbeitszeit. Die Kernzeit geht von 9.00 bis 16.00 Uhr.
Herr Wenz: Und wann kann man morgens anfangen?
Herr Grimm: Man kann zwischen halb acht und neun Uhr anfangen und aufhören kann man zwischen 16.00 Uhr und 18.30 Uhr, außer freitags. Freitags machen wir schon um 16.00 Uhr Feierabend.
Herr Wenz: Wie viele Stunden muss man pro Woche arbeiten?
Herr Grimm: 37 ½ Stunden einschließlich einer halben Stunde Mittagspause.
Herr Wenz: Muss man auch Überstunden machen?
Herr Grimm: Die gibt es normalerweise hier in der Verwaltung nicht, aber in der Fabrik manchmal schon, wenn viel Arbeit da ist.
Herr Wenz: Eine Frage noch: wie viele Urlaubstage gibt es im Jahr?
Herr Grimm: 30, und die gesetzlichen Feiertage kommen noch dazu.

4.2D
Herr Wenz: Herr Grimm, eine Frage zur Bezahlung. Ich bekomme monatlich 500 Euro, nicht?
Herr Grimm: Ja, richtig. Da Sie einen Angestelltenberuf lernen, bekommen Sie ein Monatsgehalt.
Herr Wenz: Und ist das brutto oder netto?
Herr Grimm: Das ist Ihr Bruttogehalt, aber Sie bekommen noch Wohngeld dazu.
Herr Wenz: Und wie viel ist das Wohngeld?
Herr Grimm: 150 Euro im Monat. Leider bekommen Sie das dreizehnte Monatsgehalt nicht, da Sie nur drei Monate bei uns bleiben.
Herr Wenz: Das 13. Monatsgehalt?
Herr Grimm: Ja, alle Angestellten bei uns bekommen noch ein Monatsgehalt zu Weihnachten.
Herr Wenz: Ach, schade! ... Aber, Herr Grimm, noch eine Frage. Wann bekomme ich mein erstes Gehalt?
Herr Grimm: Am Ende des ersten Monats.
Herr Wenz: Das ist erst in drei Wochen. Könnte ich vielleicht einen Vorschuss bekommen?
Herr Grimm: Natürlich, das ist überhaupt kein Problem. Gehen Sie zu unserer Kassiererin und lassen Sie sich einen Vorschuss geben.
Herr Wenz: Danke schön, Herr Grimm.

4.3B
DIALOG 1
Herr Wenz: Entschuldigung, wo ist das Büro des Personalleiters?
Empfangsdame: Sein Büro ist im zweiten Stock. Vom Empfang aus gehen Sie zwei Treppen hoch. Wenn Sie oben sind, sehen Sie seine Tür schon vor sich.
Herr Wenz: Danke.

DIALOG 2
Herr Wenz: Wie komme ich zur Abteilung Vertrieb?
Herr Grimm: Gehen Sie wieder nach unten ins Erdgeschoss, dann links um die Ecke, den Gang entlang und es ist die vierte Tür links.
Herr Wenz: Danke.

DIALOG 3
Herr Wenz: Ich muss in die Produktionsabteilung. Wie komme ich dahin?
Mitarbeiterin: Gehen Sie zurück zum Empfang, dann eine Treppe hinauf in den ersten Stock. Dort gehen Sie links, dann geradeaus bis fast zum Ende. Sie sehen die Abteilung auf der linken Seite.

DIALOG 4
Herr Wenz: Wo ist der Postraum, bitte?
Mitarbeiter: Gehen Sie hier rechts raus, zurück zur Treppe, dann die Treppe runter ins Erdgeschoss. Wenn Sie unten sind, gehen Sie links und er ist auf der rechten Seite gleich hinter dem Empfang.

4.4A
Herr Dorn: Herr Wenz, ich möchte Sie einigen Kollegen vorstellen, mit denen Sie zu tun haben werden.
Herr Wenz: Ah, gut.
Herr Dorn: Das ist Frau Kern vom Innendienst. Sie ist Sachbearbeiterin und kümmert sich um die Aufträge.
Herr Wenz: Guten Tag, Frau Kern. Sehr erfreut.
Frau Kern: Guten Tag, Herr Wenz.
Herr Dorn: Das ist Herr Barth vom Außendienst. Er ist Verkaufsberater und ist verantwortlich für die Kundenbetreuung.
Herr Wenz: Freut mich Sie kennen zu lernen!
Herr Barth: Tag, Herr Wenz.
Herr Dorn: Und das ist unser Marketing-Assistent, Herr Abt. Herr Abt befasst sich mit Marktforschung und Werbung.
Herr Wenz: Guten Tag, Herr Abt.
Herr Abt: Angenehm.
Herr Dorn: Und das ist Frau Richter. Frau Richter ist unsere Sekretärin.
Herr Wenz: Guten Tag, Frau Richter!
Frau Richter: Guten Tag.
Herr Wenz: Wofür sind Sie zuständig?
Frau Richter: Ich bin zuständig für allgemeine Büroarbeiten in der Abteilung.
Herr Dorn: So, dann lasse ich Sie jetzt hier. Frau Kern wird sich um Sie kümmern. Viel Spaß bei der Arbeit!
Herr Wenz: Vielen Dank, Herr Dorn.

4.4D

Herr Wenz: Frau Kern, Sie sind für die Aufträge zuständig. Wie läuft das? Was müssen Sie alles bei der Arbeit machen?
Frau Kern: Was ich bei der Auftragsabwicklung mache? Also, ich nehme Kundenanfragen entgegen, d. h. ein Kunde möchte etwas kaufen und fragt nach Preis und Lieferzeit der Ware. Ich beantworte die Anfrage, indem ich ein Angebot erstelle. Im Angebot geben wir eine Produktspezifikation, den Preis und die Lieferzeit an. Das mache ich in Zusammenarbeit mit der Abteilung Entwicklung und Konstruktion.
Wenn der Kunde unser Angebot annimmt und etwas bestellen möchte, gibt er uns einen Auftrag. Dann muss ich den Auftrag bestätigen. Mit der Auftragsbestätigung nehmen wir den Auftrag an. Die Auftragsbestätigung leite ich dann an die Abteilung Rechnungswesen weiter, damit man dort eine Rechnung schreiben kann. Die Versandabteilung bekommt natürlich auch eine Kopie, weil man dort den Lieferschein ausstellt. Ich bin dafür verantwortlich, dass wir die Waren rechtzeitig ausliefern, da muss ich also ständig Liefertermine überwachen. Und einmal im Monat muss ich einen Verkaufsbericht schreiben.
Was mache ich denn sonst noch? Ach ja, ich muss mich manchmal um Reklamationen kümmern, z.B. die Waren sind nicht rechtzeitig angekommen oder sie funktionieren nicht richtig oder so was, dann reklamiert der Kunde.
Herr Wenz: Also Reklamationen kommen hier auch manchmal vor?
Frau Kern: Leider ja!

4.5B

Herr Wenz: Entschuldigen Sie, Frau Richter, können Sie mir zeigen, wie man den Fotokopierer benutzt?
Frau Richter: Ja, natürlich. Also, mit diesem Hauptschalter hier schalten Sie das Gerät ein ... Moment, warum funktioniert das nicht? ... Ah, das Gerät ist nicht angeschlossen. Können Sie das machen?
Herr Wenz: Wo schließt man das Gerät an?
Frau Richter: Die Steckdose ist hier unter dem Schreibtisch.
Herr Wenz: Ach, ja. So, jetzt geht's.
Frau Richter: Danke. So, so, wie Sie eingeschaltet haben, müssen Sie etwas warten, bis diese Anzeige grün leuchtet, dann ist das Gerät betriebsbereit. Dann öffnen Sie die Abdeckung und legen den Text hier auf, mit der bedruckten Seite nach unten ... so ... und dann schließen Sie die Abdeckung. Wie viele Kopien brauchen Sie?
Herr Wenz: Fünf.
Frau Richter: Mit diesen Tasten hier stellen Sie die Kopienanzahl ein. Dann drücken Sie die Starttaste – fertig!
Herr Wenz: Vielen Dank, Frau Richter.
Frau Richter: Bitte schön.

4.5D

Frau Kern: Könnten Sie vielleicht dieses Fax für mich senden, Herr Wenz?
Herr Wenz: Gerne, Frau Kern, ich hab' aber noch nie ein Faxgerät benutzt. Können Sie mir zeigen, wie man das macht?
Frau Kern: Ja, sicher. Also zuerst stellen Sie die Papierführung ein, so ... Und dann legen Sie das Original hier auf und zwar mit der bedruckten Seite nach unten. Schieben Sie das Papier etwas, bis es automatisch eingezogen wird, sehen Sie. So, und jetzt wählen Sie die Faxnummer des Empfängers, mit diesen Wähltasten hier. Moment ... 030 44 97 – 1. Dann drücken Sie die Starttaste, so, und das Gerät beginnt zu senden. Wenn der Text durchgelaufen ist, ertönt das Abschlusssignal und das Display zeigt „Sendung OK".
Herr Wenz: Aha.
Frau Kern: Und zuletzt druckt das Gerät ein Übertragungsprotokoll aus, sehen Sie.
Herr Wenz: Und was macht man damit?
Frau Kern: Das heften Sie auf den Text und legen ihn dann hier in die Ablage. Frau Richter wird das dann zu den Akten legen.

Herr Wenz: Danke, Frau Kern. Ich hoffe, ich kann mir das alles merken!
Frau Kern: Ich auch. Wenn Sie Probleme haben, dann fragen Sie mich ruhig.

4.6A

Frau Kern: Ach, schon wieder eine Reklamation von Walter Betz! Ich brauche erst einmal einen Kaffee, bevor ich die Firma anrufe.
Herr Wenz: Ich koche Ihnen einen Kaffee, Frau Kern!
Frau Kern: Ach, das ist nett von Ihnen, Herr Wenz.
Herr Wenz: Möchten Sie auch einen Kaffee, Frau Richter?
Frau Richter: O ja, bitte.
Herr Wenz: So, hier ist der Kaffee.
Frau Kern: Vielen Dank.
Frau Richter: Danke.
Frau Kern: Ach, jetzt geht's mir schon viel besser. So, lesen wir den Brief von Herrn Betz noch mal ... ach, wie ich Reklamationen hasse!
Herr Wenz: Aber Frau Kern, die Arbeit hier gefällt Ihnen doch gut, oder?
Frau Kern: Meistens schon, aber unangenehme Telefongespräche mit Kunden mag ich nicht.
Herr Wenz: Was machen Sie denn gerne?
Frau Kern: Ach, Anfragen entgegennehmen, neue Produkte anbieten, solche Sachen mache ich gerne. Ich verhandle auch gern mit Kunden über Preise.
Herr Wenz: Was gefällt Ihnen am besten an Ihrer Stelle?
Frau Kern: Ich arbeite am liebsten selbstständig und hier kann ich meine Arbeit selbst einteilen.
Herr Wenz: Und Sie, Frau Richter, wie finden Sie denn Ihre Stelle?
Frau Richter: Na ja, mir gefällt die Arbeit ganz gut.
Herr Wenz: Was machen Sie gern?
Frau Richter: Mm ... Geschäftsreisen für den Chef zu organisieren macht mir Spaß.
Herr Wenz: Und was gefällt Ihnen an der Arbeit nicht so gut?
Frau Richter: Die langen Arbeitsstunden mag ich nicht. Manchmal muss ich bis abends um sieben arbeiten. Da bleibt wenig Zeit für das Private übrig! Ja, das, und die Ablage. Die Ablage machen finde ich todlangweilig! Und bei Sitzungen führe ich auch nicht gern Protokoll.
Frau Kern: Und Sie, Herr Wenz, Sie sind jetzt schon fast drei Wochen hier. Arbeiten Sie gern bei der Firma?
Herr Wenz: Ja, ich arbeite gern hier, denn die Arbeit ist sehr interessant – sehr abwechslungsreich. Das Beste an dem Job sind aber die netten Kollegen!
Frau Kern: Meint er etwa uns?

4.6D

Wolfgang Wenz: Entschuldigung, ist hier noch frei?
Udo Petzold: Aber sicher. Du bist der neue Praktikant, oder?
Wolfgang: Ja, bist du auch Praktikant?
Udo: Ja, ich heiße Udo.
Wolfgang: Grüß dich, ich heiße Wolfgang. Wie lange arbeitest du denn schon bei Rohrbach?
Udo: Seit über zwei Monaten. Mein Praktikum geht bald zu Ende.
Wolfgang: In welchen Abteilungen warst du denn schon?
Udo: Zuerst war ich in der kaufmännischen Abteilung, dann bei Informationssystemen, und jetzt bin ich in der Produktion.
Wolfgang: Ach, das ist aber interessant! Da fange ich nämlich nächsten Monat an! Wie ist es denn in der Abteilung zu arbeiten?
Udo: Na, pass auf. Das Arbeitsklima dort ist schlecht. Der Produktionschef, Herr Swoboda, ist ein sehr unsympathischer Typ. Die meisten Kollegen haben Angst vor ihm. Er ist sehr autoritär, er schreit dauernd und kommandiert die Leute herum.
Wolfgang: Und wie sind die anderen Kollegen?
Udo: Da gibt's den Herrn Marek, er ist sehr ehrgeizig und konkurriert ständig mit den anderen. Ich glaube, er möchte die Stelle des Abteilungsleiters haben. Er ist überhaupt nicht hilfsbereit, er nimmt sich nie Zeit, einem zu helfen oder irgendetwas zu erklären.

Wolfgang: Und ich muss ganze vier Wochen dort arbeiten!
Udo: Na ja, es gibt dort wenigstens einen sympathischen Kollegen, er heißt Herr Uhl. Er ist gutmütig und gelassen und hat immer Zeit, wenn man ein Problem hat. Halte dich an ihn. Aber wie ist das Arbeitsklima dort, wo du arbeitest?
Wolfgang: In der Vertriebsabteilung ist das Klima eigentlich sehr positiv. Unser Chef ist sehr freundlich und zugänglich und die Kollegen sind wirklich sehr nett.
Udo: Du hast es aber gut.

KAPITEL 5

5.1B
Kollegin: Sie wählen zuerst die internationale Vorwahl, also von uns aus null null. Dann wählen Sie die Landesvorwahl, das heißt vier neun für Deutschland. Danach kommt die Ortsnetzkennzahl für München. Sie lassen da die Null weg und wählen also acht neun. Dann kommt die Rufnummer der Firma, also siebzehn dreiunddreißig. Auf diesem Brief steht auch Frau Seidels Durchwahlnummer. Wenn Sie direkt nach der Rufnummer zwo vier wählen, erreichen Sie Frau Seidel direkt.
So, alles klar? Oder soll ich's wiederholen? Also, noch einmal ...

5.1D
Anruf 1
Auskunft: Platz 87. Auslandsauskunft, guten Tag. Welches Land, bitte?
Anrufer: Guten Tag. Österreich.
Auskunft: Welcher Ort, bitte?
Anrufer: Wien.
Auskunft: Wie heißt der Teilnehmer?
Anrufer: Die Firma Flora-Print.
Auskunft: Einen Moment. ... Sie wählen null null vier drei für Österreich. Die Vorwahl ist eins für Wien, die Nummer ist zweiundneunzig - sechsundsechzig - null eins.
Anrufer: Also null null vier drei für Österreich, dann eins - neun zwo - sechs sechs - null eins.
Auskunft: Ja.
Anrufer: Vielen Dank, auf Wiederhören.

Anruf 2
Auskunft: Platz 19. Auslandsauskunft, guten Tag. Welches Land, bitte?
Anrufer: Frankreich. Was ist die Nummer der Firma Intrex Trading in Paris?
Auskunft: Bleiben Sie am Apparat. Sie wählen null null drei drei für Frankreich. Die Vorwahl für Paris ist eins, die Rufnummer ist dreißig - dreiundfünfzig - zweiundzwanzig - sechsundvierzig.
Anrufer: Könnten Sie das bitte in einzelnen Ziffern sagen?
Auskunft: Ja, drei null - fünf drei - zwei zwei - vier sechs.
Anrufer: Drei null - fünf drei - zwei zwei - vier sechs. Gut, danke, auf Wiederhören.

Anruf 3
Auskunft: Platz 56. Internationale Auskunft, guten Tag. Welches Land, bitte?
Anrufer: Spanien.
Auskunft: Ort, bitte.
Anrufer: Madrid.
Auskunft: Wie heißt der Teilnehmer?
Anrufer: Unisys España.
Auskunft: Moment, bitte. ... Sie wählen null null drei vier für Spanien, die Vorwahl für Madrid ist eins, die Nummer ist vier - null drei - sechs null - null null.
Anrufer: Könnten Sie das bitte langsamer sagen?
Auskunft: Null null drei vier für Spanien. Die Vorwahl für Madrid ist eins und die Rufnummer der Firma ist vier - null drei - sechs null - null null.
Anrufer: Vielen Dank, auf Wiederhören.

Anruf 4
Auskunft: Platz 17. Auslandsauskunft, guten Tag. Welches Land, bitte?
Anrufer: Die Schweiz. Geben Sie mir bitte die Nummer von International Watch und Co. in Schaffhausen.
Auskunft: Einen Moment, bitte. ... Die Vorwahl ist fünf drei für Schaffhausen, die Rufnummer ist achtundzwanzig - fünfundfünfzig - vierundfünfzig.
Anrufer: Also, ich wiederhole: fünf drei - achtundzwanzig - fünfundfünfzig - vierundfünfzig. Und was ist die internationale Vorwahl für die Schweiz?
Auskunft: Von hier aus wählen Sie null null vier eins.
Anrufer: Recht vielen Dank, auf Wiederhören.
Auskunft: Bitte schön, auf Wiederhören.

5.2A
Teil 1
Nummer 1: (*Freiton*)
Nummer 2: (*Besetztton*)
Nummer 3: (*Datenton*)

Teil 2
Ansage 1: Kein Anschluss unter dieser Nummer.
Ansage 2: Die Rufnummer des Teilnehmers hat sich geändert. Bitte wählen Sie: sechs -zwoundsiebzig - fünfundachtzig - sechzig. Ich wiederhole: sechs - zwoundsiebzig - fünfundachtzig - sechzig.
Ansage 3: Die Ortsnetzkennzahl für Hinterliederbach hat sich geändert. Bitte wählen Sie vor der Rufnummer zwo null.
Ansage 4: Alle Auskunftsplätze sind zur Zeit belegt! Bitte legen Sie nicht auf! Sie werden gleich bedient!

5.2B
Anruf 1
Zentrale: Videco, Frankfurt, guten Tag.
Frau Henrik: Hallo, ist da die Firma Videco?
Zentrale: Videco, Frankfurt, guten Tag.
Frau Henrik: Guten Tag. Hier spricht Henrik von der Firma Dansk Data in Aalborg. Kann ich bitte Herrn Schuster von der Einkaufsabteilung sprechen?
Zentrale: Ja, Moment bitte, ich verbinde.
Frau Henrik: Danke.
Herr Schuster: Schuster, guten Tag.
Frau Henrik: Spreche ich mit Herrn Schuster?
Herr Schuster: Ja, wer ist am Apparat?
Frau Henrik: Hier ist Henrik, Dansk Data, Aalborg, guten Tag.

Anruf 2
Zentrale: Schulze, Nürnberg, guten Morgen.
Herr Werner: Guten Morgen. Hier spricht Udo Werner von der Firma Novartis in Basel. Könnte ich bitte Frau Pfeiffer sprechen?
Zentrale: Einen Moment, bitte, ich verbinde. Der Anschluss ist besetzt. Wollen Sie warten?
Herr Werner: Ja, ich warte.
Zentrale: Ich verbinde.
Frau Pfeiffer: Pfeiffer.
Herr Werner: Guten Tag, Frau Pfeiffer, hier Udo Werner, Novartis, Basel.

Anruf 3
Teilnehmer: Guten Tag.
Anrufer: Guten Tag. Ist da die Firma Lasco?
Teilnehmer: Nein, hier ist eine Privatnummer. Sie sind falsch verbunden!
Anrufer: Ach, Verzeihung, ich habe falsch gewählt. Auf Wiederhören!
Teilnehmer: Auf Wiederhören!

5.2D

ANRUF 1
Zentrale: Firma Braun, guten Tag.
Herr Ellis: Guten Tag. Hier spricht John Ellis von Computec in London. Kann ich bitte Herrn Müller von der Verkaufsabteilung sprechen.
Zentrale: Kleinen Moment, bitte, ich verbinde.
Büro: Guten Tag, Steinke, Apparat Müller.
Herr Ellis: Guten Tag, Ellis, Computec London. Ich möchte bitte Herrn Müller sprechen.
Büro: Herr Müller ist im Moment leider nicht da. Wollen Sie zurückrufen?
Herr Ellis: Wann kann ich ihn erreichen?
Büro: Sie können es in einer halben Stunde wieder probieren.
Herr Ellis: Gut, dann rufe ich in einer halben Stunde wieder an.
Büro: Ist gut, auf Wiederhören.
Herr Ellis: Auf Wiederhören.

ANRUF 2
Zentrale: Firma Braun, guten Tag.
Frau Gomez: Guten Tag, Gomez, Firma Rumasa, Barcelona. Könnte ich Frau Bach sprechen?
Zentrale: Ich verbinde.
Büro: Büro Bach, guten Tag.
Frau Gomez: Guten Tag, Gomez, Firma Rumasa, Barcelona. Ist Frau Bach zu sprechen, bitte?
Büro: Wie bitte? Die Verbindung ist sehr schlecht!
Frau Gomez: Hier Gomez, Rumasa, Barcelona. Ich möchte Frau Bach sprechen.
Büro: Frau Bach ist in einer Besprechung. Soll ich ihr etwas ausrichten?
Frau Gomez: Nein, danke. Ich muss sie persönlich sprechen. Können Sie mir sagen, wann ich sie erreichen kann?
Büro: Am besten rufen Sie morgen zurück. Sie ist ab 8.30 Uhr im Büro.
Frau Gomez: Gut, dann rufe ich morgen früh kurz nach halb neun wieder an. Vielen Dank.
Büro: Bitte schön, auf Wiederhören.

ANRUF 3
Zentrale: Firma Braun, guten Tag.
Herr Borg: Guten Tag, hier spricht Borg, Svenska Marketing, Stockholm. Ich möchte bitte Herrn Weber sprechen.
Zentrale: Einen Moment, ich stelle Sie durch.
Büro: Linz am Apparat.
Herr Borg: Könnte ich bitte Herrn Weber sprechen?
Büro: Es tut mir Leid, Herr Weber ist auf Geschäftsreise.
Herr Borg: Ach so. Wissen Sie, ob er diese Woche wieder im Büro ist?
Büro: Er ist erst nächsten Montag wieder da. Kann ich Ihnen helfen?
Herr Borg: Nein, danke, ich rufe am Montag wieder an. Vielen Dank.
Büro: Gern geschehen. Auf Wiederhören.

5.3A

ANRUF 1
Rezeption: Arabella Hotel, guten Tag.
Herr Green: Guten Tag, mein Name ist Green, von der Firma Midfast, Birmingham. Ich möchte gerne Informationsmaterial über Ihre Konferenzeinrichtungen. Wer kann mir das senden?
Rezeption: Einen Moment, ich verbinde Sie mit der Bankettabteilung.
Herr Green: Mit welcher Abteilung, bitte?
Rezeption: Mit der Bankettabteilung.
Herr Green: Danke.

ANRUF 2
Zentrale: Hedemann GmbH, guten Tag.
Frau Arup: Guten Tag, Arup, Lunaprint, Kopenhagen. Es geht um die Reklamation einer mechanischen Presse, die Sie uns geliefert haben. Mit wem spreche ich am besten darüber?
Zentrale: Ich verbinde Sie mit dem Kundendienst. Bleiben Sie am Apparat.
Herr Schmidt: Schmidt, guten Tag.
Frau Arup: Guten Tag, ist das der Kundendienst?
Herr Schmidt: Ja, worum handelt es sich, bitte?
Frau Arup: Es geht um die Reklamation einer mechanischen Presse, die Sie uns gerade geliefert haben.
Herr Schmidt: Wie ist Ihr Name, bitte?
Frau Arup: Arup, Lunaprint, Kopenhagen.
Herr Schmidt: Geben Sie mir die Bestellnummer, bitte.
Frau Arup: Die Bestellnummer ist 183/1B.
Herr Schmidt: Und was ist das Problem?

ANRUF 3
Zentrale: EOC Normalien, Lüdenscheid, guten Tag.
Frau Bethmann: Guten Tag, hier spricht Bethmann, Firma Arco, Paris. Ich rufe an wegen einer Rechnung, die ich gerade bekommen habe. Wer ist dafür zuständig?
Zentrale: Ich verbinde Sie mit Herrn Weyhe von der Buchhaltung.
Frau Bethmann: Entschuldigung, wie war der Name noch mal?
Zentrale: Weyhe.
Frau Bethmann: Danke.
Herr Weyhe: Weyhe am Apparat.
Frau Bethmann: Guten Tag, hier spricht Bethmann, Firma Arco, Paris. Ich habe eine Frage zu Ihrer letzten Rechnung Nummer 781/A.
Herr Weyhe: Ja, dafür bin ich leider nicht zuständig. Da sprechen Sie am besten mit Frau Weiß. Bleiben Sie am Apparat, ich verbinde Sie weiter.
Frau Bethmann: Danke.

5.3C

Nummer 1: Jäger: J wie Julius, Ä wie Ärger, G wie Gustav, E wie Emil, R wie Richard.
Nummer 2: Münch: Martha, Übermut, Nordpol, Cäsar, Heinrich.
Nummer 3: Swarowski: Samuel, Wilhelm, Anton, Richard, Otto, Wilhelm, Samuel, Kaufmann, Ida.
Nummer 4: Zeiss: Z wie Zacharias, E wie Emil, I wie Ida, Samuel, Samuel.
Nummer 5: Weyhe: Wilhelm, Emil, Ypsilon, Heinrich, Emil.
Nummer 6: Quantas: Q wie Quelle, U wie Ulrich, A wie Anton, N wie Nordpol, T wie Theodor, A wie Anton, S wie Samuel.

5.3D

Zentrale: Schäfer GmbH, guten Tag.
Frau Lionne: Guten Tag, mein Name ist Lionne. Ich rufe aus Paris an, von der Firma Raphael. Ich hätte gern einen Katalog Ihrer Produkte. Wer kann mir das schicken?
Zentrale: Kleinen Moment, ich verbinde Sie mit der Marketingabteilung.
Frau Lionne: Danke.
Herr Riller: Riller, guten Tag.
Frau Lionne: Guten Tag, Lionne, Firma Raphael, Paris. Können Sie mir bitte ihren neuesten Katalog schicken?
Herr Riller: Natürlich. Sagen Sie mir Ihren Namen, bitte.
Frau Lionne: Lionne.
Herr Riller: Oh, das müssen Sie mir aber buchstabieren!
Frau Lionne: Also, L wie Ludwig, I wie Ida, O wie Otto, Nordpol, Nordpol, Emil.
Herr Riller: Und wie heißt Ihre Firma noch mal?
Frau Lionne: Firma Raphael.
Herr Riller: Wie schreibt man das, bitte?
Frau Lionne: Richard, Anton, Paula, Heinrich, Anton, Emil, Ludwig.
Herr Riller: Und was ist die Adresse?
Frau Lionne: 24 rue Levallois. Ich buchstabiere: Ludwig, Emil, Viktor, Anton, Ludwig, Ludwig, Otto, Ida, Samuel. Haben Sie das?
Herr Riller: Ja.
Frau Lionne: Und die Postleitzahl ist 75017 Paris.
Herr Riller: Also, ich wiederhole: Frau Lionne, Firma Raphael, 24 rue Levallois, 75017 Paris.

Frau Lionne: Ja, richtig.
Herr Riller: In Ordnung, Frau Lionne. Wir schicken Ihnen den Katalog heute zu.

5.4A

ANRUF 1
Büro: Bartsch, guten Tag.
Frau Lehmann: Guten Tag, hier Lehmann, Firma Strehl, Hamburg. Kann ich bitte Herrn Kuhn sprechen?
Büro: Herr Kuhn ist gerade beim Mittagessen. Soll er Sie zurückrufen?
Frau Lehmann: Nein, ich melde mich etwas später wieder.
Büro: Ist gut, auf Wiederhören.
Frau Lehmann: Auf Wiederhören.

ANRUF 2
Büro: Linz.
Herr Harrap: Guten Tag, hier spricht Harrap, Svenska Marketing, Stockholm. Ich möchte Frau Lehmann sprechen.
Büro: Frau Lehmann ist in einer Sitzung.
Herr Harrap: Ach so. Wissen Sie, wie lange das dauert?
Büro: Das geht wahrscheinlich den ganzen Tag. Wollen Sie eine Nachricht hinterlassen?
Herr Harrap: Ja, können Sie Frau Lehmann sagen ...

ANRUF 3
Büro: Werner am Apparat.
Herr Brown: Guten Tag, Brown, Cooper Engineering, Manchester. Könnte ich bitte Herrn Hubert sprechen?
Büro: Herr Hubert spricht gerade auf der anderen Leitung. Soll er Sie zurückrufen?
Herr Brown: Ja, bitte.
Büro: Wiederholen Sie Ihren Namen, bitte.
Herr Brown: Brown, Berta, Richard, Otto ...

5.4B

ANRUF 1
Büro: Sekretariat Kaderli, grüß Gott, Zimmermann am Apparat.
Frau Dupont: Guten Tag. Hier spricht Chantal Dupont von der Firma AWN in Lyon. Kann ich bitte Herrn Kaderli sprechen?
Büro: Es tut mir Leid, Herr Kaderli ist gerade mit einem Kunden zusammen. Soll ich etwas ausrichten?
Frau Dupont: Ja, sagen Sie bitte Herrn Kaderli, dass ich angerufen habe. Es geht um einen Besuchstermin. Könnte er mich zurückrufen? Ich bin bis 18.00 Uhr im Büro.
Büro: Ist gut. Wie war Ihr Name noch mal?
Frau Dupont: Dupont. Ich buchstabiere: Dora, Ulrich, Paula, Otto, Nordpol, Theodor.
Büro: Und von welcher Firma sind Sie?
Frau Dupont: Von der Firma AWN, Lyon.
Büro: Hat Herr Kaderli Ihre Telefonnummer?
Frau Dupont: Ja, ich glaube schon, aber ich gebe sie Ihnen noch mal durch: drei drei, vierundzwanzig, neunundsiebzig, sechsunddreißig, achtzig.
Büro: Ich wiederhole: drei drei, vierundzwanzig, neunundsiebzig, sechsunddreißig, achtzig. In Ordnung, Frau Dupont, ich sage Herrn Kaderli Bescheid.
Frau Dupont: Vielen Dank, auf Wiederhören.
Büro: Auf Wiederhören!

ANRUF 2
Büro: Büro Herr Lutz, Schmidt.
Herr Petterson: Hier spricht Olaf Petterson von Teleteknik in Viborg. Ist Herr Lutz zu sprechen, bitte?
Büro: Nein, es tut mir Leid, Herr Lutz hat heute einen Tag Urlaub.
Herr Petterson: Ach, könnten Sie ihm bitte etwas ausrichten?
Büro: Aber gerne!
Herr Petterson: Es handelt sich um unseren Auftrag Nr. 2814b. Könnte er ihn sobald wie möglich per Fax bestätigen?
Büro: Ist gut, ich richte es Herrn Lutz aus.
Herr Petterson: Und könnte er mich zurückrufen? Es ist ziemlich dringend.
Büro: Ja, gut. Können Sie mir Ihren Namen bitte wiederholen?
Herr Petterson: Ja, ich heiße Petterson, P wie Paula, E wie Emil, Theodor, Theodor, E wie Emil, R wie Richard, S wie Samuel, O wie Otto, N wie Nordpol, und ich bin von der Firma Teleteknik, Viborg.
Büro: Teleteknik, Viborg. Also, kein Problem, Herr Petterson, ich sage Herrn Lutz Bescheid.
Herr Petterson: Recht vielen Dank. Auf Wiederhören.
Büro: Nichts zu danken. Auf Wiederhören.

ANRUF 3
Büro: Fischer am Apparat.
Herr Cipolli: Guten Tag. Cipolli, Firma Castelli, Bologna. Ist Herr Becker da, bitte?
Büro: Es tut mir leid, Herr Becker ist nicht an seinem Platz. Ich glaube, er ist beim Mittagessen.
Herr Cipolli: Ach so. Könnte ich eine Nachricht hinterlassen?
Büro: Ja, selbstverständlich.
Herr Cipolli: Es geht um die Lieferung unseres Auftrags Nr. 123/b, die gerade eingetroffen ist. Sagen Sie ihm bitte, dass die Maschine defekt ist. Könnte er jemanden vom Kundendienst sobald wie möglich zu uns schicken? Die Sache ist dringend.
Büro: In Ordnung, das sage ich Herrn Becker. Können Sie Ihren Namen wiederholen, bitte?
Herr Cipolli: Ja, Cipolli, Cäsar, Ida, Paula, Otto, Ludwig, Ludwig, Ida. Haben Sie das?
Büro: Ja. Und Sie sind von der Firma Castelli, Bologna?
Herr Cipolli: Ja.
Büro: Alles klar, Herr Cipolli, ich sage Herrn Becker Bescheid.
Herr Cipolli: Danke, auf Wiederhören.
Büro: Gern geschehen, auf Wiederhören.

5.4D
Ansage 1: Guten Tag. Die Firma Clemens Wollgast und Co. ist wegen Betriebsferien geschlossen. Wenn Sie eine Nachricht hinterlassen möchten, geben Sie Ihren Namen, Ihre Telefonnummer und Adresse an. Wir rufen Sie dann am Montag, dem 8. August, wieder zurück. Bitte sprechen Sie nach dem Signalton.
Ansage 2: Guten Tag. Hier ist die Firma Klaus Forsbach, Telefonnummer drei - fünfundneunzig - fünfzig - sechsundzwanzig. Persönlich erreichen Sie uns montags bis freitags von 8.00 Uhr bis 12.30 Uhr und von 13.00 Uhr bis 17.00 Uhr. Sie können uns gerne eine Nachricht mit Ihrem Namen, Ihrer Anschrift und gegebenenfalls Ihrer Kundennummer hinterlassen. Wir rufen Sie dann zurück. Bitte sprechen Sie nach dem folgenden Signalton.
Ansage 3: Jochen Schmidt, guten Tag. Unser Büro ist zur Zeit nicht besetzt. Bitte rufen Sie unsere Niederlassung in Hamburg unter null vier null - fünf - fünfunddreißig - vierundachtzig an. Oder versuchen Sie mich unter null vier null - neunundsechzig - vierzig - sechsundfünfzig zu erreichen. Danke.

KAPITEL 6

6.1B

Tourist-Information: Freiburg-Information, guten Tag.
Frau Lind: Ist das die Tourist-Information Freiburg?
Angestellter: Ja, bitte schön?
Frau Lind: Guten Tag, mein Name ist Lind, von der Firma HML. Ich brauche Informationen über Hotels in Freiburg. Kann ich mit Ihnen darüber sprechen?
Angestellter: Ja, was suchen Sie genau?
Frau Lind: Ich muss eine Konferenz für ungefähr 70 Personen organisieren und suche ein passendes Hotel. Ich brauche Unterkunft für alle Teilnehmer sowie einen großen Konferenzraum und zwei kleinere Räume. Könnten Sie mir bitte einige Hotels empfehlen?
Angestellter: In welcher Preiskategorie soll das Hotel sein? Sie denken wahrscheinlich an Luxus- oder First-Class?
Frau Lind: Ja, bitte.
Angestellter: Und wo soll das Hotel liegen? Zentral oder kann es etwas außerhalb sein?
Frau Lind: Es kann auch außerhalb sein, aber nicht zu weit außerhalb. An einem Abend möchten wir nämlich ein Gala-Essen in Freiburg veranstalten und da soll es nicht zu schwierig sein die Teilnehmer hinzubringen.
Angestellter: Und haben Sie weitere Kriterien?
Frau Lind: Ja, das Hotel muss ein eigenes Restaurant haben. Es müssen auch Parkmöglichkeiten vorhanden sein, einige Teilnehmer werden nämlich mit dem Auto kommen.
Angestellter: Also, einen Moment bitte, ich schaue nach ... Also, Frau Lind, da gibt es das Colombi Hotel, ein ausgesprochenes Luxushotel, direkt in der Stadtmitte, mit 180 Betten ... oder das Dorint Hotel mit 222 Betten. Das ist ein First-Class Hotel und wurde erst 1994 eröffnet. Dann weiter außerhalb gibt es das Panorama-Hotel Mercure, das hat eine wunderschöne Lage oberhalb der Stadt. Und in Munzingen, etwa neun Kilometer von Freiburg, ist das Schloss Reinach, ein ehemaliger Bauernhof.
Frau Lind: Ach, ein alter Bauernhof, das klingt aber ganz toll! Wie heißt das Hotel bitte noch mal?
Angestellter: Schloss Reinach, ich buchstabiere: Richard, Emil, Ida, Nordpol, Anton, Cäsar, Heinrich.
Frau Lind: Und die Telefonnummer, bitte?
Angestellter: Die Vorwahl ist 0 76 64 und die Rufnummer ist 4 07-0.
Frau Lind: Und Sie sagten, das Hotel liegt neun Kilometer außerhalb von Freiburg?
Angestellter: Ja, Schloss Reinach ist in Munzingen, das ist etwa zehn Minuten mit dem Auto von Freiburg entfernt.
Frau Lind: Danke, und das erste Hotel auf Ihrer Liste war ...?
Angestellter: Hotel Colombi, das schreibt sich Cäsar, Otto, Ludwig, Otto, Martha, Berta, Ida. Die Telefonnummer ist 07 61/2 10 60.
Frau Lind: Und das ist ein Luxushotel?
Angestellter: Ja, es ist eines der besten Stadthotels in Deutschland.
Frau Lind: Und dann das Hotel Dorint. Können Sie den Namen bitte auch buchstabieren?
Angestellter: Gerne. Dora, Otto, Richard, Ida, Nordpol, Theodor. Jetzt die Telefonnummer. Das ist die gleiche Vorwahl für Freiburg, also 07 61 und dann 38 89-0.
Frau Lind: Und alle diese Hotels haben Konferenzräume?
Angestellter: Ja.
Frau Lind: Gut. So, das sind drei Hotels, ich glaube, das reicht im Moment. Recht vielen Dank für Ihre Hilfe. Nur noch eine Bitte. Könnten Sie mir Informationsmaterial über Freiburg und Ihr Hotelverzeichnis zusenden?
Angestellter: Selbstverständlich. Geben Sie mir Ihre Adresse, das schicke ich Ihnen heute noch zu.
Frau Lind: Also meine Firma heißt HML, die Adresse ist ...

6.3B

Rezeption: Hotel Dorint, Freiburg-City, guten Tag.
Frau Lind: Guten Tag, hier Lind, Firma HML. Kann ich bitte den Direktor, Herrn Offers, sprechen?
Rezeption: Einen Moment, bitte, ich verbinde.
Herr Offers: Guten Tag, Offers.
Frau Lind: Guten Tag, Lind, Firma HML. Es geht um unsere Jahreskonferenz nächstes Jahr. Erstmal vielen Dank für die Konferenzunterlagen, die Sie mir geschickt haben.
Herr Offers: Gern geschehen.
Frau Lind: Nun, die Konferenz soll Mitte Juni stattfinden und dauert drei Tage. Der Anreisetag ist Sonntag und die Abreise ist am Mittwochnachmittag.
Herr Offers: So, das wären drei Übernachtungen.
Frau Lind: Ja. Wie Sie wissen, brauchen wir Unterkunft für 70 Teilnehmer sowie einen großen Konferenzraum für 70 Personen und zwei kleinere Seminarräume für je 35 Personen. Können Sie mir sagen, ob das Hotel um diese Zeit noch frei ist oder haben Sie schon Buchungen?
Herr Offers: Einen Moment, bitte, ich schaue nach ... Die zweite Juniwoche ist leider völlig ausgebucht, aber die dritte Woche ist noch frei.
Frau Lind: Ah, gut, die dritte Woche wäre möglich, das notiere ich mir ... Also, Herr Offers, darf ich einige Fragen zu Ihren Preisen stellen?
Herr Offers: Aber selbstverständlich!
Frau Lind: Aus Ihrer Broschüre entnehme ich, dass Ihre Zimmerpreise bei Konferenzen und Seminaren variieren. Was wäre der Zimmerpreis für 70 Teilnehmer für drei Nächte?
Herr Offers: Da können wir einen Preis von 90 Euro pro Person pro Nacht anbieten.
Frau Lind: Dieser Preis basiert auf der Teilnehmerzahl von 70, der Aufenthaltslänge von drei Tagen und der Saison?
Herr Offers: Ja, genau.
Frau Lind: Ist der Preis inklusive Frühstück?
Herr Offers: Ja.
Frau Lind: Gut. Nun habe ich eine Frage zu Ihrer Konferenzpauschale. Wie gesagt, wir brauchen einen großen Konferenzraum und zwei kleinere Räume. Was kosten zusätzliche Konferenzräume?
Herr Offers: Wenn Sie unsere Konferenzpauschale buchen, entfallen die Bereitstellungskosten und Raummieten. Der Preis unserer Pauschale beträgt 44 Euro pro Person pro Tag.
Frau Lind: Das heißt, zusätzliche Räume werden nicht separat berechnet?
Herr Offers: Nein.
Frau Lind: Ach so, gut. Und jetzt eine Frage zum Abendessen. Wie ich sehe, ist die Pauschale exklusive Abendessen, stimmt's?
Herr Offers: Ja, das stimmt.
Frau Lind: Haben Sie eine Auswahl von Menüs?
Herr Offers: Ja, natürlich.
Frau Lind: Können Sie mir einige Menüpreise nennen?
Herr Offers: Die 3-Gang-Menüs fangen bei 13 Euro an und gehen bis zu 26 Euro. Dann haben wir einige 4-Gang-Menüs, die zwischen 32 und 35 Euro kosten. Wir bieten auch Büffets zu 25 und 32 Euro.
Frau Lind: Gut, Herr Offers, ich habe alles notiert. Könnten Sie mir bitte ein schriftliches Preisangebot machen?
Herr Offers: Ja, gerne, Frau Lind, das mache ich noch heute.
Frau Lind: Vielen Dank, Herr Offers, auf Wiederhören.
Herr Offers: Auf Wiederhören.

6.4A

Dialog 1

Rezeption: Schloss Reinach, Grüß Gott.
Frau Lind: Guten Tag, hier spricht Lind von der Firma HML. Ich möchte bitte Frau Fell von der Bankettabteilung sprechen.
Rezeption: Ich verbinde.
Frau Fell: Fell, guten Tag.
Frau Lind: Guten Tag, Frau Fell, hier Lind, Firma HML.
Frau Fell: Ah, guten Tag, Frau Lind.

Frau Lind: Ich habe Ihr Angebot für unsere Konferenz im nächsten Jahr bekommen, vielen Dank. Bevor wir unsere Entscheidung treffen, möchten mein Chef, Herr Cook, und ich Ihr Hotel und die Konferenzeinrichtungen besichtigen. Können wir einen Termin vereinbaren?
Frau Fell: Aber gerne. Wann möchten Sie kommen?
Frau Lind: Geht es in der ersten Septemberwoche?
Frau Fell: Ja, selbstverständlich. Welcher Tag passt Ihnen am besten?
Frau Lind: Sagen wir Mittwoch, der 6. September?
Frau Fell: Ja, das geht. Vormittags oder nachmittags?
Frau Lind: Vormittags wäre uns lieber. Dann haben wir genug Zeit um alles zu sehen und um die Konferenzorganisation zu besprechen. Sagen wir um 10.30 Uhr?
Frau Fell: In Ordnung, Frau Lind. Und wollen Sie auch übernachten?
Frau Lind: Nein, danke, nach der Besichtigung fahren wir gleich weiter.
Frau Fell: Ist gut. Ich bestätige Ihnen den Termin für Ihren Besuch per Fax.
Frau Lind: Vielen Dank, auf Wiederhören.
Frau Fell: Auf Wiederhören.

Dialog 2
Zentrale: HML Stuttgart, Grüß Gott.
Frau Lind: Guten Tag, können Sie mich bitte mit Herrn Frey verbinden?
Zentrale: Einen Moment, bitte.
Sekretärin: Müller am Apparat.
Frau Lind: Guten Tag, ich möchte Herrn Frey sprechen.
Sekretärin: Herr Frey ist gerade in einer Besprechung. Kann ich Ihnen helfen? Ich bin seine Sekretärin.
Frau Lind: Ja, vielleicht. Hier spricht Lind von der Hauptverwaltung. Es geht um die Konferenz im nächsten Jahr in Freiburg. Mein Chef, Herr Cook, und ich fliegen in der ersten Septemberwoche nach Freiburg, um einige Konferenzhotels zu besichtigen. Wir möchten gern Herrn Frey besuchen, um die Organisation der Konferenz zu besprechen. Können wir einen Termin vereinbaren?
Sekretärin: Moment bitte, ich schaue mal in seinem Terminkalender nach. Also, in der letzten Augustwoche ist er im Urlaub und kommt erst am Dienstag, dem 5. September, ins Büro zurück. Am Mittwoch, dem 6. September, ist er nur am Vormittag frei oder am Nachmittag ab 15.00 Uhr. Am Donnerstag, dem 7. September ist er den ganzen Tag frei.
Frau Lind: Donnerstag passt sehr gut. Geht es um 10.00 Uhr?
Sekretärin: Ja, das geht. Donnerstag, der 7. September um 10.00 Uhr, Herr Cook und Frau Lind. Ich trage es ein.
Frau Lind: Sehr gut, vielen Dank.
Sekretärin: Gern geschehen. Auf Wiederhören.
Frau Lind: Auf Wiederhören.

6.4C

Dialog 1
Herr Beck: Beck.
Herr Werner: Grüß Gott, Herr Beck, hier Werner, Firma Kluwer, Wien.
Herr Beck: Ah, guten Tag, Herr Werner.
Herr Werner: Es geht um unseren Termin am nächsten Montag.
Herr Beck: Ja, um 9.30 Uhr, nicht wahr?
Herr Werner: Ja. Ich muss leider absagen, weil wir hier in der Firma im Augenblick einige Probleme haben.
Herr Beck: Ach so, das tut mir Leid.
Herr Werner: Könnte ich Sie nächste Woche wieder anrufen, um einen neuen Termin zu vereinbaren? Ich bitte um Verständnis für diese Unannehmlichkeit.

Dialog 2
Frau Doliwa: Doliwa am Apparat.
Herr Riedel: Guten Morgen, Frau Doliwa, hier spricht Riedel, Lieberoth GmbH. Wie Sie wissen, haben wir einen Termin für heute Nachmittag um zwei Uhr. Ich glaube aber, das schaffe ich nicht. Ich stehe im Moment auf der Autobahn im Stau. Bis wann sind Sie im Büro?
Frau Doliwa: Das ist kein Problem, Herr Riedel, ich bin bis fünf Uhr hier.
Herr Riedel: Ah, gut. Ich melde mich später wieder, sobald ich weiß, wann ich wahrscheinlich ankomme. Auf Wiederhören.
Frau Doliwa: Auf Wiederhören.

Dialog 3
Herr Fleck: Fleck, guten Tag.
Frau Laval: Guten Tag, Herr Fleck, hier spricht Yvette Laval, Intrex Trading, Paris. Ich habe einen Termin mit Ihnen übermorgen um 11.00 Uhr. Ich muss den Termin aber leider absagen, weil die Fluglotsen hier am Flughafen streiken. Könnten wir den Termin vielleicht auf nächste Woche verschieben?
Herr Fleck: Ja, ich schaue in meinem Terminkalender nach. Mm, das wäre wohl schwierig. Nächste Woche bin ich nämlich drei Tage auf der Messe in Köln.

6.5A

Dialog 1
Rezeption: Hotel Royal, guten Tag.
Frau Lind: Guten Tag, hier spricht Lind von der Firma HML. Ich habe den Namen Ihres Hotels dem Hotelverzeichnis von der Tourist-Information entnommen und möchte eine Zimmerreservierung machen. Erst mal eine Frage. Wie weit sind Sie vom Hauptbahnhof entfernt?
Rezeption: Das ist nur eine S-Bahn Haltestelle. Zu Fuß läuft man etwa 15 Minuten.
Frau Lind: Gut. Dann möchte ich bitte zwei Einzelzimmer reservieren.
Rezeption: Für wann, bitte?
Frau Lind: Vom 6. bis zum 7. September, also für eine Nacht.
Rezeption: Möchten Sie Bad oder Dusche?
Frau Lind: Lieber Bad, wenn's geht.
Rezeption: Dann muss ich mal schauen ... Es tut mir Leid, in der Zeit haben wir nur noch Doppelzimmer frei.
Frau Lind: Ach, so. Nun gut, dann versuche ich's bei einem anderen Hotel. Vielen Dank, auf Wiederhören.
Rezeption: Auf Wiederhören.

Dialog 2
Rezeption: Hotel Ketterer, guten Tag.
Frau Lind: Guten Tag, mein Name ist Lind von der Firma HML. Ich habe den Namen Ihres Hotels dem Hotelverzeichnis der Tourist-Information entnommen. Ich möchte zwei Einzelzimmer mit Bad und WC für den 6. September reservieren. Haben Sie da was frei?
Rezeption: Zwei Einzelzimmer für den 6. September, also für eine Nacht?
Frau Lind: Ja.
Rezeption: Ja, das geht in Ordnung.
Frau Lind: Gut. Nur eine Frage: Im Hotelverzeichnis steht, dass Einzelzimmer mit Bad zwischen 85 und 120 Euro kosten. Was ist da der Unterschied?
Rezeption: Die Zimmer zum Preis von 120 Euro sind im Neubau, sie sind etwas größer, mit einem großen Schreibtisch und Minibar. Die zu 85 Euro sind etwas kleiner, aber auch mit Minibar.
Frau Lind: Aha, ich verstehe. Ist das mit Frühstück?
Rezeption: Ja, der Zimmerpreis ist inklusive Frühstück, Bedienung und Mehrwertsteuer.
Frau Lind: Eine Frage noch. Wie weit ist das Hotel vom Hauptbahnhof entfernt?
Rezeption: Wir sind einen Kilometer vom Hauptbahnhof entfernt in der Fußgängerzone. Mit dem Taxi erreichen Sie uns in ein paar Minuten, das kostet etwa 8 Euro.

Frau Lind: Gut, dann reservieren Sie bitte zwei Zimmer zum Preis von 120 Euro auf die Namen Cook, C O O K, und Lind, L-I-N-D, Firma HML.
Rezeption: Ist gut.
Frau Lind: Könnten Sie mir diese Reservierung bitte per Fax bestätigen?
Rezeption: Gerne. Was ist denn bitte Ihre Faxnummer?
Frau Lind: Also das ist ...

6.5C

Dialog 1
Rezeption: Intercity Hotel, guten Tag.
Herr Lehmann: Guten Tag, hier spricht Lehmann von der Firma Rose und Meyer. Ich möchte eine Reservierung ändern.
Rezeption: Was haben Sie reserviert?
Herr Lehmann: Drei Zweibettzimmer und ein Einbettzimmer auf den Namen Slessor vom 29.9. bis zum 4.10. Ich möchte die Reservierung für Herrn Slessor absagen und brauche also nur noch die drei Doppelzimmer.
Rezeption: Gut, Herr Lehmann, das geht in Ordnung.
Herr Lehmann: Fallen da Stornierungskosten an?
Rezeption: Nein, eine kostenfreie Stornierung ist bis drei Wochen vor Anreisedatum möglich.
Herr Lehmann: Gut. Soll ich Ihnen die neue Reservierung per Fax bestätigen?
Rezeption: Ja bitte, das wäre nett.
Herr Lehmann: Gut, dann schick' ich Ihnen sofort ein Fax. Danke schön, auf Wiederhören.
Rezeption: Wiederhören.

Dialog 2
Rezeption: Hotel Münchner Hof, guten Tag.
Frau Fritsch: Guten Tag, hier Fritsch von der Firma Dataware, München. Ich möchte bitte eine Reservierung ändern.
Rezeption: Was haben Sie reserviert?
Frau Fritsch: Zwei Einzelzimmer auf die Namen Johnson und Reed von der Firma Communications Controlware vom 2. bis zum 4. Juni.
Rezeption: Und was möchten Sie jetzt reservieren?
Frau Fritsch: Ich hätte gern ein Einzelzimmer und ein Doppelzimmer anstatt zwei Einzelzimmer.
Rezeption: Aber für die gleiche Zeit?
Frau Fritsch: Ja, für die gleiche Zeit.
Rezeption: Einen Moment, bitte, ich schaue mal nach. ... Es tut mir Leid, Frau Fritsch, aber in der Zeit haben wir keine Doppelzimmer mehr frei.
Frau Fritsch: Ach, so. Schade. Wie wär's also mit drei Einzelzimmern?
Rezeption: Ja, das geht in Ordnung.
Frau Fritsch: Gut. Könnten Sie mir die neue Reservierung per Fax bestätigen?
Rezeption: Ja, selbstverständlich. Was ist bitte Ihre Faxnummer?
Frau Fritsch: Die Faxnummer ist ...

6.5E
Rezeption: Schloss Reinach, guten Tag.
Frau Lind: Guten Tag, hier spricht Lind von der Firma HML. Könnte ich bitte Frau Fell von der Bankettabteilung sprechen?
Rezeption: Einen Moment bitte, ich verbinde.
Frau Fell: Fell, guten Tag.
Frau Lind: Guten Tag, hier Lind, Firma HML. Es geht um unsere Jahreskonferenz nächstes Jahr. Wir haben Ihr Angebot bekommen und das Hotel besichtigt. Wir sind sehr zufrieden und möchten jetzt eine endgültige Buchung machen.
Frau Fell: Das freut mich sehr, Frau Lind.
Frau Lind: Nur noch zwei Fragen. Bis wann können wir absagen?
Frau Fell: Eine kostenfreie Stornierung der Zimmerreservierungen ist bis sechs Wochen vor Anreisedatum möglich. Danach müssen Sie zwischen 50% und 80% des Zimmerpreises bezahlen, je nachdem, wie spät Sie abbestellen. Die Stornofrist für die Konferenzräume ist 22 Tage.
Frau Lind: Aha. Und wie ist es mit der Konferenzpauschale, wenn weniger Teilnehmer kommen?
Frau Fell: Für die Konferenzräume geben wir eine Ermäßigung bis zu maximal 5%.
Frau Lind: Gut, danke. Dann möchte ich Folgendes buchen: 30 Doppelzimmer und 10 Einzelzimmer mit Bad oder Dusche, Ihre Tagungspauschale Nummer 2 für einen Tag und die Pauschale Nummer 1 für zwei Tage, d.h. ohne Abendessen. Weitere Einzelheiten der Tagungsorganisation teile ich Ihnen später mit.
Frau Fell: Gut, Frau Lind, das habe ich mir alles notiert. Ich schicke Ihnen eine schriftliche Bestätigung. Vielen Dank für Ihre Buchung.
Frau Lind: Ich danke auch, auf Wiederhören.
Frau Fell: Auf Wiederhören.

KAPITEL 7

7.1C

Dialog 1
Fluggast: Können Sie mir bitte helfen? Ich bin eben mit der Maschine aus Wien gekommen. Ich warte die ganze Zeit am Band hier und mein Koffer ist nicht angekommen. Was soll ich machen?
Angestellte: Sind Sie mit Lufthansa geflogen?
Fluggast: Nein, mit Austrian Airlines.
Angestellte: Dann müssen Sie zum Schalter der Austrian Airlines im Bereich B gehen und den Verlust dort melden.
Fluggast: Bereich B, danke schön.

Dialog 2
Angestellter: Bitte schön?
Reisende: Guten Tag, wie komme ich am besten nach Mainz?
Angestellter: Mit der S-Bahn vom Flughafenbahnhof.
Reisende: Und können Sie mir sagen, wo der Bahnhof ist?
Angestellter: Im Untergeschoss. Sie erreichen ihn über die Ebene „Unterm Flughafen". Fahren Sie mit der Rolltreppe zwei Etagen tiefer. Die Züge nach Mainz fahren von Gleis 3 ab.
Reisende: Danke. Und wo kaufe ich eine Fahrkarte?
Angestellter: Sie können einen Fahrschein im DB-Reisezentrum kaufen, das ist eine Etage tiefer, oder auch an einem der Automaten im Bahnhof.
Reisende: Vielen Dank.

Dialog 3
Reisender: Entschuldigung, ist hier die Haltestelle für den Airport-Bus nach Mannheim?
Reisende: Nein, hier fahren die Busse für den Nahverkehrsbereich ab.
Reisender: Ach so. Wissen Sie, wo der Airport-Bus abfährt?
Reisende: Ja, die Haltestelle ist da drüben, Ankunftsebene Bereich B, Tor 4.
Reisender: Aha, danke. Und wo kann ich einen Fahrschein kaufen?
Reisende: Fahrscheine erhalten Sie beim Busfahrer.
Reisender: Vielen Dank!

Dialog 4
Reisende: Entschuldigung, könnten Sie bitte 10 Euro wechseln? Ich brauche Kleingeld fürs Telefon.
Verkäufer: Es tut mir Leid, wir können kein Kleingeld herausgeben. Am besten gehen Sie zur Bank.
Reisende: Wie viel brauchen Sie?
Reisende: Ich habe einen Zehneuroschein.
Reisender: Na, mal gucken, was ich habe. Ein Fünfeurostück, drei Eineurostücke, zwei Fünfzigcentstücke und den Rest muss ich Ihnen in Zehncentstücken geben. Geht das?
Reisende: Ja, prima, das ist sehr nett von Ihnen.
Reisender: So, bitte schön.
Reisende: Vielen Dank.

7.2C

Auskunft: Reiseauskunft der Deutschen Bahn Frankfurt, guten Tag.
Frau Brenner: Guten Tag, ich hätte gern eine Zugauskunft. Ich möchte am Freitagvormittag nach München. Wann fahren die Züge, bitte?
Auskunft: Um wie viel Uhr möchten Sie fahren?
Frau Brenner: So gegen 11.00 Uhr.
Auskunft: Einen Moment, bitte. Da fahren Sie um 10.43 Uhr mit dem InterCity Express ab Frankfurt und kommen um 14.15 Uhr in München an.
Frau Brenner: Mm, das ist mir etwas zu früh. Gibt es einen etwas späteren Zug?
Auskunft: Ja, es gibt eine Verbindung um 11.14 Uhr mit Ankunftszeit 15.18 Uhr in München.
Frau Brenner: Abfahrt von Frankfurt 11.14 Uhr, Ankunft in München 15.18 Uhr. Was für ein Zug ist das?
Auskunft: Ein InterCity.
Frau Brenner: Muss man da umsteigen?
Auskunft: Nein, der Zug fährt direkt. Oder Sie können mit dem nächsten ICE um 11.43 Uhr fahren, Ankunftszeit 15.15 Uhr. Das ist auch eine direkte Verbindung.
Frau Brenner: Ja, das hört sich besser an, da komme ich sogar früher an. Also, 11.43 Uhr ab Frankfurt, Ankunft 15.15 Uhr. Noch eine Frage, gibt es ein Restaurant im Zug?
Auskunft: Ja.
Frau Brenner: Gut, danke schön, auf Wiederhören.
Auskunft: Auf Wiederhören.

7.2E

Auskunft: Deutsche Bahn Frankfurt, guten Tag. Wie kann ich Ihnen helfen?
Frau Brenner: Guten Tag, ich fahre mit dem ICE von Frankfurt nach München und möchte eine Fahrkarte buchen.
Auskunft: Fahren Sie einfach oder hin und zurück?
Frau Brenner: Hin und zurück, bitte.
Auskunft: Möchten Sie erste oder zweite Klasse?
Frau Brenner: Erste Klasse, bitte.
Auskunft: Möchten Sie auch eine Platzreservierung haben?
Frau Brenner: Ja, bitte, für die Hinfahrt. Ich fahre am Freitag, dem 14. Juli, um 11.43 Uhr. Muss ich da extra bezahlen?
Auskunft: Nein, wenn Sie mit dem ICE fahren, brauchen Sie für die Platzreservierung nicht extra zu bezahlen. Möchten Sie im Großraumwagen oder im Abteilwagen sitzen?
Frau Brenner: Im Großraumwagen, bitte.
Auskunft: Raucher oder Nichtraucher?
Frau Brenner: Nichtraucher, bitte.
Auskunft: Möchten Sie einen Fensterplatz oder einen Gangplatz haben?
Frau Brenner: Einen Fensterplatz, bitte.
Auskunft: So, das macht 180 Euro plus 8 Euro ICE-Zuschlag, alles zusammen 188 Euro.
Frau Brenner: 188 Euro, ist gut. Sagen Sie, kann ich die Fahrkarte am Bahnhof abholen?
Auskunft: Ja, Sie gehen zum Schalter für vorbestellte Fahrscheine. Wie möchten Sie die Fahrkarte bezahlen?
Frau Brenner: Mit Kreditkarte. Ich habe American Express.
Auskunft: Gut. Also, sagen Sie mir zuerst Ihren Namen ...

7.2G

Durchsage 1: Auf Gleis 4 bitte einsteigen und Türen schließen. Der Zug fährt in Kürze ab.
Durchsage 2: Bitte zurücktreten. Auf Gleis 9 planmäßige Ankunft des InterCity 713 aus Hamburg. Zur Weiterfahrt um 13.51 Uhr nach Stuttgart über Bonn, Koblenz, Mainz und Mannheim.
Durchsage 3: Achtung auf Gleis 8. Der InterCity 712 nach München wird voraussichtlich mit 15 Minuten Verspätung ankommen. Ich wiederhole.
Durchsage 4: Achtung am Gleis 2. Der in Kürze einfahrende EuroCity um 14.02 Uhr nach Amsterdam hat Einfahrt auf dem gegenüberliegenden Gleis. Alle EuroCity Fahrgäste nach Amsterdam werden gebeten sich zu Gleis 3 zu begeben.

7.3A

Dialog 1
Besucherin: Guten Tag, wie komme ich am besten nach Untertürkheim? Ich möchte zu DaimlerChrysler.
Angestellte: Steigen Sie hier am Hauptbahnhof in die S-Bahn Nummer. 1 Richtung Plochingen. Von den Haltestellen „Stadion" oder „Untertürkheim" sind es nur wenige hundert Meter bis zum Werksgelände.
Besucherin: Also, ich nehme die S-Bahn Nummer. 1 bis zur Haltestelle „Stadion" oder „Untertürkheim."
Angestellte: Ja.
Besucherin: Und können Sie mir sagen, wie lange die Fahrt dauert?
Angestellte: Zirka 15 Minuten.
Besucherin: Vielen Dank.
Angestellte: Nichts zu danken.

Dialog 2
Besucher: Guten Tag, ich möchte zu den Mineralschwimmbädern in Bad Cannstatt. Wie komme ich am besten dorthin?
Angestellte: Sie nehmen die U14 oder die U1 im Untergeschoss, oder die Straßenbahn Nr. 2.
Besucher: In welche Richtung fahre ich mit der U-Bahn?
Angestellte: Sie fahren mit der U14 Richtung Mühlhausen. Mit der U1 fahren Sie Richtung Felbach Lutherkirche.
Besucher: Und an welcher Haltestelle steige ich aus?
Angestellte: An der Haltestelle Mineralbäder.
Besucher: Mineralbäder. Können Sie mir sagen, wie viele Haltestellen das sind?
Angestellte: Mm, etwa fünf, aber in der Straßenbahn werden die Haltestellen angekündigt.
Besucher: Ach so. Vielen Dank, auf Wiedersehen.

Dialog 3
Besucherin: Guten Tag. Ich muss zum Hotel Ketterer in der Marienstraße. Wie komme ich am besten dorthin?
Angestellte: Sie können entweder mit der S-Bahn oder der U-Bahn fahren oder Sie können auch zu Fuß gehen.
Besucherin: Wie weit ist es zu laufen?
Angestellte: Das sind zirka 15 Minuten zu Fuß.
Besucherin: Nein, das ist zu weit, ich habe einen schweren Koffer. Wie fahre ich mit der S-Bahn?
Angestellte: Sie steigen hier ein und fahren zwei Haltestellen. Am Rotebühlplatz steigen Sie aus.
Besucherin: Und welche Linie ist das?
Angestellte: Das ist egal. Alle S-Bahn-Linien fahren zum Rotebühlplatz. Von der Haltestelle gehen Sie die Eberhardstraße runter und die Marienstraße ist gleich die erste Straße links.
Besucherin: Die Eberhardstraße runter, dann die erste Straße links. Vielen Dank.
Angestellte: Bitte schön.

Dialog 4
Besucher: Entschuldigung, wie komme ich am besten zur Universität?
Angestellte: Ach, das ist hier ganz in der Nähe, nur etwa zehn Minuten zu Fuß. Sie gehen durch die Klett-Passage, das ist die Straßenunterführung, und nehmen den Ausgang Theodor-Heuss-Straße. Wenn Sie aus der Unterführung rauskommen, gehen Sie geradeaus die Theodor-Heuss-Straße entlang, über die Kreuzung, dann nehmen Sie die erste Straße rechts.
Besucher: Wie heißt die Straße?
Angestellte: Das ist die Geschwister-Scholl-Straße.
Besucher: Also durch die Straßenunterführung, Ausgang Theodor-Heuss-Straße, dann geradeaus und die erste Straße rechts hinter der Kreuzung.

Angestellte: Richtig. Sie sehen die Universität direkt vor sich, Sie können sie überhaupt nicht verfehlen.
Besucher: Vielen Dank, auf Wiedersehen.

7.4B

Herr Blaue: Blaue, guten Tag.
Herr Nielsen: Guten Tag, Herr Blaue, hier spricht Nielsen von der Firma Guthof. Wir haben heute Nachmittag einen Termin, nicht wahr?
Herr Blaue: Ja, ich erwarte Sie um 14.00 Uhr.
Herr Nielsen: Richtig. Ich komme aus Düsseldorf, können Sie mir sagen, wie ich am besten in Ihre Firma komme?
Herr Blaue: Ja, also, wenn Sie auf der A46 aus Düsseldorf kommen, nehmen Sie die Ausfahrt Wuppertal-Wichlinghausen ...
Herr Nielsen: ... Ausfahrt Wuppertal-Wichlinghausen, ja ...
Herr Blaue: Ja, und dann fahren Sie geradeaus über die erste Ampel. An der zweiten Ampel biegen Sie links ab in Richtung Wichlinghausen ...
Herr Nielsen: Also, einen Moment, geradeaus über die erste Ampel und an der zweiten Ampel links ...
Herr Blaue: Ja, richtig. Und dann halten Sie sich immer geradeaus, am Wichlinghauser Markt vorbei, und nach etwa einem Kilometer sehen Sie das Vorwerk-Gebäude auf der rechten Seite. Sie können es gar nicht verfehlen.
Herr Nielsen: ... und das Vorwerk-Gebäude ist auf der rechten Seite. Recht vielen Dank, Herr Blaue, also bis später, auf Wiederhören!
Herr Blaue: Wiederhören.

KAPITEL 8

8.1D

INTERVIEW 1

Journalist: Ich spreche mit Herrn Steiner auf dem Stand von Sonnenstrand Freizeitartikel. Herr Steiner, Sie sind ein regelmäßiger Aussteller hier, nicht wahr?
Herr Steiner: Ja, wir stellen schon seit 12 Jahren hier auf der SPOGA Messe aus.
Journalist: Und warum sind Sie dieses Jahr hier?
Herr Steiner: Wir sind in erster Linie hier, um den Absatz zu steigern, auf gut Deutsch: um Aufträge zu bekommen. Dabei hoffen wir auch einige neue Kunden zu werben. Den Kontakt zu unseren existierenden Kunden dürfen wir auch nicht vergessen. Die Messe ist für uns nämlich ein wichtiger Treffpunkt. Ich treff' mich hier mit Kunden aus der ganzen Welt und das erspart mir gut drei, vier Geschäftsreisen pro Jahr. Und rein persönlich freue ich mich drauf, alte Geschäftsfreunde auf der Messe wiederzusehen.
Journalist: Ja, ich verstehe.

INTERVIEW 2

Journalist: Frau Burkart, Sie vertreten die Firma Technotalk hier auf der CeBIT. Warum stellen Sie hier aus?
Frau Burkart: Wir sind vor allen Dingen hier, um den Prototyp unseres neuen Systems „Screentalk" vorzustellen und seine Akzeptanz auf der Messe zu testen. Die Reaktionen der Messebesucher sind für uns nämlich sehr wertvoll. Andere Ziele für uns sind dann, neue Marktinformationen zu sammeln und herauszufinden, was unsere Konkurrenten machen.
Journalist: Ja, das ist natürlich sehr wichtig.

INTERVIEW 3

Journalist: Mein Gesprächspartner ist Herr Lindner vom Karat-Fahrradwerk, Chemnitz. Herr Lindner, warum haben Sie sich entschieden hier auszustellen?
Herr Lindner: Erstens um den Namen unserer Firma überhaupt in Westdeutschland bekannt zu machen und zweitens, um unsere Spezialität, ein Fahrrad mit Elektromotor, vorzustellen.
    Dabei hoffen wir einige Aufträge mit neuen Kunden abzuschließen. Ein weiteres Ziel ist, Vertreter für einige deutsche Gebiete und für das Ausland zu finden.

Journalist: Herr Lindner, ich wünsche Ihnen viel Erfolg dabei!
Herr Lindner: Danke!

8.2A

DIALOG 1

Standmitarbeiter: Guten Tag, mein Name ist Koch. Ich sehe, Sie interessieren sich für unsere Hauszelte. Sind Sie an einem besonderen Modell interessiert?
Besucherin: Ja, an diesem hier.
Standmitarbeiter: Aha, das ist in unserer Holiday-Serie und verkauft sich dieses Jahr besonders gut. Darf ich Ihnen vielleicht unseren Katalog mitgeben?
Besucherin: Ja, danke. Haben Sie vielleicht eine Vorführung, wie man diese Zelte aufbaut?
Standmitarbeiter: Ja, die nächste Vorführung ist um 14.00 Uhr.
Besucherin: Ah, gut, dann komme ich um zwei Uhr zurück.

DIALOG 2

Besucher: Guten Tag, Maccario. Ich bin Großhändler und interessiere mich für Ihre Gartenmöbel hier. Ich möchte unter Umständen diese Serie bestellen. Kann ich mit Ihnen über Ihre Preise und Bedingungen sprechen?
Standmitarbeiterin: Am besten sprechen Sie mit unserem Geschäftsführer darüber, Herr Maccario. Ich vereinbare gerne einen Termin für Sie.
Besucher: Ja, gut.
Standmitarbeiterin: Einen Moment, bitte, ich sehe in seinem Terminkalender nach. Er ist um 16.00 Uhr frei, wäre das möglich?
Besucher: Ja, das geht. Hier ist meine Karte.
Standmitarbeiterin: Gut, Herr Maccario, ich schreibe das in den Terminkalender: Herr Maccario, 16.00 Uhr.
Besucher: Danke, auf Wiedersehen.

8.2C

Standmitarbeiter: Guten Tag, mein Name ist Schmidt. Ich sehe, Sie sind an unseren PVC-Luftmatratzen interessiert.
Besucherin: Ja, was kostet z.B. dieses Modell?
Standmitarbeiter: Der Katalogpreis ist 28,90 Euro.
Besucherin: Ist das inklusive Zubehör?
Standmitarbeiter: Nein, die Pumpe wird extra berechnet.
Besucherin: Wie viel Rabatt geben Sie für Großhändler?
Standmitarbeiter: Das kommt auf die Stückzahl an.
Besucherin: Mm. Und wie sind Ihre Lieferzeiten?
Standmitarbeiter: Kleinere Mengen können wir ab Lager innerhalb einer Woche liefern.
Besucherin: Gut. Und wie sind Ihre Zahlungsbedingungen?
Standmitarbeiter: 30 Tage nach Rechnungsdatum.
Besucherin: OK, ich bin sehr an diesen Matratzen interessiert, es kann sein, dass ich einen Auftrag erteile. Haben Sie vielleicht einen Katalog mit Preisliste?
Standmitarbeiter: Selbstverständlich. Wollen Sie den Katalog mitnehmen oder soll ich Ihnen einen schicken?
Besucherin: Ja, schicken Sie ihn mir nach der Messe, ich habe ja schon die Hände voll! Hier ist meine Karte.
Standmitarbeiter: Und hier ist meine. Vielen Dank für Ihren Besuch, Frau Graaf, ich schicke Ihnen den Katalog nach der Messe sofort zu.

8.3A

Standmitarbeiterin: Guten Tag, ich sehe, Sie sind an diesem Schlafsack interessiert. Das ist eines der beliebtesten Modelle.
Besucher: Ja, könnten Sie mir etwas dazu sagen?
Standmitarbeiterin: Gerne. Dieser Schlafsack hat einen Komforttemperaturbereich bis zu minus neun Grad Celsius, d.h. wenn die Temperatur bis auf minus einen Grad sinkt, hält er Sie noch angenehm warm. Daher ist er ein Allroundschlafsack für drei Jahreszeiten. Bei niedrigeren Temperaturen fangen Sie an zu frieren, Sie schlafen nicht mehr ruhig.
Besucher: Aha. Und in wie vielen Größen ist der Schlafsack erhältlich?

Standmitarbeiterin: Wir haben diesen Schlafsack in zwei Größen: Die Regular-Ausführung hat eine Länge von 210 Zentimetern und die Large-Ausführung ist 230 Zentimeter lang.
Besucher: Aus welchem Material ist er?
Standmitarbeiterin: Das Außenmaterial ist Texapore Lightweight. Dieses Material ist wasser- und winddicht und bietet somit einen guten Schutz gegen Feuchtigkeit. Das Innenmaterial ist ein Softnylon, PERTEX 4, und die Füllung ist hochwertige Gänsedaune.
Besucher: Und wie viel wiegt er?
Standmitarbeiterin: Das Gewicht ist zirka 1500 Gramm.
Besucher: Wie groß ist denn der Schlafsack eingepackt?
Standmitarbeiterin: 36 mal 17 Zentimeter. Dieses Packmaß gilt für beide Größen, regular und large.
Besucher: Und in welchen Farben ist er erhältlich?
Standmitarbeiterin: In der Farbkombination grün, violett und schwarz.
Besucher: Gibt es dafür irgendein Zubehör?
Standmitarbeiterin: Ja, der Schlafsack wird mit einem Nylonpacksack und einem Baumwollaufbewahrungsbeutel geliefert.
Besucher: Gut. Nun, eine letzte Frage: was kostet er?
Standmitarbeiterin: Der Katalogpreis ist € 299,-.
Besucher: Aha, vielen Dank. Ja, ich bin sehr an diesem Schlafsack interessiert.
Standmitarbeiterin: Darf ich Ihnen also unseren Katalog mitgeben? Er enthält eine Liste unserer Händler im In- und Ausland.
Besucher: Ja, gut. Vielen Dank.

8.4B
Standmitarbeiterin: Guten Tag, mein Name ist Binder. Kann ich Ihnen vielleicht einige Informationen zu diesen Druckern geben?
Besucher: Ja, ich suche einen geeigneten Drucker, aber ich bin nicht sicher, ob ein Tintenstrahldrucker oder ein Laserdrucker für mich geeigneter wäre. Können Sie mich vielleicht beraten?
Standmitarbeiterin: Ja, gerne. Zuerst, wofür brauchen Sie den Drucker?
Besucher: Ich bin Professor an der Universität und arbeite viel zu Hause. Ich habe gerade einen IBM-kompatiblen Personalcomputer gekauft und brauche dafür einen Drucker.
Standmitarbeiterin: Aha. Und was für Texte wollen Sie drucken?
Besucher: Mm, hauptsächlich Routinearbeiten, Referate, Übungsblätter, Briefe, solche Sachen.
Standmitarbeiterin: Müssen Sie Tabellen oder Grafiken drucken?
Besucher: Ja, manchmal.
Standmitarbeiterin: Sie drucken aber keine großen Auflagen?
Besucher: Nein.
Standmitarbeiterin: Die Druckgeschwindigkeit spielt also für Sie keine große Rolle. Was ist für Sie wichtiger, Kaufpreis und Betriebskosten, oder die Druckqualität?
Besucher: Die Druckqualität ist für meine Bedürfnisse eigentlich nicht sehr wichtig, eher der Preis.
Standmitarbeiterin: Aha, und spielt der Geräuschpegel eine Rolle?
Besucher: Was meinen Sie?
Standmitarbeiterin: Einige Drucker sind relativ laut und das stört manche Verbraucher.
Besucher: Ach, ja, leiser ist natürlich besser, weil ich manchmal am Abend arbeite.
Standmitarbeiterin: Also, wenn Sie herüberkommen möchten ... hier sehen Sie einige Drucker, die für Sie in Frage kommen.
Besucher: Ach, gut.

KAPITEL 9

9.2A
Frau Keller: Guten Tag, Keller am Apparat.
Herr Schuster: Guten Tag, hier Schuster, von der Firma Habermann, München.
Frau Keller: Guten Tag, Herr Schuster. Wie kann ich Ihnen helfen?
Herr Schuster: Habermann ist eine Zulieferungsfirma für die Autoindustrie und wir suchen im Moment einen neuen Lieferanten für Bremspedale. Ich habe den Namen Ihrer Firma von Geschäftsfreunden erfahren. Können Sie uns ein Angebot für diesen Artikel machen?
Frau Keller: Bremspedale? Ja, die können wir Ihnen anbieten.
Herr Schuster: Gut. Können Sie mir also Näheres über Ihre Preise und Lieferbedingungen sagen?
Frau Keller: Ja, gerne. Welche Menge benötigen Sie?
Herr Schuster: Haben Sie eine Mindestabnahmemenge?
Frau Keller: Ja, unsere Mindestabnahmemenge ist 1.000 Stück.
Herr Schuster: Und ab welcher Menge geben Sie Rabatt?
Frau Keller: Ab 5.000 Stück geben wir 2,5% Rabatt, ab 10.000 geben wir 5%.
Herr Schuster: Aha. Und können Sie mir einen Preis für 1.000 Stück nennen?
Frau Keller: Den Stückpreis muss ich erst einmal ausrechnen, Herr Schuster. Am besten schicken Sie mir eine schriftliche Anfrage mit allen Einzelheiten und eine Zeichnung.
Herr Schuster: Nun, gut. Aber ich möchte jetzt schon wissen, wie Ihre Zahlungsbedingungen sind.
Frau Keller: Ja, natürlich. Normalerweise 90 Tage netto.
Herr Schuster: Gut. Gewähren Sie Skonto für prompte Zahlung?
Frau Keller: Ja, bei 14 Tagen geben wir 3% Skonto.
Herr Schuster: Mm. Wie sind Ihre Lieferbedingungen?
Frau Keller: Der Preis versteht sich CIF. Unsere Lieferfristen sind im Moment vier Wochen.
Herr Schuster: Gut, Frau Keller, ich faxe Ihnen meine Anfrage zu. Können Sie mir sobald wie möglich ein schriftliches Angebot machen?
Frau Keller: Ja, selbstverständlich, Herr Schuster.
Herr Schuster: Gut. Wenn Ihre Preise konkurrenzfähig sind und die Qualität unseren Erwartungen entspricht, können Sie mit regelmäßigen Aufträgen rechnen.
Frau Keller: Vielen Dank, ich erwarte also Ihre Anfrage. Auf Wiederhören.
Herr Schuster: Auf Wiederhören.

9.3A
Herr Schuster: Guten Tag, Schuster.
Frau Keller: Guten Tag, Herr Schuster, hier Keller von Vulcan Forgings.
Herr Schuster: Tag, Frau Keller.
Frau Keller: Ich rufe an wegen unseres Angebots über Bremspedale. Haben Sie eine Entscheidung getroffen?
Herr Schuster: Einen Moment bitte, ich hole mir die Unterlagen. ... Ja, jetzt habe ich die Unterlagen vor mir liegen. Ja, Frau Keller, wir haben Ihr Angebot mit der Konkurrenz verglichen und Ihr Preis ist uns etwas zu hoch. Können Sie uns da vielleicht etwas entgegenkommen?
Frau Keller: Ja, über den Preis können wir noch verhandeln.
Herr Schuster: Gut. Sie haben uns in Ihrem Angebot einen Stückpreis von 1,42 Euro für eine Menge von 10.000 Stück genannt. Das ist der Nettopreis von 1,50 minus 5% Mengenrabatt, nicht wahr?
Frau Keller: Stimmt.
Herr Schuster: Können Sie uns bei dieser Bestellmenge einen besseren Rabatt gewähren? Wir haben an 8% gedacht.
Frau Keller: Das ist entschieden zu hoch, Herr Schuster, ich kann Ihnen maximal 6% anbieten.
Herr Schuster: Ist das Ihr letztes Wort?
Frau Keller: Das ist leider mein letztes Angebot.
Herr Schuster: Nun, gut, einigen wir uns auf 6%. Da ist aber auch noch die Lieferzeit.

Frau Keller: Ja, in unserem Angebot nennen wir eine Lieferzeit von vier Wochen.
Herr Schuster: Können Sie nicht schneller liefern, sagen wir drei Wochen? Wir brauchen die Ware dringend.
Frau Keller: Ich glaube nicht, denn unsere Kapazität ist schon völlig ausgelastet, aber ich kann mit unserem Produktionsleiter sprechen.
Herr Schuster: Danke. Könnten Sie mich sobald wie möglich zurückrufen?
Frau Keller: Ja, natürlich. Ich rufe Sie morgen an, Herr Schuster.
Herr Schuster: Gut, ich erwarte Ihren Anruf. Auf Wiederhören.
Frau Keller: Auf Wiederhören.

9.4D

Dialog 1
Zentrale: Spedition Intertrans, guten Tag.
Frau Keller: Guten Tag, Keller, Firma Vulcan Forgings. Es geht um eine verspätete Lieferung von uns an eine Firma in München. Mit wem kann ich bitte darüber sprechen?
Zentrale: Augenblick bitte, ich verbinde Sie mit Herrn Köbel.
Herr Köbel: Köbel.
Frau Keller: Guten Tag, Herr Köbel, hier Keller, Vulcan Forgings. Herr Köbel, es geht um eine verspätete Sendung von uns an eine Firma in München. Der Liefertermin war letzter Freitag, der 28. Juli, aber der Kunde hat die Ware noch nicht erhalten und braucht sie dringend. Ich habe bereits erfahren, dass die Sendung am Donnerstag, dem 27. Juli, nach Deutschland verladen wurde. Können Sie mir sagen, wo die Ware bleibt?
Herr Köbel: Sie sind der Sender?
Frau Keller: Ja, Vulcan Forgings.
Herr Köbel: Und wann wurde die Sendung bei Ihnen abgeholt?
Frau Keller: Am Mittwoch, dem 26. Juli.
Herr Köbel: Wie viele Frachtstücke sind es?
Frau Keller: Es sind 10 Holzkisten.
Herr Köbel: Was ist drin?
Frau Keller: Es sind Schmiedeteile.
Herr Köbel: Wer ist der Empfänger?
Frau Keller: Wilhelm Habermann GmbH und Co. KG. Die Lieferanschrift ist Tor 1, Wörlitzer Str. 52-55, München. Alle Holzkisten sind mit der Lieferanschrift gekennzeichnet.
Herr Köbel: Frau Keller, ich werde mich erkundigen und rufe Sie dann zurück. Was ist Ihre Telefonnummer?
Frau Keller: Die Nummer ist 021 ...

Dialog 2
Frau Keller: Keller.
Herr Köbel: Hallo Frau Keller, hier Köbel, Spedition Intertrans, München.
Frau Keller: Guten Tag, Herr Köbel. Danke für den prompten Rückruf. Also, was ist mit unserer Sendung passiert?
Herr Köbel: Wir haben Ihre Sendung für Wilhelm Habermann hier im Lager gefunden. Es ist Folgendes passiert: Die Sendung ist am Freitag angekommen, aber erst am späten Nachmittag. Das war außerhalb der Warenannahmezeiten beim Empfänger, die nur bis 14.00 Uhr sind.
Frau Keller: Ach so. Und wann wird die Ware geliefert?
Herr Köbel: Die Sendung geht heute ab.
Frau Keller: Vielen Dank, Herr Köbel. Ich sage dem Kunden Bescheid. Auf Wiederhören.
Herr Köbel: Auf Wiederhören.

9.5A

Dialog 1
Herr Nagel: Nagel, guten Tag.
Frau Eckstein: Guten Tag, Herr Nagel, hier Eckstein von der Firma Aqua Badespaß. Es geht um die Bad-Teppich-Garnituren, die wir von Ihnen bekommen haben. Ich habe leider eine Reklamation.
Herr Nagel: Das tut mir Leid, Frau Eckstein. Was ist passiert?
Frau Eckstein: Bei der Prüfung der Sendung haben wir festgestellt, dass sie unvollständig ist. Wir haben 200 Stück bestellt, Sie haben uns aber nur 180 geschickt.
Herr Nagel: Also, es fehlen 20 Stück. Ich notiere.
Frau Eckstein: In Ihrer Rechnung haben Sie uns aber 200 Stück berechnet. Irgendwo ist ein Fehler passiert. Was schlagen Sie denn vor?

Dialog 2
Frau Raue: Raue am Apparat.
Herr Vitelli: Guten Tag, Frau Raue, hier Vitelli von der Firma KB Innenausstattung. Es handelt sich um Ihre Lieferung von 5.000 Fliesen, die wir gerade erhalten haben. Ich muss sie leider reklamieren.
Frau Raue: Das tut mir Leid. Könnten Sie mir Näheres dazu sagen?
Herr Vitelli: Ja, bei den fünf Kartons, die wir kontrolliert haben, haben die ersten acht bis zehn Fliesen einen Riß. Sie sind also unbrauchbar.
Frau Raue: Also, Herr Vitelli, darf ich Ihnen folgenden Vorschlag machen?

Dialog 3
Herr Fischer: Fischer.
Herr Janssen: Guten Tag, Herr Fischer, hier Janssen, Firma EBJ-Glas. Herr Fischer, ich habe leider eine Reklamation bei Ihrer letzten Lieferung von Kaffeeservice und Weinsets.
Herr Fischer: Oh, das tut mir aber sehr Leid! Was ist denn passiert?
Herr Janssen: Sie haben uns die falsche Ware geschickt. Bei den Kaffeeservice haben wir Blumenmuster in rot bestellt, stattdessen aber haben Sie uns Blumenmuster in blau geschickt.
Herr Fischer: Ach so. Darf ich fragen, sind die Waren selbst beschädigt?
Herr Janssen: Die Kaffeeservice sind nicht beschädigt. Aber bei einigen Weinsets ist ein Teil der Gläser zerbrochen. Das ist anscheinend auf mangelhafte Verpackung zurückzuführen. Wie wollen wir also das Problem lösen?

Dialog 4
Dr. Wagner: Herr Büttner, mit der neuen Maschine, die Sie vor kurzem in unserem Werk Diepholz installiert haben, sind wir nicht recht zufrieden.
Herr Büttner: Oh, das tut mir Leid. Könnten Sie mir Näheres dazu sagen?
Dr. Wagner: Bei Inbetriebnahme der Maschine sind Störungen aufgetreten. Sie funktioniert nicht ganz richtig. Erstens arbeitet sie sehr langsam und zweitens ist die Fehlerquote viel zu hoch.
Herr Büttner: Vielleicht ist sie für Ihren Werkstoff nicht richtig kalibriert. Herr Dr. Wagner, ich schlage Ihnen Folgendes vor ...

KAPITEL 10

10.6C

Personalchef: Guten Tag, Frau Schemann. Nehmen Sie bitte Platz. Haben Sie gut zu uns gefunden?
Frau Schemann: Ja, danke, ohne Probleme.
Personalchef: Gut. Frau Schemann, erzählen Sie mir erst mal, was Sie über Tengelmann wissen.
Frau Schemann: Von Ihrem Geschäftsbericht weiß ich, dass Sie weltweit zirka 7.700 Filialen und einen Jahresumsatz von 26 Milliarden Euro haben. Tengelmann ist also einer der größten Handelsbetriebe der Welt. Die Gruppe expandiert auch rapide in den neuen Bundesländern. Außerdem engagiert sich die Gruppe stark für die Umwelt. 1993 erhielt der Geschäftsführer von Tengelmann den Earth Day International Award für sein zukunftsorientiertes Umweltmanagement.
Personalchef: Und warum möchten Sie gerade bei uns arbeiten?
Frau Schemann: Tengelmann ist ein erfolgreicher und progressiver Konzern im Bereich Einzelhandel, aus dem ich ja selber komme. Auch glaube ich, dass Tengelmann ein dynamisches und gut abgerundetes Trainee-Programm bietet, welches die Grundlage meiner Karriere bilden könnte.
Personalchef: Gut. Nun, Frau Schemann, einige Fragen zu Ihrem bisherigen Lebenslauf. Was für eine Ausbildung haben Sie gemacht?
Frau Schemann: Ich habe die Realschule besucht und dann eine abgeschlossene Ausbildung zur Kauffrau im Einzelhandel gemacht. Später habe ich das Abitur auf dem Abendgymnasium nachgeholt.
Personalchef: Warum haben Sie sich dafür entschieden?
Frau Schemann: Ich wollte meine Berufschancen verbessern und das war nur durch die Weiterbildung möglich. Auch bekam ich Lust zu studieren!
Personalchef: In welchen Fächern haben Sie das Abitur gemacht?
Frau Schemann: Meine Hauptfächer waren Deutsch, Englisch und Politik. Die Nebenfächer waren Mathe und Französisch.
Personalchef: Aha. Und während dieser Zeit waren Sie als kaufmännische Angestellte, später als Einkäuferin, bei Karstadt beschäftigt. Können Sie mir Ihre Tätigkeit dort schildern?
Frau Schemann: Ich habe zuerst im Bereich Haushaltsmöbel und später bei Porzellan und Kristall gearbeitet. Ich war verantwortlich für Großkundenbetreuung und Bestellungen.
Personalchef: Mit dem Einkauf von Lebensmitteln hatten Sie also nichts zu tun?
Frau Schemann: Nein, ich war nur im Nonfood-Bereich tätig.
Personalchef: Nun gut. Sie haben dann Betriebswirtschaft an der Fachhochschule Düsseldorf studiert. Haben Sie während des Studiums Praktika gemacht?
Frau Schemann: Ja, ich habe ein Praxissemester in Frankreich gemacht und zwar bei der Firma Lorfonte in Grenoble. Dort konnte ich meine Französischkenntnisse erheblich verbessern.
Personalchef: Gut. Nun, Frau Schemann, was machen Sie zur Zeit?
Frau Schemann: Zur Zeit habe ich keine feste Stellung. Ich arbeite vorübergehend durch ein Zeitarbeitbüro.
Personalchef: Wo liegen Ihre besonderen beruflichen Interessen und Neigungen?
Frau Schemann: Ich wäre besonders interessiert an einer Tätigkeit im Einkauf.
Personalchef: Könnten Sie überall in Deutschland arbeiten, oder haben Sie private Bindungen zu einem bestimmten Ort?
Frau Schemann: Nein, ich könnte überall in Deutschland arbeiten.
Personalchef: Wären Sie auch bereit, im Ausland für Tengelmann zu arbeiten?
Frau Schemann: Ja, sicher. Ich würde mich darüber freuen.
Personalchef: Gut, Frau Schemann. Ich habe jetzt keine Fragen mehr an Sie.

10.6E

Personalchef: Gut, Frau Schemann. Ich habe jetzt keine Fragen mehr an Sie. Bestehen Ihrerseits Fragen?
Frau Schemann: Ja. Können Sie mir Näheres über den Ablauf des Traineeship bei Ihnen sagen?
Personalchef: Zum Einstieg bekommen Sie eine vier- bis sechsmonatige Einarbeitung in Filialen und Regionszentralen unserer Unternehmensgruppe. Sie werden systematisch darauf vorbereitet, Verantwortung für einen Aufgabenbereich zu übernehmen. Sie erhalten auch Einblicke in die anderen Unternehmensbereiche. So lernen Sie die Struktur und die Kultur des Unternehmens kennen. Im Anschluss beginnt Ihre individuelle Karriere. Sie z.B. würden höchstwahrscheinlich als Einkaufsassistentin anfangen.
Frau Schemann: Und könnten Sie mir bitte sagen, wie hoch das Gehalt ist?
Personalchef: Das Trainee-Gehalt beträgt monatlich 2.500 Euro brutto. Wenn Sie danach fest angestellt werden, könnten Sie zwischen 2.500 und 3.000 Euro pro Monat verdienen.
Frau Schemann: Zahlen Sie auch Weihnachtsgeld?
Personalchef: Ja, im ersten Jahr würden Sie 100 Euro Weihnachtsgeld erhalten, danach 75 % eines Bruttomonatsgehalts.
Frau Schemann: Und welche Sozialleistungen bieten Sie?
Personalchef: Die normalen, das heißt Rentenversicherung, Krankenversicherung und Urlaubsgeld. Wir zahlen auch die obligatorische Pflegeversicherung für den Fall, dass Sie im Alter Pflege brauchen.
Frau Schemann: Aha. Und darf ich mal fragen, wie Ihre Arbeitszeiten sind?
Personalchef: Grundsätzlich werden bei Tengelmann 37,5 Stunden pro Woche gearbeitet. In der Gruppenverwaltung gibt es gleitende Arbeitszeit, aber in den Verkaufsstellen nicht. Ausgebildete Bezirksleiter mit Verantwortung für mehrere Verkaufsstellen in einem Bezirk müssen an manchen Samstagen arbeiten, bekommen aber dafür in der Woche einen freien Tag.
Frau Schemann: Sie haben gefragt, ob ich überall in Deutschland arbeiten könnte. Ich möchte gern wissen, ob Sie neue Mitarbeiter bei der Wohnungssuche unterstützen.
Personalchef: Nein, neue Mitarbeiter nicht. Wir könnten Ihnen die Namen von Immobilienmaklern geben, die Mietwohnungen in der Nähe unserer Filialen oder Regionszentralen vermitteln.
Frau Schemann: Auch bei einem Auslandseinsatz nicht?
Personalchef: Ach, da sieht es ganz anders aus. Auslandseinsätze kommen nur für fest angestellte Nachwuchskräfte in Frage. Wenn Sie einmal übernommen werden, werden Ihre eventuellen Umzugskosten im Inland sowie ins Ausland schon bezahlt.
Frau Schemann: Vielen Dank. Das war schon alles, was ich wissen wollte.
Personalchef: Ich danke Ihnen, Frau Schemann. Wenn Sie draußen wieder Platz nehmen möchten …

Betonung

Die meisten mehrsilbigen Wörter werden auf der ersten Silbe betont, z.B.
  Name, Firma, abends, geben, anfangen, teilnehmen.
Wörter, die mit den untrennbaren Vorsilben *be-, emp-, ent-, er-, ge-, ver-,* und *zer-* beginnen, werden auf der zweiten Silbe betont, z.B.
  begrüßen, Empfang, entwerfen, erbitten, gefallen, Vertrieb, zerbrechen.
Wörter mit griechischem oder lateinischem Ursprung werden auf der letzten Silbe betont, z.B.
  Symbol, Produzent.
Wörter mit englischem oder französischem Ursprung werden ähnlich wie in ihrer Ursprungssprache betont und ausgesprochen, z.B.
  Manager, Computer.

Mit neuen Wörtern umgehen

Wenn man eine Sprache lernt, muss man viele neue Wörter lernen. Oft ist es möglich, die Bedeutung neuer Wörter selbst herauszufinden. Das ist besser als gleich im Wörterbuch nachzuschlagen. Hier sind einige Hinweise:

- Suchen Sie nach verwandten Wörtern, die Wörtern in Ihrer Muttersprache ähneln und mehr oder weniger das Gleiche bedeuten. Bei manchen englischen Wörtern sieht das z.B. so aus:

willkommen	*welcome*	Licht	*light*
finden	*find*	Pfund	*pound*
machen	*make*	neu	*new*
denken	*think*	frei	*free*
Firma	*firm*	besser	*better*
Hilfe	*help*	lang	*long*

- Teilen Sie lange Wörter in ihre Bestandteile auf. Im Deutschen bildet man oft lange Wörter aus mehreren kleinen, z.B.
  Geschäftsführer = Geschäft + Führer
  Konferenzzimmer = Konferenz + Zimmer
  Selbstwahltelefon= selbst + Wahl (von wählen) + Telefon

- Lernen Sie Mitglieder einer Wortfamilie zu erkennen. Wie in vielen Sprachen, so werden auch im Deutschen Nomen, Adjektive, Verben und Adverbien oft aus dem gleichen Wortstamm und das Hinzufügen einer entsprechenden Vorsilbe oder Nachsilbe gebildet, z.B.

Stamm	**Verb**	**Nomen**	**Adjektiv/ Adverb**
-spät-	sich ver**spät**en	die **Ver**sp**ät**ung	spät
-arbeit-	arbeit**en**	die Arbeit/ der Arbeit**er**	arbeits**los**
-sprech-/ -sprach-	sprech**en**	der Sprech**er**/ die Sprach**e**	sprach**los**

- Versuchen Sie die Bedeutung eines Wortes aus dem Kontext zu erschließen. Der Text gibt oft Hinweise in Form von Synonymen, Gegensätzen, Definitionen, Beispielen etc. Die Bedeutung von *Haushaltsgeräte* in den folgenden Sätzen wird z.B. durch die gegebenen Beispiele klarer.
  Die Firma produziert kleine **Haushaltsgeräte**, z.B. Haartrockner, Kaffeemaschinen usw.

Grammatik

In diesem Abschnitt werden alle grammatikalischen Gebiete behandelt, die in *Unternehmen Deutsch* vorgestellt wurden. Hier finden Sie auch weitere Informationen zu den Punkten, die in den Abschnitten mit der Überschrift **Spracharbeit** angesprochen wurden. Die Nummern in diesen Abschnitten (z.B. ▶ 2.3) beziehen sich auf diese Grammatikübersicht.

1 Die Kasus

1.1 Was sind Kasus?

Im Deutschen gibt es vier Kasus: Nominativ, Akkusativ, Genitiv und Dativ. Den Kasus eines Nomens erkennt man an Endungen oder an der Flexion von Artikeln *(der/die/das, ein/e)* und anderen Wörtern, die mit ihm in Verbindung stehen. Manchmal ändert sich die Endung des Nomens entsprechend seines Kasus. (▶ 2.4) Die Kasus haben die Aufgabe, die Funktion des Nomens im Satz anzuzeigen (z.B. ob es sich um das Subjekt, das direkte oder das indirekte Objekt eines Verbs handelt). In einigen Sprachen wie z.B. dem Englischen wird das normalerweise durch die Wortstellung im Satz angezeigt. Da es im Deutschen Kasus gibt, kann die Wortstellung im Satz flexibler sein als z.B. im Englischen.

1.2 Der Nominativ

Am Nominativ erkennt man das **Subjekt** des Satzes, also wer oder was die Handlung des Verbes ausführt.
Der **Numerus** (Singular oder Plural) des Subjekts stimmt mit dem Verb überein, z.B.
  Der Besucher komm**t** (Singular) aus Hamburg.
  Die Besucher komm**en** (Plural) aus Hamburg.
Der Nominativ folgt auch auf die Verben *sein* und *werden*, z.B.
  Herr Olson ist **der Geschäftsführer**.

1.3 Der Akkusativ

Am Akkusativ erkennt man **das direkte Objekt** eines Verbes, z.B. die Person oder die Sache, der die Handlung des Verbs „widerfährt", z.B.
  Frau Brett holt **den Besucher** vom Flughafen ab.
  Der Besucher trinkt **einen Kaffee**.
Das Objekt kann auch vor dem Subjekt stehen, z.B.
  Den Exportleiter (Objekt) kennen **Sie** (Subjekt) schon.
Der Akkusativ wird auch nach einigen Präpositionen (▶ 5.2) benutzt und in einigen Zeitangaben (▶ 9).

1.4 Der Genitiv

Der Genitiv wird seltener verwendet als die drei anderen Fälle. Er zeigt **Besitzverhältnisse** an, z.B.
  Hier ist das Büro **des Geschäftsführers**.
Der Genitiv wird auch nach einigen Präpositionen verwendet (▶ 5.6).
Achtung: Es ist auch möglich, *von* + Dativ anstelle des Genitivs zu verwenden, z.B.
  Hier ist das Büro **vom** (= von dem) Geschäftsführer.

1.5 Der Dativ

Am Dativ erkennt man das **indirekte Objekt** eines Verbs, also die Person oder die Sache, die Ziel einer Handlung ist, z.B.
  Ich gebe **Ihnen** meine Visitenkarte.
  Der Kellner bringt **den Gästen** die Speisekarte.
Der Dativ steht auch nach einigen Präpositionen (▶ 5.3), nach manchen Verben (▶ 6.14) und einigen Zeitangaben (▶ 9).

185

2 Die Nomen

2.1 Was ist ein Nomen?
Ein Nomen ist ein Wort, das eine Person, einen Gegenstand oder eine Handlung bezeichnet. Im Deutschen schreibt man den ersten Buchstaben eines Nomens groß, z.B.
    der **B**esucher, die **F**irma, die **P**ünktlichkeit, das **A**uto

2.2 Genus der Nomen
Deutsche Nomen haben immer ein Geschlecht (Genus). Sie sind entweder maskulin, feminin oder neutrum. Lernen Sie jedes Nomen zusammen mit seinem bestimmten Artikel, um sich das Geschlecht besser merken zu können: *der* (m.), *die* (f.), *das* (n.). Hier sind einige Merkhilfen:

Männliche Nomen
Es gibt mehr männliche als weibliche oder sächliche Nomen. Hier finden Sie einige davon:

Männliche Personen:	der Kaufmann, der Student, der Vater
Tage, Monate und Jahreszeiten:	der Montag, der Juni, der Sommer
Himmelsrichtungen:	der Norden, der Süden
Die meisten Nomen, die auf **-er** enden:	der Besucher, der Vertreter, der Koffer
Die meisten Nomen, die auf **-el** enden:	der Apfel, der Titel
Nomen, die auf **-eur**, **-or** enden:	der Ingenieur, der Projektor

Weibliche Nomen

Weibliche Personen:	die Frau, die Mutter
die meisten Flüsse:	die Donau, die Mosel, (**aber:** der Rhein)
Zahlwörter:	die Eins, die Fünf, die Million

Nomen, die auf		
	-ei, -ie	die Partei, die Industrie
	-enz	die Konferenz
	-heit	die Gesundheit
	-keit	die Pünktlichkeit
	-ik	die Politik, die Fabrik
	-(t)ion	die Konversation, die Direktion
	-schaft	die Wirtschaft
	-tät	die Qualität
	-ung	die Einladung, die Verspätung
	-ur enden:	die Reparatur, die Natur
Nomen, die auf **-e** enden:		die Reise, die Woche

Sächliche Nomen

Infinitve als Nomen:	das Baden, das Segeln,
Nomen, die auf **-o, -um, -ment** enden:	das Büro, das Museum, das Sortiment

• Maskuline und feminine Berufsbezeichnungen:
In manchen Fällen, z.B. bei den Berufsbezeichnungen, kann man eine Frau von einem Mann durch das Hinzufügen der Endung -in an das maskuline Nomen unterscheiden, z.B.
    Mann: der Leiter, der Kollege, der Kunde, der Beamte
    Frau: die Leiterin, die Kollegin, die Kundin, die Beamtin
Achtung: Manche Berufsbezeichnungen haben geschlechtsspezifische Formen, z.B.
    der Kaufmann, die Kauffrau
In Stellenanzeigen werden heutzutage beide Formen verwendet. Wenn es jedoch nicht so wichtig erscheint, die Geschlechter zu unterscheiden, kann sich die männliche Form auch auf beide Geschlechter beziehen.

• Das Genus zusammengesetzter Nomen:
Im Deutschen werden oft mehrere Wörter zusammengesetzt, um ein neues zu bilden. Das zusammengesetzte Nomen hat das Genus des letzten Nomens, z.B.

die Konferenz + das Zimmer	= das Konferenzzimmer
das Gelände + der Plan	= der Geländeplan
der Einkauf + s + die Abteilung	= die Einkaufsabteilung
der Kunde + n + die Betreuung	= die Kundenbetreuung

2.3 Pluralbildung bei Nomen
Die häufigsten Formen der Pluralbildung bei Nomen sind im Deutschen folgende:

Singular		Plural
der Wagen, der Drucker	/	die Wagen, die Drucker
der Mantel	-ä	die Mäntel
das Produkt, der Film	-e	die Produkte, die Filme
der Schrank, die Stadt	-ä - e	die Schränke, die Städte
die Batterie, die Antwort	-(e)n	die Batterien, die Antworten
das Bild, das Kind	-er	die Bilder, die Kinder
das Band, das Rad	-ä - er	die Bänder, die Räder
das Büro, das Video	-s	die Büros, die Videos

Bei Nomen, die auf **-in** oder **-nis** enden, verdoppelt man den letzten Konsonanten, z.B.
    die Sekretär**in** – die Sekretär**innen**
    das Erzeug**nis** – die Erzeug**nisse**

Einige Nomen lateinischen Ursprungs haben eigene Pluralformen, z.B.
    die Firma – die Firmen; das Konto – die Konten
    das Material – die Materialien

2.4 Kasusendungen bei Nomen
Die Endungen eines Nomens ändern sich manchmal, je nachdem, in welchem Kasus sie stehen.
Im **Genitiv Singular** haben maskuline und neutrale Nomen die Endung **-(e)s**, z.B.
    das Büro des Geschäftsführer**s**

Die gleiche Endung wird an den Namen einer Person angehängt, z.B.
    Frau Brett nimmt Herrn Becker**s** Koffer.
    Was ist Frau Binder**s** Telefonnummer?

Im **Dativ Plural** wird die Endung **-n** angehängt, wenn nicht der Plural schon auf **-n** oder **-s** endet:
die Gäste	–	den Gäste**n**
die Frauen	–	den Frauen
die Büros	–	den Büros

• Schwache Nomen
Eine kleine Gruppe männlicher Nomen werden schwach genannt. Sie enden in allen Formen auf -(e)n, mit Ausnahme des Nominativ Singular, z.B.

	Singular	Plural
Nominativ	der Mensch	die Menschen
Akkusativ	den Menschen	die Menschen
Genitiv	des Menschen	der Menschen
Dativ	dem Menschen	den Menschen

Diese Gruppe enthält die folgenden Nomen:
    der Herr-(e)n, -en; der Nachbar -n, -n;
    der Kunde -n, -n; der Kollege -n, -n; der Deutsche -n, -n;
    der Student -en, -en; der Journalist -en, -en

Die folgenden Nomen haben die Endung **-ns** im Genitiv:
    der Name -ns, -n; der Gedanke -ns, -n

3 Bestimmungswörter und Pronomen

3.1 Was ist ein Bestimmungswort?

Bestimmungswörter sind Funktionswörter, die vor einem Nomen und den dazugehörigen Adjektiven stehen. Dazu gehören die bestimmten Artikel *der/die/das*, die unbestimmten Artikel *ein/e*, die Demonstrativpronomen *diese/dieser/dieses* und die Possessivpronomen *mein/e, dein/e* etc. Während einem Nomen mehrere Adjektive vorangehen können, kann ihm jeweils nur ein Bestimmungswort vorausgehen, z.B. *der* oder *ein*, doch nicht beide. Die Endung des Bestimmungswortes muss übereinstimmen mit dem Genus (▶ 2.2) sowie dem Numerus (Singular, Plural) und dem Kasus des Nomens (▶ 1). Das Bestimmungswort hat also die Funktion eines Anzeigers und hilft dabei, die Funktion des Nomens im Satz zu zeigen.

3.2 Was ist ein Pronomen?

Im Gegensatz zu Bestimmungswörtern können Pronomen allein stehen. Sie werden anstelle von Nomen gebraucht, um Wiederholungen zu vermeiden, z.B.

Das ist Herr Müller. **Er** ist von der Firma ABC.
„Sind Sie an einem besonderen Modell interessiert?"
„Ja, an **diesem** hier."
„Ist das Ihr Taschenrechner?" „Nein, es ist **seiner**."

Demonstrativpronomen und Possessivpronomen können sowohl als Pronomen als auch als Bestimmungswörter fungieren.

3.3 Der bestimmte Artikel

	Maskulin	Feminin	Neutrum	Plural
Nom.	der Mann	die Frau	das Kind	die Männer
Akk.	den Mann	die Frau	das Kind	die Frauen
Gen.	des Mann**es**	der Frau	des Kind**es**	der Kinder
Dat.	dem Mann	der Frau	dem Kind	den Männer**n**/Frauen

3.4 Der unbestimmte/verneinte Artikel

	Maskulin	Feminin	Neutrum
Nom.	(k)ein Mann	(k)eine Frau	(k)ein Kind
Akk.	(k)einen Mann	(k)eine Frau	(k)ein Kind
Gen.	(k)eines Mann**es**	(k)einer Frau	(k)eines Kind**(e)s**
Dat.	(k)einem Mann	(k)einer Frau	(k)einem Kind

	Plural
Nom.	keine Männer/Frauen/Kinder
Akk.	keine Männer/Frauen/Kinder
Gen.	keiner Männer/Frauen/Kinder
Dat.	keinen Männer**n**/Frauen/Kinder**n**

Der unbestimmte Artikel *ein* hat keine Pluralform.

3.5 Gebrauch des Artikels bei geografischen Namen

Der bestimmte Artikel wird verwendet bei:
– femininen Ländernamen und Ländernamen im Plural, z.B.
  Feminin Singular: die Bundesrepublik, die Schweiz, die Türkei
  Plural: die Niederlande, die Vereinigten Staaten (die USA)

(**Achtung:** Bei sächlichen Ländernamen steht meist kein Artikel, z.B. Deutschland, Frankreich, Ungarn)
– bei Namen von Seen, Bergen und Flüssen:
  der Bodensee, der Genfer See,
  die Zugspitze, der Großglockner
  der Rhein, die Donau
– bei Straßennamen in einem Satz (aber nicht in der Anschrift), z.B.
  Der Haupteingang ist in **der** Industriestraße.

3.6 Das Weglassen des Artikels bei Berufsbezeichnungen und Nationalitäten

Normalerweise wird bei Berufsbezeichnungen oder Nationalitäten der Artikel weggelassen, z.B.
Ich bin Ingenieur.
Frau Schmidt ist Einkaufsleiterin bei der Firma ABC.
Er ist Deutscher.

Allerdings kann ein bestimmter Artikel verwendet werden, wenn nur eine bestimmte Person eine Funktion in einem Unternehmen innehat, z.B.
Er ist **der** Einkaufsleiter bei uns.

3.7 Demonstrativpronomen

• dieser/diese/dieses

Demonstrativpronomen können sowohl als Bestimmungswörter als auch als Pronomen verwendet werden. Die Endungen sind für beide gleich.

	Maskulin	Feminin	Neutrum	Plural
Nom.	dieser	diese	dieses	diese
Akk.	diesen	diese	dieses	diese
Gen.	dieses	dieser	dieses	dieser
Dat.	diesem	dieser	diesem	diesen

Beispiele: Verwendung als Bestimmungswort:
Ich hoffe, **dieser** Tisch passt Ihnen?
Ich bin an **diesem** Modell interessiert.

Verwendung als Pronomen:
Im Herbst 1950 brachte Otto den ersten Katalog heraus. **Dieser** erschien in einer Auflage von ...
„Sind Sie an einem besonderen Modell interessiert?"
„Ja, an **diesem** hier."

Die Wörter *jener/jene/jenes* und *jeder/jede/jedes* haben die gleichen Endungen und können genauso verwendet werden.

• der/die/das

Die Wörter *der/die/das* werden auch als Pronomen verwendet. Ihre Form unterscheidet sich vom bestimmten Artikel nur im Genitiv und Dativ Plural.

	Maskulin	Feminin	Neutrum	Plural
Nom.	der	die	das	die
Akk.	den	die	das	die
Gen.	dessen	deren	dessen	deren
Dat.	dem	der	dem	denen

Beispiel: Was für eine Abteilung ist das?
„Muss man auch Überstunden machen?"
„**Die** gibt es hier in der Verwaltung nicht."
Wie plane ich die Messeabteilung und **deren** Erfolg?

Das Pronomen *das* kann benutzt werden, um auf eine gesamte Aussage zurückzukommen, z.B.
Könnten Sie **das** bitte wiederholen?

3.8 Die Possessivpronomen

Possessivpronomen zeigen an, wem oder was jemand oder etwas gehört.

Singular	Plural
mein	unser
dein	euer
Ihr (höflich)	Ihr (höflich)
sein	ihr
	ihr

Diese können als Bestimmungswörter oder als Pronomen verwendet werden. Werden sie als Bestimmungswörter verwendet, so haben sie die gleichen Endungen wie der unbestimmte Artikel (▶ 3.4), z.B.
Wie war **Ihr** Name nochmal?
Was ist **seine** Stellung im Betrieb?

Werden sie als Pronomen verwendet, haben sie die gleichen Endungen wie *dieser/diese/dieses* (▶ 3.7), z.B.
  Mein Auto ist nicht so groß wie sein(e)s.

Achtung: Das -e bei sächlichen Nomen wird häufig weggelassen.

3.9 Personalpronomen

Personalpronomen beziehen sich auf Personen oder Gegenstände. Ihre Form richtet sich nach Person, Numerus und Kasus.

	Nominativ	Akkusativ	Dativ
Singular	ich	mich	mir
	du	dich	dir
	Sie (höflich)	Sie	Ihnen
	er	ihn	ihm
	sie	sie	ihr
	es	es	ihm

	Nominativ	Akkusativ	Dativ
Plural	wir	uns	uns
	ihr	euch	euch
	Sie (höflich)	Sie	Ihnen
	sie	sie	ihnen

Das Pronomen *er* bezieht sich auf jedes maskuline, *sie* auf jedes feminine und *es* auf jedes sächliche Nomen, wobei das natürliche Geschlecht vernachlässigt werden kann, z.B.
  Gefällt Ihnen mein neuer Wagen? (m.)
  Ja, **er** ist sehr schön.
  Ich empfehle Ihnen die Leberknödelsuppe (w.),
  sie schmeckt besonders lecker.

Achtung: Im Deutschen gibt es zwei unterschiedliche Anredeformen:

a) Die informelle Form *du*, die eine gewisse Intimität voraussetzt und von Verwandten, Bekannten, Kindern und engen Freunden, Studenten und Schülern verwendet wird, und

b) die höflichere Form *Sie*. Sie wird unter Fremden und Erwachsenen benutzt, die sich nicht beim Vornamen nennen. Selbst Arbeitskollegen, die sich schon lange kennen, benutzen oft die Höflichkeitsform.

3.10 Unbestimmte Pronomen

- ***man***

Nominativ	man
Akkusativ	einen
Dativ	einem

Beispiel: In Deutschland stellt **man** sich mit Nachnamen vor.
  Das könnte **einen** viel kosten.

- ***einer/eine/ein(e)s***

Die Endungen der unbestimmten Pronomen unterscheiden sich von denen des unbestimmten Artikels (▶ 3.4). Das kommt daher, dass die Endungen sich auf das Genus des betreffenden Nomens beziehen müssen.

	Maskulin	Feminin	Neutrum
Nom.	ein**er**	eine	ein(e)s
Akk.	einen	eine	ein(e)s
Dat.	eines	einer	eines
Gen.	einem	einer	einem

Beispiel:
  Herr Braun ist **einer** unserer besten Kunden.
  Bayern ist **ein(e)s** der schönsten Bundesländer.
  Ich möchte **einen** Ihrer etablierten Kunden besuchen.

Achtung: *keiner/keine/kein(e)s* kann auch als Pronomen mit den selben Endungen gebraucht werden.

- ***etwas***

Das Wort *etwas* ist nicht veränderbar. Es kann verschiedenartig verwendet werden, z.B.
  Möchten Sie **etwas** trinken?

Es kann mit einem Adjektiv kombiniert werden, welches dann mit einem Großbuchstaben beginnt, z.B.
  Ich esse lieber **etwas K**altes.
Aber: **etwas a**nderes.

3.11 Interrogativpronomen

- ***wer?***

Das Fragewort *wer* hat folgende Formen:

Nominativ	wer
Akkusativ	wen
Genitiv	wessen
Dativ	wem

Beispiel:
  Wer ist der Geschäftsführer?
  Wessen Auto ist das? / **Wem** gehört das Auto?

- ***welcher/welche/welches***

Diese Fragewörter können sowohl als Bestimmungswörter als auch als Pronomen verwendet werden. Sie folgen dem Muster von *dieser/diese/dieses*, z.B.
  In **welchem** Bereich ist die Firma tätig?

- ***was/wo(r)-***

Das Fragewort *was* ist unveränderbar, z.B.
  Was möchten Sie trinken?

Um nach etwas zu fragen, verwendet man *wofür, womit* und nicht *mit was* oder *für was*. Diese Interrogativpronomen werden also durch das Hinzufügen von *wo-* bzw. zu der Präposition gebildet bzw. *wor-*, wenn die Präposition mit einem Vokal anfängt, z.B.
  Wofür sind Sie zuständig?
  Womit befasst sich Herr Barth?
  Worum kümmert sich Frau Kern?
  Worin besteht Ihre Arbeit?
  Worüber ist das Referat?

4 Adjektive und Adverbien

4.1 Was ist ein Adjektiv?

Adjektive beschreiben ein Nomen näher und geben zusätzliche Informationen darüber. Wenn ein Adjektiv nach einem Nomen steht, welches es beschreibt, so hat es keine Endung.
  Die Fabrik ist sehr **modern**.
  Meine Kollegen sind **sympathisch**.

Steht es aber vor dem Nomen, so hat es eine Adjektivendung. Die Endungen richten sich nach dem Genus (▶ 2.2), dem Numerus und dem Kasus (▶ 1). Sie richten sich weiterhin danach, ob ein Bestimmungswort vorhanden ist oder nicht, und um welches es sich handelt, z.B.
  der groß**e** Konzern
  ein groß**er** Konzern

Ausnahmen sind:
– einige Farben, z.B. rosa
– Namen von Städten und Großstädten, wenn sie als Adjektive verwendet werden. Diesen wird die Endung **-er**, aber keine Kasusendung hinzugefügt, z.B.
  der Frankfurt**er** Hauptsitz der Firma
  die echte Frankfurt**er** Atmosphäre

4.2 Was ist ein Adverb?

Adverbien beschreiben Verben näher und geben zusätzliche Informationen über sie. Die meisten deutschen Adjektive können auch als Adverbien benutzt werden. Die Form des Adverbs verändert sich nicht, z.B.

Adjektiv	Unsere **eleganten** Zimmer.
	Er ist ein **guter** Arbeiter.
Adverb	Unsere **elegant** eingerichteten Zimmer.
	Wir arbeiten **gut** zusammen.

4.3 *der/die/das* + Adjektiv + Nomen

Nach *der/die/das, dieser/diese/dieses, jener/jene/jenes, jeder/jede/jedes* und *welcher/welche/welches* sehen die Adjektivendungen folgendermaßen aus:

	Maskulin		Feminin
Nom.	der groß**e** Konzern		die groß**e** Firma
Akk.	den groß**en** Konzern		die groß**e** Firma
Gen.	des groß**en** Konzern**s**		der groß**en** Firma
Dat.	dem groß**en** Konzern		der groß**en** Firma

	Neutrum		Plural
Nom.	das groß**e** Unternehmen		die groß**en** Konzerne
Akk.	das groß**e** Unternehmen		die groß**en** Konzerne
Gen.	des groß**en** Unternehmen**s**		der groß**en** Konzerne
Dat.	dem groß**en** Unternehmen		den groß**en** Konzerne**n**

4.4 *ein/eine/ein* + Adjektiv + Nomen

Nach dem unbestimmten Artikel, dem verneinten Artikel *kein/keine/kein* (▶ 3.4) und den Possessivpronomen *mein, dein* etc. (▶ 3.8) unterscheiden sich drei Adjektivendungen von denen in 4.3.

	Maskulin	Feminin	Neutrum	Plural
Nom.	**-er**	-e	**-es**	-en
Akk.	-en	-e	**-es**	-en
Gen.	-en	-en	-en	-en
Dat.	-en	-en	-en	-en

z.B. ein groß**er** Konzern, ein groß**es** Unternehmen
Denken Sie daran, dass die unbestimmten Artikel keine Pluralformen bilden.

4.5 Mehr als ein Adjektiv nach einem Bestimmungswort

Stehen nach einem Bestimmungswort mehr als ein Adjektiv, so haben diese die gleichen Endungen, z.B.
ThyssenKrupp ist **ein** führend**er** deutsch**er** Technologiekonzern.
Gehen wir in **ein** traditionell**es** deutsch**es** Restaurant.
Dieses alt**e**, traditionsreich**e** Hotel wurde 1893 eröffnet.

4.6 Adjektiv + Nomen

Wenn kein Bestimmungswort oder Pronomen vorhanden ist, welches Genus und Kasus des Nomens anzeigen könnte, so muss ein Adjektiv diese Funktion übernehmen. Es erhält dann folgende Endungen:

	Maskulin	Feminin	Neutrum	Plural
Nom.	-er	-e	-es	-e
Akk.	-en	-e	-es	-e
Gen.	-en	-er	-en	-er
Dat.	-em	-er	-em	-en

Beispiele:
Das Hotel bietet professionell**en** Service (Maskulin Singular Akkusativ).
Das Haus ist eine Symbiose aus exklusiv**em** Stadthotel (Maskulin Singular Dativ) und sympathisch**er** Eleganz (Feminin Singular Dativ).

4.7 *viele, wenige, einige* + Adjektiv + Nomen

Nach diesen Wörtern sowie Zahlwörtern ist die Adjektivendung im Nominativ und Akkusativ Plural **-e**, wie in **4.6** beschrieben:

Frankfurt hat viele interessant**e** Sehenswürdigkeiten.
Die Wohnung hat fünf groß**e** Zimmer.

Achtung: Obwohl die Wörter im Plural Endungen haben, sind *viel, wenig* normalerweise unveränderbar.
Ich habe **wenig** Freizeit.
St. Gilgen bietet seinen Gästen **viel** Abwechslung.

4.8 Adjektive als Nomen

Viele Adjektive und Partizipien können als Nomen gebraucht werden, besonders wenn das folgende Nomen sonst einfach nur *Mann, Frau* oder *Person* wäre. Adjektivische Nomen beginnen mit einem Großbuchstaben, behalten aber die Adjektivendungen. Das Geschlecht ist das des implizierten Nomens, z.B.
der/die Angestellte, ein Angestellter/eine Angestellte
der/die Bekannte, ein Bekannter/eine Bekannte
der/die Reisende, ein Reisender/eine Reisende
der/die Selbstständige, ein Selbstständiger/eine Selbstständige
der/die Verwandte, ein Verwandter/eine Verwandte

4.9 Komparative und Superlative

• **Adjektive**

Um einen Komparativ zu bilden, wird **-er** an die Grundform angehängt; um einen Superlativ zu bilden, **-(e)st**. Oft wird aus dem Hauptvokal des Stammes ein Umlaut. Es gibt aber auch einige unregelmäßige Formen:

Grundform	Komparativ	Superlativ
regelmäßig		
niedrig	niedriger	der/die/das niedrigste
wenig	weniger	der/die/das wenigste
früh	früher	der/die/das früh(e)ste
intelligent	intelligenter	der/die/das intelligenteste
regelmäßig + Umlaut		
lang	länger	der/die/das längste
kurz	kürzer	der/die/das kürzeste
stark	stärker	der/die/das stärkste
schwach	schwächer	der/die/das schwächste
unregelmäßig		
hoch	höher	der/die/das höchste
nah	näher	der/die/das nächste
viel	mehr	der/die/das meiste
gut	besser	der/die/das beste

Die Komparativ- und Superlativformen von Adjektiven haben die normalen Adjektivendungen, außer *mehr* und *weniger*, die sich nicht verändern.

Um einen Vergleich auszudrücken, verwendet man *als*, z.B.
Der Umsatz 2001 war höher **als** 2000.
Die Deutschen fangen mit der Arbeit früher an **als** die Briten.

Eine andere Möglichkeit, zwei Dinge miteinander zu vergleichen, bietet *so ... wie*, z.B.
Weimar ist nicht **so** groß **wie** Frankfurt.

Um darzustellen, dass etwas genauso ist, verwendet man *genauso ... wie*, z.B.
Die Briten arbeiten **genauso** viele Stunden pro Woche **wie** die Holländer.

• *Adverbien*

Der Komparativ von Adverbien wird genauso wie der von Adjektiven gebildet. Vor dem Superlativ eines Adverbs steht das Wort *am*. Die Superlativformen enden auf **-(e)sten**, z.B.
am wenigsten, am meisten, am kürzesten, am besten

Achtung: Das unregelmäßige Adverb *gern* (▶ 4.10) hat die Formen *gern, lieber, am liebsten*.

4.10 Vorlieben und Abneigungen ausdrücken durch
- Verb + *gern*

Um im Deutschen Vorlieben auszudrücken, verwendet man am häufigsten *gern/lieber/am liebsten* mit *haben* oder einem anderen Verb, z.B.
> Ich habe meinen Kollegen **gern**.
> Scharfe Sachen esse ich nicht **gern**.
> Ich gehe **lieber** ins Kino als ins Theater.
> Ich arbeite **am liebsten** selbstständig.

5 Präpositionen

5.1 Was sind Präpositionen?
Präpositionen sind Wörter wie *in, auf, um*. Sie stehen vor Nomen oder Pronomen und geben eine Antwort auf die Frage *Wo? Wann?* z.B. *in Berlin, auf dem Tisch, um acht Uhr*. Viele Adjektive und Verben werden mit bestimmten Präpositionen gebraucht, die gelernt werden müssen, z.B. *interessiert an, sich interessieren für*. Die Form von Präpositionen ist unveränderlich, obwohl einige deutsche Präpositionen mit den folgenden Bestimmungswörtern verschmelzen, z.B.

ans = an das beim = bei dem im = in dem zum = zu dem
am = an dem ins = in das vom = von dem zur = zu der

Präpositionen bestimmen im Deutschen den Kasus des nachfolgenden Nomens. Sie stehen im Akkusativ, Dativ oder gelegentlich im Genitiv.

5.2 Präpositionen mit dem Akkusativ
Die folgenden Präpositionen verlangen den Akkusativ.
bis   Er ist **bis** nächste Woche im Urlaub.
durch   Gehen wir **durch** diese Tür.
für   Ich bin **für** die Kundenbetreuung zuständig.
gegen   Ich möchte **gegen** 10.00 Uhr nach München fahren.
ohne   **Ohne** gründliche Fremdsprachenkenntnisse kommt man nicht aus.
um   Gehen Sie links **um** die Ecke.

5.3 Präpositionen mit dem Dativ
Die folgenden Präpositionen verlangen den Dativ.
ab   Jugendliche **ab** 16 Jahren
aus   Viele Besucher kommen **aus** dem Ausland.
außer   **Außer** uns ist noch niemand da.
bei   Er arbeitet **bei** der Firma ABD.
           Sie ist **beim** Mittagessen.
gegenüber Das Fertiglager ist **gegenüber** der Fabrik.
mit   Ich spreche **mit** Herrn Steiner.
nach   **Nach** der Stadtrundfahrt machen Sie einen Einkaufsbummel.
seit   **Seit** der Gründung der Firma ...
von   Der Parkplatz ist links **vom** Eingang.
zu   Ich habe einige Fragen **zu** Ihrer letzten Rechnung.

5.4 Präpositionen mit Akkusativ oder Dativ
Die folgenden Präpositionen verlangen den Akkusativ oder den Dativ. Der Kasus hängt vom Kontext ab.

an   hinter neben unter zwischen
auf   in   über   vor

Der Akkusativ wird gebraucht, um eine Bewegung von einem Ort zum anderen zu kennzeichnen, während der Dativ gebraucht wird, um eine Position, keine Bewegung oder eine nicht zielgerichtete Bewegung zu kennzeichnen, z.B.

Akkusativ
> Ich schicke die Rechnung **an den** Kunden.
> Legen Sie den Text **auf das** Vorlagenglas.
> Gehen Sie hinauf **in den** ersten Stock.
> Er stellte seinen Koffer **neben den** Tisch.

Dativ
> Schuster **am** Apparat.
> Die Unterlagen liegen **auf dem** Tisch.
> Die Produktionsabteilung ist **im** ersten Stock.
> Der Parkplatz ist **neben dem** Verwaltungsgebäude.

5.5 Orts- und Richtungsangaben: *nach, zu* oder *in*?
Die Präpositionen *nach, zu* und *in* werden in Orts- und Richtungsangaben verwendet. Es gibt jedoch kleine Unterschiede im Gebrauch.

- *nach*

wird verwendet bei Ortsbezeichnungen ohne Artikel, z.B.
> Wir wollen **nach** Spanien fahren.
> Wie komme ich **nach** Untertürkheim?

Achtung: *in*, nicht *nach* wird bei Ländernamen verwendet, vor denen ein Artikel steht, z.B.
> Wir sind **in** die Türkei geflogen.

- *zu* + Dativ

wird verwendet, wenn man eher die allgemeine Richtung erfragen anstatt an ein bestimmtes Ziel gelangen möchte, z.B.
> Wie komme ich **zum** Hotel?
> Wie fahre ich am besten **zur** Messe?

- *in* + Akkusativ

wird bei Örtlichkeiten verwendet, wo man sich anschließend im Inneren aufhält, z.B.
> Gehen wir **ins** Restaurant Angthong.
> Gehen Sie gern **ins** Kino?
> Wenn Sie sich für Naturkunde interessieren, müssen Sie **ins** Naturkundemuseum gehen.

5.6 Präpositionen mit dem Genitiv
Es gibt nur ein paar Präpositionen, die den Genitiv verlangen. Manchmal wird in der gesprochenen Sprache lieber der Dativ verwendet.
wegen   Ich rufe **wegen** einer Rechnung an.
(an)statt Ich brauche zwei Einzelzimmer **anstatt** eines Doppelzimmers.
trotz   **Trotz** der Zentrumslage ist die Gegend relativ ruhig.
innerhalb Wir können die Ware **innerhalb** einer Woche liefern.

Andere Präpositionen, die den Genitiv verlangen, findet man normalerweise nur im formalen, schriftlichen Deutsch, z.B. *anhand/an Hand, aufgrund/auf Grund*.

5.7 *da(r)-* + Präposition
Die Silbe *da-* oder *dar-* befindet sich oft vor einer Präposition, wenn man sich auf etwas Vorausgegangenes bezieht.
> dafür, danach
> daneben
> darin, darüber

Beispiele:
> Zuerst sehen Sie einen Videofilm.
> **Danach** findet eine Betriebsbesichtigung statt.
> Ich rufe an wegen einer Rechnung.
> Wer ist **dafür** zuständig?

Wenn ein Verb eine bestimmte Präposition verlangt (▶ 6.16), steht *da(r)-* vor dieser Präposition, z.B.
> Ich werde mich **darum** kümmern.

Achtung: Der Buchstabe *-r-* wird eingefügt, wenn die Präposition mit einem Vokal anfängt. (Siehe auch **3.11**)

6 Verben

6.1 Was ist ein Verb?

Verben bezeichnen Handlungen, die vom Subjekt des Satzes ausgeführt werden, oder einen Sachverhalt, z.B.

Subjekt	Verb (Prädikat)		
Der Chef	kommt	in fünf Minuten.	(Handlung)
Sie	kennen	den Exportleiter.	(Sachverhalt)
Mein Auto	steht	draußen.	(Sachverhalt)

In Wörterbüchern und Wortlisten steht das Verb im Infinitiv oder in der Grundform, d.h. der Stamm und die Endung **-en** oder manchmal **-n**, z.B. *kommen, stehen, entwickeln*. Die verschiedenen Verbendungen werden an den Stamm angehängt. Sie verändern sich je nach Person und Numerus des Subjektes und nach der Zeitform (Präsens oder Präteritum).

6.2 Schwache, starke und unregelmäßige (Misch)verben

Es gibt im Deutschen drei Hauptarten von Verben, **schwach, stark** und **unregelmäßig**. Schwache und starke Verben unterscheiden sich hauptsächlich in der Bildung des Präteritums und des Partizip II.

- **Schwache Verben**

Die meisten deutschen Verben sind schwach: Im Präsens und Präteritum werden nach einem bestimmten Muster bestimmte Endungen an den Stamm angehängt, wobei der Stamm selbst unverändert bleibt. (▶ 6.6, 6.9). Das Partizip II endet immer auf **-t** oder **-et**. (▶ 6.8), z.B.

wohnen, wohn**t**, wohn**te**, **ge**wohn**t**
arbeiten, arbeite**t**, arbeite**te**, **ge**arbeite**t**

- **Starke Verben**

Hier sind viele der gebräuchlichsten Verben einzuordnen, z.B. *fahren, finden, gehen, kommen, nehmen, sehen, sprechen*. In der 3. Person Singular (*er/sie/es*) ändert sich oft der Vokal im Wortstamm. Im Partizip II ändert sich der Vokal immer. Das Partizip II endet immer auf **-en**, z.B.

finden, findet, f**a**nd, gef**u**nd**en**
fahren, f**ä**hrt, f**u**hr, gefahr**en**

- **Unregelmäßige Verben**

Unregelmäßige Verben schließen die Verben *sein, haben* (▶ 6.3) und *werden* und die Modalhilfsverben (▶ 6.4) ein. Diese folgen keinen bestimmten Regeln und müssen auswendig gelernt werden.
Die folgenden Verben sind auch unregelmäßig und zeigen Merkmale der schwachen und starken Verben (d.h. Vokalwechsel, aber Partizip II-Endung auf **-t**):

bringen, bringt, brachte, gebracht
verbringen, verbringt, verbrachte, verbracht
denken, denkt, dachte, gedacht
kennen, kennt, kannte, gekannt
wissen, weiß, wusste, gewusst

6.3 Unregelmäßige Formen *sein, haben, werden*

Diese Verben können als eigenständiges Verb oder als Hilfsverben gebraucht werden, um zusammengesetzte Zeitformen (Futur ▶ 6.10, Perfekt ▶ 6.7) zu bilden.

	sein	haben	werden
Präsens			
ich	bin	habe	werde
du	bist	hast	wirst
er/sie/es	ist	hat	wird
wir	sind	haben	werden
ihr	seid	habt	werdet
sie/Sie	sind	haben	werden
Präteritum			
ich	war	hatte	wurde
du	warst	hattest	wurdest
er/sie/es	war	hatte	wurde
wir	waren	hatten	wurden
ihr	wart	hattet	wurdet
sie/Sie	waren	hatten	wurden
Konjunktiv II			
ich	wäre	hätte	würde
du	wärst	hättest	würdest
er/sie/es	wäre	hätte	würde
wir	wären	hätten	würden
ihr	wärt	hättet	würdet
sie/Sie	wären	hätten	würden
Partizip II	gewesen	gehabt	geworden/worden

- **Gebrauch des Konjunktivs**

Sein, haben und *werden* werden oft in der Konjunktiv II-Form gebraucht. Man bildet sie, indem man im Präteritum aus dem Konsonanten einen Umlaut macht: *war – wäre, hatte – hätte, wurde – würde*. Der Konjunktiv II wird oft verwendet, um Sachverhalte, Fragen, Wünsche oder Angebote höflicher auszudrücken und den Umgangston freundlicher zu gestalten, z.B.

„Darf ich Sie zum Essen einladen?" „Ja, das **wäre** schön."
Hätten Sie am Mittwoch Zeit?
Würde Ihnen Freitagabend passen?

6.4 Modalhilfsverben

Es gibt im Deutschen sechs Modalhilfsverben. Sie werden normalerweise mit anderen Verben in der reinen Infinitivform verwendet (ohne *zu*), um eine Fähigkeit (*können*), Erlaubnis (*dürfen, können*), Wunsch/Absicht (*wollen*), Neigung/Gefallen (*mögen*), Verpflichtung (*müssen*) oder einen Ratschlag (*sollen*) auszudrücken.

	dürfen	können	mögen	müssen	wollen
Präsens					
ich	darf	kann	mag	muss	will
du	darfst	kannst	magst	musst	willst
er/sie/es	darf	kann	mag	muss	will
wir	dürfen	können	mögen	müssen	wollen
ihr	dürft	könnt	mögt	müsst	wollt
sie/Sie	dürfen	können	mögen	müssen	wollen
Präteritum					
ich	durfte	konnte	mochte	musste	wollte
du	durftest	konntest	mochtest	musstest	wolltest
er/sie/es	durfte	konnte	mochte	musste	wollte
wir	durften	konnten	mochten	mussten	wollten
ihr	durftet	konntet	mochtet	musstet	wolltet
sie/Sie	durften	konnten	mochten	mussten	wollten
Konjunktiv II					
ich	dürfte	könnte	möchte	müsste	wollte
du	dürftest	könntest	möchtest	müsstest	wolltest
er/sie/es	dürfte	könnte	möchte	müsste	wollte
wir	dürften	könnten	möchten	müssten	wollten
ihr	dürftet	könntet	möchtet	müsstet	wolltet
sie/Sie	dürfen	könnten	möchten	müssten	wollten
Partizip II	gedurft	gekonnt	gemocht	gemusst	gewollt

Achtung: Außer im Präsens Singular (*soll, sollst, soll*) wird das Verb sollen genauso wie *wollen* konjugiert.
Das Verb in der Infinitivform steht am Ende eines Hauptsatzes, z.B.

Hier darf man nicht **rauchen**.

In einem Nebensatz (▶7.5) steht der Infinitiv vor dem Modalverb, z.B.

Wenn Sie ins Theater **gehen** wollen, ...

- **Weglassen des Infinitivs**

Bei Bewegungsverben wie *gehen, kommen* oder *fahren* wird der Infinitiv besonders im gesprochenem Deutsch auch

191

so verstanden und deshalb weggelassen. Im nachfolgenden Beispiel handelt es sich um das Bewegungsverb *gehen*.
„Wo wollen Sie hin?"
„Ich muss in die Produktionsabteilung."

- **Gebrauch des Konjunktivs**

Der Konjunktiv II von *können, mögen* und *sollen* wird oft als Höflichkeitsform gebraucht, z.B.
Möchten Sie etwas trinken?
Könnte ich nach Deutschland faxen?
Sie **sollten** Sachsenhausen besuchen.

6.5 Trennbare und untrennbare Verben

Viele deutsche Verben bestehen aus zwei Teilen, dem Verbstamm und einem Präfix. Diese Präfixe können **untrennbar** sein, d.h. sie bleiben immer am Verbstamm, oder **trennbar**, d.h. sie können losgelöst vom Verbstamm stehen. Einige Verben können je nach Bedeutung trennbar oder untrennbar sein.

- **Untrennbare Präfixe**

Diese Präfixe sind immer untrennbar: *be-, emp-, ent-, er-, ge-, ver-, zer-*. Z.B.
beantworten, **be**grüßen, **be**arbeiten;
empfangen, **emp**fehlen; **ent**wickeln, **ent**spannen;
erfinden, **er**bitten; **ge**fallen, **ge**winnen;
vertreiben, **ver**wöhnen; **zer**reißen

- **Trennbare Präfixe**

Die meisten trennbaren Präfixe gibt es auch als eigenständige Wörter, als Präpositionen, Adverbien, Adjektive oder Nomen. Bei beiden Formen des Gebrauchs sind ihre Bedeutungen oft eng miteinander verbunden.
Einige gebräuchliche trennbare Präfixe sind: *an-, ab-, aus-, auf-, ein-, her-, mit-, vor-, weg-*.
In Hauptsätzen mit nur einem Verb wird der Präfix vom Verb abgetrennt und steht am Ende des Satzes, z.B.

anfangen   Das Seminar **fängt** um 9.30 Uhr **an** ...
aufhören   und **hört** um 17.15 Uhr **auf**.
stattfinden Wann **findet** die Betriebsbesichtigung **statt**?
teilnehmen   Sie **nehmen** an einer Sitzung **teil**.

Das Präfix bleibt am Verbstamm
– wenn der Satz ein Modalverb oder ein Hilfsverb enthält, z.B. **Darf** ich nach Deutschland **anrufen**?
  Wo **kann** ich meinen Koffer **abstellen**?
– in Nebensätzen (▶ 7.5), z.B.
  Das ist eine Firma, die Reisebusse **herstellt**.

Im Partizip II wird die Silbe *ge-* zwischen dem Präfix und dem Verbstamm eingefügt, z.B.
Er hat den Besucher zum Essen ein**ge**laden.

- **Trennbare oder untrennbare Präfixe**

Ein paar Präfixe, z.B. *um, über, unter,* können trennbar oder untrennbar sein, z.B.
Die Aktivitäten der Firma **um**fassen 5 Geschäftsbereiche. (nicht trennbar)
Wir planen die Firma **um**zustrukturieren. (trennbar)

6.6 Das Präsens

Die wichtigsten Verbendungen sind für schwache und starke Verben im Präsens gleich. (▶ 6.2)

	Schwache Verben		Starke Verben
	sag**en**	arbeit**en**	fahr**en**
ich	sag**e**	arbeit**e**	fahr**e**
du	sag**st**	arbeit**est**	f**ä**hr**st**
er/sie/es	sag**t**	arbeit**et**	f**ä**hr**t**
wir	sag**en**	arbeit**en**	fahr**en**
ihr	sag**t**	arbeit**et**	fahr**t**
sie	sag**en**	arbeit**en**	fahr**en**

Das Präsens wird gebraucht
– um über gegenwärtige, gewohnheitsmäßige oder zeitlose Handlungen, Ereignisse oder Sachverhalte zu sprechen,

– um über eine Handlung zu sprechen, die in der Vergangenheit begonnen hat und zur Sprechzeit immer noch andauert. Hier wird oft ein Zeitadverb wie *schon* oder *seit* eingefügt, z.B.
Ich **arbeite** schon seit zwei Monaten hier.

– um sich auf Zukünftiges zu beziehen, wenn das aus dem Kontext klar hervorgeht, z.B.
Ich **rufe** Sie morgen an.
Ich **hole** Sie um halb sieben ab.

6.7 Das Perfekt

Das Perfekt wird mit dem Partizip II und den Hilfsverben *haben* oder *sein* gebildet (▶ 6.3).
Die meisten Verben bilden das Perfekt mit *haben*, z.B.
Haben Sie das Büro leicht **gefunden**?
Wie **hat** es Ihnen hier **gefallen**?

Verben, die das Perfekt mit *sein* bilden, sind alle intransitiv, d.h. sie haben kein Objekt im Akkusativ.
Solche Verben sind intransitive Bewegungsverben, z.B. *gehen, fahren, fliegen, sein, bleiben,* und intransitive Verben, die eine Änderung eines Sachverhaltes anzeigen, z.B. *wachsen, werden, verschwinden*.
Beispiele:
Wir **sind** in die Türkei **geflogen**.
Ich **bin** nie in der Türkei **gewesen**.
Die Zahl der Aussteller auf deutschen Messen **ist gewachsen**.

Das Perfekt ist die gebräuchlichste Vergangenheitsform im gesprochenen Deutsch. Es wird auch immer häufiger im schriftlichen Deutsch gebraucht. Es wird verwendet,
– um sich auf Handlungen und Geschehnisse zu beziehen, die vollständig in der Vergangenheit liegen, z.B.
Letztes Jahr **haben** wir zwei Wochen in der Türkei **verbracht**.

– um sich auf vergangene Handlungen oder Geschehnisse zu beziehen, die auch noch in der Gegenwart von Bedeutung sind, z.B.
Deutsche Messen **haben** in den letzten Jahrzehnten eine dominante Position im Welthandel **erlangt**.

6.8 Bildung des Partizip II

Die folgende Übersicht zeigt, wie das Partizip II hauptsächlich geformt wird.

	Infinitive	Partizip II
Schwache Verben (▶ 6.2)	-en →	**ge**- -(e)t
	wohnen	**ge**wohn**t**
	machen	**ge**mach**t**
	arbeiten	**ge**arbeite**t**
– mit trennbarem Präfix (▶ 6.5)		-**ge**- -(e)t
	aufhören	auf**ge**hör**t**
	herstellen	her**ge**stell**t**
– mit untrennbarem Präfix (▶ 6.5)		-**t**
	besuchen	besuch**t**
	erholen	erhol**t**
– mit Endung auf *-ieren*		-**iert**
	produzieren	produz**iert**
	telefonieren	telefon**iert**
Starke Verben (▶ 6.2)	-en →	**ge**- -**en** (+ Vokalwechsel)
	fahren	**ge**fahr**en**
	fliegen	**ge**flog**en**
	gehen	**ge**gang**en**
	schwimmen	**ge**schwomm**en**
– mit trennbarem Präfix (▶ 6.5)		-**ge**- -**en**
	anfangen	an**ge**fang**en**
	teilnehmen	teil**ge**nomm**en**
– mit untrennbarem Präfix (▶ 6.5)		-**en**
	bekommen	bekomm**en**
	gefallen	gefall**en**

Das Partizip II wird gebraucht, um das Perfekt (▶ 6.7) und das Passiv (▶ 6.11) zu bilden. Man kann es auch als Adjektiv mit entsprechender Adjektivendung verwenden, z.B.

Unsere 72 elegant und modern **eingerichteten** Zimmer.

6.9 Das Präteritum
Die Endungen von starken und schwachen Verben (▶ 6.2) sind im Präteritum unterschiedlich.

	Schwache Verben		Starke Verben
	sagen	arbeiten	fahren
ich	sag**te**	arbeit**ete**	fuhr
du	sag**test**	arbeit**etest**	fuhr**st**
er/sie/es	sag**te**	arbeit**ete**	fuhr
wir	sag**ten**	arbeit**eten**	fuhr**en**
ihr	sag**tet**	arbeit**etet**	fuhr**t**
sie	sag**ten**	arbeit**eten**	fuhr**en**

Das Präteritum bezieht sich wie das Perfekt (▶ 6.7) auf Handlungen oder Geschehnisse, die vollständig in der Vergangenheit liegen, z.B.

Deutsche Messen **entwickelten** sich im Mittelalter.

Im Allgemeinen verwendet man das Präteritum in der geschriebenen und das Perfekt in der gesprochenen Sprache. Das kann aber je nach Region verschieden sein. Das Präteritum ist die gebräuchlichste Vergangenheitsform der Hilfsverben *sein*, *haben* und der Modalverben (▶ 6.3, 6.4), z.B.

„Wie **war** das Wetter?" „Es **war** herrlich.
Wir **hatten** die ganze Zeit Sonne."

6.10 Das Futur
Das Futur wird mit einer Präsens-Form von *werden* (▶ 6.3) und dem Infinitiv des entsprechenden Verbs gebildet. Verwechseln Sie es nicht mit dem Passiv. (▶ 6.11) Wenn der Bezug zur Zukunft klar ist, benutzt man lieber das Präsens (▶ 6.6). Das Futur drückt eine Absicht oder Vorhersage aus, z.B.

Ich **werde** Sie sobald wie möglich **zurückrufen**.
Man **wird** das Geld für die Freizeit kritischer **ausgeben**.

6.11 Das Passiv
Sätze, die aus Subjekt, Verb und direkten Objekt bestehen, können entweder im Aktiv oder im Passiv stehen. Das Passiv wird gebraucht, wenn das Subjekt oder der Ausführende der Handlung weniger wichtig ist als die Handlung selbst oder wenn dieser unbekannt ist.
Es wird mit der entsprechenden Zeitform von *werden* und dem Partizip II eines anderen Verbes gebildet, z.B.

Aktiv
Subjekt	Verb/Prädikat	Objekt	
Die Familie Hosp	führt	das Hotel.	
?	eröffnete	das Museum	1991.

Passiv
Subjekt	Form von *werden*	Handelnde Person	Partizip II
Das Hotel	**wird**	von der Familie Hosp	**geführt**.
Das Museum	**wurde**	?	**eröffnet**.

Beachten Sie, dass das Objekt des Aktiv-Satzes das Subjekt im Passiv-Satz wird. Deshalb können nur Verben, die ein direktes Objekt verlangen (transitive Verben) im Passiv gebraucht werden. Wenn das Passiv mit einem Modalverb gebraucht wird, befindet sich *werden* nach dem Partizip II am Ende des Satzes oder Teilsatzes, z.B.

Telefonische Bestellungen **müssen** per Fax bestätigt **werden**.

6.12 Der Imperativ
Die Imperativform des Verbs wird bei Aufforderungen und Anweisungen gebraucht. Im Deutschen steht der Imperativ meist am Anfang des Satzes. Die Form des Verbs hängt von der Person ab, zu der man spricht.

• **Die höfliche *Sie*-Form**
Man nimmt die Form des Infinitivs, gefolgt von *Sie*, z.B.
Kommen Sie mit.
Drücken Sie die Starttaste.
Setzen Sie sich.
Fahren Sie immer geradeaus.

Achtung: Die Imperativform von *sein* ist *Seien Sie*.

• **Die *du*-Form**
Wenn man die *du*-Form gebraucht, lässt man die Endung -st weg. Bei starken Verben lässt man auch den Umlaut weg, z.B.
Komm mit. **Drück** die Starttaste.
Setz dich. **Fahr** immer geradeaus.

Achtung: Manchmal wird ein -e an die Imperativform angehängt.

• **Die *ihr*-Form**
So gebraucht man die *ihr*-Form des Verbs:
Kommt mit. **Drückt** die Starttaste.
Setzt euch. **Fahrt** immer geradeaus.

6.13 Verben mit direktem (Akkusativ) und indirektem (Dativ) Objekt
Viele Verben verlangen ein **direktes Objekt** im Akkusativ (▶ 1.3), um den Satz zu vervollständigen, z.B.

Ich nehme **den Rinderbraten**.

Einige Verben verlangen allerdings zwei Objekte, **ein direktes Objekt** und **ein indirektes Objekt** im Dativ. Das direkte Objekt ist normalerweise ein Gegenstand, das indirekte eine Person, z.B.

anbieten	Kann ich <u>Ihnen</u> **einen Kaffee** anbieten?
empfehlen	Können Sie <u>mir</u> **eine Vorspeise** empfehlen?
erzählen	Sie erzählte <u>dem Besucher</u> **etwas** über die Firma.
geben	Geben Sie <u>mir</u> **Ihren Koffer**.
holen	Ich hole <u>Ihnen</u> **den neuen Prospekt**.
schicken	Ich schicke <u>Ihnen</u> **den Katalog** heute zu.
schreiben	Sie schreibt <u>dem Kunden</u> **einen Brief**.
wünschen	Wir wünschen <u>Ihnen</u> **eine angenehme** Reise.

• **Die Stellung von Objekten**
Im Allgemeinen steht das Dativobjekt – wie auch in den obigen Beispielen – vor dem Akkusativobjekt.
Das Akkusativobjekt kann vor dem Dativobjekt stehen, wenn man Wert auf eine bestimmte Betonung legt, z.B.

Frau Brett stellt Herrn Becker (Akkusativ) ihren Kollegen (Dativ) vor.

Wenn beide Objekte Pronomen (▶ 3.2) sind, steht das Akkusativobjekt zuerst, z.B.

Frau Brett holt dem Besucher (Dativ) den neuen Prospekt (Akkusativ).
Sie gibt ihn (Akkusativ) ihm (Dativ).

6.14 Verben mit Dativobjekt
Einige deutsche Verben haben ein Dativobjekt, z.B.

antworten	Sie antwortete **ihm** nicht.
danken	Er dankte **ihr** für die Hilfe.
entsprechen	Wenn die Qualität **unseren Erwartungen** entspricht ...
gehören	Die Wohnung gehört **uns**.
erlauben	Das kann ich **Ihnen** nicht erlauben.
folgen	Folgen Sie **mir**.
glauben	Ich glaube **seiner Antwort** nicht.
helfen	Können Sie **mir** helfen?
imponieren	Das hat **dem Besucher** imponiert.
passen	Passt **Ihnen** Freitagabend?
zuhören	Hören Sie **dem Gespräch** zu.

Achtung: Das Verb *gehören* kann mit *zu* verbunden werden, z.B.

Zur Canon-Gruppe **gehören** viele Tochter- und Beteiligungsgesellschaften.
Wir **gehören zu** den führenden Unternehmen in der Branche.

6.15 Reflexive Verben

Einige deutsche Verben verlangen ein Reflexivpronomen. Das bedeutet, dass das Subjekt und Objekt eines Verbs dieselbe Person oder der selbe Gegenstand sind. Das Reflexivpronomen stimmt mit der Person überein und kann im Akkusativ oder im Dativ stehen.

- **Verben mit Reflexivpronomen im Akkusativ**

Das Reflexivpronomen im Akkusativ hat die folgenden Formen:

ich befasse **mich**	wir befassen **uns**
du befasst **dich**	ihr befasst **euch**
er/sie/es befasst **sich**	sie/Sie befassen **sich**

Bei folgenden Verben steht das Reflexivpronomen im Akkusativ:

sich bedanken für	Wir bedanken **uns** für Ihre Anfrage.
sich befinden	Auf der Zeil befinden **sich** fast alle großen Kaufhäuser.
sich beziehen auf	Ich beziehe **mich** auf unser gestriges Telefongespräch.
sich entwickeln	Diese Produktgruppe entwickelt **sich** sehr positiv.
sich erholen	Wir haben **uns** im Urlaub richtig erholt.
sich treffen	Wir treffen **uns** um 6.30 Uhr.
sich unterhalten	Er unterhält **sich** mit dem Busfahrer.
sich verstehen	Die Preise verstehen **sich** ohne Mehrwertsteuer.

- **Verben mit Reflexivpronomen im Dativ**

Bei einigen Verben und Redewendungen mit einem zweiten Objekt steht das Reflexivpronomen im Dativ, z.B.

ich wasche **mir** die Hände
du wäschst **dir** die Hände
er/sie/es wäscht **sich** die Hände
wir waschen **uns** die Hände
ihr wascht **euch** die Hände
sie/Sie waschen **sich** die Hände

Hier sind noch ein paar andere Beispiele:

sich etwas anhören	Hören Sie **sich** das Gespräch an.
sich etwas ansehen	Ab und zu sehe ich **mir** einen Dokumentarfilm an.
sich etwas kaufen	Er möchte **sich** ein Andenken kaufen.

- **Verben mit präpositionalem Objekt**

Einige Verben verlangen eine bestimmte Präposition, die das Objekt des Verbs einleitet. Das Verb und dessen Präposition bilden eine feststehende Wendung und sollten zusammen gelernt werden, z.B.

sich freuen auf + Akk.	Wir freuen uns auf Ihren Besuch.
warten auf + Akk.	Ich warte auf meinen Kollegen.
sich bedanken für + Akk.	Wir bedanken uns für Ihre Anfrage.
ich interessieren für + Akk.	Ich interessiere mich für Geschichte.
sich erkundigen nach + Dat.	Sie erkundigt sich nach Luxus-Hotels in Freiburg.
fragen nach + Dat.	Sie fragte nach dem Preis.
sich befassen mit + Dat.	Er befasst sich mit Marktforschung.
sich bewerben um + Akk.	Wie bewirbt man sich um eine Stelle bei der Firma?
es handelt sich/es geht um + Akk.	Es handelt sich/geht um einen Auftrag.
sich kümmern um + Akk.	Ich kümmere mich um die Büroarbeiten.
abhängen von + Dat.	Der Zimmerpreis hängt von der Saison ab.

7 Wortstellung und Satzbau

7.1 Die Wortstellung im Deutschen

Die Wortstellung im Deutschen ist ziemlich flexibel, weil es Kasusendungen (▶ 1) gibt, mit deren Hilfe man Subjekt und Objekt eines Satzes erkennen kann. Beide der folgenden Sätze sind im Deutschen möglich. Sie haben die gleiche Bedeutung. Setzt man aber das Objekt des Verbes an die erste Stelle, so betont man dieses stärker.

Subjekt	Verb/Prädikat	Objekt
Ich	kenne	den Exportleiter.

Objekt	Verb/Prädikat	Subjekt
Den Exportleiter	kenne	ich.

7.2 Die Stellung des Verbs im Hauptsatz

Ein Satz ist eine Gruppe von Wörtern, die zusammen einen Sinn ergeben. Normalerweise muss ein vollständiger Satz wenigstens ein Subjekt und ein finites Verb haben. Ein Satz besteht aus wenigstens einem Hauptsatz. In einer Hauptsatzaussage muss das finite Verb immer in zweiter Position stehen (obwohl es nicht unbedingt das zweite Wort sein muss). Das erste Element ist oft das Subjekt, kann aber auch Folgendes sein:

das Objekt,
eine Zeitangabe, z.B. *Um 12.30 Uhr, Jeden Tag,*
eine Ortsangabe, z.B. *In Stuttgart,*
ein einzelnes Adverb, z.B. *Zuerst, Leider, Manchmal,*
oder ein unabhängiger Nebensatz (▶ 7.5).

Wenn das Subjekt nicht das erste Element des Satzes ist, muss es nach dem Verb stehen (Inversion), z.B.

Erstes Element	Verb	
Sie	**sehen**	zuerst einen Videofilm.
Um 12.30 Uhr	**essen**	wir zu Mittag.
Leider	**hatte**	mein Flug Verspätung.

Achtung: Es gibt einige Ausdrücke, die nicht als erstes Satzglied zählen, z.B. wenn man Leute mit Namen anspricht oder Interjektionen wie *Ach, Also, So* und die Wörter *Ja/Nein*. Sie stehen vor dem ersten Element und werden mit einem Komma abgetrennt, z.B.

So, Herr Becker, da ist die Firma.

Trennbare Präfixe und alle anderen nicht-finiten Glieder, d.h. Infinitiv, Partizip II, stehen am Ende des Satzes, z.B.

Um 11.00 Uhr **findet** eine Betriebsbesichtigung **statt**.
Leider **darf** man hier nicht **rauchen**.
Ich **habe** das Büro ohne Probleme **gefunden**.

7.3 Die Stellung des Verbs in Fragen und Imperativen

In Fragen mit einem Fragewort gilt ebenfalls die Regel: Das Verb steht an zweiter Stelle. (▶ 7.2), z.B.

Wie **war** die Reise?
Woher **kommen** Sie in Deutschland?

In Fragen ohne Fragewort werden Subjekt und finite Verbform ausgetauscht, sodass das Verb in diesen Fragesätzen an erster Stelle steht, z.B.

Haben Sie das Büro leicht gefunden?
Ist es Ihr erster Besuch hier?

Imperative (▶ 6.12) beginnen auch mit dem Verb, z.B.
Nehmen Sie Platz.

7.4 Sätze, die mit *und, aber, oder, denn* verbunden werden

Ein Satz kann aus zwei oder mehreren Hauptsätzen bestehen, die von den koordinierenden Konjunktionen *und, aber, oder, denn* verbunden werden. Diese Konjunktionen haben keinen Einfluss auf die Satzstellung. Das finite Verb bleibt das zweite Element in jedem Teilsatz. Teilsätze, die mit

aber und denn verbunden werden, müssen mit einem Komma abgetrennt werden. (Das Komma wird im Deutschen gebraucht, um eine grammatikalische Einheit zu kennzeichnen, nicht, um eine Sprechpause zu signalisieren.); z.B.
> Ich gehe gern ins Kino, **aber** meine Frau geht lieber ins Theater.
> Ich muss unseren Termin absagen, **denn** es ist etwas dazwischengekommen.

Bei gleichrangigen Teilsätzen, die durch *und* und *oder* verbunden sind und verschiedene Subjekte haben, wird normalerweise kein Komma gesetzt; z.B.
> **Unser Umsatz** (Subjet 1) beträgt etwa eine Million Euro und **wir** (Subjekt 2) haben 40 Beschäftigte.
> Meist kommt sie (Subjet 1) mit dem Bus zur Arbeit oder ein Arbeitskollege (Subjekt 2) nimmt sie mit dem Auto mit.

Man kann jedoch ein Komma setzen, wenn man die Gliederung des Ganzsatzes deutlich machen will.

7.5 Wortstellung in Nebensätzen

Neben einem Hauptsatz kann ein Satz auch einen oder mehrere Nebensätze haben. Ein einzelner Nebensatz ergibt keinen Sinn. Er ist vom Hauptsatz abhängig und wird von einer subordinierenden Konjunktion, einem Relativpronomen (▶ 7.6) oder einem Fragewort (▶ 7.7) eingeleitet. Haupt- und Nebensatz müssen durch ein Komma getrennt werden.

Die folgenden Konjunktionen leiten einen Nebensatz ein: *weil, da, bis, dass, damit, bevor, obwohl, wenn, nachdem, ob, als, wenn*.

In Nebensätzen befindet sich das finite Verb am Ende des Satzes. Alle anderen Verben oder Teile eines Verbs stehen gewöhnlich direkt vor dem finitem Verb, z.B.
> Ich möchte den Römer besuchen, **weil** ich mich für Geschichte **interessiere**.
> Sie müssen fünf Minuten warten, **bis** das Gerät betriebsbereit **ist**.
> Ich muss unseren Termin absagen, **da** etwas **dazwischengekommen ist**.
> Sagen Sie Frau Lutz, **dass** ich **angerufen habe**.
> Man entfernt das Papier, **bevor** man die Blumen **übergibt**.

Wenn der Nebensatz vor dem Hauptsatz steht, zählt er als erstes Satzglied. Direkt danach steht das finite Verb des Hauptsatzes. (▶ 7.2)
> Wenn Sie sich für Filme interessieren, **könnten** Sie das Filmmuseum **besuchen**.

7.6 Relativsätze

Ein Relativsatz wird nach einem Nomen eingefügt und gibt Informationen über das Nomen. Relativsätze werden von Relativpronomen eingeleitet und dürfen nicht weggelassen werden. Sie müssen durch Komma vom Hauptsatz abgetrennt werden. Wie auch in Nebensätzen befindet sich das finite Verb in Relativsätzen am Ende.

• Die Relativpronomen *der/die/das*

Ein Relativsatz wird meist von den Relativpronomen *der/die/das* eingeleitet.

	Maskulin	Feminin	Neutrum	Plural
Nom.	der	die	das	die
Akk.	den	die	das	die
Gen.	dessen	deren	dessen	denen
Dat.	dem	der	dem	denen

Das Relativpronomen muss in Genus und Numerus (Singular/Plural) mit dem Nomen übereinstimmen, auf das es sich bezieht, z.B.
> MAN ist **eine Firma, die** (Feminin Singular) Reisebusse herstellt.
> Bayer ist **ein Unternehmen, das** (Neutrum Singular)

Arzneimittel produziert.
> Herr Braun ist **ein Kunde, der** (Maskulin Singular) für uns sehr wichtig ist.
> Das sind **Ergebnisse, die** (Plural) optimistisch stimmen.

Der Kasus des Relativpronomens hängt von seiner Funktion im Relativsatz selbst ab. In den obigen Beispielen steht das Relativpronomen als Subjekt des Relativsatzes. Es kann auch das Akkusativobjekt sein oder im Genitiv stehen, z.B.
> Das ist ein Vorteil, **den** (Maskulin Singular Akkusativ) sich die Unternehmen zunutze machen wollen.
> Herr Noske, **dessen** (Maskulin Singular Genitiv) Sohn 18 Jahre alt ist, ist geschieden.
> Die Frau, **deren** (Feminin Singular Genitiv) Bild auf seinem Tisch steht, ist seine Schwester.

Dativpronomen werden für das indirekte Objekt des Relativsatzes gebraucht oder nach einer Präposition, die den Dativ verlangt, z.B.
> Stuttgart ist ein bedeutendes Industriezentrum, **in dem** weltbekannte Unternehmen ihren Sitz haben.

• wo

Wenn man sich auf einen Ort beziehen will, wird oft das Relativpronomen *wo* gebraucht, z.B.
> In Freiburg, **wo** andere Urlaub machen, ist der Geist frei für neue Eindrücke.

• wer

Ein weiteres Relativpronomen ist *wer*, z.B.
> **Wer** eine Kanutour machen möchte, kann sich an der Rezeption informieren.

7.7 Sätze, die von Fragewörtern eingeleitet werden: indirekte Fragen

Eine indirekte Frage kann von einem Fragewort, z.B. *wann, wo, wie viele* etc. oder von der subordinierenden Konjunktion *ob* eingeleitet werden. Wie in allen Nebensätzen steht das finite Verb am Ende des Satzes.
Wenn man nach Informationen fragt, kann eine indirekte Frage höflicher klingen. Beachten Sie, dass am Ende nicht unbedingt ein Fragezeichen stehen muss, z.B.

Direkte Fragen
> **Wann ist** er wieder da?
> **Wann kann** ich sie erreichen?
> **Wie viele** Urlaubstage gibt es?
> **Fährt** dieser Zug nach Koblenz?

Indirekte Fragen
> Können Sie mir sagen, **wann** er wieder da **ist**?
> Bitte sagen Sie mir, **wann** ich sie erreichen **kann**.
> Ich möchte gern wissen, **wie viele** Urlaubstage es **gibt**.
> Wissen Sie, **ob** dieser Zug nach Koblenz **fährt**?

7.8 Infinitivsätze mit *zu*

Ein Infinitivsatz ist ein verkürzter Satz, d.h. er hat kein finites Verb. Er wird gebraucht, um mehr Informationen zu geben oder um die Bedeutung des Verbs, Nomens oder Adjektivs im Hauptsatz zu vervollständigen. Das Verb in der Infinitivform steht am Ende des Satzes. *Zu* steht vor dem Infinitiv. Wenn *zu* einen trennbaren Präfix hat, steht *zu* zwischen Präfix und Verbstamm, z.B. weiter*zu*entwickeln

• Infinitivsätze als Objekt

Viele deutsche Verben erfordern einen Infinitivsatz als Objekt, um ihre Bedeutung zu vervollständigen. Der Infinitivsatz kann durch ein Komma abgetrennt werden, z.B.
> Wir beabsichtigen(,) eine neue Fabrik zu bauen.
> Wir versuchen(,) unsere Exportmärkte aufzubauen.
> Wir planen(,) unsere Märkte in Osteuropa weiterzuentwickeln.

Ist der Infinitivsatz das Objekt eines Verbs, das eine Präposition verlangt (▶ 6.16), kann im Hauptsatz zuvor *da(r)* + Präposition stehen (Komma obligatorisch), z.B.
> Wir freuen uns **darauf**, Sie wiederzusehen.

Dieselbe Konstruktion wird bei Adjektiven gebraucht, die eine Präposition verlangen, z.B.
>Wir sind **daran** interessiert, eine neue Maschine zu kaufen.

- **Infinitivsätze als Subjekt**

Ein Infinitivsatz kann auch das Subjekt des Verbs im Hauptsatz sein. In diesem Fall kann er dem Hauptsatz vorangehen oder danach stehen, z.B.
>Unser Ziel ist(,) **unsere Exportmärkte aufzubauen.**
>**Geschäftsreisen für den Chef zu organisieren** macht mir Spaß.

Wenn der Infinitivsatz an erster Stelle steht, braucht man kein Komma zu setzen. Wenn er an zweiter Stelle steht, kann das Hilfssubjekt *es* vorangehen, z.B.
>**Es** macht mir Spaß(,) Geschäftsreisen ... zu organisieren.

7.9 *um ... zu* + Infinitiv

Die Konstruktion *um ... zu* wird gebraucht, um eine Absicht auszudrücken, z.B.
>Zweimal pro Woche jogge ich(,) **um** fit **zu** bleiben.
>Wir sind hier(,) **um** Aufträge **zu** bekommen.
>Wir stellen aus(,) **um** unseren neuen Prototyp vor**zu**stellen.

7.10 *sein + zu*, um eine Möglichkeit oder Verpflichtung auszudrücken

In Konstruktionen mit *sein + zu* drückt das Verb *sein* eine Möglichkeit oder Notwendigkeit aus und ist mit *können*, *müssen* oder *sollen* gleichzusetzen. Der Infinitiv nach *sein* hat eine passive Bedeutung. z.B.
>**Ist** Herr Schmidt **zu** sprechen?
>Mängel **sind** innerhalb von 10 Tagen an**zu**zeigen.
>Rabatte für Einzelhändler **sind** bei der Vertriebsabteilung **zu** erfragen.

7.11 *lassen* + Infinitiv ohne *zu*

Das Verb *lassen* kann mit dem Infinitiv eines anderen Verbs ohne *zu* gebraucht werden. Es wird oft mit einem Reflexivpronomen im Dativ (▶ 6.15) verwendet, z.B.
>Ich **lasse** meine Sekretärin einen Tisch reservieren.
>Ich **möchte** mir einen Katalog schicken lassen.

7.12 Die Stellung von temporalen, modalen und lokalen Angaben

Temporale Angaben beantworten die Frage *wann?*, z.B.
heute, nächste Woche, um halb sieben.

Modale Angaben beantworten die Frage *wie?*, z.B.
schnell, mit dem Auto, zu Fuß.

Lokale Angaben beantworten die Frage *wo(hin)?*, z.B.
im Büro, nach München.

Ihre Stellung im Satz ist ziemlich flexibel und hängt oft davon ab, was der Sprecher betonen möchte. Sie können vor dem finiten Verb an erster Stelle (▶7.2) oder nach dem Verb im Hauptsatz stehen. Wenn der Hauptteil des Satzes eine oder mehrere dieser Angaben enthält, stehen sie in folgender Ordnung:

	Zeit	Ort	Modale Angabe	
Es hat mir	letztes Jahr	in Spanien	gut	gefallen.
Ich wollte	heute	zu Hause	ungestört	arbeiten.
Ich spiele	sonntags	im Park	gern	Fußball.

Wenn die lokalen Angaben von Bewegungsverben oder Positionsverben abhängen, stehen sie am Satzende, z.B.

	Zeit	Ort	Modale Angabe
Ich hole Sie um 18.30 Uhr mit dem Auto vom Hotel ab.
Ich fahre	morgen früh	mit dem Zug	nach München.
Ich gehe	sonntags	gern	im Wald spazieren.
Er sitzt	abends	glücklich	vor seinem Computer.

8 Zahlen und Mengenangaben

8.1 Kardinalzahlen: *ein, zwei, drei* etc.

0 – 9	10 – 19	20 – 29
0 null	10 zehn	20 zwanzig
1 eins	11 elf	21 einundzwanzig
2 zwei	12 zwölf	22 zweiundzwanzig
3 drei	13 dreizehn	23 dreiundzwanzig
4 vier	14 vierzehn	24 vierundzwanzig
5 fünf	15 fünfzehn	25 fünfundzwanzig
6 sechs	16 sechzehn	26 sechsundzwanzig
7 sieben	17 siebzehn	27 siebenundzwanzig
8 acht	18 achtzehn	28 achtundzwanzig
9 neun	19 neunzehn	29 neunundzwanzig

30 40	100, 200	1000, 2000
30 dreißig	100 (ein)hundert	1.000 (ein)tausend
40 vierzig	200 zweihundert	2.000 zweitausend
50 fünfzig	300 dreihundert	3.000 dreitausend
60 sechzig	400 vierhundert	100.000 hunderttausend
70 siebzig	500 fünfhundert	1.000.000 eine Million
80 achtzig	600 sechshundert	1.000.000.000 eine Milliarde
90 neunzig	700 siebenhundert	1.000.000.000.000 eine Billion
	800 achthundert	
	900 neunhundert	

Achtung: Wenn man Telefonnummern angibt, gebraucht man manchmal *zwo* statt *zwei*, um eine Verwechslung mit *drei* zu vermeiden.

Im Deutschen werden die Tausenderzahlen sowie Millionen, Billionen usw. mit einem Punkt oder einem Leerzeichen unterteilt. Die Zahlen *eine Million* und *eine Milliarde* werden als separate Nomen gehandelt und haben, wenn es nötig ist, eine Pluralendung, z.B.
>30.938: dreißigtausendneunhundertachtunddreißig
>4.048.000.000: vier Milliard**en** achtundvierzig Million**en**

Die folgenden Abkürzungen werden häufig gebraucht:
>Tsd. = Tausend; Mio./Mill. = Millionen; Mrd. = Milliarde

Im gesprochenen Deutsch werden Millionen und Billionen meist als Dezimalzahlen gebraucht, z.B.
>3.890 Mio.: drei Komma acht neun Milliarden

- **Wie man Jahreszahlen ausdrückt**

1999: neunzehnhundertneunundneunzig
Achtung: Im Deutschen kann man sagen:
>Die Firma wurde 1963 gegründet. *oder*
>Die Firma wurde im Jahr(e) 1963 gegründet.

- **Wie man Häufigkeit ausdrückt**

Man hängt das Suffix *-mal* an die Kardinalzahl an, z.B.
>einmal, zweimal, dreimal, viermal, fünfmal, zwanzigmal, hundertmal

Achtung: Das *-s* am Ende von *eins* fällt weg.

8.2 Ordinalzahlen: *erster, zweiter, dritter* etc.

Die meisten Ordinalzahlen werden gebildet, indem man die Endung *-te* an die Kardinalzahlen von 2 – 19 und die Endung *-ste* an die Kardinalzahlen von 20 aufwärts hängt. Die Ausnahmen sind **fettgedruckt**.
der/die/das **erste**/zweite/**dritte**/vierte/fünfte/sechste/**siebte**/achte/neunte/... /neunzehnte
der/die/das zwanzigste/einundzwanzigste/dreißigste/vierzigste/hundertste

Ordinalzahlen werden als normale Adjektive gebraucht und erfordern deshalb eine normale Adjektivendung, z.B.
>Ist es Ihr **erster** Besuch hier?
>Ich möchte einen Termin mit Ihnen in der **dritten** Juniwoche vereinbaren.

Wenn man Ordinalzahlen in Ziffern schreibt, setzt man einen Punkt, z.B. *der 21. Juni.*
Als Adverbien bekommen die Ordinalzahlen die Endung **-ens**, die an den Stamm angehängt wird, z.B.
   erst**ens**, zweit**ens**, dritt**ens**, viert**ens** usw.

8.3. Brüche und Dezimalzahlen

Brüche sind Nomen im Neutrum. Außer *halb* (1/2) werden sie gebildet, indem man die Endung -(e)l an den Stamm der Ordinalzahl hängt, z.B.
   1/3 ein Drit**tel**   3/4 drei Vier**tel**
   1/4 ein Vier**tel**   1/5 ein Fünf**tel**
Das entsprechende Nomen für *halb* (1/2) ist *die Hälfte*, z.B. *die Hälfte der Klasse.*
Das Adjektiv ist *halb*, z.B. in einer **halben** Stunde.
   1 1/2 heißt **eineinhalb** oder **anderthalb**,
   2 1/2 heißt **zweieinhalb** etc.
Dezimalzahlen werden im Deutschen mit einem Komma geschrieben, z.B.
   61,5%: einundsechzig **Komma** fünf Prozent
   3,4%:   drei **Komma** vier sieben Prozent

9 Zeit

9.1 Die Uhrzeit angeben

In der Alltagssprache wird die 12-Stunden-Zeitrechnung verwendet. Die 24-Stunden-Zeitrechnung wird normalerweise im öffentlichen Leben gebraucht, für Fahrpläne, Programme oder geschäftliche Termine.

24-Std.-Zeitrechnung	12-Std.-Zeitrechnung
6.00 sechs Uhr	sechs Uhr
8.10 acht Uhr zehn	zehn (Minuten) nach acht
9.15 neun Uhr fünfzehn	Viertel nach neun/(viertel zehn)
10.25 zehn Uhr fünfundzwanzig	fünf vor halb elf/fünfundzwanzig nach zehn
11.30 elf Uhr dreißig	halb zwölf
12.35 zwölf Uhr fünfunddreißig	fünf nach halb eins/fünfundzwanzig vor eins
13.45 dreizehn Uhr fünfundvierzig	Viertel vor zwei/(drei viertel zwei)
16.50 sechzehn Uhr fünfzig	zehn (Minuten) vor fünf
12.00 zwölf Uhr	Mittag
24.00 vierundzwanzig Uhr	Mitternacht

9.2 Wochentage und Zeitangaben

Die Wochentage sind:
   Sonntag, Montag, Dienstag, Mittwoch, Donnerstag, Freitag, Samstag (**oder** Sonnabend in Norddeutschland)

• *an* + **Dativ**

wird mit Nomen gebraucht, die Tage oder Tagesabschnitte angeben, z.B.

am Montag/Dienstag etc.	**Am** Montag habe ich keine Zeit.
am Abend/Nachmittag	Was möchten Sie **am** Abend machen?
am Freitagabend	Hätten Sie **am** Freitagabend Zeit?
am nächsten Tag/Morgen	Er ging **am** nächsten Tag wieder ins Büro.

• **Der Akkusativ**

wird verwendet, um sich auf eine bestimmte Zeit zu beziehen, manchmal als Alternative zu einer Wendung mit *an*, z.B.
   Darf ich Sie **nächste Woche** zum Essen einladen?
   Ich war **letzte Woche** auf einer Messe in Frankfurt.
   Könnte ich Sie **(am) nächsten Dienstag** besuchen?

• **Temporale Angaben: Wochentage, Tageszeiten**

| montags/freitags/samstags | Wir machen freitags um 16.00 Uhr Feierabend. |
| morgens/vormittags/abends | Wir treffen uns oft abends. |

9.3 Monatsnamen, Jahreszeiten und Daten

Die Monate des Jahres sind:
   Januar, Februar, März, April, Mai, Juni, Juli, August, September, Oktober, November, Dezember

Die Jahreszeiten sind:
   der Frühling (oder das Frühjahr), der Sommer, der Herbst, der Winter

• *in* + **Dativ**

wird mit Monaten, Jahreszahlen und Jahren gebraucht, z.B.
   Die Messe findet im Oktober statt.
   Im Winter fahre ich gern Ski.
   Die Firma wurde im Jahr 1949 gegründet.
   Im vergangenen Jahr sind wir nach Spanien geflogen.

- **Daten**

Daten werden mit Ordinalzahlen angegeben, z.B.
>Der Wievielte ist heute?
>Heute ist der 21. (einundzwanzigste) Juni.
>Den Wievielten haben wir heute?
>Wir haben heute den 21. (einundzwanzigsten) Juni.

Achtung: *Der 21.* ist die Kurzform von *der 21. Tag. Tag* ist maskulin, also werden an die Ordinalzahlen, die als Adjektive fungieren, normale Maskulinendungen angehängt.
Die Präposition *an* + Dativ wird mit Daten verwendet, z.B.
>Geht es **am** 7. (siebten) Juni?
>Ich habe **am** 5. (fünften) Juni Geburtstag.

Wenn der Wochentag vor dem Datum steht, sind folgende Ausdrucksweisen möglich:
1 Wir sehen uns am Donnerstag, **dem** 7. Oktober.
2 Wir sehen uns am Donnerstag, **den** 7. Oktober.

In Beispiel 1 steht das Datum im Dativ, im Beispiel 2 steht es im Akkusativ. Beispiel 1 ist formeller.

- **von ... bis zu ...**

z.B. Ich möchte zwei Einzelzimmer **vom** 6. (sechsten) **bis zum** 7. (siebten) September reservieren.

9.4 *Erst* in Zeit- und Mengenangaben

Erst bedeutet *nur* oder *nicht bis* und beinhaltet oft, dass etwas weniger oder später ist als erwartet oder erwünscht, z.B.
>Sie hat **erst** die Hälfte des Berichts geschrieben.
>Er ist **erst** übermorgen wieder im Büro.
>„Sie bekommen Ihr Gehalt am Ende des Monats."
>„ Das ist **erst** in drei Wochen."
>Wir können **erst** in vier Wochen liefern.

9.5 Wie man Zeitspannen, Zeitdauer etc. angibt

- **Ausdrücken der Zeitdauer mit dem Akkusativ**

Im Deutschen wird normalerweise der Akkusativ verwendet, um eine Zeitdauer auszudrücken, z.B.
>Ich war **zwei Wochen** hier im Urlaub.
>Die Sitzung geht wahrscheinlich **den ganzen Tag**.
>Die Konferenz dauert **drei Tage**.

- ***für* + Akkusativ**

Für gebraucht man, um eine Zeitspanne zu kennzeichnen, die von der Gegenwart bis in die Zukunft reicht, z.B.
>Ich fahre **für zwei** Tage nach Stuttgart.

- ***seit* + Dativ**

wird mit einem Verb im Präsens (▶ 6.6) gebraucht, um eine Zeitperiode zu kennzeichnen, die in der Vergangenheit begonnen hat und bis in die Gegenwart reicht, z.B.
>Die Firma existiert **seit** 1949.
>Ich arbeite **seit** über zwei Monaten hier.

- ***vor* + Dativ**

wird gebraucht, um sich auf die Vergangenheit zu beziehen, z.B.
>**vor** einer Stunde/**vor** einem Jahr
>**vor** kurzem

9.6 Wie man die Frage *Wie oft?* beantwortet: Häufigkeitsangaben

Die Frage *Wie oft?* kann beantwortet werden, indem man eine bestimmte oder unbestimmte Zeit bzw. Häufigkeit angibt.

- **Bestimmte Häufigkeit**

Die folgenden Ausdrücke stehen im Akkusativ:
>jede (halbe) Stunde
>jeden Tag/jede Woche/jeden Monat/jedes Jahr
>alle dreißig/sechzig Minuten
>alle vierzehn Tage

Es gibt auch die Möglichkeit, das Suffix *-lich* an die Zeitangabe anzuhängen, z.B.
>eine Stunde → st**ünd**l**ich**
>zwei Stunden → zweist**ünd**l**ich**
>ein Tag → t**ä**g**lich**
>eine Woche → w**öch**ent**lich**
>ein Monat → monat**lich**

Man kann außerdem sagen:
>einmal in der Woche/im Monat/im Jahr
z.B.
>Ich erledige **jeden Tag** die Korrespondenz.
>**Einmal im Monat** schreibe ich einen Verkaufsbericht.
>„Wie oft fahren die Züge?"
>„**Alle sechzig Minuten**/stünd**lich**."

- **Unbestimmte Häufigkeit**

Die folgenden Adverbien und adverbialen Ausdrücke werden gebraucht, um unbestimmte Häufigkeit auszudrücken:
nie, selten ab und zu, hin und wieder, manchmal, oft, häufig, gewöhnlich, regelmäßig, immer, ständig
z.B.
>**Manchmal** empfange ich Kunden.
>Ich muss **ständig** die Ablage machen.

Antwortschlüssel zu den Übungen

Die Antworten zu den Hörverstehensübungen finden Sie nicht im Antwortschlüssel. Kontrollieren Sie Ihre Antworten mit den Hörtexten auf S. 165 – 183.

KAPITEL 1

1.1A (S. 10)
ÜBUNG 2
DIALOG 1
1 Falsch.
2 Richtig.
3 Falsch. Sie treffen sich vormittags.
4 Nicht bekannt.
DIALOG 2
1 Richtig.
2 Nicht bekannt.
3 Falsch. Sie kennen einander schon.
ÜBUNG 3
s. Seite 20

1.1E (S. 11)
ÜBUNG 2
(Musterdialog)
A: Haben Sie das Büro leicht gefunden?
B: Ja, danke, es war kein Problem. Ich habe einen Stadtplan.
A: Hatten Sie einen guten Flug?
B: Nein, es war schrecklich. Wir hatten drei Stunden Verspätung.
A: Ach, das tut mir Leid. Warum?
B: Wir hatten schlechtes Wetter.
A: Ach so! Wie ist Ihr Hotel?
B: Das Hotel ist sehr gut, es hat eine zentrale Lage.
A: Gut. Sind Sie oft geschäftlich hier?
B: Ja, wir haben viele Kunden in [Land/Stadt].
A: Wann waren Sie das letzte Mal hier?
B: Ich war vor vier Wochen hier.
A: Aha. Und gefällt Ihnen unsere Stadt?
B: Ja, die Stadt ist interessant und die Leute sind sehr freundlich.

1.2D (S. 13)
1 Können Sie mir etwas Papier geben?
2 Könnte ich nach Deutschland anrufen?
3 Wo ist der Fotokopierer?
4 Könn(t)en Sie ein Taxi für mich rufen?
5 Wo kann ich meinen Koffer abstellen?
6 Kann/Könnte ich ein Fax an meine Firma schicken?
7 Kann ich einen Taschenrechner haben?
8 Könn(t)en Sie mir etwas über die Firma erzählen?

1.5D (S. 19)
1 Der Versand. Hier verpacken wir die Waren und liefern sie aus.
2 Der Kundendienst. Hier führen wir Reparaturen für die Kunden aus.
3 Das Ausbildungszentrum. Hier bilden wir die Lehrlinge aus.
4 Die Personalabteilung. Hier stellen wir neue Mitarbeiter ein.

Quiz (S. 21)
1 a)	8 c)	15 b)
2 c)	9 c)	16 a)
3 c)	10 a)	17 c)
4 b)	11 a)	18 b)
5 c)	12 a)	19 b)
6 b)	13 b)	20 c)
7 a)	14 b)	

KAPITEL 2

2.1E (S. 23)
ÜBUNG 1
Toilettenartikel/Kosmetika
Hautcreme, Zahnpasta, Seife, Parfüm
Kraftfahrzeuge
Lieferwagen, Lastkraftwagen, Motorräder
Elektrische Haushaltsgeräte
Haartrockner, Bügeleisen, Mikrowellengeräte, Kühlschränke
Arzneimittel/Gesundheit
Magenmittel, Vitamine, Hustensaft
Unterhaltungselektronik
Videorekorder, CD-Player, Kassettenrekorder
Informationstechnik
Personalcomputer, Mobilfunktelefone, Drucker

2.2A (S. 24)
ÜBUNG 1
1 g)	5 f)	9 c)
2 e)	6 j)	10 h)
3 d)	7 i)	
4 a)	8 b)	

2.3B (S. 26)
ÜBUNG 2
a) BASF
b) Springer Sportmoden
c) Kessel Auto-Electric
(s. auch S. 34)

2.4B (S. 28)
(Muttergesellschaft)
Tochtergesellschaft
Beteiligungsgesellschaft

(Hauptsitz)/
Zentrale

(Produktionsgesellschaft)
Vertriebsgesellschaft
Kundendienstgesellschaft

(Produktionsstätte)/
Werk/
Fertigungsstätte

2.4D (S. 30)
AEG-Profil [1993]
- Holding-Gesellschaft: Daimler-Benz
- Geschäftsbereiche: Automatisierungstechnik, Elektrotechnische Anlagen und Komponenten, Bahnsysteme, Haus(halts)geräte, Mikroelektronik
- Zahl der Tochter-/Beteiligungsgesellschaften: über 100
- Hauptsitz: Frankfurt am Main
- Andere Standorte:
  - 81 Standorte in Deutschland, z.B. Berlin, Hannover, Stuttgart, Dresden
  - Standorte in allen wichtigen europäischen Ländern, in den USA, Südamerika, Afrika, Australien
- Gesamtumsatz: ca. 12 Milliarden Mark
- Beschäftigte (Gesamt): 60.000

Internet-Recherche [Heute]
- Der AEG-Konzern wurde 1996 aufgelöst.
- Die Marken- und Namenslizenzen liegen bei der EHG Elektroholding GmbH, Frankfurt. Diese gehört dem DaimlerChrysler Konzern.

KAPITEL 3

3.1A (S. 36)
ÜBUNG 1 (Frage 4)
Erstklassig: La Truffe
Gut: Dei Medici, Lotus
Preiswert: Zum Kuhhirten-Turm, Bingelsstube

3.2A (S. 38)
ÜBUNG 2
1	Einlage	5	Preiselbeeren
2	Hacksteak	6	Semmelkloß
3	Kohlroulade	7	Rote Grütze
4	Eisbein		

ÜBUNG 3
s. Glossar
ÜBUNG 4
gekocht, braten, backen, überbacken, gegrillt

3.2E (S. 40)
1 Drei
2 s. Rechnung
3 Inklusive
4 Nein. Hühnerfrikassee kostet € 11,50, eine Tasse Kaffee kostet € 2,00. Die richtige Summe ist € 81,50.

3.5A (S. 45)
ÜBUNG 1
1 C	3 D	
2 B	4 A	

KAPITEL 4

4.1A (S. 52)
ÜBUNG 2
1 Qualitätssicherung
2 Konstruktion
3 Kaufmännische (Abteilung)
4 Informationssysteme
5 Vertrieb
6 Innendienst
7 Fertigung/Montage
8 Kundendienst
9 Rechnungswesen/Buchhaltung
10 Materialwirtschaft/Logistik
11 Personal
12 Ausbildung

4.1E (S. 53)
1 Die Abt. Marketing/Werbung
2 Die Abt. Rechnungswesen/Buchhaltung
3 Die Abt. Informationssysteme
4 Die Abt. Marketing/Werbung
5 Der Wareneingang
6 Der Kundendienst
7 Die Abt. Fertigung/Montage
8 Die Ausbildungsabteilung
9 Der Innendienst
10 Die Qualitätssicherung

4.1F (S. 53)
ÜBUNG 1
Kaufmännische Berufe
Buchhalter/in, Verkaufsberater/in, Einkäufer/in, Industriekaufmann/-frau, Sachbearbeiter/in
Datenverarbeitungsberufe
Programmierer/in, Systemanalytiker/in

199

Technische Berufe
Technische/r Zeichner/in, Diplom-Ingenieur/in, Chemiker/in, Architekt/in
Gewerblich-technische Berufe
Industriemechaniker/in, Dreher/in, Service-Monteur/in, Elektroniker/in
Handwerker
Verpackungshelfer/in, Lagerist/in, Maurer/in

4.1G (S. 53)
- Versicherungsgesellschaft
  Marketing, Investitionsmanagement
- Automobilhersteller
  Design und Entwicklung, Kundendienst
- Chemieunternehmen
  Forschung und Entwicklung
- Hersteller von Genussmitteln
  Vertrieb und Marketing, Logistik

4.3A (S. 56)
ÜBUNG 1
1 in   5 neben
2 gegenüber   6 gegenüber
3 rechts vom 7 zwischen
4 links vom   8 hinter

4.4C (S. 58)
1 Anfrage   4 Auftragsbestätigung
2 Angebot   5 Lieferschein
3 Auftrag   6 Rechnung

4.4E (S. 59)
1 Sekretärin
2 Verkaufsberater
3 Buchhalterin, Rechnungswesen/Buchhaltung
4 Einkäufer/ Industriekaufmann, Einkauf/Materialwirtschaft

4.5A (S. 60)
1 h)   4 c)   7 a)
2 d)   5 e)   8 f)
3 g)   6 b)

4.5E (S. 61)
(*Muster*)
Papierzufuhr
Ziehen Sie die Papierkassette heraus. Dann legen Sie zirka 250 Blatt Papier ein. Achten Sie darauf, dass das Papier unter den Befestigungsecken liegt. Dann schieben Sie die Kassette in den Kopierer zurück und kopieren Sie weiter.
Papierstau
Öffnen Sie die vordere Abdeckung. Dann legen Sie den grünen Hebel um und ziehen Sie das gestaute Papier vorsichtig heraus. Achten Sie darauf, dass das Papier nicht reißt. Machen Sie die Abdeckung wieder zu und kopieren Sie weiter.

KAPITEL 5

5.1A (S. 66)
ÜBUNG 2
1 Landeskennzahl: 41, Ortsnetzkennzahl: 022, Rufnummer: 9 25 11 41.
   Die Firma ist in der Schweiz. Von Deutschland aus wählt man (00 41) 22 / 9 25 11 41.
2 a)
3 a)

5.4B (S. 72)
ÜBUNG 2
An Herrn Becker
Herr Cipolli
Firma Castelli, Bologna
Betrifft: Lieferung von Auftrag Nr. 123/b. Die Maschine ist defekt. Erbittet Besuch eines Kundendienstmitarbeiters.

5.4E (S. 73)
(*Muster*)
Nachricht 1
Mein Name ist ... von der Firma ... . Es ist [*Datum*], [*Uhrzeit*]. Ich möchte eine Nachricht für Frau Doliwa hinterlassen. Ich komme am Montag um 15.10 Uhr am Flughafen Frankfurt an. Die Flugnummer ist LH 103. Könnte Frau Doliwa mich vom Flughafen abholen? Bitte rufen Sie mich unter [*Telefonnummer*] zurück. Danke. Auf Wiederhören.
Nachricht 2
[*Name*], [*Firma*], guten Tag. Es ist [*Datum*], [*Uhrzeit*]. Ich möchte eine Nachricht für Herrn Fromme hinterlassen. Ich bin nächsten Dienstag in Nürnberg. Können wir uns treffen? Bitte rufen Sie mich unter [*Telefonnummer*] zurück, um einen passenden Termin zu vereinbaren.

KAPITEL 6

6.1B (S. 76)
ÜBUNG 1
1 Die Konferenz hat ca. 70 Teilnehmer.
2 Alle Teilnehmer sollen im Hotel wohnen.
3 Das Hotel soll einen großen Konferenzraum und zwei kleinere Räume haben.
4 Es soll ein Luxus- oder First-Class-Hotel sein.
5 Es kann zentral oder auch etwas außerhalb der Stadt liegen.
6 Das Hotel muss ein eigenes Restaurant haben sowie Parkmöglichkeiten.

6.3C (S. 82)
Schloß Reinach ist billiger:

	Hotel Dorint	Schloß Reinach
Zimmerpreis	€ 90,- pro Person/Tag	€ 60,- pro Person/Tag
Konferenzpauschale	€ 44,- exkl. Abendessen	€ 30,- exkl. Abendessen € 50,- inkl. Abendessen
Zusätzliche Tagungsräume	im Pauschalpreis inbegriffen	im Pauschalpreis inbegriffen

KAPITEL 7

7.1B (S. 92)
1 e)   5 i)   9 f)
2 h)   6 c)   10 d)
3 b)   7 k)   11 a)
4 l)   8 j)   12 g)

7.2A (S. 93)
ÜBUNG 1
1 Zu den neun hier aufgelisteten Zügen kommen noch: EuroNight, InterCityNight (für den Fernverkehr), CityBahn, Regionalbahn (für den Nahverkehr).
2 Züge für den Fernverkehr: ICE, EC, IC, IR, D; für den Nahverkehr: RSB, E, N, S.
3 Zuschlagpflichtige Züge: EC, IC.

7.3B (S. 96)
ÜBUNG 2
(*Musterdialoge*)
1 Staatsgalerie
A: Wie komme ich (am besten) zur Staatsgalerie?
B: Gehen Sie hier links raus und die Straße entlang bis zur Kreuzung. Gehen Sie über die Kreuzung und nehmen Sie die erste Straße rechts. Sie sehen sie auf der linken Seite. Das sind nur 5 Minuten zu Fuß.
2 Altes Schloss
A: Wie komme ich (am besten) zum Alten Schloss?
B: Gehen Sie durch die Straßenunterführung und nehmen Sie den Ausgang Königstraße. Wenn Sie aus der Unterführung rauskommen, gehen Sie geradeaus die Königstraße runter. Nach zirka 500 Metern kommen Sie zu einer Grünanlage. Gehen Sie an der Grünanlage vorbei und dann links. Sie sehen es direkt vor sich.
3 Haus der Wirtschaft
A: Wie komme ich (am besten) zum Haus der Wirtschaft?
B: Gehen Sie durch die Straßenunterführung und nehmen Sie den Ausgang Theodor-Heuss-Straße. Gehen Sie die Theodor-Heuss-Straße entlang bis zum U-Bahnhof. Dort gehen Sie links in die Schlossstraße. Sie sehen es auf der linken Seite. Das sind etwa 10 bis 15 Minuten zu Fuß.
4 Leonhardskirche
A: Wie komme ich (am besten) zur Leonhardskirche?
B: Gehen Sie hier links raus, die Straße entlang bis zur Kreuzung, dann gehen Sie links in die Konrad-Adenauer-Straße. Gehen Sie immer geradeaus, über die zweite Kreuzung und Sie sehen die Kirche auf der linken Seite. Das sind gute 20 Minuten zu Fuß.

7.4A (S. 98)
ÜBUNG 1
1 B   2 C   3 A

KAPITEL 8

8.3C (S. 108)
1 B   3 D
2 A   4 C

8.3D (S. 109)
ÜBUNG 4
verstellen   liefern
abnehmen   zusammenlegen
einsetzen

8.4A (S. 110)
1 bessere   5 billiger
2 höhere   6 niedriger
3 größere   7 leiser
4 gute

Messeplatz Deutschland (S. 114)
Checkliste für die Messebeteiligung
1. **Vor der Messe**
   Messeziele erarbeiten ...
   Budgetfestlegung
   Auswahl der Exponate ...
   Anmeldung beim Veranstalter
   Bestätigung der Standfläche ...
   Bearbeitung des Serviceangebotes ...
   Bestellung der benötigten Standausstattung
   Werbe-Konzeption
   Terminplanung
   Besucher-Einladungen versenden
   Training des Messeteams
   Unterkunftsreservierung ...
2. **Während der Messe**
   Gesprächsprotokolle ausfüllen
   Tägliche Lagebesprechungen
   Pressekonferenz

Manöverkritik am letzten Messetag
Standabbau und Abreise
3. Nach der Messe
Dankeschön an das Messeteam
Auswerten der Gesprächsprotokolle
Internen Abschlussbericht anfertigen
Nachbearbeiten der Messekontakte

Kosten einer Messebeteiligung
1. Kostenbeiträge an den Veranstalter
2. Kosten für das Ausstellungsgut
3. Kosten für Standbau und Versorgung
4. Kosten für Werbung, Presse und Verkaufsförderung
5. Personalkosten

KAPITEL 9

9.1A (S. 116)
ÜBUNG 1

Der Käufer	Der Verkäufer
1 b)	1 c)
2 e)	2 f)
3 g)	3 d)
4 i)	4 b)
5 a)	5 h)
6 c)	6 i)
7 d)	7 g)
8 h)	8 a)
9 f)	9 e)

ÜBUNG 3
Lieferanten werden von der Einkaufsabteilung gesucht.
Ein Angebot wird von der Vertriebsabteilung erstellt.
Die Ware wird von der Versandabteilung geliefert.
Die Rechnung wird von der Buchhaltung bezahlt.

9.1B (S. 116)
ÜBUNG 2
1 Ja, aber nur mit schriftlicher Bestätigung.
2 Mit der schriftlichen Bestätigung des Auftrags.
3 In Euro.
4 30 Tage.
5 Bei Bar- oder Scheckzahlung innerhalb von 14 Tagen ab Rechnungsdatum.
6 Der Verkäufer berechnet Verzugszinsen in Höhe von 2%.
7 Der Käufer.
8 Der Käufer hat Anspruch auf Schadenersatz.
9 Sechs Monate.

9.1C (S. 118)
1 b)   3 d)
2 c)   4 a)

9.1D (S. 118)
ÜBUNG 2
1 c)   3 d)
2 b)   4 a)

9.2A (S. 119)
ÜBUNG 2
Mindestabnahmemenge: 1.000 Stück
Mengenrabatt: 2,5% ab 5.000 Stück, 5% ab 10.000 Stück
Stückpreis: muss ausgerechnet werden
Zahlungsfrist: 90 Tage netto
Skonto: 14 Tage - 3%
Lieferbedingungen: CIF
Lieferzeit: 4 Wochen

9.2C (S. 120)
(*Musterdialog*)
A: Guten Tag, Holtkamp.
B: Guten Tag. Hier Legrand, von der Firma ... . Wir sind Einzelhändler für Spielzeugwaren und sind sehr an Ihrer Oldtimer Replica-Serie interessiert. Wir planen einen Markttest durchzuführen und möchten gern einen Probeauftrag erteilen.
A: An welchen Artikeln sind Sie interessiert?
B: An den Replica Doktorwagen, Ford Coupés und Renault 6CVs.
A: Und wie viel Stück brauchen Sie?
B: Je zwanzig Stück. Geben Sie Rabatt auf Ihre Katalogpreise?
A: In diesem Falle könnten wir Ihnen einen fünfprozentigen Rabatt auf die Preise unserer Händlerpreisliste geben.
B: Gut. Wie sind Ihre Zahlungsbedingungen?
A: 30 Tage netto. Bei 14 Tagen geben wir 2% Skonto.
B: Und wie schnell können Sie liefern?
A: Wir können die Ware sofort nach Erhalt des Auftrags liefern.
B: Gut. Können Sie mir bitte ein schriftliches Angebot machen?
A: Selbstverständlich. Sagen Sie mir bitte die Adresse der Firma ...

9.2D (S. 121)
(*Musterbriefe*)
Anfrage
Sehr geehrte Frau Keller,
ich beziehe mich auf unser Telefongespräch vom 23.6.20--. Bitte senden Sie uns Ihr Angebot auf der Basis CIF München über folgende Artikel:

Bezeichnung	Menge
Bremspedale nach der beiliegenden Zeichnung KN 3594	10.000

Bitte teilen Sie uns mit, wie die Ware verpackt wird.
Bankreferenzen erhalten Sie jederzeit von der Deutschen Bank AG, München.
Mit freundlichen Grüßen

Angebot
Sehr geehrter Herr Schuster,
wir danken Ihnen für Ihre Anfrage vom 23.6.20-- und unterbreiten Ihnen gerne folgendes Angebot:

Bezeichnung	Menge	Stückpreis
Bremspedale nach Zeichnung KN 3594	10.000	€ 1,42

Die Preise verstehen sich CIF München einschließlich Verpackung. Die Ware wird in Pappkartons in Holzkisten verpackt.
Unsere Zahlungsbedingungen lauten: 14 Tage - 3% Skonto, 90 Tage netto. Die Lieferung erfolgt 4 Wochen nach Erhalt des Auftrags.
Wir halten Ihnen unser Angebot für 4 Wochen offen.
Wir freuen uns auf Ihren Auftrag.
Mit freundlichen Grüßen

9.3C (S. 122)
ÜBUNG 1
1 10.000 Stück.
2 Der Kunde hat zu viel Rabatt abgezogen. Bei 6% Mengenrabatt ist der Stückpreis € 1.41.
3 Der Gesamtbetrag lautet richtig € 14.100.
4 Der Kunde gibt eine Lieferzeit von 3 Wochen an. Es ist nicht bekannt, ob Vulcan die Lieferfrist verkürzt hat oder ob dies ein Fehler ist.

9.4A (S. 124)
1 d)   4 c)
2 a)   5 b)
3 e)

9.4F (S. 125)
(*Muster*)
... festgestellt, dass die Ware außerhalb Ihrer Annahmezeiten am Freitagnachmittag in München eingetroffen ist. Die Ware wird heute an Sie geliefert.

9.4G (S. 125)
(*Muster*)
... festgestellt, dass die Lastwagen wegen des schlechten Wetters Verspätung haben. Die Ware wird übermorgen an Sie geliefert.

KAPITEL 10

10.2A (S. 134)
1 Hauptschulabschluss
2 Mittlere Reife/Realschulabschluss
3 Fachhochschulreife
4 Allgemeine Hochschulreife/Abitur

10.4B (S. 138)
16 EDV und Organisation
Staatliche Lotterieverwaltung
30 Verkauf/Vertrieb
Borchardt & Partner GmbH
34 Kaufmännische Berufe
AVIS
36 Sekretariat
MDC
42 Planung/Konstruktion
Pöttinger Bauunternehmung
64 Hotel und Gaststättengewerbe
Pizza Hut
78 Ausbildungsplätze
PR-Agentur

10.6D (S. 145)
(*Muster*)
Können Sie mir sagen, ob ich eine feste Anstellung nach der Ausbildung bekommen werde?
Können Sie mir Näheres über die Arbeitszeiten sagen?/Bitte geben Sie mir noch Auskunft über die Arbeitszeiten.
Würden Sie mir bitte sagen,/Ich möchte gern wissen, ob Sie Umzugskosten erstatten.
Ich möchte gern wissen, ob die Firma Weiterbildungsmöglichkeiten bietet.
Würden Sie mir bitte sagen, welche Sozialleistungen Sie bieten?
Sagen Sie mir bitte, wann/zu welchem Termin ich bei der Firma anfangen soll/meine Tätigkeit bei der Firma aufnehmen soll.

Mitbestimmung im Betrieb (S. 147)
Die Rechte des Betriebsrats
Situation 1: Ja, der Arbeitgeber braucht die Zustimmung des Betriebsrats.
Situation 2: Nein, der Betriebsrat kann arbeitgeberseitige Kündigungen nur verzögern, nicht verhindern.
Situation 3: Ja, der Betriebsrat hat Beratungsrechte über die Einführung neuer Techniken und Fertigungsverfahren.
Situation 4: Nein, bei der Einstellung leitender Angestellten muss der Betriebsrat informiert werden, er hat aber kein Vetorecht.

Alphabetical Wordlist

This wordlist contains the key business-related vocabulary in the **Lehrbuch**. Nouns are given with their genitive and plural forms. Strong verbs are given with their imperfect form and past participle. The symbol | indicates a separable verb. Words and phrases are translated according to the context in which they appear in the book. Different senses of a word are separated by semi-colons (;). If a compound noun (a noun made up of more than one word) is not listed, try to find its meaning by looking up the separate elements.

Abbreviations:
o. Pl. = ohne Plural (no plural)
Pl. = im Plural (plural only)
Akk. = Akkusativ (accusative)
Dat. = Dativ (dative)
Gen. = Genitiv (genitive)
jdn. = jemanden (somebody)
jdm. = jemandem (somebody - dative)
etw. = etwas (something)

A

A: das ~ **und O** the be-all and end-all
ab (+ Dat.) from; ~ **und zu** now and again
ab|bestellen to cancel
ab|biegen, bog ab, abgebogen to turn off
die **Abbiegespur -, -en** turning-off lane
die **Abdeckung -, -en** cover; panel
der **Abend -s, -e** evening; **Guten ~** good evening; **zu ~ essen** to have dinner
das **Abendgymnasium -s, -gymnasien,** die **Abendschule -, -n** evening classes, night school
abendlich (in the) evening
abends in the evening
aber but; ~ **gerne!** of course, with pleasure; **Das ist ~ schön!** That's really nice!
ab|fahren to leave, go from
die **Abfahrt -, -en** departure; exit
die **Abfahrtbucht -, -en** bus bay, departure bay
der **Abfall -(e)s, ̈-e** waste
der **Abflug -(e)s, ̈-e** take-off, departure
die **Abflughalle -, -n** departure lounge
die **Abfolge -, -n** sequence, order
abgasarm: ~ sein to have low exhaust emissions
ab|geben to hand in; to give off
ab|gehen (an + Akk.) to be sent off (to)
abgeschlossen successfully completed
ab|hängen, hing ab, abgehangen (von + Dat.) to depend (on)
abhängig (von + Dat.) dependent (on)
ab|heften to file (away)
ab|holen to collect
das **Abitur -s, -e** school-leaving exam, required for higher education, ≈ A-levels
der **Abiturient -en, -en,** die **Abiturientin -, -nen** person who is sitting/has passed the Abitur
die **Abkürzung -, -en** abbreviation
die **Ablage -, -n** filing; tray
der **Ablauf -(e)s, ̈-e** course, sequence of events
ab|lehnen to refuse
die **Abmessung -, -en** dimension
abnehmbar detachable
das **Abonnement -s, -s** season ticket, subscription
die **Abreise -, -n** departure
ab|runden to round off; **ein gut abgerundetes Programm** a well-rounded programme
ab|sagen to cancel
der **Absatz -es, ̈-e** sales; paragraph
die **Absatzchance -, -n** sales potential
ab|schaffen to do away with
ab|schalten to switch off
ab|schicken to send off
abschließbar lockable
ab|schließen to end, conclude, complete; **einen Auftrag ~** to get an order/contract
abschließend finally
der **Abschluss -es, ̈-e** end, close; qualification
der **Abschlussbericht -(e)s, -e** final report
die **Abschlussprüfung -, -en** (result of a) school-leaving examination
das **Abschlusssignal -s, -e** end-of-transmission signal

das **Abschlusszeugnis -ses, -se** (school-) leaving certificate
der **Absender -s, -** sender
der **Abstand -(e)s, ̈-e** interval
ab|stellen to put; to park
der **Abstellraum -(e)s, ̈-e** store room
ab|stimmen (über + Akk.) to take a vote (on); **aufeinander ~** to fit in with each other
die **Abteilung -, -en** department
der **Abteilungsleiter -s, -** departmental manager
der **Abteilwagen -s, -** carriage with separate compartments
ab|warten to wait for
abwärts down
der **Abwärtstrend -s, -s** downward trend
abwechselnd alternately, in turns
die **Abwechslung -, -en** variety
abwechslungsreich varied
ab|weichen, wich ab, abgewichen (von + Dat.) to deviate (from)
die **Abwesenheit -, o. Pl.** absence; **in/bei ~ von** in the absence of
ab|wickeln to deal with
das **Abzeichen -s, -** badge
ab|ziehen to deduct
achten (auf + Akk.) to pay attention (to); to look out (for); **darauf ~, dass** to take care that
der **Adressaufkleber -s, -** (adhesive) address label
AG = Aktiengesellschaft
Agrar- agricultural
ähnlich similar
der **Akkord -(e)s, -e** piecework (rate)
die **Akte -, -n** file; **zu den ~n legen** to file (away)
die **Aktie -, -n** share
die **Aktiengesellschaft -, -en** joint-stock company
der **Aktionär -s, -e** shareholder/stockholder
aktiv active; **in welcher Branche ist die Firma ~?** What does the company do?
aktuell current, up-to-date
akzeptieren to accept
der **Albtraum -(e)s, -e** nightmare
alkoholfrei non-alcoholic
alle all; ~ **10 Minuten** every 10 minutes; **in ~ Welt** all over the world
allein on his/her/its etc own
allerdings though
das **Allerheiligen** All Saints' Day
das **Allerseelen** All Souls' Day
alles everything; **das wäre ~** that's it; **~ zusammen** both/all together
allgemein general(ly); in general
allgemeinbildend providing a general education
der **Alltag -(e)s, o. Pl.** everyday life
alltäglich everyday
das **Alpenvorland -(e)s, o. Pl.** foothills of the Alps
als than; as
also so, well
alt old
der **Altbau -(e)s, -ten** old building
die **Altenpflege -, o. Pl.** care of the elderly
die **Altersversorgung -, o. Pl.** old-age pension (scheme)
die **Altstadt -, ̈-e** old (part of) town
die **Ampel -, -n** traffic light(s)
das **Amt -(e)s, ̈-er** office

amtl. = amtlich official
die **Amtsleitung** exchange line
an (+ Dat./Akk.) on; at; to
die **Ananas -, -se** pineapple
an|bieten to offer; to supply
das **Andenken -s, -** souvenir
änderbar alterable; **die Preise sind jederzeit ~** prices subject to alteration without notice
andere(r/s) other, another; **etwas anderes** something else; **unter anderem** among other things
(sich) ändern to change
andernfalls otherwise
anders in a different way
die **Änderung -, -en** alteration
anerkannt recognized
an|erkennen, erkannte an, anerkannt to accept; to recognize
an|fallen to incur, be incurred; **die anfallende Korrespondenz** any correspondence that needs dealing with
der **Anfang -(e)s, ̈-e** beginning
an|fangen, fing an, angefangen to begin
an|fertigen to manufacture, make; to draw up
an|fordern to ask for, request
die **Anforderung -, -en** demand, requirement
die **Anfrage -, -n** inquiry; **auf ~** on request
die **Angaben Pl.** figures; information, details
an|geben to give
das **Angebot -(e)s, -e** range (on offer); quote, quotation; **das kulturelle ~** the range of cultural activities; **als zusätzliches ~** as an extra attraction; **ein ~ über** a quote for (the supply of)
an|gehen: was ... angeht as far as ... is/are concerned
angelernt semi-skilled
die **Angelegenheit -, -en** matter
angenehm pleasant; **sehr ~** pleased to meet you
angesagt (für + Akk.) scheduled (for), due (on)
angeschlossen (an + Dat.) plugged in (to); linked (to/with); **dem Haus ~** attached to the hotel
angesichts (+ Gen) in view of
der/die **Angestellte -n, -n** salaried employee
die **Angst -, Ängste** (vor + Dat.) fear (of)
an|halten to continue
anhaltend continuous
anhand (+ Gen.) using, with the help of
sich an|hören to listen to
an|kommen to arrive; **auf etw. ~** to depend on something; **es kommt darauf an** it depends
an|kreuzen to put a cross in/by
an|kündigen to announce
die **Ankunft -, ̈-e** arrival
die **Ankunftshalle -, -n** arrivals lounge
die **Anlage -, -n** plant; equipment, installation; enclosure; **in der ~** enclosed
der **Anlagenbau -s, o. Pl.** plant construction
der **Anlagevermerk -(e)s, -e** note of enclosure
die **Anliegerstraße -, -n** adjoining street
die **Anmeldung -, -en** registration
annähernd: nicht ~ nothing like
die **Annahme -, o. Pl.** acceptance
an|nehmen to take delivery of; to accept
an|rechnen: jdm. etw. ~ to credit sth. to sb.

die **Anrede -, -n** form of address,
an|reden to address
die **Anregung -, -en** stimulus
die **Anreise -, o. Pl.** arrival
an|reisen to arrive
der **Anreiz -es, -e** incentive
der **Anruf -(e)s, -e** (telephone) call
der **Anrufbeantworter -s, -** answering machine
an|rufen to phone, ring up
der **Anrufer -s, -** caller
die **Ansage -, -n** announcement
(sich) an|schaffen to get (oneself)
sich an|schauen ▶ sich ansehen
an|schließen (an + Akk.) to plug in; to link up with
anschließend subsequent
der **Anschluss -es, ̈-e** (an) number, line; connection, link-up; **kein ~ unter dieser Nummer** number unobtainable; **der ~ ist besetzt** the number/line is engaged/busy; **im ~ nach** after that
die **Anschrift -, -en** address
sich an|sehen to have/take a look at
sich an|siedeln to become established
an|sprechen to approach, talk to
der **Ansprechpartner -s, -** contact
der **Anspruch -(e)s, ̈-e** demand, requirement
anspruchsvoll high-class, superior, sophisticated
anstatt (+ Gen.) instead (of)
die **Anstellung -, -en** job
anstrengend strenuous
der **Anteil -(e)s, -e** (an + Dat.) proportion; share (of)
der **Antrieb -(e)s, -e** (means of) propulsion
antworten to answer
an|wählen to dial
die **Anweisung -, -en** direction
der **Anwenderbereich -(e)s, -e** user sector
anwenderfreundlich user-friendly
die **Anwendung -, -en** application
anwesend present
der **Anwohner -s, -** resident
die **Anzahl -, o. Pl.** number
die **Anzeige -, -n** advertisement; indicator light
an|zeigen to notify
anziehend attractive
der **Anzug -s, ̈-e** suit
der **Apfelwein -s, -e** type of dry cider
die **Apotheke -, -n** chemist's (shop)/pharmacy
der **Apparat -(e)s, -e: Linz am ~** Linz here/speaking
das **Appartement -s, -s** (hotel) suite
der **Appetit -s, -e: guten ~!** enjoy your meal!
die **Arbeit -, -en** work
arbeiten to work
der **Arbeiter -s, -,** die **Arbeiterin -, -nen** worker
der **Arbeitgeber -s, -** employer
arbeitgeberseitig decided on by the employer
der **Arbeitgeberverband -(e)s, ̈-e** employers' association
der **Arbeitnehmer -s, -** employee
das **Arbeitsamt -(e)s, ̈-er** employment exchange
die **Arbeitsatmosphäre -, -n ▶ Arbeitsklima**
die **Arbeitsaufnahme -, o. Pl.** start of employment; **Termin der ~** start date
die **Arbeitsaufteilung -, -en** allocation of work
die **Arbeitsfreude -, -n** job satisfaction
das **Arbeitsgericht -(e)s, -e** industrial tribunal

das **Arbeitsgesetz** -es, -e labour law
das **Arbeitsklima** -s, -s atmosphere at work
die **Arbeitskraft** -, -̈e worker
arbeitslos unemployed
die **Arbeitslosigkeit** -, o. Pl. unemployment
der **Arbeitsmarkt** -(e)s, -̈e labour market
der **Arbeitsplatz** -es, -̈e job; workplace
der/die **Arbeitsuchende** -n, -n job-seeker
das **Arbeitsverhältnis** -ses, -se employer-employee relationship
die **Arbeitsvermittlung** -, o. Pl. employment exchange
die **Arbeitsvorbereitung** -, -en production planning
die **Arbeitsweise** -, -n way of working
die **Arbeitszeit** -, -en working hours
das **Arbeitszimmer** -s, - study
architektonisch architectural(ly)
die **Art** -, en kind, type; way, method
der **Artikel** -s, -n product, article, item
Art. Nr. = Artikel-Nummer reference number
das **Arzneimittel** -s, - drug
die **Arzthelferin** -, -nen doctor's receptionist
der **Aschenbecher** -s, - ashtray
auch as well, too
auf (+ Dat./Akk.) on(to); in; to; ~ **der ganzen Welt** throughout the world
auf | bauen to build, create; to build up; to erect
die **Aufbauzeit** -, -en erection time
die **Aufbewahrungstasche** -, -n storage bag
auf | bleiben to stay open
auf | bringen to find, raise, afford
der **Aufenthalt** -(e)s, -e stay
auf | füllen to load
die **Aufgabe** -, -n job, task
das **Aufgabengebiet** -(e)s, -e area of responsibility
auf | geben to put in
auf | listen to list
aufgrund (+ Gen.) on the basis (of)
das **Aufhängeseil** -s, -e suspension rope
die **Aufhebung** -, o. Pl. abolition
auf | hören to stop, end
auf | kommen (für + Akk.) to pay (for)
die **Auflage** -, -n tray; print run; edition; cover
auf | legen to lay; to put down the receiver
die **Auflösung** -, -en resolution
aufmerksam attentive
die **Aufmerksamkeit** -, o. Pl. attention
auf | nehmen to take; to record; to take (down); to include; **Kontakt** ~ to get in contact with
auf | passen to pay attention, listen carefully
aufrecht | erhalten to keep up
aufregend exciting
aufrüstbar upgradable
auf | rüsten to upgrade
auf | schreiben to write down
der **Aufsichtsrat** -(e)s, -̈e board of directors
die **Aufstellung** -, -en drawing up
der **Aufstieg** -(e)s, -e promotion
die **Aufstiegschance** -, -n, die **Aufstiegsmöglichkeit** -, -en promotion prospects
auf | teilen to divide up
der **Auftrag** -(e)s, -̈e order; **im** ~ p.p., for and on behalf of
die **Auftragsabwicklung** -, -en order processing
die **Auftragsbestätigung** -, -en confirmation of order
der **Auftragseingang** -(e)s, -̈e receipt of order
die **Auftragserteilung** -, -en placement of order
der **Auftragssachbearbeiter** -s, -, die **Auftragssachbearbeiterin** -, -nen person in charge of order processing
auf | treten to arise, occur; to behave; **sicher** ~ to appear confident
das **Auftreten** -s, o. Pl. manner
der **Aufwand** -(e)s, o. Pl. (an + Dat.) expenditure (on), investment (in)
aufwendig lavish
der **Augenblick** -(e)s, -e moment; **im** ~ at the moment
aus (+ Dat.) from; for; made of; ~ **folgenden Gründen** for the following reasons; **von hier** ~ from here

der **Ausbau** -(e)s, o. Pl. expansion
aus | bauen to build up; to expand
ausbaufähig with prospects
aus | bilden to train, educate
die **Ausbildung** -, -en training, education
der **Ausbildungsberuf** -(e)s, -e skilled occupation
der **Ausbildungsplatz** -es, -̈e training vacancy
das **Ausbildungszentrum** -s, -zentren training centre
ausdauernd with staying power
der **Ausdruck** -(e)s, -̈e expression, phrase
aus | drucken to print out
aus | drücken to express
ausdrücklich expressly
die **Ausfahrt** -, -en (*Autobahn*) exit
aus | fallen to be unable to attend, drop out; to turn out to be
der **Ausflug** -(e)s, -̈e (day) trip
die **Ausfuhr** -, o. Pl. exports
aus | führen to carry out
die **Ausfuhrgüter** Pl. export(ed) goods
ausführlich detailed
die **Ausführung** -, -en model, version
aus | füllen to fill in
die **Ausgabe** -, -n expenditure, outgoings; edition
ausgabefähig disposable
das **Ausgabeverhalten** -s, - spending habits
der **Ausgang** -(e)s, -̈e exit; starting point
aus | geben to spend
ausgebucht booked up
ausgelastet working at full capacity
ausgeprägt highly developed
ausgesprochen definitely
die **Ausgestaltung** -, -en drawing up
ausgestattet (mit + Dat) fitted, equipped (with)
ausgezeichnet excellent
die **Aushilfskraft** -, -̈e temporary worker
sich **aus | kennen** to know one's way around
aus | kommen to get by, to manage; **mit jdm. (gut)** ~ to get on (well) with somebody
die **Auskunft** -, -̈e directory enquiries; (über + Akk.) information (about); (person at the) information desk
der **Auskunftgeber** -s, - information line
das **Ausland** -(e)s, o. Pl.: **im** ~ abroad
der **Ausländer** -s, - foreigner
Auslands- foreign, abroad
der **Auslandsanteil** -(e)s, -e foreign sales
die **Auslandsgesellschaft** -, -en foreign subsidiary
der **Auslandsvertrieb** -(e)s, -e sales office abroad
ausleihbar: ~ **sein** can be borrowed
aus | liefern to dispatch
die **Ausnahme** -, -n exception
ausreichend adequate
aus | richten: jdm. etw. ~ to give sb. a message
das **Ausrufezeichen** -s, - exclamation mark
sich **aus | ruhen** to relax
aus | rüsten (mit + Dat.) to equip (with)
die **Ausrüstung** -, -en equipment
die **Aussage** -, -n statement
aus | schalten to switch off
ausschließlich exclusively; excluding
die **Ausschreibung** -, o. Pl. (von + Dat.) advertising (of)
aus | sehen: wie sieht das aus? what's it like?
außen (on the) outside, outer
der **Außendienst** -(e)s, -e field sales
der **Außenhandel** -s, -̈e foreign trade
die **Außenwirtschaft** -, o. Pl. foreign trade
außer (+ Dat.) except (for), excepting
außerdem as well, in addition; besides
äußere(r/s) outer
außergewöhnlich exceptional
außerhalb (+ Gen.) outside (of); ~ **des Betriebs** out of house; **etwas** ~ **liegen** to lie a little outside
äußerst extremely
die **Aussicht** -, -en prospect; view
die **Ausstattung** -, -en fittings; furnishings
der **Aussteller** -s, - exhibitor

der **Ausstellerausweis** -es, -e exhibitor's ID card
die **Ausstellung** -, -en exhibition
das **Ausstellungsgut** -(e)s, -er trade fair exhibits
der **Austausch** -es, -̈e exchange
aus | tauschen to exchange
aus | üben to do
die **Auswahl** -, o. Pl. choice; selection
aus | wählen to choose
aus | werten to analyse
die **Auszeichnung** -, -en award
der/die **Auszubildende** -n, -n trainee
der **Auszug** -(e)s, -̈e (aus + Dat.) extract (from)
die **Autobahn** -, -en motorway/expressway
der **Autofahrer** -s, - driver, motorist
der **Automat** -en, -en ticket machine
automatisch automatic(ally)
automatisiert automated
die **Automatisierungstechnik** -, o. Pl. automation technology
der **Automobilbau** -(e)s, o. Pl. car manufacturing
die **Autovermietung** -, -en car hire/rental

B

B = Breite
backofenfrisch fresh from the oven
das **Bad** -(e)s, -̈er bath
der **Bad-Teppich** -s, -e bathmat
das **Badeboot** -(e)s, -e inflatable boat
Baden -s, o. Pl. bathing
der **Badeurlaub** -(e)s, -e seaside holiday
badisch of the Baden region
die **Bahn** -, o. Pl. railway; **mit der** ~ by train
das **Bahnhofsviertel** -s, - area around the railway station
der **Bahnsteig** -(e)s, -e platform
bald soon
baldig early; **wir freuen uns auf ein ~es Kennenlernen** we look forward to meeting you soon
das **Band** -(e)s, -̈er tape; **auf** ~ **aufnehmen** to record
die **Bandnudeln** Pl. ribbon noodles
die **Bankettabteilung** -, -en special functions department
der **Bankettsaal** -(e)s, -säle banqueting room
die **Bankkauffrau** -, -en qualified (woman) bank clerk
die **Banküberweisung** -, -en bank transfer
das **Bankwesen** -s, o. Pl. banking
das **Bargeld** -(e)s, o. Pl. cash
die **Barzahlung** -, -en payment in cash
basieren (auf + Dat.) to be based (on)
die **Basis** -, Basen basis; **auf der** ~ **CIF München** cif Munich
das **Basiswissen** -s, o. Pl. basic knowledge
basteln to do handicrafts
der **Bau** -(e)s, o. Pl. building, construction (industry); manufacture
der **Baubereich** -(e)s, -e construction industry
baubetrieblich of the construction industry
bauen to build
der **Bauchgurt** -(e)s, -e waist strap
der **Bauernhof** -(e)s, -̈e farm
das **Bauernvolk** -(e)s, -̈er farming people
das **Baugewerbe** -s, o. Pl. building trade
der **Bauleiter** -s, - (building) site manager
der **Baumwollaufbewahrungsbeutel** -s, - cotton storage bag
der **Baumwollbezug** -(e)s, -̈e cotton cover
der **Baumwollstoff** -(e)s, -e cotton (material)
die **Bauunternehmung** -, -en construction company
der **Bayer** -n, -n Bavarian
bayerisch Bavarian
das **Bayern** Bavaria
beabsichtigen to intend
beachten to note, take note of
der **Beamte** -n, -n, die **Beamtin** -, -nen official, public service employee
beantworten to answer
bearbeiten to deal with, process
der/die **Beauftragte** -n, -n person responsible for; officer
das **Becken** -s, - basin; (swimming) pool

sich **bedanken** (für + Akk.) to thank sb. (for sth.)
der **Bedarf** -(e)s, o. Pl. (an + Dat.) requirements; need; **bei** ~ when required
bedauern to regret
bedeuten to mean
bedeutend important
die **Bedeutung** -, -en importance
bedienen to supply; to operate; **Sie werden gleich bedient!** Your call will be dealt with as soon as possible
das **Bedienfeld** -(e)s, -er control panel
die **Bedienung** -, o. Pl. service; operation; **zur** ~ to operate
die **Bedienungsanleitung** -, -en operating instructions
das **Bedienungsgeld** -(e)s, -er service charge
die **Bedingungen** Pl. conditions
bedroht threatened
bedruckt printed
das **Bedürfnis** -ses, -se need, requirement
beeindruckend impressive
beeinflussen to influence
beenden to finish, complete
die **Beendigung** -, -en end, completion
die **Beere** -, -n berry
befahren, befuhr, befahren to use, drive along
sich **befassen** (mit + Dat.) to deal (with)
die **Befestigungsecke** -, -n retaining clip
sich **befinden, befand, befunden** to be (situated)
befördern to transport
befragen to ask; to survey
der/die **Befragte** -n, -n respondent
die **Befragung** -, -en survey
befürchten to be afraid, sorry
sich **begeben, begab, begeben** to go
die **Begegnung** -, -en meeting
begehrt sought-after; popular
begeistern to fill with enthusiasm
beginnen, begann, begonnen to begin
der **beginnende Abend** early evening
begrenzen (auf + Akk.) to restrict, limit (to)
die **Begrenzung** -, -en restriction
der **Begriff** -(e)s, -e concept
begründen to give reasons for
begrüßen to greet
die **Begrüßung** -, -en welcoming speech; **bei der** ~ when greeting sb.
behalten, behielt, behalten to remember
behandeln to deal with
der/die **Behinderte** -n, -n disabled person
behindertenfreundlich, behindertengerecht with special facilities for disabled people
die **Behörde** -, -n authority
bei (+ Dat.) with, at; when (doing sth.); in the case of; among, for; in the event of; near; ~ **der Firma ABD** with/at ABD; ~ **uns** in our company/country; ~ **der Buchung** when booking; ~ **einem Glas Bier** over a beer
beide both
die **Beilage** -, -n side dish
bei | legen to enclose
beiliegend enclosed
das **Bein** -(e)s, -e leg
beinhalten to comprise
das **Beispiel** -(e)s, -e example; **zum** ~ for example
der **Beitrag** -(e)s, -̈e (zu + Dat.) contribution (to)
bei | tragen (zu + Dat.) to contribute (to)
bei | treten to join
bekannt (für/durch + Akk.) known; well-known (for)
der/die **Bekannte** -n, -n acquaintance
bekannt machen to make known
die **Bekleidungsindustrie** -, -n clothing industry
bekommen, bekam, bekommen to get, receive
die **Belange** Pl.: **in administrativen ~n** in administrative matters
die **Belastbarkeit** -, o. Pl. ability to withstand heavy use; ability to work under pressure

die **Belastung** -, -en burden, strain
die **Belegschaft** -, -en staff
belegt busy
die **Beleuchtung** -, -en lighting
beliebt popular
bemalt painted, decorated
der **Bembel** -s, - stoneware mug (*used for serving cider*)
die **Bemerkung** -, -en remark, comment
sich **bemühen** to make every effort
die **Benachrichtigung** -, -en notification
benennen, benannte, benannt to specify
das **Benehmen** -s, - behaviour
benötigen to need
benötigt necessary
benutzen to use
die **Benutzung** -, o. Pl. use; **bei der ~** when using
-**benutzung** use of
beobachten to watch
bequem easy, easily; comfortable
beraten, beriet, beraten to advise
der **Berater** -s, - consultant; adviser
die **Beratung** -, -en advice, consultancy; counselling
das **Beratungsrecht** -(e)s, -e right of consultation
berechnen to charge for
die **Berechnung** -, -en charge; calculation; **gegen ~** for a charge
berechtigt: ~ sein, etw. zu tun to be entitled to do sth.
berechtigen to entitle
der **Bereich** -(e)s, -e sector, industry; department, division; sphere; **in welchem ~ ist die Firma tätig?** what business is the company in?; **der ~ Personal** the human resources division
bereit (zu + Dat.) willing, prepared (to do)
bereiten to cause
bereits already
die **Bereitschaft** -, o. Pl. willingness
bereit|stehen to be available
die **Bereitstellung** -, o. Pl. setting up
der **Bergbau** -(e)s, o. Pl. mining
das **Bergsteigen** -s, o. Pl. mountain climbing
berichten to report
berlinerisch: ~ sprechen to speak the Berlin dialect
berücksichtigen to take into account
der **Beruf** -(e)s, -e occupation, profession, job, career; **Was sind Sie von ~?** What do you do?
beruflich professional, vocational; **~e Tätigkeiten** (work) experience
die **Berufsausbildung** -, -en vocational training (course)
berufsbegleitend while working full-time
der **Berufsberater** -s, -, die **Berufsberaterin** -, -nen careers adviser
die **Berufsberatung** -, -en careers guidance
die **Berufsbezeichnung** -, -en job title
berufsbildend vocational
die **Berufserfahrung** -, -en work experience
die **Berufsfachschule** -, -n *vocational college providing full-time training courses*
das **Berufsfeld** -(e)s, -er occupation, profession
das **Berufsgrundbildungsjahr** -(e)s, -e foundation year
berufsqualifizierend professional
die **Berufsschule** -, -n *vocational college providing part-time training courses*
berufstätig working
der/die **Berufstätige** -n, -n working person
die **Berufstätigkeit** -, -en job
die **Berufswahl** -, o. Pl. choice of career; **bei der ~** when choosing a career
der **Berufsweg** -(e)s, -e career path
berühmt famous
beschädigt damaged
beschaffen to procure
beschäftigen to employ
sich **beschäftigen** (mit + Dat.) to deal with; to think about
beschäftigt busy
der/die **Beschäftigte** -n, -n employee
die **Beschäftigung** -, -en employment
beschäftigungssicher offering job security

Bescheid: jdm. ~ sagen to tell sb., let sb. know
beschichtet (mit + Dat.) laminated; coated (with)
sich **beschränken** (auf + Akk.) to be limited (to)
beschreiben, beschrieb, beschrieben to describe
die **Beschreibung** -, -en description
sich **beschweren** (bei jdm., über etw.) to complain (to sb., about sth.)
besetzt engaged/busy; manned
der **Besetztton** -(e)s, -̈e engaged/busy signal
besichtigen to look at, inspect
besiedelt: dicht ~ densely populated
besitzen, besaß, besessen to own
der **Besitzer** -s, - owner
besondere(r/s) special, particular
die **Besonderheit** -, -en special feature; peculiarity
besonders particularly, especially; special
besorgen to get, buy
besprechen, besprach, besprochen to discuss
die **Besprechung** -, -en meeting, discussion
besser (als) better (than)
der **Bestandteil** -(e)s, -e component
bestätigen to confirm
die **Bestätigung** -, -en confirmation
der/die/das **beste** (the) best (one/thing); **wir geben unser Bestes** we do our best
das **Besteck** -(e)s, -e cutlery
bestehen, bestand, bestanden to be; **~ aus** (+ Dat.) to consist of; **~ in** (+ Dat.) to involve; **Worin besteht Ihre Arbeit?** What does your job involve?
das **Bestelldatum** -s, -daten date of order
bestellen to order; **bei jdm. ~** to place an order with sb.
die **Bestellmenge** -, -n quantity
die **Bestell-Nr = Bestellnummer** -, -n order number
die **Bestellung** -, -en order
der **Bestellwert** -(e)s, -e value of order
am **besten** best; **Mit wem spreche ich am ~?** Who should I speak to?; **Wie komme ich am ~ hin?** What's the best way to get there?
bestens very well
bestimmen to decide
bestimmt specific; certain
die **Bestimmung** -, -en regulation; provision
der **Bestimmungshafen** -s, -̈häfen port of destination
der **Bestimmungsort** -(e)s, -e destination
die **Bestuhlung** -, o. Pl. seating
der **Besuch** -(e)s, -e visit; attendance; **~e machen** to visit; **~ bekommen** to have visitors
besuchen to visit; to attend
der **Besucher** -s, -, die **Besucherin** -n, -nen visitor
sich **beteiligen** (an + Dat.) to participate, take part (in)
der/die **Beteiligte** -n, -n participant
die **Beteiligung** -, o. Pl. participation
die **Beteiligungsgesellschaft** -, -en associated company; subsidiary
das **Bethmännchen** -s, - *traditional Frankfurt marzipan figure in the shape of a man*
Betr. = Betreff, betrifft re, subject
Betracht: in ~ kommen to be considered
der **Betrag** -(e)s, -̈e amount
betragen, betrug, betragen to be
Betreff re, subject
betreiben, betrieb, betrieben to carry out
betreuen to look after
die **Betreuung** -, o. Pl. looking after
der **Betrieb** -(e)s, -e company, business, firm
betrieben: elektrisch ~ electrically powered
die **Betriebsänderung** -, -en change in the nature of the company's operations
betriebsbereit ready (for operation)
die **Betriebsbesichtigung** -, -en company tour
das **Betriebsklima** -s, -s atmosphere at work
die **Betriebskosten** Pl. operating costs
der **Betriebsrat** -(e)s, -̈e works council
die **Betriebsstörung** -, -en production problem
das **Betriebssystem** -s, -e operating system

das **Betriebsverfassungsgesetz** -es, -e Industrial Constitution Law
der **Betriebswirt** -(e)s, -e graduate in business administration
die **Betriebswirtschaft** -, o. Pl. business administration, business studies
betriebswirtschaftlich business, economic
betrifft re, subject
betrugen ▶ betragen
die **Beurlaubung** -, -en leave
beurteilen to judge
die **Bevölkerung** -, -en population
der/die **Bevollmächtigte** -n, -n authorized representative
bevor before
bevorzugen to prefer
bewaldet wooded
die **Bewältigung** -, o. Pl.: **~ der Aufgaben** managing the work
bewarb ▶ bewerben
die **Bewegung** -, -en exercise
beweisen, bewies, bewiesen to show, prove
sich **bewerben, bewarb, beworben** (um + Akk.) to apply (for)
der **Bewerber** -s, -, die **Bewerberin** -, -nen applicant
die **Bewerbung** -, -en job application
das **Bewerbungs(an)schreiben** -s, -, der **Bewerbungsbrief** -s, -e letter of application
die **Bewerbungsunterlagen** Pl. documents supporting an application
bewerten to assess
der **Bewohner** -s, - inhabitant
beworben ▶ bewerben
bewundern to admire
bezahlen to pay
die **Bezahlung** -, -en pay
die **Bezeichnung** -, -en description
sich **beziehen** (auf + Akk.) to refer (to)
die **Beziehung** -, -en: **in dieser ~** in this respect
beziehungsweise or, and/or; rather
der **Bezirk** -(e)s, -e district
der **Bezug** -(e)s, -̈e cover; **in ~ auf** (+ Akk.) with respect to; **mit ~ auf** (+ Akk.) with reference to
bezüglich (+ Gen.) with respect to
die **Bezugnahme** -, -n: **mit ~ auf** (+ Akk.) with reference to
die **Biegung** -, -en bend
die **Bierbrauerei** -, o. Pl. (beer) brewing
das **Bierzelt** -(e)s, -e beer tent
bieten, bot, geboten to provide; to offer
bilden to form; to make up
der **Bildschirm** -(e)s, -e screen
die **Bildung** -, o. Pl. education
die **Bildungsgang** -, -̈e education
die **Bildungsstätte** -, -n educational establishment
das **Bildungswesen** -s, o. Pl. education system
der **Bildungsweg** -s, -e: **der zweite ~** further/adult education
billig cheap
die **Billion** (*BrE*) billion, (*AmE*) trillion
der **Binnensee** -s, -n lake
die **Birke** -, -n birch tree
bis (+Akk.) up to; by; until, till; to, as far as; **zwei ~ drei** two to three
bisherig previous
bislang up to now
die **Bitte** -, -n request
bitte please; **~ schön** you're welcome
bitten, bat, gebeten (um + Akk.) to ask (for)
der **Blasebalg** -(e)s, -̈e (pair of) bellows
das **Blatt** -(e)s, -̈er leaf; **ein ~ Papier** a sheet of paper
der **Blattspinat** -(e)s, -e spinach
bleiben, blieb, geblieben to stay, remain; **Wo bleibt die Ware?** Where are the goods?
der **Blick** -(e)s, -e (über + Akk.) view (over); (in + Akk.) look, glance (at)
blieb ▶ bleiben
der **Block** -(e)s, -̈e: **ein ~ Papier** pad of (writing) paper
blühend blooming

blumengeschmückt decorated with flowers
der **Boden** -s, o. Pl. soil
der **Bodenbelag** -(e)s, -̈e floor covering
der **Bodensee** -s, o. Pl. Lake Constance
Bonner in Bonn
die **Börse** -, -n stock exchange
die **Box** -, -en speaker; parking space
brachte ▶ bringen
die **Branche** -, -n sector, industry, line of business
Bratkart. = die Bratkartoffeln Pl. sauté potatoes
die **Bratwurst** -, -̈e sausage
brauchen to need; to use
sich **bräunen** to tan
breit wide
die **Breite** -, -n width
das **Bremspedal** -s, -e brake pedal
der **Brennpunkt** -(e)s, -e focal point
das **Briefblatt** -(e)s, -̈er page (*of a letter*)
der **Briefkopf** -(e)s, -̈e letterhead
die **Briefmarke** -, -n (postage) stamp
der **Briefumschlag** -(e)s, -̈e envelope
bringen, brachte, gebracht to bring; **im Fernsehen ~** to show on TV
die **Brücke** -, -n bridge
der **Brunnen** -s, - fountain
der **Brustgurt** -(e)s, -e chest strap
brüten (über + Akk.) to ponder (over)
brutto, Brutto- gross, before tax
das **Bruttosozialprodukt** -(e)s, -e gross national product
buchen to book; **auf die Rechnung ~** to debit to the account
der **Buchhalter** -s, - bookkeeper
die **Buchhaltung** -, o. Pl. accounts department
buchstabieren to spell
die **Buchstabiertafel** -, -n telephone alphabet
die **Buchung** -, -en booking
das **Bügeleisen** -s, - iron
der **Bummel** -s, - stroll
der **Bummler** -s, - stroller
Bundes- Federal
der **Bundesangestelltentarif** -s, o. Pl. *statutory salary scale for civil servants*
das **Bundesausbildungsförderungsgesetz** -es, -e Federal Education and Training Assistance Act
der **Bundeskanzler** -s, - Federal Chancellor
das **Bundesministerium für Arbeit und Sozialordnung** Federal Ministry for Employment and Social Administration
der **Bundesrat** -(e)s, o. Pl. *upper house of the Federal German Parliament*
die **Bundesrepublik Deutschland** Federal Republic of Germany
der **Bundestag** -(e)s, -e *lower house of the Federal German Parliament*
das **Bundesumweltministerium** -s, o. Pl. Federal Ministry of the Environment
die **Bundesvereinigung der Deutschen Arbeitgeberverbände** Federal Union of German Employers' Associations
die **Bundeswehr** -, o. Pl. armed forces (of Germany)
das **Bündnis 90** Alliance 90
bunt colourful
die **Burg** -, -en castle
der **Bürger** -s, - citizen
das **Büro** -s, -s office
die **Bürokauffrau** -, -en (office) buyer (*in wholesale or foreign trade*)
die **Bürotechnik** -, o. Pl. office technology
der **Buß- und Bettag** -(e)s, -e Day of Prayer and Repentance
der **Busbahnhof** -(e)s, -̈e bus station
der **Busfahrer** -s, - bus driver
die **Buslinie** -, -n bus route
bzw. = beziehungsweise

C

ca. = zirka
der **Campingbedarf** -(e)s, o. Pl. camping equipment
die **Cantileverbremse** -, -n cantilever brake
die **CDU = die Christlich-Demokratische Union** Christian Democratic Union

das **Champignonschnitzel -s**, - veal/pork cutlet with mushrooms
die **Chance** -, -n prospect; chance, opportunity
die **Chancengleichheit** -, o. Pl. equal opportunities
der **Chef -s**, -s, die **Chefin** -, -nen boss, manager
die **Chefsekretärin** -, -nen personal assistant
die **Chemie** -, o. Pl. chemicals
die **Chemikalien** Pl. chemicals
der **Chemiker** -s, - chemist
chemisch: die ~e Industrie chemicals industry
die **Christbaumkugel** -, -n Christmas tree bauble
die **Christi Himmelfahrt** Ascension Day
die **Clipmappe** -, -n clip folder

D

da there; as, since; **Ist ~ die Firma Adler?** Is that Adler?
dabei during this (process); with it, included
das **Dach -(e)s**, ⸚er roof
der **Dachausbau -s**, -ten loft conversion
dadurch in this way, thus
dafür to make up for it; in return; for this/it
dagegen in contrast
daher consequently, therefore
dahin kommen to get there
die **Dame** -, -n: **meine ~n und Herren** ladies and gentlemen ▶ **geehrt**
damit thereby, thus; so (that)
das **Dampfbad -(e)s**, ⸚er steam bath
danach afterwards, after that
daneben next to it; at the same time
der **Dank -(e)s**, o. Pl.: **(recht) vielen ~** thank you very much
dank (+ Gen.) thanks to
dankbar grateful
danke thank you, thanks; **~ schön** thank you very much
danken to thank
dann then
dar | legen to set out
das **Darlehen -s**, - loan
dar | stellen to present
sich **dar | stellen: sich positiv ~** to show oneself in a positive light
die **Darstellung** -, -en: **farbige ~** colour printing
darüber about it; **~ hinaus** in addition
darunter among them
die **Daten** Pl. data
die **Datenautobahn** -, -en information highway
der **Datenton -(e)s**, ⸚e data transmission signal
die **Datenverarbeitung** -, o. Pl. data processing
das **Datum -s, Daten** date
die **Dauer** -, o. Pl. duration, period
die **Dauerbeschäftigung** -, -en permanent job
dauern to last
dauernd continually, all the time
der **Dauergebrauch -(e)s**, o. Pl. continuous use
der **Daunenschlafsack -(e)s**, ⸚e down-filled sleeping bag
davon of this/these
davor: im Jahr ~ in the previous year
dazu about, for, to this/it, in addition; **~ gehören** these include
dazwischen: es ist etwas ~ gekommen something has come up
dB = Dezibel
DB = Deutsche Bahn AG
die **DDR = Deutsche Demokratische Republik** Democratic Republic of Germany
die **Deckeltasche** -, -n top flap pocket
defekt defective
der **Deich -(e)s**, -e dyke/dike
denken, dachte, gedacht (an + Akk.) to think (about)
denn because; **Wo haben Sie denn gewohnt?** Where did you stay?
deren its
derzeit at present

deshalb for this reason; so
detailliert in detail
die **Deutsche Bahn AG** German Railways
die **Deutsche Industrie-Norm** -, -en German industrial standard
das **Deutsche Institut für Normung** German Standards Institute
deutschsprachig, Deutsch sprechend German-speaking
das **Dezibel -s**, - decibel
d.h. = das heißt
DHH = Doppelhaushälfte
der **Diaprojektor -s**, -en slide projector
die **Diätkost** -, o. Pl. food for people on special diets
dicht: ~ besiedelt densely populated; **mit ~em Taktverkehr** with a frequent service
dick substantial
der **Dichter -s**, - poet
dienen to serve
der **Dienst -(e)s**, -e service; **öffentlicher ~** public services
die **Dienstleistung** -, -en service
der **Dienstleistungsbereich -(e)s**, -e service sector
das **Dienstleistungsgewerbe -s**, o. Pl. service industries
die **Dienstreise** -, -n business trip
der **Dienstwagen -s**, - company car
diese(r/s) this, these
dieselbe the same
DIN = Deutsche Industrie-Norm; Deutsches Institut für Normung
das **Ding -(e)s**, -e thing; **vor allen ~en** above all
Dipl.-Ing. = Diplom-Ingenieur
die **Dipl.-Kauffrau** -, -en (female) holder of a diploma in commerce
die **Diplom-Betriebswirtin** -, -nen (female) graduate in business management
der **Diplom-Ingenieur -s**, -e qualified engineer
die **Diplomarbeit** -, -en dissertation (for degree or similar)
die **Diplomprüfung** -, -en degree examination
die **Direktion** -, -en management
der **Direktor -s**, -en manager
das **Direktwahltelefon -s**, -e direct-dial telephone
die **Direktwerbung** -, -en direct mail promotion
das **Distributionslager -s**, - distribution depot
DM = Deutsche Mark Deutschmark, German mark
doch (used to add emphasis) don't they? isn't it?; but, nevertheless
der **Doktor -s, -en** doctor; **Herr ~** Doctor
die **Doktorprüfung** -, -en doctoral examination
der **Dolmetscher -s**, - interpreter
der **Dom -(e)s**, -e cathedral
die **Donau** -, o. Pl. the Danube
die **Donnerechse** -, -n dinosaur
die **Doppelarbeit** -, -en: **~ machen** to duplicate work
die **Doppelhaushälfte** -, -n semi-detached house
doppelt: in ~er Hinsicht in two respects
das **Doppelzimmer -s**, - double room
das **Dorf -(e)s**, ⸚er village
dort there
dorthin there
dpi = dots per inch
der **Dreher -s**, - lathe operator
dreigliedrig tripartite
das **Dreiländereck -s**, o. Pl. area of southwestern Germany where three countries border each other
drin in it, inside; **Einsparungen von 4% sind ~** savings of 4% are possible
dringend urgent(ly)
dringendst very urgently
dritte(r/s) third
das **Drittel -s**, - third; **zwei ~** two thirds
die **Drittelzahlung** -, -en payment in three equal instalments
drüben over there
der **Druck -(e)s**, o. Pl. printing
drucken to print

drücken to press
der **Drucker -s**, - printer
das **Druckpapier -s**, o. Pl. media type
der **Druckraum -(e)s**, ⸚e print room
die **Drucksache** -, -n circular
DSD = Duales System Deutschland system of collecting and sorting waste for recycling
das **duale System (der Berufsbildung)** dual system (of vocational education)
durch by; through; by means of
durchdacht thought out
durch | führen to carry out
die **Durchführung** -, o. Pl. implementation
durch | geben to give, tell
durch | lesen to read through
die **Durchsage** -, -n announcement
der **Durchschnitt -(e)s**, -e average
durchschnittlich average
Durchschnitts- average
das **Durchsetzungsvermögen -s**, - ability to get things done
die **Durchwahl** -, o. Pl. internal telephone number (obtainable by direct dialling)
dürfen, durfte, gedurft to be allowed (to do sth.); **Darf ich rauchen?** May I smoke?
der **Durst -(e)s**, o. Pl. thirst; **~ haben** to be thirsty
die **Dusche** -, -n shower
der **Duschvorhang -(e)s**, ⸚e shower curtain
DV = Datenverarbeitung
die **DV-Anlage** -, -n data-processing equipment

E

eben just
die **Ebene** -, -n level
ebenso ... wie (just) as ... as
echt genuine
die **Ecke** -, -n corner
EDV = elektronische Datenverarbeitung
die **EDV-Kenntnisse** Pl. data-processing skills
der **Effizienzgewinn -(e)s**, -e gain in efficiency
egal: Das ist ~ It makes no difference
ehemalig former
eher rather
ehrgeizig ambitious
ehrlich honest(ly); **~ gesagt** to be honest
eigen (my/your/its etc) own
die **Eigeninitiative** -, -n initiative
die **Eigenschaft** -, -en characteristic, feature, quality
eigentlich actually
die **Eigentumswohnung** -, -en private flat/apartment
die **Eignung** suitability
der **Eilzug -(e)s**, ⸚e fast stopping train
einander (to) one another
ein | arbeiten to incorporate
die **Einarbeitung** -, o. Pl. training
die **Einbahnstraße** -, -n one-way street
das **Einbettzimmer -s**, - single room
ein | biegen, bog ein, eingebogen (in + Akk.) to turn off (into)
die **Einbindung** -, o. Pl. (in + Akk.) integration (into)
eindeutig unambiguously; definitely
der **Eindruck -(e)s**, ⸚e impression
eindrucksvoll impressive
einfach simply; single/one-way; **Fahren Sie ~?** Do you want a single (ticket)?
die **Einfahrt** -, -en entry; **Der Zug hat ~ auf Gleis 3** the train is arriving at platform 3
das **Einfamilienhaus -es**, ⸚er detached house
der **Einfluss -es**, ⸚e influence
die **Einfuhrgüter** Pl. imports
ein | führen to bring in, introduce
die **Einführung** -, o. Pl. introduction
der **Eingang -(e)s**, ⸚e entrance; receipt (of booking)
eingebaut installed
ein | gehen (auf + Akk.) to adapt (to); to deal with
eingehend incoming
eingepackt when packed
eingeschränkt limited
ein | halten to keep; to observe, obey

die **Einheit** -, -en unity; unit
ein | holen to obtain
einige some, a few, a number of
sich **einigen** (auf + Akk.) to agree (on)
die **Einigung** -, -en agreement
die **Einigungsstelle** -, -n arbitration board
der **Einkauf -(e)s**, o. Pl. purchasing department
ein | kaufen to shop; to buy in; **~ gehen** to go shopping
der **Einkäufer -s**, -, die **Einkäuferin** -, -nen buyer
die **Einkaufsabteilung** -, -en purchasing department
die **Einkaufsbedingungen** Pl. conditions of purchase
der **Einkaufsbummel -s**, - shopping expedition
der **Einkaufsleiter -s**, -, die **Einkaufsleiterin** -, -nen purchasing manager
die **Einkaufsmöglichkeiten** Pl. shopping facilities
ein | kleben to stick in
das **Einkommen -s**, - income
ein | laden to invite
die **Einladung** -, -en invitation
die **Einlage** -, -n sth. that goes inside sth.; (Cooking) meat, noodles, egg etc added to a clear soup
ein | lagern to store
ein | legen to put in
die **Einleitung** -, -en introduction
ein | lösen to cash, change
einmal once; **noch ~** (once) again; **~ Hacksteak** one hamburger
die **Einnahmequelle** -, -n source of income
ein | nehmen to eat
sich **ein | ordnen** to get in lane
ein | räumen to grant, allow
die **Einrichtung** -, -en installation; facility; equipment
ein | sammeln to collect
die **Einsammlung** -, -en collection
der **Einsatz -es**, ⸚e use; employment; **Ärzte im ~** doctors on duty
einsatzbereit keen
der **Einsatzzweck -s**, -e purpose
ein | schalten to switch on
sich **ein | schalten** to intervene
ein | schätzen: hoch ~ to have a high opinion of
einschließlich including
einseitig one-sided
einsetzbar usable
ein | setzen to put in
ein | sparen to save
die **Einsparung** -, -en saving
einst once
ein | steigen to board
ein | stellen to take on, appoint; to adjust
der **Einstellplatz -es**, ⸚e parking space
die **Einstellung** -, -en opinion; appointment, employment
der **Einstieg -(e)s**, -e entry; **zum ~** on entry
ein | stufen to classify
ein | teilen to divide (up)
ein | tragen to put down, write
der **Eintrag -(e)s**, ⸚e, die **Eintragung** -, -en entry
ein | treffen to arrive
der **Eintrittspreis -es**, -e admission charge
die **Einwegverpackungssteuer** -, -n tax on throw-away packaging
der **Einwohner -s**, - inhabitant
Einzel- individual; single
der **Einzelblatteinzug -(e)s**, ⸚e, die **Einzelblattzuführung** -, -en sheet feeder
die **Einzelgesellschaft** -, -en single company
der **Einzelhandel -s**, o. Pl. retail trade
der **Einzelhändler -s**, - retailer
die **Einzelheit** -, -en detail
einzeln separate, individual
das **Einzelzimmer -s**, - single room
ein | ziehen to pull in, feed in
einzige(r/s) only
das **Eisbein -(e)s**, -e knuckle of pork
die **Eisenbahnschiene** -, -n railway/rail road track

die **Eisköstlichkeit** -, -en ice-cream special(i)ty
das **Eisstockschießen** -s, o. Pl. curling
der **Eiswein** -(e)s, -e sweet white wine (made from grapes exposed to frost)
Elektro- electrical
das **Elektro-Großgerät** -s, -e large electrical appliance
der **Elektroinstallateur** -s, -e electrician
die **Elektronik** -, o. Pl. electronics (industry)
der **Elektroniker** -s, - electronics engineer
elektronisch electronic; ~e **Post** E-mail
die **Elektrotechnik** -, o. Pl. electrical engineering (industry)
der **Elektrotechniker** -s, - electrical engineer
elektrotechnisch electrical
das **Elektrowerk** -(e)s, -e electrical goods factory
die **E-Mail** -, -s
der **Empfang** -(e)s, ¨-e reception; receipt
empfangen, empfing, empfangen to meet
der **Empfänger** -s, - recipient
empfehlen, empfahl, empfohlen to recommend
empfehlenswert recommended
die **Empfehlung** -, -en recommendation
empfinden, empfand, empfunden to feel (about), to find
empfinden ▶ empfehlen
die **Emulation** -, -en emulation
emulieren to emulate
das **Ende** -s, -n end; **zu ~ gehen** to run out
endgültig final
das **Endlospapier** -s, o. Pl. fan fold paper
die **Energiewirtschaft** -, o. Pl. energy industry
eng closely
das **Engagement** -s, o. Pl. commitment
sich **engagieren** (für + Akk.) to be committed (to)
engagiert committed
entbeint boned
entdecken to discover
die **Entdeckung** -, -en discovery
die **Ente** -, -n duck
entfallen, entfiel, entfallen not to apply
entfernen to remove
entfernt (away) from
die **Entfernung** -, -en distance
entgegen | nehmen to receive, take
enthalten, enthielt, enthalten to contain, include
entladen, entlud, entladen to unload
entlang | gehen to go along
entlassen, entließ, entlassen to dismiss
die **Entlohnungsgrundsätze** Pl. principles of remuneration
entnehmen, entnahm, entnommen to gather from
entscheiden, entschied, entschieden (über + Akk.) to decide (about)
sich **entscheiden** (für + Akk.) to decide (on)
die **Entscheidung** -, -en decision
die **Entscheidungskompetenz** -, -en authority to make decisions
der **Entscheidungsträger** -s, - decision-maker
entschieden decidedly, considerably
Entschuldigung excuse me, pardon
sich **entspannen** to relax
die **Entspannung** -, o. Pl. relaxation
entsprechen, entsprach, entsprochen to correspond to; to be in accordance with; to meet
entsprechend (+ Dat.) in accordance with; corresponding, relevant
entspringen, entsprang, entsprungen to rise, have its source
entstehen, entstand, entstanden to come into being
entweder ... oder either ... or
entwerfen, entwarf, entworfen to draw up
(sich) **entwickeln** to develop
die **Entwicklung** -, -en development
Erachten: meines ~s in my opinion
erarbeiten to produce; to work out
erbauen to build
erbitten, erbat, erbeten to request; **Reservierung erbeten** booking advised

das **Erdgeschoss** -es, -e (BrE) ground floor, (AmE) first floor
das **Ereignis** -ses, -se event
erfahren, erfuhr, erfahren to find out
die **Erfahrung** -, -en experience
erfinden to invent
der **Erfolg** -(e)s, -e success; **Viel ~!** Good luck
erfolgen to be carried out
erfolgreich successful
erforderlich necessary
erfordern to demand
erfragen to ascertain
erfreut: sehr ~ pleased to meet you
die **Erfrischungen** Pl. refreshments
erfüllen to fulfil
ergänzen to fill in, complete
die **Ergänzung** -, -en extension, completion
das **Ergebnis** -ses, -se result; conclusion
ergreifen, ergriff, ergriffen to grasp
der **Erhalt** -(e)s, o. Pl. receipt
erhalten, erhielt, erhalten to obtain; to receive
erhältlich available
erheblich considerably
erhöhen to increase, raise
sich **erholen** to have a rest
die **Erholung** -, -en rest, relaxation
das **Erholungsgebiet** -(e)s, -e vacation area
erinnern (an + Akk.) to remind (of)
das **Erkältungsmittel** -s, - medication for a cold
erkennen, erkannte, erkannt to recognize; to spot
erklären to explain
sich **erkundigen** (nach + Dat.) to find out (about)
erlangen to achieve
erlauben to allow
erläutern to explain
erleben to experience
das **Erlebnis** -ses, -se experience
erledigen to deal with
erleichtern to facilitate, to make (sth.) easier
erlernt: ~er Beruf profession one has trained for
ermäßigt reduced
die **Ermäßigung** -, -en reduction, discount
erneut again
ernst serious(ly)
ernsthaft serious
eröffnen to open
die **Eröffnung** -, -en opening
erreichbar able to be reached
erreichen to amount to; to reach; to get through to; to achieve; **nicht zu ~** unavailable
der **Ersatz** -es, o. Pl. (für + Akk.) replacement(s)
das **Ersatzteil** -(e)s, -e spare (part)
erscheinen, erschien, erschienen to appear
ersehen, ersah, ersehen to see
ersetzen to replace
ersparen: jdm. etw. ~ to save sb. (doing) sth.
erst only after, not until; **~ einmal** first
der/die/das **erste** (the) first
die **Erstattung** -, -en reimbursement
erstellen to draw up, compile
das **erste Mal: zum ersten Mal** for the first time
erstklassig first-class
erstmals for the first time, first
erteilen to place
ertönen to sound
der/die **Erwachsene** -n, -n adult
erwähnen to mention
erwarten to await; to wait for, expect
die **Erwartung** -, -en expectation
erwerben, erwarb, erworben to obtain, gain; to acquire
das **Erwerbsleben** -s, o. Pl.: **im ~** in employment
der/die **Erwerbstätige** -n, -n working person
erwirtschaften to earn
erworben ▶ erwerben
erwünscht desired
erzählen: jdm etw. ~ to tell sb. sth.
erzeugen to produce

die **Erzeugerabfüllung** -, o. Pl. bottled by the producer
das **Erzeugnis** -ses, -se product
erziehen to bring up
die **Erziehung** -, o. Pl. childcare
die **Erziehungszeit** -, -en maternity/childcare leave
erzielen to make
erzwingbar enforceable
essen, aß, gegessen to eat; **~ Sie gerne chinesisch?** do you like Chinese food?; **~ gehen** to go (out) for a meal
der **Essenszuschuss** -es, ¨-sse meals allowance
etabliert established, long-standing
die **Etage** -, -n floor, storey
die **Etagenheizung** -, -en heating that serves an individual apartment
etwa about; roughly, more or less
etwas something; a little, a bit; **so ~ wie** something like; **~ außerhalb** a little (way) outside
EU = Europäische Union European Union
der **Euro** -s, s euro
europaweit throughout Europe
eventuell if necessary; if you like, perhaps; possible
exakt precisely
das **Exemplar** -s, -e copy; specimen
exklusive (+ Gen.) exclusive of, excluding
das **Exponat** -(e)s, -e exhibit
die **Exportkaufleute** Pl. export sales staff
der **Exportleiter** -s, - export manager/director

F

die **Fabrik** -, -en factory
das **Fach** -(e)s, ¨-er subject
der **Facharbeiter** -s, -, die **Facharbeiterin** -, -nen skilled worker
der **Fachhandel** -s, o. Pl. specialist trade
der **Fachhändler** -s, - specialist retailer
die **Fachhochschule** -, -n higher education college for professional training
die **Fachhochschulreife** -, -n college diploma
die **Fachkraft** -, ¨-e qualified employee, skilled worker
die **Fachleute** Pl. experts, specialists
fachlich technical
die **Fachliteratur** -, -en specialist literature
die **Fachmesse** -, -n specialist trade fair
die **Fachoberschule** -, -n vocational 6th Form college/upper school
die **Fachschule** -, -n technical college
das **Fachwerkhaus** -es, ¨-er half-timbered house
die **Fachzeitschrift** -, -en trade magazine
der **Faden** -s, ¨-: **der rote ~ sein** to be the guiding thread
die **Fähigkeit** -, -en ability
fahrbar movable
fahren, fuhr, gefahren (nach/zu + Dat.) to go, drive, travel; **mit der Bahn ~** to go by train, take the train
der **Fahrgast** -(e)s, ¨-e passenger
das **Fahrgeld** -(e)s, -er fare
die **Fahrkarte** -, -n ticket
die **Fahrkartenschalter** -s, - ticket office
der **Fahrplan** -(e)s, ¨-e timetable
der **Fahrpreis** -es, -e fare
die **Fahrradvermietung** -, -en cycle hire
der **Fahrschein** -(e)s, -e ticket
die **Fahrt** -, -en journey; trip
der **Fahrtantritt** -(e)s, -e: **vor ~** before boarding
der **Fahrthinweis** -es, -e directions
die **Fahrtreppe** -, -n escalator
das **Fahrzeug** -(e)s, -e vehicle
fahrzeugbezogen vehicle-oriented
der **Fall** -(e)s, ¨-e case; **im ~e** (+ Gen.) in the event of; **in jedem ~** in any case; **für den ~, dass** in case
fallen, fiel, gefallen to fall
der **Fallhammer** -s, - drop forge hammer
falls if
falsch wrong
familiär family
der/die **Familienangehörige** -n, -n family member

die **Familienfirma** -, -firmen family firm
der **Familienstand** -(e)s, ¨-e marital status
fanden ▶ finden
die **Farbe** -, -n colour
farbenfroh colourful
farbig colour
der **Farbstoff** -(e)s, -e dye
das **Fass** -es, ¨-er: **vom ~** on tap
fassen to hold
sich **fassen: sich kurz ~** to keep it short
fast almost, nearly
das **Faxgerät** -(e)s, -e fax machine
FDP = Freie Demokratische Partei Free Democratic Party
das **Federwerk** -(e)s, -e springs
fehlen to be missing; **es ~ ...** there is/are ... missing
der **Fehler** -s, - mistake
fehlerhaft faulty, defective
fehl | leiten to misdirect
der **Feierabend** -s, o. Pl.: **~ machen** to finish work
feiern to celebrate
der **Feiertag** -(e)s, -e holiday
fein choice
das **Feinblech** -(e)s, -e sheet metal
die **feinmechanische Industrie** precision engineering industry
das **Feinschmeckerrestaurant** -s, -s gourmet restaurant
der **Feldsalat** -(e)s, -e lamb's lettuce
der **Fensterplatz** -es, ¨-e window seat
Ferien holiday/vacation
ferner furthermore
der **Fernlehrgang** -(e)s, ¨-e correspondence course
der **Fernsehapparat** -(e)s, -e television set
fern | sehen to watch television
der **Fernseher** -s, - television set
der **Fernsehtechniker** -s, - television engineer
der **Fernsehturm** -(e)s, ¨-e television tower
der **Fernverkehr** -(e)s, o. Pl. long-distance travel
der **Fernzug** -(e)s, ¨-e long-distance train
fertig ready; finished; **~!** that's it!
fertigen to manufacture
die **Fertigkeit** -, -en skill
das **Fertiglager** -s, - finished goods store
das **Fertigprodukt** -(e)s, -e finished product
die **Fertigung** -, -en production
die **Fertigungshalle** -, -n production workshop
die **Fertigungsstätte** -, -n factory
die **Fertigungssteuerung** -, o. Pl production control
das **Fertigungsverfahren** -s, - production process
die **Fertigware** -, -n finished product
fest fixed, permanent
das **Fest** -(e)s, -e festival
der/die **Festangestellte** -n, -n permanent employee
fest | halten to hold
fest | legen to fix
die **Festplatte** -, -n hard disk
fest | stellen to ascertain, find out
der **Festumzug** -(e)s, ¨-e procession
das **Festzelt** -(e)s, -e marquee
die **Feuchtigkeit** -, o. Pl. moisture
feuchtigkeitsbeständig waterproof, showerproof
das **Feuerwerk** -(e)s, -e firework display
die **Filiale** -, -n branch (office)
der **Filmregisseur** -s, -e film director
die **Finanzberatung und -vermittlung** Financial Consultants and Investment Brokers
die **Finanzbuchhaltung** -, o. Pl. financial accounts department
die **Finanzdienstleistungen** Pl. financial services
finanziell financial(ly)
das **Finanz- und Rechnungswesen** -s, o. Pl. Finance and Accounts (department)
das **Finanzwesen** -s, o. Pl. finance
finden, fand, gefunden to find; to think; **Haben Sie gut zu uns gefunden?** Did you get here all right?
sich **finden** to be (situated)

die **Firma** -, **Firmen** company, firm
der **Firmensprecher** -s, - company spokesman
das **Firmenzeichen** -s, - trademark
die **Fischerei** -, -en fishing
flach flat
die **Fläche** -, -n area
der **Flaschenwein** -(e)s, -e wine by the bottle
der **Fleck** -(e)s, -e stain
der **Flecken** -s, - (small) place
das **Fleisch** -es, o. Pl. meat
fliegen, flog, geflogen to fly
fließen, floss, geflossen to flow; **fließendes Wasser** running water
der **Flohmarkt** -(e)s, ¨-e flea market
der **Flug** -(e)s, ¨-e flight
die **Fluggesellschaft** -, -en airline
der **Flughafen** -s, ¨- airport
der **Fluglotse** -n, -n air-traffic controller
das **Flugzeug** -(e)s, -e plane
der **Fluss** -es, ¨-e river
flüssig fluent(ly)
die **Folge** -, -n consequence; **als ~** as a result
die **Folgekosten** Pl. resultant costs
folgen to follow; **wie folgt** as follows; **es geht um Folgendes** it's about ...
folglich consequently
die **Folie** -, -n film; OHP transparency
der **Fön** -(e)s, -e hair-dryer
fordern to request, demand
fördern to promote; to sponsor
die **Förderung** -, -en promotion; sponsorship
die **Form** -, -en form
die **Förmlichkeit** -, -en formality
das **Formular** -s, -e form
formulieren to formulate
die **Forschung** -, -en research; **~ und Entwicklung** research and development
das **Forschungsinstitut** -(e)s, -e research institute
die **Forschungseinrichtung** -, -en research establishment
die **Fortbildung** -, o. Pl. further training
fort|führen to uphold
der **Fortschritt** -(e)s, -e progress
der **Fotofilm** -(e)s, -e film
der **Fotograf** -en, -en photographer
der **Fotokopierer** -s, - photocopier
die **Frachtkosten** Pl. freight charges
das **Frachtstück** -(e)s, -e freight item
die **Frage** -, -n question; matter; **in ~ kommen** to be an option
der **Fragebogen** -s, - questionnaire
fragen (nach + Dat./um + Akk.) to ask (about/for)
sich **fragen** to wonder
der **Franken** -s, - (Swiss) franc
das **Frankenland** -(e)s, o. Pl. Franconia
französisch French
die **Frau** -, -en woman; Mrs, Ms; **~ Professor** Professor ▶ **geehrt**
frauenfreundlich favourable to women
das **Fräulein** -s, - Miss
frei free; **im Freien** in the open (air)
frei|halten to keep
der **Freiraum** -(e)s, ¨-e freedom
frei stehend free-standing
die **Freiterrasse** -, -n terrace
der **Freiton** -(e)s, ¨-e dial tone
die **Freizeit** -, o. Pl. leisure time
das **Freizeitangebot** -(e)s, -e leisure facilities
der **Freizeitartikel** -s, - leisure good(s)
fremd strange, unfamiliar
der/die **Fremde** -n, -n foreigner
die **Fremdsprache** -, -n foreign language
der **Fremdsprachenkorrespondent** -en, -en, die **Fremdsprachensekretärin** -, -nen bilingual/multilingual secretary
fressen, fraß, gefressen to stuff oneself
sich **freuen** to be pleased/glad; (auf + Akk.) to look forward to; **Freut mich** Pleased to meet you
der **Freund** -(e)s, -e friend
freundlich friendly
friedlich peaceful
frieren, fror, gefroren to freeze
frisch fresh; **~ definiert** redefined
der **Friseur** -s, -e, die **Friseurin** -, -nen hairdresser, stylist

fröhlich happily
Fronleichnam -(e)s, o. Pl. Corpus Christi
die **Frucht** -, ¨-e fruit
fruchtbar fertile
früh early
früher in the old days
der/die/das **frühestmögliche** (the) earliest possible
sich **fühlen** to feel
führen to take, conduct; to run, manage; to go; to lead, supervise; **Statistik ~** to collect/compile statistics; **~ zu** (+ Dat.) to bring about; to lead to
führend leading
der **Führerschein** -s, -e driving/driver's licence
die **Führung** -, o. Pl. management; supervision
das **Führungsgremium** -s, -ien management board
die **Führungskraft** -, ¨-e senior executive
die **Führungsnachwuchskräfte** Pl. trainee managers
füllen to fill
die **Füllung** -, -en filling
das **Fundament** -(e)s, -e foundation
die **Funkausstellung** -, -en radio and television exhibition
die **Funktionsbezeichnung** -, -en job title
funktionsfähig: ~ sein to work
für (+ Akk.) for
der **Fuß** -es, ¨-e foot; **zu ~** on foot
der **Fußball** -s, o. Pl. football
der **Fußgänger** -s, - pedestrian
fußgängerfreundlich pedestrian-friendly
FVV= Frankfurt Verkehrsverbund Frankfurt Transport Authority

G

der **Gang** -(e)s, ¨-e course (of a meal); corridor
der **Gangplatz** -es, ¨-e aisle seat
die **Gänsedaune** -, o. Pl. goose down
ganz quite; entirely; whole; **auf der ~en Welt** all over the world; **~e 4 Wochen** 4 whole weeks
gar nicht not at all
die **Garantie** -, -n guarantee, warranty
die **Garantiezeit** -, -en warranty period
die **Gardine** -, -n curtain
die **Garnele** -, -n prawn
die **Garnitur** -, -en set
der **Gartenanteil** -(e)s, -e share of garden
die **Gartenbauausstellung** -, -en horticultural exhibition
das **Gartenlokal** -s, -e beer garden
der **Gartenmöbel** -s, - garden/outdoor furniture
der **Gartenschirm** -(e)s, -e sunshade
die **Gasse** -, -n alley, street
der **Gast** -(e)s, ¨-e guest; customer
das **Gästezimmer** -s, - guest room
der **Gastgeber** -s, -, die **Gastgeberin** -, -nen host
das **Gastgeschenk** -(e)s, -e gift (brought by a guest)
das **Gastgewerbe** -s, o. Pl. hotel and catering industry
der **Gasthof** -(e)s, ¨-e inn
gastieren to make a guest appearance
die **Gastlichkeit** -, -en hospitality
der **Gastraum** -(e)s, ¨-e public room
die **Gaststätte** -, -n restaurant
das **Gaststättengewerbe** -s, o. Pl. catering industry
das **Gebäck** -(e)s, -e biscuits/cookies
das **Gebäude** -s, - building
geben, gab, gegeben to give; **es gibt** there is/are
gebeten ▶ **bitten**
das **Gebiet** -(e)s, -e area, region
das **Gebirge** -s, o. Pl. mountains
geboren born
die **Gebrauchsgüter** Pl. consumer goods
gebraucht used; **Gebraucht-PC** second-hand/used PC
die **Gebühr** -, -en charge, fee; (Straßen~) toll
gebunden (an + Akk) tied to
das **Geburtsdatum** -s, -daten date of birth
das **Geburtshaus** -es, ¨-er house where sb. was born

der **Geburtsort** -(e)s, -e birthplace; place of birth
die **Gedächtniskirche** -, -n memorial church
die **Gedächtnisstätte** -, -n memorial
geduldig patient
geehrt: sehr ~e Frau Dear Ms/Mrs; **sehr ~e Damen und Herren** Dear Sir or Madam
geeignet (für + Akk.) suitable (for)
die **Gefahr** -, -en risk; **auf ~ des Käufers** at the buyer's risk
gefährden to endanger, jeopardize
der **Gefahrenübergang** -s, ¨-e transfer of risk
gefallen, gefiel, gefallen to please; **es gefällt mir** I like/enjoy it
geflogen ▶ **fliegen**
geformt shaped
gefragt in demand
das **Gefriergerät** -(e)s, -e freezer (unit)
gefunden ▶ **finden**
gegangen ▶ **gehen**
gegebenenfalls possibly
gegen (+ Akk.) for; against; about, around
die **Gegend** -, -en area, region
gegenseitig: sich ~ informieren to keep one another informed
gegenüber opposite
gegliedert (in + Akk.) subdivided, organized (into)
das **Gehalt** -(e)s, ¨-er salary, pay
die **Gehaltserhöhung** -, -en salary increase
die **Gehaltsvorstellung** -, -en salary expectations
geheim secret
gehen, ging, gegangen to go; **Das geht nicht** It's not allowed; **Wie geht's Ihnen?** How are you?; **es geht um** it's about, it concerns
die **Gehminute** -, -n: **wenige ~n von** a few minutes' walk from
gehoben: mit ~em Komfort luxury
gehören (zu + Dat.) to belong to; to be one of; **zu der Gruppe ~** the group includes
der **Geist** -(e)s, -er mind, spirit
die **Geisteswissenschaften** Pl. the humanities
gekocht boiled
das **Gelände** -s, - premises; site
der **Geländeplan** -(e)s, ¨-e site plan
gelassen calm
der **Geldwechsel** -s, - currency exchange
der/das **Gelee** -s, -s jelly
die **Gelegenheit** -, -en opportunity
der **Gelegenheitsjob** -s, -s casual work
das **Gelenk** -(e)s, -e hinge
gelten, galt, gegolten to apply, be in force; **~ als** to be (regarded as); **~ für** (+ Akk.) to go for; **das gilt auch für** the same goes for
gem. = gemischt mixed
gemäß (+ Dat.) in accordance with
gemeinsam joint; common; jointly, together
die **Gemeinde** -, -n local authority
die **Gemeinschaft** -, -en community
das **Gemüse** -s, - vegetables
gemütlich friendly, informal, cosy
die **Gemütlichkeit** -, o. Pl. friendliness, conviviality
genau exact(ly), precise(ly); meticulous; **~ere Informationen** details
der **Genfer** See Lake Geneva
genießen, genoss, genossen to enjoy
genannt ▶ **nennen**
genommen ▶ **nehmen**
genügend sufficient
das **Genussmittel** -s, - (luxury) food and drinks
geöffnet open
die **Gepäckaufgabe** -, -n baggage check-in
die **Gepäckausgabe** -, -n baggage reclaim
die **Gepäcknachforschung** -, -en baggage tracing
das **Gepäckschließfach** -(e)s, ¨-er luggage locker
der **Gepäckwagen** -s, - baggage trolley
gepflegt well looked-after
geprägt: stark industriell ~ highly industrialized
Geprüfte Sicherheit safety-tested
gerade just; exactly, precisely

geradeaus straight ahead
das **Gerät** -(e)s, -e appliance; machine; piece of equipment; tool
geraten, geriet, geraten to become
geräumig spacious
die **Geräuschentwicklung** -, -en noise level
geräuschgekapselt with anti-noise device
der **Geräuschpegel** -s, - noise level
das **Gericht** -(e)s, -e dish
gering little; low
gern(e) with pleasure; willingly; **etw. ~ tun** to like (doing sth.)
das **Gerümpel** -s, o. Pl. junk
gesamt entire, total
Gesamt- total, whole of; overall
die **Gesamtschule** -, -n non-selective school, ≈ comprehensive school
das **Geschäft** -(e)s, -e shop; business
geschäftlich on business; business
die **Geschäftsbedingungen** Pl. terms of business, terms and conditions
der **Geschäftsbereich** -(e)s, -e division
der **Geschäftsbesorgungsvertrag** -(e)s, ¨-e agency agreement
die **Geschäftsentwicklung** -, -en (company) track record
der **Geschäftsfreund** -(e)s, -e business associate
der **Geschäftsführer** -s, - managing director
die **Geschäftsführung** -, o. Pl., die **Geschäftsleitung** -, o. Pl. management (board)
der **Geschäftspartner** -s, - business associate
die **Geschäftsreise** -, -n business trip
die **Geschäftszeit** -, -en hours of business
geschehen, geschah, geschehen to happen; **gern ~** my pleasure, you're welcome
das **Geschenk** -(e)s, -e gift, present
die **Geschichte** -, o. Pl. history
geschickt (in + Dat.) good (at)
geschieden divorced
der **Geschirrspüler** -s, -, die **Geschirrspülmaschine** -, -n dishwasher
das **Geschlecht** -(e)s, -er sex
geschlossen closed; **~e Gesellschaft** private party
der **Geschmack** -(e)s, ¨-e taste
geschmackvoll tasteful(ly)
geschrieben ▶ **schreiben**
die **Geschwindigkeit** -, -en speed
die **Geschwister** Pl. brothers and/or sisters
geschwommen ▶ **schwimmen**
die **Gesellschaft** -, -en company; **~ mit beschränkter Haftung** company with limited liability, ≈ private limited company/close corporation
der **Gesellschafter** -s, - shareholder
gesellschaftlich company
gesellschaftsrechtlich in respect of company law
das **Gesenk** -(e)s, -e (hot closed) die
das **Gesetz** -es, -e law
gesetzlich legal
der **Gesichtspunkt** -(e)s, -e point of view
gespannt tense
das **Gespräch** -(e)s, -e conversation; talks; interview
die **Gesprächsnotiz** -, -en memo (of phone conversation)
das **Gesprächsprotokoll** -(e)s, -e notes of discussion
gesprochen ▶ **sprechen**
gestalten to organize
gestaut jammed
das **Gestell** -s, -e framework
gestern yesterday
gestiegen ▶ **steigen**
gestrig of yesterday
die **Gesundheit** -, o. Pl. health
das **Gesundheitswesen** -s, - health service
getan ▶ **tun**
das **Getränk** -(e)s, -e drink
getrennt (von + Dat.) separate(ly); separated, apart (from); **mit ~er Post** under separate cover
getroffen ▶ **treffen**
gewähren to give, grant
gewerblich blue-collar, manual

gewerblich-technisch skilled manual
die **Gewerkschaft** -, -en (trade) union
gewesen ▶ **sein**
das **Gewicht** -(e)s, -e weight
der **Gewinn** -(e)s, -e profit; gain
gewinnen, gewann, gewonnen (an + Dat.) to increase (in); to win, gain
gewiss certain
die **Gewohnheit** -, -en habit, custom
gewöhnt (an + Dat.) used (to)
geworden ▶ **werden**
gewünscht desired
das **Gewürz** -es, -e spice
gezielt specific; in a purposeful way
das **Glas** -es, ⸚er glass (of)
glauben to think, believe
gleich the same; equally; immediately
gleichzeitig at the same time
das **Gleis** -es, -e platform
gleitend: ~e **Arbeitszeit** flexitime
die **Gleitzeit** -, -en flexitime
gliedern (in + Akk.) to subdivide, organize
die **Gliederung** -, -en structure, organization
die **Glühlampe** -, -n electric light bulb
GmbH = Gesellschaft mit beschränkter Haftung
golftaschenähnlich like a golf bag
der **Grad** -(e)s, -e degree
graphisch graphic(ally)
die **Grenze** -, -n border; limit; **an der ~ zu** on the border with
das **Grillgerät** -(e)s, -e barbecue
groß large, big, great
der **Großbetrieb** -(e)s, -e large concern
der **Großbuchstabe** -n, -n capital letter
die **Größe** -, -n size
größenvariabel adjustable for size
großformatig large-format
der **Großhändler** -s, - wholesaler
der **Großkunde** -n, -n major customer
Grosso wholesale
der **Großraum** -(e)s, ⸚e: ~ **München** Greater Munich
das **Großraumbüro** -s, -s open-plan office
der **Großraumwagen** -s, - open-plan carriage/car
größtenteils for the most part
das **Großunternehmen** -s, - large concern/corporation
großzügig spacious
die **Grünanlage** -, -n green space
der **Grund** -(e)s, ⸚e (für + Akk.) reason; **auf ~** (+ Gen.) on the basis of
die **Grundausstattung** -, -en standard equipment
gründen to found, set up
der **Gründer** -s, - founder
das **Grundkapital** -s, -e equity capital/original stock
die **Grundkenntnisse** Pl. basic knowledge
die **Grundlage** -, -n basis
gründlich thorough
grundsätzlich always; in principle; basically
die **Grundschule** -, -n primary/elementary school
der **Grundstoff** -(e)s, -e raw material
das **Grundstück** -(e)s, ⸚e plot (of land)
die **Gründung** -, -en foundation
die **Grünen** the Green Party
der **Grüne Punkt** symbol identifying recyclable packaging
die **Grünfläche** -, -n green area
das **Gruppenunternehmen** -s, - company in the group
der **Gruß** -es, ⸚e: **mit freundlichen Grüßen** Yours faithfully/sincerely
Grüß Gott hello (in Southern Germany/Austria)
die **Grütze: Rote ~** red fruit jelly
GS = Geprüfte Sicherheit
gültig valid
günstig favourable
der **Gürtel** -s, - belt
gut good; well; ~ **eine Million** a good million; **du hast es aber ~** You're lucky; **auf ~ Deutsch** to tell you straight
gut dotiert well-paid
die **Güte** -, o. Pl. quality
die **Güteklasse** -, -n grade

gutmütig good-humoured
der **Gutschein** -(e)s, -e voucher
der **Gutshof** -(e)s, ⸚e estate
gymnasial: ~e **Oberstufe** upper school
das **Gymnasium** -s, -ien secondary/high school for academically inclined students, ≈ grammar school

H

H = Höhe
ha. = Hektar hectare
der **Haartrockner** -s, - hair dryer
haben, hatte, gehabt to have; **wir ~'s nicht weit zum ...** we're not far from ...
das **Hackfleisch** -es, o. Pl. mince(meat)
das **Hacksteak** -s, -s hamburger
die **Hafenstadt** -, ⸚e port
haften (für + Akk.) to be liable, accept liability (for)
die **Haftung** -, -en liability
halb half; ~ **sieben** half past six
halbtrocken medium dry
die **Halbwand** -, ⸚e rail skirt
die **Halle** -, -n lounge; hall
das **Hallenbad** -(e)s, ⸚er indoor swimming pool
halten, hielt, gehalten to hold; to stop; to keep; **für** (+ Akk.) to consider (to be); **~ von** (+ Dat.) to think of
sich **halten: sich geradeaus ~** to keep going straight ahead; **sich an jdn ~** to stay close to sb.
die **Haltebucht** -, -en (bus) bay
die **Haltestelle** -, -n (bus) stop
die **Hand** -, ⸚e hand; **sich die ~ geben** to shake hands; **von ~** by hand
die **Handarbeit** -, -en handicraft
die **Handbremse** -, -n handbrake
der **Handel** -s, o. Pl. trade, trading
handeln to trade, do business; **es handelt sich um** it's about
die **Handelskammer** -, -n chamber of commerce
die **Handelsmesse** -, -n trade fair
der **Handelspartner** -s, - trading partner
das **Handelszentrum** -s, -zentren commercial centre
der **Handkäs(e)** -s, - small hand-formed curd cheese
der **Händler** -s, - dealer
die **Händlerpreisliste** -, -n trade price list
das **Handwerk** -(e)s, -e craft profession(s)
der **Handwerker** -s, - manual worker
handwerklich: ~e Geräte craftsman's tools
der **Hängesitz** -es, -e swing
hart hard
das **Hartholz** -es, ⸚er hardwood
hassen to hate
hätte would; **ich ~ gern** I'd like
hätten would; **~ Sie Zeit?** Do you have time?
häufig often
Haupt- main
der **Hauptbahnhof** -(e)s, ⸚e main railway station
das **Hauptgericht** -(e)s, -e main course
hauptsächlich mainly
der **Hauptschalter** -s, - power switch
die **Hauptschule** -, -n secondary/high school for less academically inclined students
der **Hauptsitz** -es, -e head office, headquarters
die **Hauptspeise** -, -n main course
die **Hauptstadt** -, ⸚e capital
das **Hauptstudium** -s, -ien major (subject)
die **Hauptverwaltung** -, -en head office
das **Haus** -es, ⸚er house; **nach ~** home; **zu ~e** at home; **nicht im ~** not in the office
die **Hausfrau** -, -en housewife
die **Hausführung** -, -en tour of the premises
hausgem. = hausgemacht home-made
das **Hausgerät** ▶ **Haushaltsgerät**
der **Haushalt** -(e)s, -e household
haus|halten: sparsam ~ to be economical
die **Haushaltsausgaben** Pl. household expenditure
das **Haushaltsgerät** -(e)s, -e domestic appliance
der **Hausruf** -(e)s, -e internal telephone number
das **Haustier** -(e)s, -e pet

das **Hauszelt** -(e)s, -e ridge tent
die **Hautcreme** -, -s skin cream
Hd.: zu Händen (von) for the attention of
der **Hebel** -s, - lever
heften (auf + Akk.) to attach (to)
die **Heftklammer** -, -n staple
die **Heide** -, -n heath
das **Heidekraut** -(e)s, ⸚er heather
die **Heidelbeere** -, -n bilberry
das **Heilbuttsteak** -s, -s halibut steak
Heilige drei Könige Epiphany
die **Heimanwendung** -, o. Pl. home use
die **Heimat** -, -en home (town)
die **Heimatstadt** -, ⸚e home town
die **Heimtextilien** Pl. soft furnishings
heimwerken do-it-yourself/DIY
heiß hot
heißen to be called; **Wie heißt er?** What's his name?; **das heißt** that is
die **Hektik** -, o. Pl. hustle and bustle
helfen, half, geholfen to help
hell light
her: lange ~ a long time ago; **vom Umsatz ~** in terms of turnover
heraus|bringen to publish
heraus|finden to find out
herausfordernd challenging
heraus|geben to publish
heraus|ziehen to pull out, remove
herkömmlich traditional
der **Herr** -en, -en Mr; ~ **Doktor** Doctor ▶ **geehrt**
herrlich marvellous
die **Herrschaften** Pl.: **Was bekommen die~?** What would you like to order?
herrschen to be, prevail
her|stellen to produce, to manufacture
der **Hersteller** -s, - producer, manufacturer
die **Herstellung** -, o. Pl. manufacture
herüber|kommen to come over here
herum|kommandieren to order about
heruntergekommen run-down
hervor|gehen (aus + Dat.) to be evident (from)
hervor|heben to emphasize
hervorragend exceptional
das **Herz** -ens, -en heart
herzlich: ~ willkommen welcome; **~e Grüße** best wishes; **~en Dank** many thanks
heute today; **~ Morgen/Nachmittag** this morning/afternoon
heutig (of) today
heutzutage nowadays
hierfür for this
die **Hilfe** -, -n help
hilfsbereit helpful
hin to, there; **wo wollen Sie ~?** Where do you want to go?; **~ und zurück** return/round trip
hinauf|fahren to go/drive up
hinauf|gehen to go up; **die Treppe ~** to go upstairs
hinaus: darüber ~ in addition, over and above that
hinein: Wer darf ~? Who is allowed in?
die **Hinfahrt** -, -en outward journey
hin|gehen to go (there)
hin|kommen to get to
die **Hinsicht** -, -en: **in doppelter ~** in two respects
hinter behind; after
hintereinander one after the other
der **Hintergrund** -(e)s, ⸚e: **im ~** in the background
hinterlassen, hinterließ, hinterlassen: eine Nachricht ~ to leave a message
hinunter|fahren to drive down
der **Hinweis** -es, -e direction (for reaching a place)
die **Hinweisansage** -, -n announcement
das **Hinweisschild** -(e)s, -er (road) sign
hoch high(ly)
das **Hochformat** -s, -e portrait
hoch|gehen to go up
der **Hochgeschwindigkeitszug** -(e)s, ⸚e high speed train
hochrangig high-ranking
der **Hochschulabsolvent** -en, -en, die **Hochschulabsolventin** -, -nen graduate

die **Hochschule** -, -n university, college
die **Hochschulreife** -, -n: **Allgemeine ~** school-leaving qualification required for higher education
der/die/das **höchste** (the) highest
der **Höchststand** -(e)s, o. Pl. peak
hochwertig high-quality
hoffen to hope
höflich polite(ly)
die **Höhe** -, -n height; **die ~n der Stadt** the hills above the city
hohe(r/s) ▶ **hoch**
höhenverstellbar adjustable for height
der **Höhepunkt** -(e)s, -e high point
höher (als) higher (than)
holen to get, fetch
der/das **Hol- und Bringservice** -, -s shuttle service
das **Holz** -es, ⸚er wood
die **Holzkiste** -, -n wooden crate
hören to listen to; to hear
der **Hörtext** -(e)s, -e tapescript
der **Hosenbügler** -s, - trouser press
hoteleigen belonging to the hotel
das **Hotelverzeichnis** -ses, -se hotel guide
der **Hubschrauber** -s, - helicopter
der **Hügel** -s, - hill
das **Hügelland** -(e)s, ⸚er hilly country
die **Hühnerbrühe** -, -n clear chicken broth
humorvoll with a sense of humour
hundefreundlich dogs welcome
das **Hustenmittel** -s, - cough medicine
der **Hustensaft** -(e)s, ⸚e cough syrup

I

i.A. = im Auftrag p.p., for and on behalf of
die **Illustrierte** -n, -n magazine
immer always; ~ **mehr** more and more; ~ **wieder** again and again; ~ **noch** still
immerhin all the same
der **Immobilien-Markt** -(e)s, ⸚e property/real estate
der **Immobilienmakler** -s, - real-estate agent
imposant imposing
der **Impuls** -es, -e stimulus, impetus
in (+ Akk./Dat.) in, into
der **Inbegriff** -(e)s, -e epitome
inbegriffen included
die **Inbetriebnahme** -, o. Pl. start-up
indem by doing sth.
industrialisiert industrialized
Industrie- industrial
der **Industriekaufmann** -(e)s, -leute industrial clerical worker (qualified in business administration)
der **Industriemechaniker** -s, - industrial mechanic/machinist
der **Industriesprengstoff** -(e)s, -e industrial explosive
die **Information** -, -en (über + Akk.) (piece of) information (about)
das **Informationsblatt** -(e)s, ⸚er information sheet
das **Informationsmaterial** -s, -ien literature, information
das **Informationsrecht** -(e)s, -e right to be informed
die **Informationssysteme** Pl. information systems, computer systems
die **Informationstafel** -, -n information board
die **Informationstechnik** -, o. Pl. information technology
informieren (über +Akk.) to inform (about/of)
sich **informieren** (über +Akk.) to find out (about)
der **Ingenieur** -s, -e engineer
das **Ingenieurwesen** -s, o. Pl. engineering
ingenieurwissenschaftlich engineering science
der **Inhaber** -s, - proprietor, owner
der **Inhalt** -(e)s, -e contents
die **Inhaltsangabe** -, -n indication of content(s)
das **Initiativrecht** -(e)s, -e right to initiate
inklusive (+ Gen.) inclusive
das **Inland** -s, o. Pl.: **im ~** at home, domestic
innen inside
der **Innendienst** -(e)s, -e order-processing department

die **Innenstadt** -, ¨e town/city centre
innerhalb (von + Dat.) within, in
das **Innere** -n, o. Pl. im ~n inside
der **Insasse** -n, -n occupant
insbesondere especially
die **Insel** -, -n island
inserieren to advertise
insgesamt in all, altogether
die **Instandhaltung** -, o. Pl. maintenance
inspizieren to inspect
der **Interessent** -en, -en, die **Interessentin** -, -nen interested person; prospective customer
sich **interessieren** (für + Akk.) to be interested (in)
interessiert (an + Dat.) interested (in)
die **Investition** -, -en investment
die **Investitionsgüterindustrie** -, -n capital goods industry
irgendwann some time
ISO = International Standards Organization

J

ja yes; of course, after all
das **Jahr** -(e)s, -e year; **im ~(e) 1993** in 1993; **im ~** per year, in a year; **mit 6 ~n** at the age of 6
Jahres- annual
der **Jahresabschluss** -es, ¨e annual/year-end accounts
das **Jahresende** -s, -n end of year
die **Jahreszeit** -, -en season
das **Jahrhundert** -s, -e century
jahrhundertelang for centuries
die **Jahrhundertwende** -, -n turn of the century
-jährig: das 50~e Jubiläum the 50th anniversary (jubilee)
jährlich annual(ly)
der **Jahrmarkt** -(e)s, ¨e fair
das **Jahrzehnt** -(e)s, -e decade
je each; **~ Stück** per item/unit; **~ nach** depending on; **je ... desto** the ... the; **~ nachdem** depending
jede(r/s) every; **jeden Tag** every day; **jede vierte** one in four
jederzeit at all times
jedoch however
jemand somebody
jetzig present
jetzt now
jeweilig respective
jeweils at the time
das **Jubiläum** -s, **Jubiläen** anniversary, jubilee
der/die **Jugendliche** -n, -n young person
der **Junge** -n, -n boy
jünger more recent
der **Jurist** -en, -en lawyer
der **Justiziar** -s, -e legal adviser

K

der **Kabelanschluss** -es, ¨e with cable TV
das **Kaffeeservice** -s, - coffee set
der **Kaiser** -s, - emperor
der **Kalender** -s, - calendar
kalibriert calibrated
kalt cold
kamen ▶ **kommen**
der **Kamin** -s, -e fireplace
das **Kammersystem** -s, -e system of (inner) compartments
der **Kanal** -s, ¨e canal; channel
die **Kandidatenwahl** -, -en choice of candidate
die **Kanutour** -, -en canoe trip
die **Kanzlei** -, -en chancellery
die **Kapitalgesellschaft** -, -en joint-stock company/stock corporation; limited company
das **Kapitel** -s, - chapter
kaputt out of order
der **Karfreitag** -(e)s, -e Good Friday
die **Karriere** -, -en career; **~ machen** to make a career for oneself
die **Karte** -, -n card; map
der **Karton** -s, -s (cardboard) box
der **Käse** -s, - cheese

der **Kassierer** -s, -, die **Kassiererin** -, -nen cashier
der **Kasten** -s, ¨ box
der **Katalysator** -s, -en catalytic converter
der **Kauf** -(e)s, ¨e purchase; **in ~ nehmen** to accept
kaufen to buy
der **Käufer** -s, - buyer
die **Kauffrau** -, -en (female) clerical worker; salesperson
das **Kaufhaus** -es, ¨er department store
die **Kaufhilfe** -, -n guidance in choosing products
die **Kaufkraft** -, ¨e buying power
der **Kaufmann** -s, -leute (qualified) clerical worker
kaufmännisch commercial; **~e Abteilung** Finance and Purchasing Department; **~e(r) Angestellte** clerical worker
der **Kaufpreis** -es, -e purchase price
der **Kaugummi** -s, -s chewing gum
kaum hardly
die **Kaution** -, en deposit
die **Kegelbahn** -, -en skittle, bowling alley
kegeln to play skittles, go bowling
keine(r/s) no, not a, not any
der **Keks** -es, -e biscuit/cookie
der **Keller** -s, - cellar
der **Kellner** -s, - waiter
kennen, kannte, gekannt to know
sich **kennen lernen** to get to know
die **Kennmarke** -, -n identification mark
-kenntnisse knowledge of
die **Kenntnisnahme** -, o. Pl.: **mit der Bitte um ~** for your attention
die **Kennzahl** -, -en code
das **Kennzeichen** -s, - sign, means of identification
kennzeichnen to characterize
die **Keramikfliese** -, -n ceramic tile
der **Kern** -(e)s, -e centre, heart
die **Kernzeit** -, -en core working hours
Kfz = **Kraftfahrzeug**
der **Kfz-Mechaniker** -s, - motor mechanic
die **Kiefer** -, -n pine (tree)
die **Kinderermäßigung** -, -en reduction for children
das **Kino** -s, -s cinema
die **Kirche** -, -n church
klar clear(ly); **im ~en sein** to be aware of
klären to clarify, clear up
die **Klarheit** -, o. Pl.: **jdm. ~ über etw. geben** to help sb. get clear about sth.
das **Klarsichtfenster** -, -n transparent window
die **Klarsichtfolie** -, -n clear folder, pocket
die **Klavierunterhaltung: bei ~ speisen** to dine to piano accompaniment
kleben (auf + Akk.) to stick (onto)
sich **kleiden** to dress
die **Kleidung** -, o. Pl. clothes
der **Kleinbetrieb** -(s), -e small business
der **Kleinbuchstabe** -, -n small letter
das **Kleingeld** -(e)s, -er Pl. (small) change
das **Klima** -s, -s climate; atmosphere
die **Klima-Anlage, Klimaanlage** -, -n air-conditioning
klingen to sound
km/h = kph, kilometers per hour
die **Kneipe** -, -n pub, bar
der **Knoblauch** -(e)s, o. Pl. garlic
der **Knödel** -s, - dumpling
der **Knotenpunkt** -(e)s, -e crossroads
knüpfen: Kontakte ~ to make contacts
der **Koffer** -s, - suitcase
die **Kohle** -, -n coal
die **Kohlroulade** -, -n cabbage roulade
das **Kolleg** -s, -s adult-education college (*offering full-time courses*)
der **Kollege** -n, -n, die **Kollegin** -, -nen colleague
der **Kollegenkreis** -es, -e: **sich im ~ wohl fühlen** to get on well with one's colleagues
das **Kollo** -s, **Kolli** freight item
das **Komma** -s, -s comma; **sechs ~ vier** six point four
kommen, kam, gekommen to come; **~ aus** (+ Dat.) to come from; **die kommenden Jahre** the next few years

kommunal municipal
die **Kommunikation** -, -en communications
das **Kommunikationsmittel** -s, - means of communication
die **Kompetenz** -, -en area of responsibility
komplett entire; all
die **Komponente** -, -n component
die **Konferenzeinrichtungen** Pl. conference facilities
die **Konfession** -, -en denomination
der **Kongress** -es, -e convention, conference
das **Kongresshaus** -es, ¨er convention centre
der **König** -s, -e king
die **Königin** -, -nen queen
der **Konkurrent** -en, -en competitor
die **Konkurrenz** -, o. Pl. competition, competitors
das **Konkurrenzangebot** -s -e rival quote
konkurrenzfähig competitive
konkurrieren to compete
können, konnte, gekonnt to be able to
könnte, könnten could, would be able to
konsolidieren to consolidate
die **Konstruktion** -, -en design
das **Konstruktionsbüro** -s, -s drawing office
der **Konsument** -en, -en consumer
die **Konsumgüter** Pl. consumer goods
die **Kontaktaufnahme** -, o. Pl. establishing contact
die **Kontaktfreudigkeit** -, o. Pl. sociability
die **Kontenführung** bookkeeping; **die ~ machen** to keep the accounts
kontinuierlich continuous(ly)
das **Konto** -s, -ten account
die **Kontrolle** -, -n inspection; monitoring
kontrollieren to check
das **Kontrollorgan** -s, -e controlling body
die **Kontur** -, -en contour, outline
sich **konzentrieren** to concentrate
das **Konzept** -(e)s, -e concept, idea
der **Konzern** -(e)s, -e concern, group
der **Konzertinterpret** -en, -en concert performer
der **Konzertsaal** -(e)s, -säle concert hall
konzipieren to design
das **Kopfkissen** -s, - pillow
die **Kopie** -, -n copy, photocopy
der **Kopienauffang** -(e)s, ¨e copy tray
der **Kopierer** -s, - photocopier
der **Kopierraum** -(e)s, ¨e photocopying room
die **Kornkammer** -, -n bread basket
körperlich physical(ly)
korrekt appropriate(ly)
korrigieren to correct
kosten to try, taste; to cost
die **Kosten** Pl. cost(s)
der **Kostenbeitrag** -(e)s, ¨e payment
kostenfrei without charge
kostengerecht: ~es Denken understanding of cost control
kostenlos free (of charge)
die **Kostenübernahme** -, o. Pl. absorption of costs
köstlich delicious
die **Kraft** -, ¨e: **in ~ treten** to come into force
das **Kraftfahrzeug** -(e)s, -e motor vehicle
der **Kraftfahrzeugbau** -(e)s, o. Pl. motor vehicle industry
das **Kraftwerk** -(e)s, -e power station
krank ill
das **Krankenhaus** -es, ¨er hospital
die **Krankenkasse** -, -n health insurance scheme
die **Krankenpflege** -, o. Pl. nursing
der **Krankenpfleger** -s, - (male) nurse
die **Krankenschwester** -, -n (female) nurse
das **Kraut** -(e)s, o. Pl. cabbage; sauerkraut
krebserregend carcinogenic
der **Kreis** -es, -e circle
die **Kreislaufwirtschaft** -, -en recycling
die **Kreuzrahmen-Konstruktion** -, -en double truss design
die **Kreuzung** -, -en crossroads/intersection
die **Kriminalität** -, o. Pl. crime
die **Krone** -, -n (Swedish) krona
die **Krönung** -, -en coronation
die **Krönungsstätte** -, -n place where kings/emperors were crowned

die **Küche** -, -n kitchen; cuisine; **warme ~** hot food
die **Kuh** -, ¨e cow
das **Kühlgerät** -(e)s, -e, der **Kühlschrank** -(e)s, ¨e refrigerator
die **Kühltasche** -, -n cool bag
kulinarisch culinary
die **Kulisse** -, -n setting
die **Kultur** -, -en culture; philosophy
der **Kulturinteressent** -en, -en person interested in culture
sich **kümmern** (um + Akk.) to deal with, take care of
der **Kunde** -n, -n, die **Kundin** -, -nen customer
die **Kundenaufschrift** -, -en custom artwork
der **Kundenbesuch** -(e)s, -e business (sales) call
die **Kundenbetreuung** -, o. Pl. customer service
der **Kundendienst** -(e)s, o. Pl. after-sales service
die **Kündigung** -, -en dismissal
die **Kündigungsfrist** -, -en notice period
die **Kundschaft** -, -en customers
künftig future
die **Kunst** -, ¨e art
die **Kunsthalle** -, -n art gallery
der **Kunststoff** -(e)s, -e synthetic material, plastic
der **Kurort** -(e)s, -e spa
der **Kurs** -es, -e course, class
der **Kursteilnehmer** -s, - course participant, class member
kurz short, brief(ly); **vor ~em** recently
die **Kurzarbeit** -, o. Pl. short-time working
die **Kürze: in ~** shortly
kürzen to reduce
kurzlebig short-lived

L

das **Labor** -, -s laboratory
der **Lack** -(e)s, -e varnish
der **Lackierer** -s, - varnisher, sprayer
laden, lud, geladen to load
der **Ladenbesitzer** -s, - shopkeeper
das **Ladenschlussgesetz** -es, -e *law regulating shop opening hours*
die **Ladenschlusszeit** -, -en shop closing time
lag ▶ **liegen**
die **Lage** -, -n location; position; **in der ~ sein** to be in a position (to do sth.)
die **Lagebesprechung** -, -en meeting to discuss the current position
das **Lager** -s, - stock room; **ab ~** from stock; **auf ~** in stock
der **Lagerbestand** -(e)s, ¨e stock
der **Lagerhalter** -s, - storekeeper, warehouseman
die **Lagerhaltung** -, o. Pl. stockkeeping, warehousing
der **Lagerist** -en, -en stock clerk, warehouseman
lagern to store
die **Lagerung** -, -en storage
das **Land** -(e)s, ¨er country; (*Bundes~*) Land, state
landeseigen in your own country
das **Landesinnere** -s, o. Pl.: **ins ~** inland
die **Landkarte** -, -n map
die **Landschaft** -, -en landscape
landschaftlich scenic; regional
der **Landtag** -(e)s, -e Landtag, state parliament
die **Landwirtschaft** -, o. Pl. agriculture
lang long; **zehn Jahre ~** for ten years
lange long; **so ~ in** the meantime; **~ arbeiten** to work long hours
die **Länge** -, -n length
längenverstellbar adjustable for length
langfristig long-term
langsam slow(ly)
längst a long time ago
der **Langzeitvergleich** -(e)s, -e long-term comparison
der **Laserdrucker** -s, - laser printer
die **Laserdruckqualität** -, o. Pl. laser print quality
lassen, ließ, gelassen to let, allow; to have (sth. done); **hier lässt sich gut reden** this is a good place to talk

209

der **Lastkraftwagen** -s, -, der **Lastwagen** -s, - lorry, truck
der **Lauf** -(e)s, **Läufe**: **im ~e des Jahres** in the course of the year
laufen, lief, gelaufen to walk
laufend day-to-day
laut noisy, loud; (+ Gen./Dat.) according to
lauten to read
leben to live
das **Leben** -s, - life
lebendig lively
die **Lebensart** -, -en way of life
die **Lebenschancen** Pl. opportunities
die **Lebensdauer** -, o. Pl. life
die **Lebensfreude** -, -n joie de vivre
das **Lebensjahr** -s, -e: **bis zum 18. ~** until the age of 18
die **Lebenskosten** Pl. cost of living
der **Lebenslauf** -(e)s, ⸚e curriculum vitae/resumé
die **Lebensmittel** Pl. foodstuffs
der **Lebenspartner** -s, - partner, person one lives with
der **Lebensunterhalt** -(e)s, o. Pl.: **die Kosten für seinen ~ aufbringen** to support oneself
die **Leberknödelsuppe** -, -n liver dumpling soup
lecker delicious
die **Lederhose** -, -n leather shorts
ledig single
lediglich only
der **Leerlauf** -(e)s, o. Pl. neutral
legen to lay
die **Legende** -, -n key
der **Lehrling** -s, -e apprentice
der **Lehrplan** -(e)s, ⸚e curriculum
die **Lehrwerkstätte** -, -n training workshop
leicht light; slight; easy/easily; **~er gesagt als getan** easier said than done
die **Leichtigkeit** -, o. Pl. lightness
leid: es tut mir ~ I'm sorry
leider unfortunately
die **Leinwand** -, ⸚e screen
leise quiet(ly)
leisten to achieve
sich **leisten** to afford
die **Leistung** -, -en service; performance, power; productivity
die **Leistungskontrolle** -, -n productivity monitoring
leistungsorientiert performance-related
leistungsstark powerful, high-performance
leiten to be head of/in charge of; to lead; **leitende Angestellte** senior management/executives
der **Leiter** -s, -, die **Leiterin** -, -nen manager, head
die **Leitmesse** -, -n leading trade fair
die **Leitung** -, -en (phone) line; management; **er spricht auf der anderen ~** he's on the other line
der **Lenker** -s, - handlebars
die **Lernbereitschaft** -, o. Pl. willingness to learn
lernen to learn
das **Lernzentrum** -s, **-zentren** training centre
lesen, las, gelesen to read
letzte(r/s) last; final
leuchten to be on, flash
die **Leute** Pl. people
das **Licht: sich in ein gutes ~ setzen** to show oneself in a good light
die **Lichtanlage** -, -n lights
das **Lichtbild** -(e)s, -er photograph
lieben to love
lieber rather; **etw. ~ tun** to prefer to do sth.
der **Liebhaber** -s, - lover; **~ der Natur** nature lover
Lieblings- favourite
am **liebsten** best of all, ideally
die **Lieferanschrift** -, -en delivery address
der **Lieferant** -en, -en supplier
lieferbar available
die **Lieferbedingungen** Pl. terms of delivery
die **Lieferfrist** -, -en delivery time
das **Lieferhindernis** -ses, -se delivery problem

liefern to deliver
der **Lieferschein** -(e)s, -e delivery note
der **Liefertermin** -s, -e delivery date
die **Lieferung** -, -en delivery, consignment
der **Lieferverzug** -(e)s, ⸚e delay in delivery
der **Lieferwagen** -s, - delivery van
die **Lieferzeit** -, -en delivery time
liegen, lag, gelegen to lie, be (situated)
der **Lift** -s, -s lift/elevator
die **Linie** -, -n line; route; **Bus ~ 33** Number 33 bus; **in erster ~** first and foremost
der **Linienbus** -ses, -se regular bus
linke(r/s) left(-hand)
links left, on/to the left; **nach ~** left
die **Lizenzgebühr** -, -en licence fee
LKW = Lastkraftwagen
locken to attract
die **Logistik** -, o. Pl. logistics
der **Lohn** -(e)s, ⸚e wage(s)
sich **lohnen** to be worthwhile; **es lohnt sich** it's worth it
das **Lokal** -s, -e restaurant, bar
die **Lokalbrauerei** -, -en local brewery
die **Lokalzeitung** -, -en local paper
los: was ist ~? what's on?
lösen to release; to buy (a ticket)
die **Lösung** -, -en solution
der **Lösungsvorschlag** -s, ⸚e solution, answer
die **Lücke** -, -n gap
die **Luftfahrt** -, o. Pl. aviation; **Luft- und Raumfahrt** aerospace
die **Luftfracht** -, -en air freight
die **Luftmatratze** -, -n airbed
die **Lust** -, o. Pl.: **Hätten Sie ~ ... ?** Would you like... ?

M

machen to do, make; to give; **das macht DM 318,-** that comes to 318 marks
der **Magenmittel** -s, - stomach preparation
die **Magisterprüfung** -, -en Master's exam
der **Maifeiertag** -(e)s, -e May Day
mal by; **3 ~ 3** 3 times 3; **~ gucken** let's see; **gehen wir ~ weiter** let's go on
das **Mal** -s, -e: **zum ersten ~** for the first time
der **Maler** -s, - painter
malerisch picturesque
man one, you, they, people
manche(r/s) some, quite a few
manchmal sometimes
der **Mangel** -s, ⸚ defect
mangelhaft defective
der **Mann** -(e)s, ⸚er man
die **Männerdomäne** -, -n male preserve
die **Manöverkritik** -, post-mortem
der **Mantel** -s, ⸚ coat
die **Mappe** -, -n folder (containing information/promotional material)
Mariä Empfängnis the Immaculate Conception
die **Mariä Himmelfahrt** Assumption
die **Marke** -, -n brand (name)
markieren to label
der **Markt** -(e)s, ⸚e market; **auf den ~ bringen** to launch
die **Marktchancen** Pl. sales prospects
die **Marktforschung** -, -en market research
marktgerecht competitive
die **Marktinformationen** Pl. market intelligence; **~ sammeln** to research the market
die **Marktnische** -, -n market niche
der **Marktplatz** -es, ⸚e market place
das **Marktsegment** -s, -e market segment
der **Markttest** -(e)s, -s: **einen ~ durchführen** to test the market
die **Marktwirtschaft** -, o. Pl. market economy
das **Maß** -es, -e dimension
die **Maschine** -, -n machine; flight
der **Maschinenbau** -(e)s, o. Pl. mechanical engineering
die **Maßnahme** -, -n measure
massieren to massage
das **Material** -s, -ien (raw) material
die **Materialauswahl** -, o. Pl. choosing suppliers
das **Materiallager** -s, - stores
die **Materialwirtschaft** -, -en purchasing, procurement

materiell financial
die **Mathe** -, o. Pl. maths
die **Mauer** -, -n wall
der **Maurer** -s, - bricklayer
die **Mechanik** -, o. Pl. mechanics
das **Meer** -(e)s, -e sea
mehr (als) more (than); **~ oder weniger** more or less
mehrere Pl. several
mehreres more than one
die **Mehrfachnennung** -, -en multiple response
die **Mehrheit** -, -en majority
die **Mehrjahresübersicht** -, o. Pl. overview covering several years
der **Mehrpreis** -es, ⸚e: **gegen ~** for an additional charge
die **Mehrwegverpackung** -, -en reusable packaging
die **Mehrwertsteuer** -, o. Pl. value added tax/sales tax
die **Meinung** -, -en opinion; **meiner ~ nach** in my opinion
die **Meinungsumfrage** -, -n survey
meist usually
der/die/das meiste (the) most
am **meisten** most
meistens mostly
der **Meister** -s, - master craftsman; supervisor
melden to report
sich **melden: es meldet sich niemand** there's no answer
die **Menge** -, -n quantity
der **Mengenrabatt** -s, -e bulk discount
der **Mensch** -en, -en person
das **Menü** -s, -s (set) menu
sich **merken** to remember
merklich noticeable
das **Merkmal** -s, -e feature, characteristic; aspect
die **Messe** -, -n trade fair, exhibition
das **Messegelände** -s, - exhibition site
der **Messeplatz** -es, ⸚e trade-fair centre
das **Messeprivileg** -(e)s, -ien right to hold a fair
die **Messerfabrik** -, -en knife factory
die **Messeveranstaltung** -, -en trade fair
das **Messewesen** -s, o. Pl. trade fairs
die **Metallerin** -, -nen (female) metalworker
die **Metallverarbeitung** -, o. Pl. metalworking
das **Metaplanwand** -, ⸚e velcro board
das **Metzgermesser** -s, - butcher's knife
die **Miete** -, -n rent; rental, charge
mieten to rent, hire
das **Mietshaus** -es, ⸚er rented house
der **Mietwagen** -s, - hire car/rented car
die **Mietwohnung** -, -en rented flat
die **Mikroelektronik** -, o. Pl. microelectronics
die **Mikrografie** -, o. Pl. micrography
das **Mikrowellengerät** -(e)s, -e microwave oven
die **Milliarde** -, -n (BrE) thousand million, (AmE) billion
die **Million** -, -en million
die **Minderung** -, -en alleviation
die **Mindestabnahmemenge** -, -n minimum order quantity
mindestens at least
das **Mineral-Bad** -es, ⸚er, **das Mineral-schwimmbad** -es, ⸚er spa bath
die **Mineralölgesellschaft** -, -en oil company
Mio. = Million
der **Mischkonzern** -s, -e conglomerate
das **Missverständnis** -ses, -se misunderstanding
mit (+ Dat.) with
der **Mitarbeiter** -s, -, die **Mitarbeiterin** -, -nen employee
die **Mitbestimmung** -, o. Pl. worker participation, co-determination
mit|bringen to bring along; to possess
miteinander with one another
das **Miteinander** -s, o. Pl. cooperation
mit|entscheiden to participate in decision-making
mit|geben: jdm. etw. ~ to give sb. sth. (to take with them)
das **Mitglied** -(e)s, -er member
mit|kommen to come with sb.

mit|mischen (in + Dat.) to get involved (in)
mit|nehmen to take (with one)
der **Mittag** -s, -e midday; **zu ~ essen** to have lunch
das **Mittagessen** -s, - lunch; **beim ~** having/at lunch
der **Mittagstisch** -es, -e lunch
die **Mitte** -, -n middle, mid; **~ Juni** mid June
mit|teilen: jdm. etw. ~ to inform sb. of sth.
das **Mittelalter** -s, o. Pl. Middle Ages
mittelalterlich medieval
der **Mittelbetrieb** -(e)s, -e medium-sized company
(das) **Mitteldeutschland** Central Germany
das **Mittelgebirge** -s, o. Pl. low mountain range
die **Mittelgebirgslandschaft** -, -en hill country
mittelgroß medium-sized
der **Mittelpunkt** -(e)s, -e centre
mittels (+ Gen.) by means of
mittelständisch medium-sized; **~e Konturen gewinnen** to be made up increasingly of medium-sized companies
mittlere(r/s) medium-sized; **Mittlerer Bildungsabschluss/Mittlere Reife** first public exam in secondary/junior high school, ≈ GCSE
die **Mitwirkung** -, o. Pl. cooperation
das **Möbel** -s, - (piece of) furniture
das **Möbelhaus** -es, ⸚er furniture store
das **Mobilfunktelefon** -s, -e mobile phone
möbliert furnished
möchte, möchten would like
die **Mode** -, -n fashion
das **Modellspielzeug** -s, -e model toy
moderiert (von + Dat.) moderated by
der **Modeschöpfer** -s, - fashion designer
die **Modewaren** Pl. fashion goods
mögen, mochte, gemocht to like
möglich possible
möglicherweise possibly
die **Möglichkeit** -, -en possibility, opportunity
möglichst: ~ viele/genau as many/precisely as possible
der **Moment** -s, -e moment; **im ~** at the moment
-monatig -month
monatlich monthly
Monats- monthly
die **Montageanleitung** -, -en assembly instructions
montieren to assemble
morgen tomorrow;
der **Morgen** -s, - morning; **guten ~** good morning; **heute ~** this morning
morgens in the morning
der **Moselaner** -s, - inhabitant of the Moselle valley
der **Motorbauteil** -(e)s, -e engine component
die **Motorhaube** -, -n bonnet/hood
das **Motorrad** -s, ⸚er motorcycle
der **Motorraum** -(e)s, ⸚e engine compartment
Mrd. = Milliarde
die **Mühe** -, -n trouble; **ohne ~** easily
der **Müll** -s, o. Pl. refuse
die **Müllentsorgung** -, o. Pl. refuse disposal
die **Münze** -, -n coin
der **Musikkeller** -s, - basement night club
müssen, musste, gemusst to have to
das **Muster** -s, - sample
der **Mut** -(e)s, o. Pl. courage
die **Muttergesellschaft** -, -en parent company
MwSt. = Mehrwertsteuer

N

nach (+ Dat.) to; after; according to
der **Nachbar** -n, -n neighbour
nach|bearbeiten to follow up
die **Nachbesserung** -, -en repair
nachdem after
nach|denken (über + Akk.) to think (about); to consider
die **Nachfolgeinstitution** -, -en successor institution
die **Nachfrage** -, -n (nach + Dat.) demand (for); further question

210

nach|holen to make up
nach|lesen to read
nach|lösen to buy (a ticket) on the train
nachmittags in the afternoon
die Nachnahme -, -n cash on delivery
der Nachname -, -n surname; **wie heißt er mit ~n?** what's his surname?
nach|prüfen to check
die Nachricht -, -en message
die Nachrichten Pl. the news
nach|schauen, nach|sehen to have a look
nach|spielen to re-enact
nach|sprechen to repeat
der/die/das nächste (the) next
nachstehend following
nächstmöglich: **zum ~en Termin** as soon as possible
die Nacht -, ¨-e night; **Gute ~** good night
der Nachteil -(e)s, -e disadvantage
das Nachtlokal -s, -e night club
der Nachweis -es, -e proof
nach|weisen to show (evidence of)
die Nähe -, o. Pl. proximity; **in der ~** nearby
nähen to sew
näher: **in ~er Zukunft** in the near future
Näheres: **~ sagen** (über + Akk.) to give more details (of)
das Nahrungsmittel -s, - food
der Nahverkehr -(e)s, o. Pl. local travel
der Nahverkehrszug -(e)s, ¨-e local train
der Name -ns, -n name; **auf den ~n** in the name of
namhaft famous
nämlich you see; namely
NASA = National Aeronautics and Space Administration
die Nationalmannschaft -, -en national team
der Nationalrat -(e)s, -e (*Austria*) National Assembly; (*Switzerland*) National Council
die Nationalversammlung -, -en National Assembly
naturbelassen natural (colour)
der Naturfreund -(e)s, -e nature lover
die Naturkunde -, o. Pl. natural history
natürlich naturally, of course
das Naturschutzgebiet -(e)s, -e nature reserve
die Naturwissenschaft -, -en natural sciences
der Naturwissenschaftler -s, - (natural) scientist
neben (+ Dat.) beside, next to; besides, as well as
nebenan next door
der Nebenberuf -(e)s, -e second job
die Nebenkosten Pl. costs (*heating, lighting, services*)
die Nebenstelle -, -n extension
die Nebenstellenvermittlung -, -en switchboard
der Neffe -n, -n nephew
nehmen, nahm, genommen to take; to have
die Neigung -, -en inclination
nennen, nannte, genannt to name; to mention, state; (*Beispiel*) to give
nett nice
netto net
das Netz -es, -e network
das Netzteil -(e)s, -e mains adaptor
das Netzwerk -(e)s, -e network
neu new; again
der Neubau -(e)s, -ten new building
die Neuerung -, -en innovation
die Neuheit -, -en new product
das Neujahr -(e)s, o. Pl. New Year
der Neukauf -(e)s, ¨-e sth. bought new
neulich recently
die Nichteinigung -, o. Pl.: **bei ~** in the event of disagreement
der Nichtraucher -s, - non-smoker
nichts nothing
nie never
(das) Niederbayern -s, o. Pl. Lower Bavaria
die Niederlande Pl. Netherlands
die Niederlassung -, -en branch, location
niedrig low
niemand nobody
noch still; even; more, further; **~ (ein)mal** (once) again; **~ nicht** not yet; **~ nie** never; **~ ein** another

der Norden -s, o. Pl. North
nordfriesisch North Friesian
(das) Nordrhein-Westfalen -s, o. Pl. North Rhine Westphalia
die Nordseeküste -, -n North Sea coast
normalerweise normally
das Normalpapier -s, o. Pl. standard paper
die Norm -, -en norm
die Note -, -n mark
notieren to make a note of
nötig necessary
die Notiz -, -en note; **sich ~en machen** to take/make notes
der Notizblock -s, ¨-e notepad
notwendig necessary
die Nudeln Pl. pasta
Null zero
die Null-Fehler-Produktion -, -en zero-fault production
der Numerus Clausus -, o. Pl. restricted entry to higher education
nummerieren to number
nun now; **~ gut** well, all right
nunmehr: **seit ~ 40 Jahren** for 40 years now
nur only; **~ noch zwei Fragen** just two more questions
die Nuß -, Nüsse nut
nutzen to use
nützen to be of use
das Nutzfahrzeug -(e)s, -e commercial vehicle
die Nutzfläche -, -n usable floor space
nützlich useful
die Nutzung -, -en use
der Nylonpacksack -(e)s, ¨-e nylon storage bag

O

ob whether, if
oben upstairs; above; **~ genannt** above-mentioned; **rechts ~** in the top right-hand corner
der Ober -s, - waiter; **Herr ~!** Waiter!
obere(r/s) upper
das Obergeschoss -es, -e upper storey
oberhalb (+ Gen.) above
die Oberstufe -, -n upper school, ≈ sixth form
obgleich although
die Objektmöbel -, - occasional furniture
der Obstkorb -(e)s, ¨-e bowl of fruit
obwohl although
offen open; **~e Weine** wine by the glass
offen halten to keep open
offen stehen to be open
öffentlich public
die Öffentlichkeitsabteilung -, -en public relations department
das Offiziersmesser -s, -: **Schweizer ~** Swiss Army knife
öffnen to open
die Öffnungszeit -, -en opening time
öfter every now and again
ohne (+ Akk.) without
ohnehin nevertheless
ökologisch ecological(ly)
das Öl -(e)s, -e oil
die Oper -, -n opera
die Optik -, -en optics
optimal optimum, most effective
die Orchideensammlung -, -en orchid collection
ordentlich orderly
ordnen (in + Akk.) to order, arrange
die Ordnung -, -en: **(das geht) in ~** (that's) all right, fine; **die ~ des Betriebs** company regulations
das Organigramm -s, -e organization chart
das Organisationstalent -s, -e talent for organization
sich orientieren to find one's way around
original original, genuine
die Originalabdeckung -, -en platen glass cover
die Originalauflage -, -n document tray
der Ort -(e)s, -e place; (*Ferien~*) resort; **am ~** on the spot
die Ortsangabe -, -n town/city
die Ortsnetzkennzahl -, -en, die Ortsvorwahl -, -en area dialling code

der Ortswechsel -s, - relocation
der Osten -s, o. Pl. East
der Ostermontag -s, -e Easter Monday
der Österreicher -s, - Austrian
der Ostersonntag -s, -e Easter Sunday
östlich eastern
die Ostsee -, o. Pl. Baltic Sea
der Oxidationskatalysator -s, -en catalytic converter (*for diesel engines*)

P

paar: **ein ~** a few
das Packmaß -es, -e dimensions when packed
das Paket -s, -e pack, package
die Palette -, -n pallet
die Panoramastraße -, -n road with panoramic views
das Papierformat -s, -e paper format
die Papierführung -, -en paper guide
die Papierkassette -, -n paper cassette
das Papier-Management -s, o. Pl. media handling
der Papierstau -(e)s, -e paper jam
die Papierverarbeitung -, o. Pl. media handling
die Papierzufuhr -, o. Pl. Add Paper
die Pappe -, -n cardboard
der Pappkarton -, -s cardboard box
das Pärchen -s, - pair
die Parkanlage -, -n park
die Parkgarage -, -n, das Parkhaus -es, ¨-er multi-storey car park
der Parkplatz -es, ¨-e car park/parking lot
der Parkschein -(e)s, -e parking permit
das Parlament -s, -e parliament; parliamentary-style seating
das Passbildformat -s, -e passport-photograph size
passen (zu + Dat.) to go with; to suit, be convenient
passend suitable
passieren to happen
patentiert patented
die Pauschale -, -n package
die Pause -, -n (coffee/lunch) break
PC = Personalcomputer
die Pension -, -en guest house
per (+ Akk.) by
das Personal -s, o. Pl. personnel, staff
die Personalabteilung -, -en personnel/human resources department
der Personen(kraft)wagen -s, - private car/automobile
der Personalreferent -en, -en, die Personalreferentin -, -nen assistant personnel manager
die Personalverwaltung -, -en personnel/human resources management
das Personalwesen -s, - personnel
personell personnel
die Personen-Schifffahrt -, o. Pl. passenger boat service
persönlich personal(ly)
die Perspektive -, -n prospect
der Pfad -(e)s, -e track
die Pfeffersauce -, -n pepper sauce
der Pfingstmontag -(e)s, -e Whit Monday
der Pfingstsonntag -(e)s, -e Whit Sunday
die Pflanze -, -n plant
das Pflaumenkompott -(e)s, -e stewed plums
die Pflege -, o. Pl. care
pflegeleicht easy-care
pflegen to maintain; to look after
das Pflegepersonal -s, o. Pl. nursing staff
die Pflegeversicherung -, -en compulsory insurance for nursing in old age
die Pflicht -, -en duty
die Pflichtschule -, -n school at which attendance is compulsory
die Pharmaindustrie -, -n pharmaceuticals industry
der Pilz -es, -e mushroom
die Pinnwand -, ¨-e pinboard
planen to plan
planmäßig on time, according to schedule
die Planung -, -en planning
plattdeutsch Low German
der Platz -es, ¨-e seat; square; room, space; **Nehmen Sie ~** Take a seat

die Plenarsitzung -, -en plenary session
das Plenum -s, Plena meeting, conference
plötzlich suddenly
die Politik -, o. Pl. politics; policy
politisch political(ly)
das Porzellan -s, -e porcelain
das Postamt -(e)s, ¨-er post office
die Postanschrift -, -en postal address
das Postfach -(e)s, ¨-er post office box
die Postleitzahl -, -en post code/Zip code
der Postraum -(e)s, ¨-e post room
potenziell potential(ly)
die PR-Agentur -, -en PR agency
prächtig magnificent
das Prädikat -s, -e rating
prägen to formulate
der Praktikant -en, -en student doing work experience, trainee
die Praktikantenstelle -, -n job providing work experience, traineeship
das Praktikum -s, Praktika period of on-the-job training, work experience
praktisch practical
die Prämie -, -n bonus
präsent: **~ sein** to be represented, have a presence
präsentieren to present
die Praxis -, Praxen practice; policy; **in der ~** in practice
praxisbezogen vocationally oriented
das Praxissemester -s, - practical semester
die Präzisionsarbeit -, -en precision work
das Präzisionswerkzeug -(e)s, -e precision tool
der Preis -es, -e price; **zum ~ von** at (the rate of)
die Preiselbeere -, -n cranberry
die Preisempfehlung -, -en recommended retail price
preisgünstig cheap
die Preisliste -, -n price list
der Preisnachlass -es, -e price reduction, discount
preiswert good value
die Presse -, o. Pl. press
die Pressekonferenz -, -en press conference
preußisch Prussian
prima great
das Prinzip -s, -ien principle; **im ~** in principle
privat-, Privat- home, private
privatwirtschaftlich through private enterprise
pro per
der Probeauftrag -(e)s, ¨-e trial order
die Probezeit -, -en probationary period
probieren to try, taste
das Problem -s, -e problem; **ohne ~e** with no trouble
problematisch problematic
problemlos with no problems
das Produkt -(e)s, -e product
das Produktangebot -(e)s, -e product range
die Produktinnovation -, -en new product
die Produktionsabteilung -, -en production department
die Produktionsanlage -, -n production facilities
die Produktionsgesellschaft -, -en manufacturing company
der Produktionsleiter -s, - production manager/director
das Produktionsmaterial -s, -ien (raw) material
die Produktionsstätte -, -n manufacturing plant
die Produktpalette -, -n, das Produktsortiment -(e)s, -e product range
das Produktspektrum -s, -spektren range of products
die Produktvorführung -, -en product demonstration
der Produktzyklus -, -zyklen product cycle
produzieren to make, produce, manufacture
der Professor -s, -en professor
das Profil -s, -e profile
der Programmierer -s, - programmer
der Projektleiter -s, - project manager
die Promotion -, -en doctorate

der **Prospekt** -(e)s, -e brochure, catalogue
protestantisch Protestant
das **Protokoll** -s, -e: ~ **führen** to take the minutes
die **Provision** -, -en commission
-**prozentig** per cent
der **Prozentsatz** -es, ¨-e percentage
die **Prozentzahl** -, -en percentage
der **Prozess** -es, -e process
prüfen to check, test, inspect
das **Prüflabor** -s, -s test laboratory
der **Prüfraum** -(e)s, ¨-e testing area
die **Prüfung** -, -en checking, inspection; **bei der** ~ on inspection
die **Publizistik** -, o. Pl. journalism
die **Pumpe** -, -n pump
der **Punkt** -(e)s, -e point; spot; **zum wichtigen** ~ **kommen** to get to the point
die **Punktgröße** -, -n point size
pünktlich punctual(ly)
die **Pünktlichkeit** -, o. Pl. punctuality

Q

der/das **Quadratmeter** -s, - square metre
die **Qualifizierung** -, -en qualification
die **Qualifizierungsmaßnahme** -, -n training course
Qualitäts- quality
die **Qualitätskontrolle** -, -n quality control
die **Qualitätssicherung** -, -en quality assurance
der **Qualitätswein** -(e)s, -e wine of certified origin and quality
die **Quelle** -, -n source
quer diagonally
das **Querformat** -s, -e landscape

R

der **Rabatt** -(e)s, -e discount
das **Rad** -es, ¨-er bicycle; ~ **fahren** to go cycling
der **Radweg** -(e)s, -e cycle track
die **Raffinesse** -, -n refinement
raffiniert sophisticated
der **Rahmen** -s, - frame; **im** ~ (+ Gen.) as part of, in the context of
die **Rahmsauce** -, -n cream sauce
der **Rand** -(e)s, ¨-er edge
der **Rang** -(e)s, ¨-e rank, ranking
die **Rangordnung** -, -en: **in** ~ in order of importance
das **Rasierwasser** -s, - after-shave lotion
rasch fast, quick(ly)
rassig sleek, sporty
der **Rat** -(e)s, -e help, advice
raten to advise
der **Ratgeber** -s, - guide
das **Rathaus** -es, ¨-er town hall
rationell efficient
der **Ratschlag** -(e)s, ¨-e (piece of) advice, suggestion
rauchen to smoke
der **Raucherwagen** -s, - smoking carriage/car
das **Rauchverbot** -(e)s, -e smoking ban
der **Raum** -(e)s, ¨-e area; room; **im** ~ **Düsseldorf** in the Düsseldorf area
das **Raumangebot** -(e)s, -e rooms (available)
Raumfahrt- space
räumlich: ~ **getrennt** in different locations
die **Räumlichkeiten** Pl. rooms
raus gehen to go out
reagieren (auf + Akk.) to react (to)
die **Realschule** -, -n secondary/high school preparing students for the first public examination at 16, ≈ secondary modern
recherchieren to research
rechnen (mit + Dat.) to expect; **mit weniger** ~ to expect less
die **Rechnung** -, -en bill/check; invoice
der **Rechnungserhalt**: **bei** ~ on receipt of invoice
das **Rechnungswesen** -s, - accountancy, bookkeeping
recht: **wir bedanken uns** ~ **herzlich** thank you very much; **nicht** ~ **zufrieden** not entirely satisfied

das **Recht** -(e)s, -e right; **mit** ~ rightly; **zu ihrem** ~ **kommen** to be given their due
rechte(r/s) right(-hand)
rechtlich by law; legal
rechts right, on/to the right; **nach** ~ right
die **Rechtsform** -, -en legal form
rechtzeitig on time
recyceln to recycle
recyclingfähig recyclable
das **Recyclingpapier** -s, o. Pl. recycled paper
reden to talk
das **Rednerpult** -s, -e lectern
die **Reduzierung** -, -en reduction
das **Referat** -(e)s, -e paper
der **Referent** -en -en, die **Referentin** -, -nen speaker; assistant manager
die **Referenz** -, -en reference
die **Regel** -, -n rule; **in der** ~ as a rule
regelbar adjustable
regelmäßig regular(ly)
regeln to regulate; to settle
die **Regelung** -, -en regulation; settlement
der **Regenschutz** -es, o. Pl. protection against the rain
die **Regierung** -, -en government; **an der** ~ in power
regierungsbevollmächtigt government authorized
regnen to rain
der **Rehrücken** -s, - saddle of venison
reich rich
reichen to be enough
der **Reichstag** -s, o. Pl. Reichstag, Parliament
die **Reihenfolge** -, -n order, sequence
das **Reihenhaus** -es, ¨-er terraced house
rein pure(ly)
die **Reinigung** -, o. Pl. dry-cleaning
die **Reise** -, -n journey
der **Reisebus** -ses, -se coach
das **Reiseland** -(e)s, ¨-er holiday/vacation destination
reisen to travel
reißen, riss, gerissen to tear
der/die **Reisende** -n, -n traveller
der **Reiseprospekt** -s, -e travel brochure
der **Reisescheck** -s, -s traveller's cheque/check
der **Reißverschluss** -es, ¨-e zip (fastener)
reizvoll charming, delightful
die **Reklamation** -, -en complaint
reklamieren to complain
renommiert famous
renovieren to renovate
die **Rentenversicherung** -, -en pension scheme
die **Reparatur** -, -en repair
die **Reportage** -, -n report
die **Republikaner** Republican Party
die **Reservierung** -, -en reservation, booking
der **Ressortleiter** -s, - group executive
die **Ressourcenschonung** -, o. Pl. saving resources
der **Rest** -(e)s, -e rest; **ein** ~ **bleibt** a few will remain
restaurieren to restore, renovate
restlich remaining
der **Rettungsdienst** -(e)s, -e emergency service
rezeptfrei available without a prescription
die **Rezeption** -, -en reception
richten (an + Akk.) to address (to)
sich **richten** (nach + Dat.) to follow, comply with
richtig right, correct; properly
die **Richtung** -, -en direction; **aus** ~ **Köln** from Cologne
riesig huge, giant
der **Rinderbraten** -s, - roast beef
die **Ringlinie** -, -n circular route
das **Ringstraßennetz** -es, -e network of ringroads
das **Risiko** -s, -ken risk
der **Riss** -es, -e crack, tear; **einen** ~ **haben** to be cracked
die **Robotik** -, o. Pl. robotics
der **Rohling** -s, -e blank
das **Rohmaterial** -s, -ien, der **Rohstoff** -(e)s, -e raw material
die **Rolle** -, -n role
das **Rollenspiel** -(e)s, -e role-play
die **Rolltreppe** -, -n escalator

die **Romantik** -, o. Pl. romance
römisch Roman
die **Röstzwiebeln** Pl. fried onions
das **Rotkraut** -(e)s, o. Pl. red cabbage
die **Routinearbeit** -, -en routine work
die **Rubrik** -, -en rubric, instruction
die **Rückfahrt** -, -en return journey; **Hin- und** ~ round trip
die **Rückfrage** -, -n query
die **Rücknahme** -, -n taking back
die **Rücknahmepflicht** -, -en obligation to take back
der **Rückruf** -(e)s, -e return call
das **Rudern** -s, o. Pl. rowing
rufen, rief, gerufen to call
die **Rufnummer** -, -n telephone number
die **Ruhe** -, o. Pl. peace, quiet
ruhig peaceful(ly), quiet(ly); **Fragen Sie mich** ~ don't be afraid to ask me
das **Ruhrgebiet** -(e)s, o. Pl. the Ruhr
rund round; about, roughly; **am ~en Tisch** round-table talks; ~ **um** around; ~ **um die Uhr** round the clock; ~ **um die Firma** all about the company; ~ **ums Telefon** all about using the phone
der **Rundgang** -(e)s, ¨-e tour
runter|gehen to go down
russisch Russian
rustikal rustic
das **Rütteln** rattling

S

s. = siehe
S = Süd-, Süden; Seite
der **Saal** -(e)s, **Säle** room; hall
der **Sachbearbeiter** -s, -, die **Sachbearbeiterin** -, -nen clerical worker, person dealing with sth.
das **Sachbuch** -(e)s, ¨-er non-fiction (book)
die **Sache** -, -n thing
das **Sachgebiet** -(e)s, -e area of responsibility
sachlich objectively, in a matter-of-fact way
(das) **Sachsen** -s, o. Pl. Saxony
der **Saft** -(e)s, ¨-e juice
sagen to say, tell
die **Sahne** -, -n cream
saisonbedingt seasonal
die **Salatschüssel** -, -n bowl of salad
Salzkart. = die Salzkartoffeln Pl. boiled potatoes
sammeln to gather
die **Sammelquote** -, -n collection quota
die **Sammlung** -, -en collection
sämtlich all
sandig sandy
satt full
der **Sattel** -s, ¨- saddle
der **Sattelschlepper** -s, - articulated lorry
der **Satz** -es, ¨-e sentence; set
sauber clean
säuerlich sour, tart
der **Saurier** -s, - dinosaur
die **S-Bahn** -, -en = **Stadtbahn** city and suburban railway
schade: **Ach,** ~! What a shame!
der **Schadenersatz** -es, o. Pl. compensation
der **Schadstoff** -(e)s, -e pollutant
schadstoffarm low-emission
schaffen to create; **das schaffe ich nicht** I won't manage it
der **Schafskäse** -s, - sheep's cheese
der **Schalter** -s, - switch; desk, counter; ticket office
der **Schalthebel** -s, - gear lever
scharf hot; ~ **links abbiegen** to turn sharp left
schätzen to appreciate; ~ **auf** (+ Akk.) to estimate, assess (at)
die **Schätzung** -, -en estimate
das **Schaubild** -(e)s, -er diagram, table
der **Schaufensterbummel** -s, -: **einen** ~ **machen** to go window-shopping
schaukeln to swing, rock
der **Schauplatz** -es, ¨-e exhibition site
das **Schauspiel** -(e)s, -e play
das **Schauspielhaus** -es, ¨-er theatre
der **Scheck** -s, -s cheque/check
scheinen, schien, geschienen to shine

die **Schichtarbeit** -, -en, der **Schichtdienst** -(e)s, -e shift work
schicken (an + Akk.) to send (to)
schien ▶ scheinen
die **Schiene** -, -n rail
das **Schiff** -(e)s, -e boat, ship
das **Schild** -(e)s, -er sign
der **Schinken** -s, - ham
schildern to describe
der **Schlafraum** -(e)s, ¨-e bedroom
der **Schlafsack** -(e)s, ¨-e sleeping bag
der **Schlag** -(e)s, ¨-e: **auf einen** ~ in one go
die **Schlagfertigkeit** -, -en quick-wittedness
schlecht bad
schließen, schloss, geschlossen to close
die **Schließung** -, o. Pl. closure, shutdown
das **Schloss** -es, ¨-ser castle
der **Schluss** -es, ¨-e: **zum** ~ in conclusion
die **Schlussformel** -, -n close (*in a letter*)
der **Schlüssel** -s, - key
schmecken to taste; **es schmeckt mir** I like it; **Hat's geschmeckt?** Did you enjoy your meal?
das **Schmerzmittel** -s, - painkiller
die **Schmerztablette** -, -n painkiller, ≈ aspirin
die **Schmiede** -, -n drop forge
schmieden: **Pläne** ~ to make plans
das **Schmiedeteil** -(e)s, -e forged product
schmuck neat
schmutzig dirty
schnell fast
das **Schnellbahnnetz** -es, -e high-speed rail network
der **Schnellhefter** -s, - ring-binder
der **Schnellzug** -(e)s, ¨-e express (train)
der **Schnupfen** -s, - cold; **gegen** ~ for colds
schon already; **ja, aber** all right, but; ~ **einmal** before, ever
schön beautiful; nice
schonen to protect, spare
die **Schönheit** -, -en beauty
schrecklich terrible
schreiben, schrieb, geschrieben (an + Akk.) to write (to)
die **Schreibkraft** -, ¨-e typist
die **Schreibmaschine** -, -n typewriter
der **Schreibtisch** -es, -e desk
schrieb ▶ schreiben
die **Schrift** -, -en font, typeface ▶ **Wort**
die **Schriftart** -, -en font
die **Schriftkarte** -, -n font card
schriftlich written; in writing
der **Schriftsteller** -s, - writer, author
der **Schritt** -(e)s, -e step, pace
der **Schuhputzautomat** -en, -en shoe-shine machine
der **Schulabschluss** -es, ¨-e school-leaving qualification
der **Schüler** -s, - pupil, student
schulisch school
die **Schulpflicht** -, o. Pl. compulsory schooling
der **Schutz** -es, o. Pl. protection
das **Schutzdach** -(e)s, ¨-er shelter, canopy
schützen (vor + Dat.) to protect (from)
die **Schutzhülle** -, -n protective cover
die **Schutzkleider** Pl. protective clothing
der **Schwabe** -n, -n Swabian
schwach weak, slack
der **Schwager** -s, ¨- brother-in-law
schwarz black
das **Schwein** -s, -e pig, pork
das **Schweinelendchen** -s, - loin of pork
die **Schweinshaxe** -, -n knuckle of pork
der **Schweizer** -s, - Swiss
schwer heavy; difficult; with difficulty
der/die **Schwerbehinderte** -n, -n disabled person
die **Schwerindustrie** -, -n heavy industry
schwerpflegebedürftig requiring special care
der **Schwerpunkt** -(e)s, -e main emphasis
schwierig difficult
die **Schwierigkeit** -, -en difficulty
das **Schwimmbad** -(e)s, ¨-er swimming pool
schwimmen, schwamm, geschwommen to swim
der **See** -s, -n lake
die **See** -, -n the sea
die **Seefahrt** -, -en seafaring

das **Seengebiet** -(e)s, -e lake district
das **Segeln** -s, o. Pl. sailing
sehen, sah, gesehen to see
sehenswert worth seeing
die **Sehenswürdigkeit** -, -en sight; **die ~en besichtigen** to go sightseeing
sehr very (much)
die **Seife** -, -n soap
die **Seilbahn** -, -en cable railway
sein, war, gewesen to be
seit (+ Dat.) since, for
die **Seite** -, -n page; side
die **Seitentasche** -, -n side pocket
die **Seitenwand** -, ⸚e sidewall
seither since then
das **Sekretariat** -s, -e secretary's office; secretarial work
selber, selbst my/your/him/herself, ourselves etc
die **Selbstbedienung** -, -en (for TV) remote control
selbstbestimmt self-determined
die **Selbsteinschätzung** -, -en self-evaluation
die **Selbstkostenbasis** -, o. Pl.: **auf ~** at cost price
selbstständig independent(ly), on one's own; **sich ~ machen** to become self-employed
der **Selbstversorger** -s, -: **Ferienwohnungen für ~** self-catering flats/apartments
selbstverständlich of course
die **Selbstverständlichkeit** -, -en: **eine ~ sein** to be taken for granted
die **Selbstwahl** -, o. Pl. direct dialling
der **Semmelkloß** -es, ⸚e bread dumpling
der **Sendebeginn** -(e)s, o. Pl. start of transmission
senden, sandte, gesandt to send
die **Sendung** -, -en programme; consignment, shipment
separat separate(ly)
die **Serie** -, -n series, line
der **Service-Monteur** -s, -e service engineer
setzen to put
sich oneself, him/herself etc; **zu ~ nach Hause** to one's home; **von ~ aus** on one's on initiative
sicher secure, safe, reliable; self-confident; certainly, for sure
die **Sicherheit** -, -en safety
sichern to safeguard, protect
die **Sicht** -, o. Pl. view
sicherlich certainly
siehe: ~ **Seite 52** see page 52
der **Signalton** -(e)s, ⸚e tone, beep
das **Silikontal** -(e)s o. Pl. Silicon Valley
singen, sang, gesungen to sing
sinken, sank, gesunken to decrease
der **Sinn** -(e)s, -e sense; ~ **für etw. haben** to have a feeling for sth.
sinnvoll sensible
der **Sitz** -es, -e head office, headquarters
sitzen, saß, gesessen to sit
das **Sitzpolster** -s, - seat cushion
die **Sitzung** -, -en meeting
die **Skalierbarkeit** -, o. Pl. expandability
das **Skelett** -(e)s, -e skeleton
das **Skilaufen** -s, o. Pl. skiing
skizzieren to sketch
das **Skonto** -s, -s (cash) discount
so so; like this; thus; well, right; **Ach ~!** I see, aha; **Na ~ was!** Well I never!; **so ... wie** as ... as; ~ **was** that sort of thing
sobald as soon as
sofort immediately, at once
sofortig immediate
sogar even
so genannt so-called
das **Solarium** -s, **Solarien** sunbed
solche(r/s) such; **solche Sachen** things like that
solid(e) sound
sollen should; to be intended to
sollte(n) should
somit thus, therefore
Sonder- special
sondern but; **nicht nur ... auch** not only ... but also
sonnenreich sunny
der **Sonnenschutz** -es, o. Pl. protection against the sun

sonnig sunny
sonst, sonstig other
die **Sorge** -, -n (für + Akk.) care (for)
sorgen: dafür ~, dass to make sure that
sorgfältig careful
so viel so much
sowie and, as well as
sowohl ... als auch both ... and
sozial social; ~**e Berufe** jobs in social work; **Soziales** social work
das **Sozialleben** -s, o. Pl. way of life
die **Sozialleistungen** Pl. social benefits
die **Sozialversicherung** -, o. Pl. national insurance/social security
das **Sozialwesen** -s, o. Pl. social sciences
die **Spalte** -, -n column
sparen to save
die **Sparkasse** -, -n savings bank
sparsam economical(ly)
der **Spaß** -es, o. Pl. fun; **es macht mir ~** I enjoy (doing) it; ~ **am Job** job satisfaction; **Viel ~!** Enjoy yourself
spät late
später later; future
spätestens at the latest
die **Spätlese** -, -n late vintage
spazieren gehen to go for a walk
SPD = **Sozialdemokratische Partei Deutschlands** Social Democratic Party of Germany
die **Speckkart.** = **die Speckkartoffeln** Pl. potatoes fried with bacon
der **Spediteur** -s, -e, **die Speditionsfirma** -, -firmen haulage contractor, shipping agent
der **Speicher** -s, - memory
die **Speichererweiterung** -, -en memory expansion
die **Speicherkapazität** -, -en memory
die **Speise** -, -n food, dish; **kleinere ~n** snacks
die **Speisegaststätte** restaurant
die **Speisekarte** -, -n menu
speisen to dine
spendieren to stand sb. sth.
die **Spezialität** -, -en speciality/specialty
die **Spezifikation** -, -en specifications
das **Spiel** -(e)s, -e game
spielen to act out; to play
der **Spielfilm** -(e)s, -e feature film
das **Spielzeug** -(e)s, -e toy
die **Spitze** -, -n top; **an der ~ stehen** to be top of the league
das **Spitzenerzeugnis** -ses, -se top-quality product
der **Spitzenreiter** -s, - leader
die **Spitzentechnologie** -. -n high tech
die **Spitzenzeit** -, -en peak time
der **Sportartikel** -s, - sports equipment
der **Sportler** -s, - sportsman
sportlich: ~ **aktiv sein** to do/go in for sport
der **Sportverein** -(e)s, -e sports club
die **Sprache** -, -n language
sprachlich linguistic
sprechen, sprach, gesprochen (über + Akk.) to talk (about); to speak (to); **Hier spricht ...** This is ...
der **Sprecher** -s, - speaker
die **Spur** -, -en lane
spüren to sense, become aware of
St. = **Sankt** Saint
die **Staatsangehörigkeit** -, o. Pl. nationality
der **Staatsdienst** -(e)s, o. Pl. civil service
stabil sturdy
das **Städtchen** -s, - small town
städtisch municipal
der **Stadtkern** -(e)s, -e, **die Stadtmitte** -, -n city centre
der **Stadtplan** -(e)s, ⸚e street map
der **Stadtrand** -(e)s, ⸚er outskirts, suburbs
die **Stadtrundfahrt** -, -en sightseeing tour
der **Stadtrundgang** -(e)s, ⸚e sightseeing tour (on foot)
der **Stadtteil** -(e)s, -e district
der **Stahl** -(e)s, ⸚e steel
das **Stahlrohr** -s, -en tubular steel
das **Stammkapital** -s, -e ordinary capital
der **Stammkunde** -n, -n regular customer
der **Stammsitz** -es, -e headquarters
der **Stand** -(e)s, ⸚e trade show stand, sales booth; ~ **1992** as at 1992

der **Standabbau** -(e)s, o. Pl. dismantling of the stand
der **Standard** -s, -s standard, norm
Standard- standard
die **Standbeschriftung** -, -en signs/artwork for the stand
die **Standbewachung** -, o. Pl. stand security
die **Standbildkamera** -, -s (still) camera
ständig continually
der **Standort** -(e)s, -e location
der **Standpunkt** -(e)s, -e point of view
stark strong, heavy ; ~ **besucht** heavily frequented
stärken to strengthen
die **Stärke** -, -n strength
stärker (als) stronger (than); more; **immer ~** increasingly
am stärksten most heavily
der **Startknopf** -es, ⸚e start button, start key
die **Station** -, -en station; stage, phase
statt: -dessen instead
statt|finden to be, to take place; to be held
der **Stau** -(e)s, -e traffic jam
der **Staubsauger** -s, - vacuum cleaner
die **Stechuhr** -, -en time clock
die **Steckdose** -, -n socket
der **Stecker** -s, - plug
stehen, stand, gestanden to be; ~ **für** (+ Akk.) to stand for; **wie ~ meine Chancen?** what are my chances?; **wie steht es mit ...?** what's the situation regarding ...?
steigen, stieg, gestiegen to increase
steigern to increase
das **Steinzeug** -(e)s -e stoneware
die **Stelle** -, -n job, position
stellen to put; **eine Frage ~** to ask a question
das **Stellenangebot** -(e)s, -e, **die Stellenanzeige** -, -n job advertisement
die **Stellenbezeichnung** -, -en job description
der **Stellenmarkt** -(e)s, ⸚e situations vacant
die **Stellenvermittlung** -, -en employment exchange
der **Stellenwert** -(e)s, -e value, importance
der **Stellplatz** -es, ⸚e parking space
die **Stellung** -, -en job; position
die **Stellungnahme** -, -n: **Mit der Bitte um ~** for comment
stellvertretend deputy, acting
die **Stereoanlage** -, -n stereo (system)
stets always
die **Steuer** -, -n tax
die **Steuerung** -, o. Pl. control, management
das **Stichwort** -(e)s, ⸚er cue, keyword
der **Stichpunkt** -(e)s, -e main/key point
stichwortartig brief
stieg ▶ **steigen**
der **Stift** -(e)s, -e pen
die **Stiftung Warentest** German Consumer Council
die **Stilllegung** -, -en closure, shutdown
stilvoll stylish
stimmen to be true, correct; **jdn. optimisch ~** to make sb. feel optimistic
stimmungsvoll pleasant
die **Stipendiat** -en, -en, **die Stipendiatin** -, -nen grant/scholarship holder
das **Stipendium** -s, -ien grant, scholarship
der **Stock** -(e)s, - floor, storey
stolz (auf + Akk.) proud (of)
die **Stornierung** -, -en cancellation
stören to disturb, bother
die **Störung** -, -en problem, disruption; fault
straff tight(ly)
der **Strand** -(e)s, ⸚e beach
die **Straßenbahn** -, -en tram
die **Straßenunterführung** -, -en underpass, subway
die **Straßenverbindungen** Pl. road network
das **Straßenverkehrsgewerbe** -s, - road transport industry
der **Straßenverlauf** -(e)s, o. Pl.: **dem ~ folgen** to follow the road
das **Streckennetz** -(e)s, -e rail network
das **Streifenmuster** -s, - striped pattern
streng strict(ly)
stricken to knit
der **Strom** -(e)s, o. Pl. electricity

der **Stromanschluss** -es, ⸚e mains connection
strukturieren to structure
das **Stück** -(e)s, -e piece; item, unit
der **Stückpreis** -es, -e unit price
die **Stückzahl** -, -en quantity
der **Studienabgänger** -s, - college leaver
der **Studiengang** -(e)s, ⸚e course of studies
die **Studiengebühr** -, -en fee
das **Studium** -s, -ien studies
die **Stuhlreihe** -, -n row of seats
die **Stundenbasis: auf ~** paid by the hour
stündlich hourly, every hour
suchen to look for
Süd- South; south-facing
der **Süden** -s, o. Pl. South
südlich (+ Gen.) southern; south of
der/die/das **südlichste** (the) southernmost
die **Supermarktkette** -, -n supermarket chain
die **Suppe** -, -n soup
das **Surfen** -s, o. Pl. surfing, wind-surfing
das **Süßgebäck** -(e)s, -e biscuits/cookies
SW = **Südwesten, Südwest-** southwest (-facing)
sympathisch nice, pleasant
der **Systemanalytiker** -s, - systems analyst
die **Systemintegration** -, o. Pl. systems integration

T

T = **Tiefe**
tabellarisch in table form
die **Tabelle** -, -n table
der **Tag** -(e)s, -e day; **Guten ~** hello
das **Tagegeld** -(e)s, -er daily allowance
das **Tageslicht** -(e)s, o. Pl. daylight
der **Tagespreis** -es, -e price per day
die **Tagespresse** -, o. Pl. daily press
täglich daily, every day
die **Tagung** -, -en conference
der **Tagungsort** -(e)s, -e conference venue
die **Tagungstechnik** -, o. Pl. conference equipment
der **Takt** -(e)s, -e: **im 2-Stunden-~** every two hours
der **Taktverkehr** -(e)s, o. Pl.: **mit dichtem ~** with a frequent service
das **Tal** -(e)s, ⸚er valley
der **Tanz** -es, ⸚e dance
tanzen to dance
der **Tarif** -s, -e tariff; pay scale
tariflich agreed (between unions and management)
der **Tariflohn** -(e)s, ⸚e (agreed) pay scale
der **Tarifpartner** -s, - unions and management
der **Tarifvertrag** -(e)s, ⸚e collective pay agreement
das **Taschenmesser** -s, - penknife
der **Taschenrechner** -s, - pocket calculator
die **Tasse** -, -n cup (of)
die **Taste** -, -n button, key
tätig: ~ **sein** to be in (a line of business)
tätigen to effect, carry out
die **Tätigkeit** -, -en activity; job, occupation; **Berufliche T~en** work/professional experience
der **Tätigkeitsbereich** -(e)s, -e job, area of responsibility
die **Tatsache** -, -n fact
das **Taxi** -s, -s oder **Taxen** taxi/cab
der **Taxistand** -(e)s, ⸚e taxi rank
das **Teambewusstsein** -s, o. Pl. team spirit
teamfähig able to work in a team
die **Technik** -, -en technology; technique
der **Techniker** -s, - engineer
technisch technical; technological; ~**e/r Leiter(in)** Technical Director; ~**e/r Zeichner/in** engineering draughtsman; ~**e Daten** specifications; **T~er Überwachungsverein** German Technical Inspectorate; ~**e Hochschule/Universität** university specializing in technical subjects
der **Technologiekonzern** -s, -e technology concern, group
der **Teich** -(e)s, -e pond
der **Teil** -(e)s, -e part; **zum ~** partly
sich teilen to divide, split up

213

	teil|nehmen (an + Dat.) to attend, take part in		**überhaupt** absolutely; at all	(das)	**Ungarn** -s, o. Pl. Hungary	der	**Verband** -(e)s, -e association
der	**Teilnehmer** -s, - participant; the person/company you wish to speak to		**überlassen, überließ, überlassen: es jdm. ~** to leave it up to sb.; **jdm. etw. ~** to entrust sth. to sb.		**ungefähr** approximately	sich	**verbergen, verbarg, verborgen** to hide
die	**Teilzeit** -, o. Pl. part-time		**überlegen** to think about, consider		**ungelernt** unskilled		**verbessern** to improve
die	**Teilzeitform** -, -en: **in ~** on a part-time basis	die	**Überlegung** -, -en consideration		**ungestört** undisturbed	die	**Verbesserung** -, -en improvement
das	**Telefax** -, -(e) fax (machine)		**übermorgen** the day after tomorrow		**ungewöhnlich** unusual(ly)		**verbiegen, verbog, verbogen** to buckle
die	**Telefonauskunft** -, o. Pl. directory enquiries		**übernachten** to spend the night		**ungiftig** non-poisonous		**verbinden, verband, verbunden** to connect; to combine; **ich verbinde** I'll put you through; **Sie sind falsch verbunden** You've got the wrong number
	telefonisch by phone; **~e Aufträge** telephone orders	die	**Übernachtung** -, -en overnight stay	der	**Unkostenbetrag** -(e)s, -̈e sum to cover expenses		
die	**Telekommunikation** -, o. Pl. telecommunications		**übernehmen, übernahm, übernommen** to take over; to accept; to take on	die	**Unmenge** -, -n (von + Dat.) vast quantity		
der	**Temperaturbereich** -(e)s, -e temperature range		**überprüfen** to check		**unseriös** not serious		**verbindlich** binding
das	**Tempolimit** -s, -s speed limit	die	**Überprüfung** -, -en testing, inspection		**unten** below; downstairs; **nach ~** face down	die	**Verbindung** -, -en link, connection
die	**Tendenz** -, -en tendency		**überqueren** to cross		**unter** (+ Akk./Dat.) under; below; **~ anderem** among other things; **~ Telefon 040 ~** on 040 ...		**verbracht ▸ verbringen**
der	**Teppichboden** -s, -̈ carpet		**überraschen** to surprise			der	**Verbrauch** -(e)s, o. Pl. consumption
der	**Termin** -s, -e (bei/mit + Dat.) appointment (with)		**überregional** serving more than one region			der	**Verbraucher** -s, - consumer
	termingerecht on schedule		**überreichen** to hand over		**unterbreiten** to present	der	**Verbraucherpreis** -es, -e retail price
der	**Terminkalender** -s, - appointments diary	die	**Überschrift** -, -en heading	sich	**unterhalten, unterhielt, unterhalten** to talk		**verbraucht** used, second-hand
	teuer expensive		**übersenden, übersandte, übersandt** to send, enclose				**verbringen, verbrachte, verbracht** to spend (time)
die	**Textilien** Pl. textiles	die	**Übersetzung** -, -en translation	die	**Unterhaltung** -, -en entertainment; conversation	der	**Verbund** -(e)s, -e association, authority; compound
	thailändisch Thai		**übersichtlich** clear	die	**Unterkunft** -, -̈e accommodation		
das	**Thema** -s, **Themen** topic	die	**Überstunden** overtime	die	**Unterlagen** Pl. documents, papers		**verbunden ▸ verbinden**
(das)	**Thüringen** -s, o. Pl. Thuringia	die	**Übertragung** -, -en transmission		**unterliegen, unterlag, unterlegen** to be subject to	der	**Verdichtungsverkehr** -(e)s, o. Pl.: **Zug des ~s** local train
die	**Tiefe** -, -n depth	das	**Übertragungsprotokoll** -s, -e transaction activity report				
	tiefer: zwei Etagen ~ two floors down			das	**Unternehmen** -s, - company/corporation		**verdienen** to earn
die	**Tiefgarage** -, -n underground carpark		**übertreiben, übertrieb, übertrieben** to exaggerate	der	**Unternehmensberater** -s, - management consultant	der	**Verdiener** -s, - wage-earner
das	**Tiefland** -(e)s, -e lowlands					der	**Verdienst** -(e)s, -e pay, salary
der	**Tierarzt** -es, -̈e veterinarian		**überwachen** to supervise, monitor	der	**Unternehmensbereich** -s, -e division	(sich)	**verdoppeln** to double
der	**Tierpark** -s, -s zoo		**überwiegend** predominantly	die	**Unternehmensgruppe** -, -n group		**verdorben** spoiled
die	**Tinte** -, -n ink		**überzeugen** to convince	die	**Unternehmensleitung** -, o. Pl. management	der	**Verein** -(e)s, -e club; association, organization
die	**Tintenpatrone** -, -n ink cartridge		**überzeugend** convincing(ly), persuasive(ly)				
der	**Tintenstrahldrucker** -s, - bubble jet printer			der	**Unternehmer** -s, - operator		**vereinbaren** to arrange (an appointment); **zur vereinbarten Zeit** on time
die	**Tochtergesellschaft** -, -en subsidiary		**üblich** usual, normal	der	**Unterricht** -(e)s, -e instruction		
	todlangweilig deadly dull		**übrig** other, rest of; left (over), spare	die	**Unterrichtung** -, o. Pl. information	die	**Vereinbarung** -, -en agreement; **nach ~** by arrangement
die	**Toilettenartikel** Pl. toiletries	das	**Ufer** -s, - (river)bank		**unterscheiden, unterschied, unterschieden** to distinguish		
die	**Toleranz** -, -en tolerance	die	**Uhr** -, -en: **um (11.00) ~** at (11) o'clock				**vereinen** to unite, combine
	toll great	die	**Uhrzeit** -, -en time	sich	**unterscheiden** to differ		**verfassen** to write
das	**Tonband** -(e)s, -̈er tape		**um** (+ Akk.) at; round, around; for; **~ wenig Prozent** by a few percent; **~ ... zu** in order to	der	**Unterschied** -(e)s, -e difference		**verfehlen** to miss
die	**Tonne** -, -n ton(ne)				**unterschiedlich** variable; different		**verfügen** (über + Akk) to have, possess
das	**Tor** -(e)s, -e gate				**unterschreiben, unterschrieb, unterschrieben** to sign	die	**Verfügung:** (jdm.) **zur ~ stehen** to be available; to be at sb.'s disposal
die	**Touristik** -, o. Pl. tourism, tourist industry		**um|buchen** to change a reservation/ booking				
	traditionsreich rich in tradition		**umfangreich** wide, comprehensive	die	**Unterschrift** -, -en signature		**vergangen** past
das	**Tragegestell** -(e)s, -e carrying frame		**umfassen** to include		**unterstrichen** underlined		**vergessen, vergaß, vergessen** to forget
	tragen, trug, getragen to wear; to carry; (*Kosten*) to meet; (*Risiko*) to bear	die	**Umfrage** -, -n survey		**unterstützen** to support, subsidize	der	**Vergleich** -(e)s, -e: **im ~ zu** (+ Dat.) in comparison with
		der	**Umgang** -s, o. Pl. (mit + Dat.): **~ mit Menschen** dealing with people	die	**Unterstützung** -. o. Pl.: **mit Batterie-~** battery powered		
der	**Traum** -(e)s, -̈e dream						**vergleichen, verglich, verglichen** (mit + Dat.) to compare with
	treffen, traf, getroffen to meet; (*Wahl*) to choose; (*Vereinbarung, Entscheidung*) to make	die	**Umgebung** -, -en surrounding area		**untersuchen** to investigate		
			um|gehen: mit Menschen ~ to deal with people	die	**Untersuchung** -, -en examination	das	**Vergnügen** -s, - pleasure
			umgehend immediate, prompt	(sich)	**unterteilen** (in + Akk.) to divide, subdivide (into)	das	**Vergnügungsviertel** -s, - entertainment district
sich	**treffen** to meet	die	**Umgruppierung** -, -en redeploying				
der	**Treffpunkt** -(e)s, -e meeting point	das	**Umland** -(e)s, o. Pl. surrounding countryside	die	**Unterteilung** -, -en subdivision	die	**Vergünstigung** -, -en (price) reduction
	treiben, trieb, getrieben: Sport ~ to do/go in for sport; **Handel ~** to trade				**unterwegs** away, on the way, on the road	die	**Vergütung** -, -e remuneration
			um|legen to turn		**unveränderlich** invariable	sich	**verhalten** to behave, conduct oneself
die	**Treppe** -, -n (flight of) stairs; **die ~ hinauf/runtergehen** to go up/downstairs		**umliegend** surrounding		**unverbindlich** not binding; **~e Preisempfehlung** recommended price	das	**Verhalten** -s, o. Pl. conduct, behaviour
		der	**Umsatz** -es, -̈e turnover			die	**Verhaltensregel** -, -n etiquette
		die	**Umschulung** -, -en retraining		**unvermeidbar** unavoidable	das	**Verhältnis** -ses, -se circumstances
	trimmen to do keep-fit exercises		**umseitig** overleaf		**unverzüglich** without delay, immediately		**verhandeln** (über + Akk.) to negotiate (about)
der	**Trimmpfad** -(e)s, -e keep-fit trail		**umsonst** free		**unvollständig** incomplete		
	trinken, trank, getrunken to drink	der	**Umstand** -(e)s, -̈e: **unter Umständen** possibly	der	**Urlaub** -s, -e holiday/vacation; **im ~** on holiday	das	**Verhandlungsgeschick** -(e)s, o. Pl. negotiating skills
	trocken dry						
	trotz (+ Gen./Dat.) in spite of, despite	der	**Umsteigeknoten** -s, - transfer point	das	**Urlaubsgeld** -(e)s, -er holiday pay		**verheiratet** married
die	**Tschechische Republik** Czech Republic		**um|steigen** to change		**ursprünglich** originally		**verhelfen, verhalf, verholfen: jdm. zu etw. ~** to help sb. get sth.
	tschüs 'bye!	die	**Umstellung** -, -en, der **Umstieg** -(e)s, -e (auf + Akk.) change-over (to)		**usw.** = und so weiter etc		
	tun, tat, getan to do						**verhindern** to prevent
		die	**Umstrukturierung** -, -en restructuring	**V**		der	**Verkauf** -(e)s, -̈e sale; sales
		die	**Umwelt** -, o. Pl. the environment			(sich)	**verkaufen** to sell
U		das	**Umweltbewusstsein** -s, o. Pl. environmental awareness	die	**Variante** -, -n variation, version	der	**Verkäufer** -s, - seller
die	**U-Bahn** -, -en Underground/Subway			sich	**verabschieden** to say goodbye; **beim V~** when saying goodbye	die	**Verkaufsabteilung** -, -en sales department
	üben to practise	der	**Umweltengel** -s, - symbol indicating environmentally friendly products			die	**Verkaufsaktion** -, -en sales drive, promotion
	über (+ Akk./Dat.) about, concerning; more than; over; through, via; **nicht ~ 20.00 Uhr hinaus** not later than 8 o'clock; **eine Bestellung ~** an order for				**verallgemeinern** to generalize		
			umweltfreundlich, umweltgerecht environmentally friendly		**verändern** to change, alter	die	**Verkaufsbedingungen** Pl. conditions of sale
					veranstalten to organize		
		das	**Umweltministerium** -s, -ien Ministry of the Environment	der	**Veranstalter** -s, - organizer	der	**Verkaufsberater** -s, - sales consultant
				die	**Veranstaltung** -, -en performance; event, function	der	**Verkaufspreis** -es, -e retail price
	überall everywhere	der	**Umweltschutz** -es, o. Pl. environmental protection			der	**Verkaufsschalter** -s, - ticket office
	überaus extremely			der	**Veranstaltungskalender** -s, - guide to what's on	die	**Verkaufsstelle** -, -n outlet
	überbacken grilled	die	**Umweltverschmutzung** -, -en environmental pollution			die	**Verkaufszeit** -, -en shop opening hours
der	**Überblick** -(e)s, -e (über + Akk.) overview			der	**Veranstaltungsraum** -(e)s, -̈e conference room	der	**Verkehr** -(e)s, o. Pl. transport; traffic
	überbrücken to bridge		**um|ziehen** to move				**verkehren** to go, run, operate
	überdurchschnittlich exceptionally	die	**Umzugskosten** Pl. removal costs		**verantwortlich** (für + Akk) responsible (for)	das	**Verkehrsamt** -(e)s, -̈e tourist information office
	überein|stimmen (mit + Dat.) to correspond to; to agree with	die	**Unabhängigkeit** -, o. Pl. independence				
		die	**Unannehmlichkeit** -, -en trouble, inconvenience	der/die	**Verantwortliche** -n, -n person responsible for	die	**Verkehrsanbindung** -, -en communications
die	**Übergabe** -, o. Pl. hand-over						
der	**Übergang** -(e)s, -̈e transfer		**unbedingt** absolutely; **nicht ~** not necessarily	die	**Verantwortung** -, -en responsibility	die	**Verkehrsdichte** -, o. Pl. volume of traffic
	übergeben, übergab, übergeben to hand over			die	**Verantwortungsbereitschaft** -, o. Pl. willingness to take responsibility		**verkehrsgünstig** convenient for (public) transport
			unbrauchbar useless			der	**Verkehrslinienplan** -(e)s, -̈e public transport map
					verantwortungsvoll responsible		
				die	**Verarbeitung** -, o. Pl. processing	das	**Verkehrsmittel** -s, -: **öffentliche ~** public transport
					verarbeitende Industrie manufacturing industry		

die	**Verkehrsverbindung** -, -en (public) transport system; travel connection		**vervollständigen** to complete
der	**Verkehrsverbund** -(e)s, ⸚e transport authority		**verwalten** to manage, be in charge of
	verkürzen to shorten	die	**Verwaltung** -, -en administration
die	**Verkürzung** -, -en shortening	der	**Verwaltungsvorgang** -s, ⸚e administration
	verladen, verlud, verladen to load		**verwandt** related
	verlangen to ask for; to demand, to charge		**verwenden** to use
	verlängern to extend	der	**Verwendungszweck** -(e)s, -e use, purpose
die	**Verlängerung** -, -en extension; lengthening		**verwerten** to recover, recycle
	verlassen, verließ, verlassen to leave	die	**Verwertung** -, o. Pl. recycling
der	**Verlauf** -(e)s, ⸚e course; **der weitere ~ des Abends** the rest of the evening		**verwitwet** widowed
			verwöhnen to spoil; **lassen Sie sich ~** spoil yourself
die	**Verlegung** -, o. Pl. relocation		**Verzeihung:** (I'm) sorry, excuse me
	verleihen, verlieh, verliehen to award		**verzichten** (auf + Akk.) to give up
	**verloren	gehen** to get lost		**verzinkt** galvanized
der	**Verlust** -(e)s, -e loss; **bei ~** in the event of loss	die	**Verzögerung** -, -en delay, hold-up
		der	**Verzug** -(e)s, ⸚e delay; arrears
	vermeiden, vermied, vermieden to avoid	der	**Verzugszins** -es, -en interest on arrears
die	**Vermeidung** -, o. Pl. avoidance, prevention	das	**Vesper** -s, - snack
		das	**Vetorecht** -(e)s, -e right of veto
	vermeintlich supposed		**viel** a lot (of); much; **Sehen Sie ~ fern?** Do you watch a lot of TV?
der	**Vermerk** -(e)s, -e note, remark		
	vermieden ▶ **vermeiden**		**vielbesucht** popular
	vermieten to rent		**viele** a lot of, many
	vermitteln to impart, create	die	**Vielfalt** -, o. Pl (great) variety
	veröffentlichen to publish		**vielfältig** varied
die	**Veröffentlichung** -, -en publication		**vielleicht** perhaps
die	**Verordnung** -, -en decree, regulation		**vielseitig** versatile
	verpacken to pack	die	**Vielzahl** -, o. Pl. (von + Dat.) a wealth of
die	**Verpackung** -, -en packaging	die	**Visitenkarte** -, -n business card
der	**Verpackungshelfer** -s, - packer	die	**Volkswirtschaft** -, -en national economy
der	**Verpackungsstoff** -(e)s, -e packaging material		**voll** total; fully
		das	**Vollbad** -(e)s, ⸚er bath
sich	**verpflichten** (zu + Dat.) to undertake	die	**Vollendung** -, o. Pl. completion
	verpflichtet ~ sein to be obliged		**völlig** completely
die	**Verringerung** -, -en reduction		**vollklimatisiert** fully air-conditioned
der	**Versand** -(e)s, o. Pl. dispatch/despatch (department)	der	**Vollkunststoff** -(e)s, -e solid plastic
		die	**Vollmacht** -, ⸚e: **in ~** pp, for and on behalf of
der	**Versandhandel** -s, o. Pl. mail order operation		
			vollständig complete(ly)
das	**Versandhaus** -es, ⸚er mail order company	die	**Vollzeit** -, o. Pl. fulltime
	versäumen to miss; **Versäumtes** what one has missed		**von** (+ Dat.) from; of; by; **vom Umsatz her** in terms of turnover
das	**Versehen: aus ~** by mistake		**vor** (+ Akk./Dat.) before; in front of; **~ vier Wochen** four weeks ago; **~ allem** above all, first and foremost, particularly
	verschieben, verschob, verschoben (auf + Akk.) to put off, postpone		
	verschieden different, various		
	verschlingen, verschlang, verschlungen to consume		**voraus: im Voraus** in advance
			**voraus	setzen** to require
die	**Versendung** -, -en shipment	die	**Voraussetzung** -, -en requirement
die	**Versetzung** -, -en transfer		**voraussichtlich** expected
die	**Versicherung** -, -en insurance (company)	die	**Vorauszahlung** -, -en prepayment, advance payment
	versorgen (mit + Dat.) to supply (with)		
die	**Versorgung** -, o. Pl. service, supply		**vor	behalten: Preisänderungen ~** prices subject to change without notice
	verspätet late		
die	**Verspätung** -, -en delay; late delivery		**vorbei** past
	versprechen, versprach, versprochen to promise	(sich)	**vor	bereiten** (auf + Akk.) to prepare (oneself) for
	verstanden ▶ **verstehen**	die	**Vorbereitung** -, -en (auf + Akk.) preparation (for)
das	**Verständnis** -ses, o. Pl. understanding; **um ~ bitten** to apologize		
			**vor	bestellen** to reserve, book in advance
der	**Verstärker** -s, - amplifier	das	**Vorbild** -(e)s, -er example, model
	verstärkt reinforced		**vordere(r/s)** front
	versteckt hidden	der	**Vordergrund** -(e)s, ⸚e: **im ~ stehen** to be at the fore
	verstehen, verstand, verstanden to understand		
			**vor	führen** to demonstrate
sich	**verstehen: die Preise ~ sich ohne MwSt.** prices are inclusive of VAT/sales tax	das	**Vorführmodell** -s, -e exhibit
		die	**Vorführung** -, -en performance; demonstration
	verstellbar adjustable		
	versuchen to try		**vorgesehen** planned; provided
die	**Verteidigungstechnik** -, o. Pl. defence technology	der/die	**Vorgesetzte** -n, -n superior
			vorhanden available
die	**Vertragspartei** -, -en contracting party		**vorher** beforehand, in advance
	vertrauen (auf + Akk.) to trust (in)		**vor	herrschen** to predominate
	vertreten, vertrat, vertreten to represent		**vor	kommen** to occur, be found
der	**Vertreter** -s, - sales representative, agent	das	**Vorlagenglas** plate glass
die	**Vertretung** agency; **in ~** pp/for and on behalf of		**vor	legen** to present
			**vor	lesen** to read out
der	**Vertrieb** -(e)s, o. Pl. sales (department)		**vormittags** in the morning(s)
die	**Vertriebsgesellschaft** -, -en sales subsidiary, distributor	der	**Vorname** -ns, -n first name
			vorne at the front, in front
der	**Vertriebsleiter** -s, -, die **Vertriebsleiterin** -, -**nen** sales manager/director	der/das	**Vor-Ort-Service** on-site service
		die	**Vorplanung** -s, o.Pl. planning stage
das	**Vertriebsnetz** -es, -e sales/distribution network	der	**Vorrang** -(e)s, o. Pl.: **~ haben** to have priority
das	**Verursacherprinzip** -s, o. Pl. principle that the one responsible pays		**vor	reservieren** to reserve
		das	**Vorrichtung** -, -en equipment
		der	**Vorschlag** -(e)s, ⸚e suggestion, recommendation

	**vor	schlagen, schlug vor, vorgeschlagen** to propose	das	**Weihnachtsgeld** -(e)s, -er Christmas bonus
die	**Vorschrift** -, -en regulation	der	**Weihnachtstag** -(e)s, -e: **der 1. ~** Christmas Day; **der 2. ~** Boxing Day
der	**Vorschuss** -es, ⸚e advance		
die	**Vorsicht** -, o. Pl. care, caution; **V~!** Be careful		**weil** because
		der	**Weinberg** -(e)s, -e vineyard
	vorsichtig careful(ly)	die	**Weinernte** -, -n grape harvest
der/die	**Vorsitzende** -n, -n chairperson, president	die	**Weinkarte** -, -n wine list
		das	**Weinlokal** -s, -e wine bar
	**vor	sorgen** (für + Akk.) to provide for	der	**Weinort** -(e)s, -e place where wine is produced
die	**Vorspeise** -, -n starter		
der	**Vorstand** -(e)s, o. Pl. executive board/management	die	**Weinprobe** -, -n wine tasting
		das	**Weinset** -s, -s set of wine glasses
	**vor	stellen: jdn. jdm. ~** to introduce sb. to sb.	die	**Weinstube** -, -n wine bar
		das	**Weißblech** -(e)s, -e tinplate
sich	**vor	stellen** to imagine	der	**Weißkohl** -(e)s, o. Pl. white cabbage
die	**Vorstellung** -, -en introduction; vision, idea		**weit** far
			weiter, weiter- to go on, continue to
das	**Vorstellungsgespräch** -(e)s, -e job interview	sich	**weiter	bilden** to continue one's education/training
der	**Vorstellungstermin** -s, -e interview (date)	die	**Weiterbildung** -, o. Pl. further education/training
der	**Vorteil** -(e)s, -e advantage		
	vorübergehend temporary	die	**Weiterbildungsveranstaltung** -, -en training course
das	**Vorurteil** -(e)s, -e prejudice		
die	**Vorwahl** -, -en dialling/area code		**weitere(r/s)** more, further, other; future; **alles Weitere** everything else
die	**Vorwärtsfahrt** -, o. Pl. forward drive		
	vorwiegend predominant(ly)		**weiter	führen** to continue
			**weiter	leiten** (an + Akk.) to pass on (to)
			weitgehend to a large extent
	W		**welche(r/s)** which, that
	wachen (über + Akk.) to ensure	die	**Welt** -, -en world
	wachsen, wuchs, gewachsen to grow, increase		**weltbekannt, weltberühmt** world-famous
		der	**Weltkrieg** -(e)s, -e: **der Erste ~** First World War
das	**Wachstum** -s, o. Pl. growth		
der	**Wagen** -s, - car/automobile; railway carriage/car	die	**Weltmeisterschaft** -, -en World Cup
			weltoffen cosmopolitan
die	**Wahl** -, -en choice; election	der	**Weltruf** -(e)s, -e worldwide reputation
	wahlberechtigt entitled to vote		**weltweit** worldwide
die	**Wahlberechtigung** -, o. Pl. right to vote		**wem, wen** (to) whom
	wählen to choose, select; to dial	sich	**wenden** (an + Akk.) to ask
der	**Wählton** -(e)s, ⸚e dialling tone		**wenig** (a) few, (a) little, not much
	wahr true; **nicht ~?** isn't it? right?		**wenn** when; if
	während (+ Gen.) during, in the course of; while		**wer** who
		die	**Werbeagentur** -, -en advertising agency
	**wahr	nehmen** to make use of	das	**Werbegeschenk** -(e)s, -e free gift
die	**Wahrnehmung** -, -en: **bei der ~** when it comes to dealing with		**werben, warb, geworben** to win, attract
		die	**Werbung** advertising
	wahrscheinlich probably		**werden, wurde, geworden** *auxiliary verb used to form future and passive*
die	**Währung** -, -en currency		
das	**Wahrzeichen** -s, - symbol	das	**Werk** -(e)s, -e factory, works, plant
der	**Wald** -(e)s, ⸚er wood	der	**Werksleiter** -s, - works supervisor/plant manager
der	**Wandel** -s, o. Pl. change		
der	**Wanderfreund** -(e)s, -e keen hiker	das	**Werkzeug** -(e)s, -e tool
	wandern to go walking/hiking	der	**Wert** -(e)s, -e value
die	**Wanderung** -, -en walk, hike		**werten** to judge
	wann when	die	**Wertgegenstände** valuables
die	**Wanne** -, -n bathtub		**wertlos** valueless
die	**Ware** -, -n product, goods; **wo bleibt die ~?** what's happened to the consignment?	die	**Wertorientierung** -, -en value
			wertvoll valuable
	wäre, wären would be; **wie wär's mit ...?** how about ...?		**West-** West; west-facing
		der	**Westen** -s, o. Pl. West
der	**Warenannahmetermin** -s, -e, die **Warenannahmezeit** -, -en delivery time		**westlich** western; **die -e Bundesrepublik** West Germany
		der	**Wettbewerb** -(e)s, -e competition; **Mut zum ~ haben** courage to compete; **~ der Geschlechter** battle of the sexes
der	**Wareneingang** -(e)s, ⸚e incoming goods		
das	**Warenhaus** -es, ⸚er department store		
das	**Warenverteilzentrum** -s, -zentren distribution depot	das	**Wetter** -s, - weather
			wichtig important
das	**Warenzeichen** -s, - trade mark	der	**Widerspruchrecht** -(e)s, ⸚e right to raise objections
	warten to wait; to maintain, service		
	warum why	der	**Widerstand** -(e)s, ⸚e resistance
	was what; that; **~ für** what kind of		**wie** how; what; as; **~ bitte?** Pardon, Excuse me?; **~ ist Ihr Name?** what's your name?; **~ viel** how much; **um wie viel Uhr?** what time?; **~ viele** how many; **~ lange** how long; **~ oft** how often; **~ gesagt** as I said
die	**Wäsche** -, o. Pl. laundry		
	wasserdicht waterproof		
	wasserlöslich water soluble		
die	**Wechselausstellung** -, -en temporary exhibit(ion)		
			wieder again
	wechseln (in + Akk) to change; to transfer (to)		**wiederholen** to repeat
			Wiederhören: auf ~ Goodbye (*on the phone*)
	wecken to wake; to arouse		
der	**Weckruf** -(e)s, -e alarm call		**wieder	kommen** to come back
der	**Weg** -s, -e way; route; path; method; distance; **nach dem ~ fragen** to ask for directions		**Wiedersehen: auf ~** Goodbye
		die	**Wiederverwertbarkeit** -, o. Pl. recyclability
	wegen (+ Gen.) about, because/on account of		
		die	**Wiederverwertung** -, o. Pl. recycling
	**weg	fallen** to be lost	die	**Wiege** -, -n cradle, birthplace
	**weg	lassen** to leave out		**wiegen, wog, gewogen** to weigh
	weiblich female	die	**Wiese** -, -n meadow, field
das	**Weihnachten** -, - Christmas		

215

wie viel how much; **um ~ Uhr?** what time?
das **Wild -s, o. Pl.** game
die **Wildente -, -n** wild duck
der **Wildlachssteak -s, -s** (wild) salmon steak
das **Wildschweinkotelett -s, -s** wild boar cutlet/chop
der **Wille -n, -n** will
willkommen welcome
winddicht windproof
der **Wintergarten -s, -̈** conservatory
wirken to give the impression
wirklich really
die **Wirklichkeit -, -en** reality
wirksam effective(ly)
die **Wirtschaft -, -en** economy, trade and industry, business; **die private ~** the private sector
wirtschaften to budget effectively
wirtschaftlich economic, financial
der **Wirtschaftsaufschwung -(e)s, -̈e** economic upturn
die **Wirtschaftsleistung -, -en** economic output
der **Wirtschaftsraum -(e)s, -̈e** industrial area
der **Wirtschaftszweig -(e)s, -e** branch of industry, industrial sector
wissen, wusste, gewusst to know (*a fact*)
die **Wissenschaft -, -en** science
wissenschaftlich academic
die **Witterung -, -en: bei extremer ~** in extreme weather conditions
der **Witz -es, -e** wit
wo where
die **Woche -, -n** week
das **Wochenende -s, -n** weekend
der **Wochenmarkt -(e)s, -̈e** weekly market
der **Wochentag -(e)s, -e** day of the week
wöchentlich weekly
wofür what ... for?
woher where ... from; **~ Sie wissen** how you know
wohl happy; **das wäre ~ schwierig** that may be difficult
das **Wohl** welfare, wellbeing; **zum ~e aller** for the good of all; **zum ~!** cheers!
der **Wohn-Essbereich -(e)s, -e** living-dining area
wohnen to live; to stay
der **Wohnblock -(e)s, -s** block of flats/apartment house
die **Wohnfläche -, -n** living space
das **Wohngeld -(e)s, -er** accommodation allowance/subsidy
die **Wohnküche -, -n** eat-in kitchen
die **Wohnqualität -, -en** quality of life
die **Wohnung -, -en** flat/apartment
der **Wolkenkratzer -s, -** skyscraper
wollen, wollte, gewollt to want to
das **Wort -(e)s, -̈er** word; **in ~ und Schrift** spoken and written
das **Wortfeld -(e)s, -er** word field
der **Wunsch -(e)s, -̈e** wish, desire; **auf ~** on request
wünschen: jdm. etw. ~ to wish sb. sth.
wunschgemäß as requested
wurde, wurden ▶ werden
würde, würden would

Z

zäh tough
die **Zahl -, -en** number; figure
zahlen to pay
zählen (zu + Dat.) to be included; to count (as)

zahlreich numerous
die **Zahlungsbedingungen Pl.** terms of payment
die **Zahlungsfrist -, -en** payment term
der **Zahlungsverzug -(e)s, -̈e** late payment, default
das **Zahlungsziel -(e)s, -e** period for payment
der **Zahnarzt -es, -̈e** dentist
die **Zahnpasta -, -pasten** toothpaste
z.B. = zum Beispiel for example
der **Zehneuroschein -(e)s, -e** ten euro note
das **Zehncentstück -(e)s, -e** ten cent piece
das **Zeichen -s, -** character; sign, symbol; **Ihr ~** Your ref(erence)
die **Zeichenerklärung -, -en** key
zeichnen to draw
die **Zeichnung -, -en** (technical) drawing
zeigen to show
der **Zeigestock -(e)s, -̈e** pointer
die **Zeile -, -n** line
die **Zeit -, -en** time; **vor der ~** early; **zur ~** at the moment
die **Zeitangabe -, -n** time
das **Zeitarbeitbüro -s, -s** temping agency
zeitlich chronological
der **Zeitlohn -(e)s, -e** time wages/rate
der **Zeitpunkt -(e)s, -e** time
der **Zeitrahmen -s, -** time period
die **Zeitschrift -, -en** magazine, periodical
die **Zeitung -, -en** newspaper
zementieren to reinforce
die **Zentrale -, -n** switchboard
das **Zentrum -s, Zentren** centre
zentrumsnah central
zerbrochen broken
zertifiziert certified
der **Zettel -s, -** form, chit
das **Zeugnis -ses, -se** report, certificate, testimonial
ziehen, zog, gezogen to draw
das **Ziel -(e)s, -e** objective, goal; destination
ziemlich quite
die **Ziffer -, -n** digit, figure
das **Zimmer -s, -** room
zirka approximately
die **Zitrone -, -n** lemon
das **Zögern -s, -** hesitation
das **Zollamt -(e)s, -̈er** Customs
zu (+ Dat.) to; about; too; with; at; **~ diesen Punkten** on these points; **zur Förderung** for the promotion of
das **Zubehör -(e)s, o. Pl.** accessories, attachments
die **Zubereitungsmethode -, -n** method of preparation
der **Zucker -s, -** sugar
die **Zuckertüte -, -n** bag of sweets/candies
zueinander to one another
zuerst first (of all)
die **Zufahrt -, -en** entry; approach (road)
zufrieden satisfied
die **Zufriedenheit -, o. Pl.** satisfaction
zufriedenstellend satisfactory
zu | führen: der Wiederverwertung ~ to send for recycling
der **Zug -(e)s, -̈e** train
der **Zugang -(e)s, -̈e** entrance; access; entry
zugänglich approachable
zügig speedily, swiftly
zugleich at the same time
zu | hören to listen to
die **Zukunft -, -̈e** future
zukünftig future

zukunftsorientiert forward-looking
die **Zulage -, -n** bonus; **Münchner ~** Munich weighting
die **Zulassungsbeschränkung -, -en** restriction on admissions
zuletzt finally, last; **nicht ~** not least
der **Zulieferant -en, -en**, die **Zulieferungsfirma -, -firmen** supplier
zu | machen to close
zunächst first of all
der **Zündfunke -n, -n** ignition spark
zunehmend increasing(ly)
zunutze: sich etw. ~ machen to make use of sth.
zuoberst at the top
zu | ordnen to match; to order
sich **zurecht | finden** (in + Dat.) to cope
zurück, zurück- back
zurück | blicken to look back
zurück | führen (auf + Akk.) to put down to, to be due to
zurück | rufen to phone/call back
zurück | treten to step back
zurück | schieben, schob zurück, zurückgeschoben to push back
zu | sagen: jdm. ~ to appeal to sb.
zusammen, zusammen- together
zusammen | fassen to summarize
zusammengesetzt: immer neu ~e Teams ever-changing teams
zusammen | halten to stick together
zusammenlegbar folding
zusammen | stellen to put together
die **Zusammenstellung -, o. Pl.** arrangement
das **Zusammenwirken -s, o. Pl.** cooperation
zusätzlich additional; **~ zu** (+ Dat.) in addition to
zu | schicken to send to
der **Zuschlag -(e)s, -̈e** supplement
zuschlagpflichtig subject to a supplement
zu | senden to send
zuständig (für + Akk.) responsible (for)
die **Zuständigkeit -, -en** responsibility
die **Zustimmung -, o. Pl.** agreement, consent
das **Zustimmungserfordernis, -ses, -se** consent required
das **Zustimmungsrecht -(e)s, -e** right of consent
zu | treffen (auf + Akk.) to apply (to), to be true (of); **das Zutreffende ankreuzen** put a cross in the appropriate box
die **Zuverlässigkeit -, o. Pl.** reliability
zuverlässig reliable
zu viel too much
zuvor before
zu wenig too little
zuzüglich plus
zwanziger: in den Zwanzigerjahren in the twenties
zwar: und ~ that is, namely; **~ ... , doch** although ... yet/still
der **Zweck -(e)s, -e** purpose
das **Zweckform-Etikett -s, -en** custom label
der **Zweig -(e)s, -e** branch
zweimal twice
der/die/das **zweitgrößte** (the) second largest
die **Zwiebel -, -n** onion
der **Zwiebelturm -(e)s, -̈e** onion dome
zwischen (+ Akk./ Dat.) between
zwischendurch from time to time